90 Tage – 90 Meetings

Ein Tagebuch über
Erfahrung, Kraft und Hoffnung
auf dem Genesungsweg mit den Zwölf Schritten

Band 2

Ernie K.

12&12 Verlag, Oberursel

Die amerikanische Originalausgabe hat den Titel
Ninety Meetings - Ninety Days, Ernie K.
A Journal of Experience, Strength and Hope in Twelve-Step Recovery
Copyright ©1984 by JOHNSON INSTITUTE, Inc., Minneapolis
ISBN 0-935908-26-9   All rights reserved
Deutsche Lizenzausgabe: 12&12 Verlag, K.H.Flach-Str.32, 61440 Oberursel
90 Tage - 90 Meetings Band 2   ISBN 3-930657-22-8 0

Inhaltsverzeichnis

Vorwort 4
Wie ich zum Schreiben dieses Tagebuchs kam 5
Der 1. bis 13. Tag ist im Band 1 veröffentlicht,
ca. 100 Seiten, 13x20,5cm, ISBN 3-930657-20-1 10

14. Tag / Wechselbeziehung der Ehrlichkeit 11
15. Tag / A.A.-Gespräche 15
16. Tag / Gebet und Meditation 19
18. Tag / Das Problem mit anderen Süchten 29
19. Tag / Das Vermächtnis von William James 35
20. Tag / Gefallsucht 39

21. Tag / Anagrammspiele 42
22. Tag / In welchem Schritt arbeitest du gerade? 47
23. Tag / Alkoholiker und Alkoholismus 51
24. Tag / Das „falsche" Meeting 54
25. Tag / Meine Lieblingsmeetings 58
26. Tag / Der Wendepunkt 62
27. Tag / Dankbarkeit als Alkoholiker 65

28. Tag / A.A.-Literatur 70
29. Tag / Durch Veranlagung unfähig 74
30. Tag / Der dunkle Gott 79
31. Tag / Anonymität 83
32. Tag / Einfach, und doch nicht zu einfach 88
33. Tag / Dankbarkeit 92
34. Tag / Das flotte Lottchen 96

35. Tag / Sponsoren und Schützlinge 101
36. Tag / Verstehen und verstanden werden 105
37. Tag / Zweierlei Bereitschaft 108
38. Tag / Belehrbar werden 111
39. Tag / Ein Betrunkener im Meeting 115
40. Tag / Ein Versager sein 120
41. Tag / Sein oder nicht sein? 123

42. Tag / Ein ganz besonderer Wurm 127
43. Tag / Warum ich? ... Warum nicht? 131
44. Tag / Zeitverschwendung 135
45. Tag / Kellers Gesetz 139
46. Tag / Zurückzahlen 142
47. Tag / „Alkoholiker" definieren 146
48. Tag / Persönlichkeitswandel in der Genesung 149

49. Tag / Qualität und Quantität 153
50. Tag / Anonyme Alkoholiker? 155
51. Tag / Der Spiegel der Identifizierung 159
52. Tag / Genesend oder geheilt? 162
53. Tag / Der neueste Al-Anon 166
54. Tag / Zufrieden sein 170
55. Tag / Ansteckende Genesung 174

56. Tag / Inventur und Punkte-Wertung 179
57. Tag / Gedanken zur Mystik 184
58. Tag / Schon wieder Gefallsucht 188
59. Tag / Ein ehrlicher Wunsch 192
60. Tag / Kontrolliertes Trinken 196
61. Tag / Keller und Oberstübchen 200
62. Tag / Alkoholismus - eine Allergie? 204

63. Tag / Nüchternheit und Imitation 208
64. Tag / Anders Sein 211
65. Tag / 100 Meetings in 20 Tagen 215
66. Tag / Aussicht auf Zeit 219
67. Tag / Frei werden 222
68. Tag / Und es höret nimmer auf 224
69. Tag / Regel Numero 62 227

70. Tag / Traurigkeit erleben 230
71. Tag / Die Wirklichkeit der Vergangenheit 233
72. Tag / Einfachheit und Komplexität 237
73. Tag / Urteile fällen 241
74. Tag / Feigheit und Mut 244
75. Tag / Ein einfaches Programm 248
76. Tag / Ehrlichkeit und Toleranz 252

77. Tag / Nebenleistungen 256
78. Tag / Verwirrung und Unehrlichkeit 260
79. Tag / Gewählter Glaube 264
80. Tag / Einfache Antworten 268
81. Tag / Die Bedeutung von „genug" 273
82. Tag / Um Nüchternheit betteln 277
83. Tag / Muß das ausgerechnet jetzt sein? 282

84. Tag / Mein liebster Slogan 286
85. Tag / Wessen Programm? 291
86. Tag / Einsicht und Mut 296
87. Tag / Bewußte Verbindung 300
88. Tag / Ein einfaches Werkzeug sein 304
89. Tag / A.A. und das letzte Wort 307
90. Tag / Eine gemischte Erfahrung 311

Die Zwölf Schritte von Alcoholics Anonymous 314
Die Zwölf Traditionen von Alcoholics Anonymous 315
Literatur von und über AA 316

Vorwort

Dieses Buch „Neunzig Tage - Neunzig Meetings", das mir 1984 in die Hände fiel, hat es wahrlich in sich. Ich habe es seither oft zitiert und den brennenden Wunsch gehabt, daß es bald auch in deutscher Sprache erscheinen möge. Wie recht hatte mein Freund und Kollege Dr. Maxwell M. Weisman aus Baltimore mit seinen Gedanken auf der Rückseite des Umschlages:

„Als nichtalkoholischer Psychiater dachte ich, in diesem Buch etwas Brauchbares für meine Alkoholiker-Patienten zu finden. Einmal angefangen mit dem Lesen konnte ich das Buch nicht mehr aus der Hand legen, und es wurde mir klar, daß ich es ausschließlich für mich las. Dieses Buch sollte - wie ich meine - Pflichtlektüre für alle die sein, die es schwer haben. Die Erfahrungen von Ernie K. bei den Meetings der Anonymen Alkoholiker ... werden zu euren Erfahrungen. Und es wird so sein, daß ihr das Buch mit dem unbeschreibbaren Gefühl aus der Hand legt, für immer eine Wandlung erfahren zu haben."

Dieses Buch von Ernie K. kann aus den abgedroschenen Banalitäten über den sogenannten Alkoholismus, die seit 1849 verkauft werden, herausführen und vielleicht hinlenken zu einer Identifikation und Einsicht, daß wir schlußendlich *alle* Alkoholiker im übertragenen Sinne dieser Bezeichnung sind, hilflos, richtungslos, aber auch sehnsüchtig ringend, wie besoffen nach dem Sinn in dieser Welt suchend.

Das Wort des senegalesischen Stammes der Woluf *„Nit nit, ay garabam - Der Mensch ist des Menschen Arznei"*, ein direkt paracelsisch klingendes Wort, wird in Ernie K.'s bewegenden Tagebuchaufzeichnungen erlebbar.

Dr. med. Walther H. Lechler
Neuropsychiatrie, Psychotherapie

Bad Herrenalb, im Mai 1994

---

* *Bei Zitaten aus der amerikanischen AA-Literatur ist jeweils die Seitenzahl der amerikanischen und nach dem Schrägstrich / die Seitenzahl der deutschen Ausgabe genannt.*

Wie ich zum Schreiben dieses Tagebuchs kam

Es wird nicht verborgen bleiben, daß ich, der Autor dieses Tagebuchs, Mitglied der Anonymen Alkoholiker (AA) bin, obwohl ich zunächst in einer anderen Gruppe der A-Bewegung mit dem Zwölf-Schritte-Programm in Berührung kam.

Als es den Eigennamen „Anonyme Alkoholiker" noch gar nicht gab, praktizierten die ersten Mitglieder dieser Gemeinschaft bereits eine Lebensweise, die man mit „One day at a time - Ein Tag auf einmal" oder „Just for today - Nur für heute" oder „Make today count - Mach', daß dieser Tag zählt" beschreiben könnte. Sie waren die unmittelbaren Vorgänger, aus denen die heutigen Gruppen von Al-Anon (Angehörige von Alkoholikern), EA (Emotions, emotionale Gesundheit), OA (Overeaters, Eßsucht), NA (Narcotics, Drogensucht), GA (Gamblers, Spielsucht), AS (Sexaholics, Sexsucht), EKA (Erwachsene Kinder von Alkoholikern) usw. entstanden, die mit den gleichen Zwölf Schritten den Weg der Genesung gehen.

Im Amerikanischen heißt Tagebuch *journal* und Reise *journey*. In beiden Worten steckt das französische *jour* - Tag. Ein Journal zeichnet die Ereignisse des Tages auf und *journey* bezeichnete ursprünglich die Wegstrecke, die man an einem Tag zurücklegen konnte. Dieses Tagebuch erzählt also die Geschichten vieler solcher Tagereisen. Weil es bei dieser Reise mehr um meine Lebensweise und meine Eindrücke als um die vorkommenden Orte und Personen geht, ist es natürlich ein sehr privates Tagebuch geworden. Dennoch habe ich mich zur Veröffentlichung entschlossen. Dabei ließ ich mich von zwei AA-Traditionen leiten:

Die Elfte Tradition empfiehlt, meine *persönliche Anonymität in der Öffentlichkeit zu wahren* und *mehr durch Anziehung als durch Werbung* zu wirken. Ich bleibe daher als Autor namenlos und werbe für nichts als die Anziehungskraft, die die AA-Lebensweise ausüben kann. Noch mehr hoffe ich, daß meine Leser - ob nun als skeptische Beobachter oder als glühende Mitstreiter - meinen Wunsch erkennen mögen, *Prinzipien vor Persönlichkeiten zu stellen*, wie die Zwölfte Tradition empfiehlt, denn die Reise ist hier wichtiger als die Reisenden. Es liegt ein tiefer Sinn in dem Grundsatz, daß *Anonymität die spirituelle Grundlage aller unserer Traditionen* ist. In AA soll niemand arbeiten, um für sich selbst Ruhm zu erlangen oder von anderen geehrt zu werden. Aber er soll eingebettet in den Schutz der Anonymität seine Erfahrung und sein Verständnis des Spirituellen, das er auf seinem Weg gewonnen hat, mit anderen teilen.

Vor einigen Monaten passierte es mir zum ersten Mal in meiner mehrjährigen Trockenheit, daß ich gebeten wurde, mich weniger den Neuen zu widmen, sondern mich als Sponsor um das Sorgenkind unserer Gruppe zu kümmern, das immer wieder rückfällig wurde. Pete, mein Schützling, gab bereitwillig zu, daß er mich als Sponsor auserkoren hatte, weil er meine Nüchternheit nicht gerade überwältigend fand. „Du bist mir ziemlich ähnlich", sagte er, „der Unterschied ist nur, daß du nicht trinkst. Aber es wäre möglich, daß du mich wenigstens so weit bringst, wie du jetzt schon bist und mir zu einer dauerhaften Trockenheit verhilfst."

Das war ein zweifelhaftes Kompliment, denn damit sagte er ja zwischen den Zeilen, ich sei zwar trocken, aber „trocken besoffen". Das heißt, ich würde zwar nicht trinken, sei aber von der Nüchternheit noch weit entfernt. Nüchternheit ist mehr als Abstinenz vom Suchtmittel, sie schließt gesundes Denken, Fühlen und Handeln mit ein. Ich war ihm trotzdem dankbar, weil er das so ehrlich rüberbrachte. Ehrlichkeit ist ja der einzige Boden, auf dem Nüchternheit wachsen kann. Vielleicht war es mehr als Zufall, daß meine eigene Ehrlichkeit bald auf die Probe gestellt werden sollte. Im Gespräch versuchte ich Pete zu überreden, er solle 90 Tage lang jeden Tag ein Meeting besuchen. Er fragte zurück, ob ich das jemals selbst gemacht hätte. Als ich damals zu AA kam, hieß die Empfehlung an mich, zu 30 Meetings in 30 Tagen zu gehen. Ich habe es getan. Es klappte, denn seitdem habe ich keinen einzigen Schluck Alkohol mehr getrunken und auch keine anderen bewußtseins-verändernden Drogen mehr zu mir genommen.

Aber, wie gesagt, Nüchternheit ist mehr als nur „trocken" zu sein. Insofern kam mir diese Möglichkeit, die Rolle des Sponsors zu übernehmen, sogar gelegen, denn damit war ich gezwungen, selber etwas zu unternehmen. Ich war langsam aber sicher am *Ver*trocknen. Nüchternheit konnte man das kaum noch nennen. Die große Euphorie war vorbei, die rosaroten Wolken hatten sich in meinem zweiten trockenen Jahr verflüchtigt. Das quälende Gefühl innerer Leere, das ich schon zur Genüge aus der Saufzeit kannte, kehrte zurück und nahm an Intensität zu. Ich ging zwar noch mindestens einmal pro Woche ins Meeting, gewöhnlich zweimal, oft sogar dreimal. Aber immer öfter blieb diese Leere zurück. Ich machte keine Fortschritte mehr, trat auf der Stelle. Es wurde schlimmer statt besser. Oft hatte ich den Eindruck, etwas tun zu müssen, aber es blieb beim guten Vorsatz.

Meinen Freunden in der Gruppe blieb das natürlich nicht verborgen. Es mangelte auch nicht an Angeboten, was zu tun wäre, wenn ich wieder einmal meinen Zustand bejammerte. Ich war ja sogar bereit, Ratschläge von Leuten anzunehmen, denen ich vertraute. Aber was ich da von allen Seiten zu hören bekam, gefiel mir nicht. „Du vernachlässigst das Spirituelle!" war die immer wiederkehrende Aussage. Nun war mir schon klar, daß „Spiritualität" nicht von „Spirituosität" kommt und auch nichts mit Spiritismus, Kaffeesatzlesen und Dämonen zu tun hat, sondern ganz im Gegenteil mit dem Geist der Genesung, mit dem „*heil*-igen, göttlichen Geist". Aber genau das schreckte mich ja, denn ich war - wenn überhaupt - nur auf eine sehr unkonventionelle Art gläubig.

Da war es mir eine große Entlastung und Anlaß zur Hoffnung, daß unser Mitbegründer Bill W. offenbar auch so ein seltsamer Kauz war wie ich. Trotzdem konnte er ein nüchternes Leben beginnen und aufrechterhalten. Damit tröste ich mich heute noch.

Kurz und gut, ich habe auch einen Sponsor. Ihm erzählte ich das alles. Er heißt Paul. Als ich ihm berichtete, ich hätte Pete empfohlen, 90 Meetings in 90 Tagen zu machen, meinte er: „Dann zupf' dich mal an deiner eigenen Nase. Wühle nicht soviel in der Erforschung der AA-Geschichtsschreibung herum, sondern verwende deine Energie lieber dazu, die Zwölf Schritte durchzuarbeiten. Da kannst du dich austoben."

Paul hatte den Punkt getroffen. Ich wußte, daß er garantiert recht hatte, sonst hätte es nicht so weh getan. Es ist immer dieses berühmte Körnchen Wahrheit, das uns schmerzhaft mit der Nase darauf stößt, wo der wunde Punkt bei uns ist, wo wir Heilung brauchen, wo Genesung möglich ist! Wenn es heißt „im Programm wirken bzw. arbeiten", dann bedeutet das für mich auch, viel über AA zu lesen und darüber nachzudenken.

Pauls Bemerkung veranlaßte mich, noch einmal von vorn anzufangen und - ganz für mich, meiner eigenen Nüchternheit zuliebe - das Kärtchen mit den darauf gedruckten Zwölf Schritten zu lesen, dann das ganze *Blaue Buch, Anonyme Alkoholiker* und dann den Kommentar dazu - *Zwölf Schritte, Zwölf Traditionen*. In diesem Zusammenhang kam ich auch dazu, mein Unternehmen 90 Tage / 90 Meetings zu starten, ganz so, wie ich es Pete geraten hatte. Aber ich tat es unabhängig davon, ob er mitgehen würde oder nicht, nur um meiner selbst willen, für meine eigene Nüchternheit. Wie heißt es am Ende des elften Kapitels im *Blauen Buch* (S.164/192)? „*The answers will come if your own house is in order. But obviously you cannot transmit something you haven't got.* - Die Antworten werden kommen, wenn dein eigenes Haus in Ordnung ist. Denn es ist klar, daß du nichts weitergeben kannst, was du selbst nicht hast."

Aus irgendeinem Grund, von dem ich nicht sicher bin, ob ich ihn verstehe, sah ich meine Bestrebungen von Anfang an als einen in tägliche Etappen aufgeteilten Weg an. Dies erklärt vielleicht, weshalb in den jeweiligen Tagesberichten verschiedenste Themen scheinbar zusammenhangslos aneinandergereiht werden. Viele Leute nehmen, wenn sie verreisen, ihre Kamera mit. Ich auch. Doch statt zu fotografieren, halte ich meine Schnappschüsse schriftlich im Tagebuch fest. Ich bin nun mal jemand, der gerne liest. Und es erforderte auch ein gewisses Maß gesunder

Disziplin, die Flut meiner Eindrücke und Gedanken durch Niederschreiben zu *Erfahrung, Kraft und Hoffnung* zu verarbeiten.

Also setzte ich mich jeden Abend, öfter jedoch erst am folgenden Morgen, hin und begann schreibend den neuen Tag. Im Rückblick darauf, wo ich überall gewesen bin, kann ich besser verstehen, wo ich gerade bin und mich folglich bewußter meinem nächsten Ziel zuwenden. Mir ins Gedächtnis zu rufen, was ich gestern sah, hilft mir, klarer zu sehen, was heute auf mich zukommen könnte.

Mit dem Tagebuch-Schreiben hatte ich schon einmal auf dem Gymnasium angefangen. Es war aber dem Suff zum Opfer gefallen. Ich glaube, ich wollte dann auch gar nicht mehr wissen, wo ich war und wie es um mich stand. Während dieser langen Jahre ekelte mich mein bisheriges Leben an. Obwohl ich furchtbare Angst davor hatte, war mir nur allzu klar, daß ich schnurstracks auf die Gosse zusteuerte. Als ich zum Entzug in die Klinik mußte, war ich fertig, zerbrochen, am Tiefpunkt. Eins der größten Geschenke meiner heraufdämmernden Nüchternheit war, daß ich wieder anfangen konnte, Tagebuch zu schreiben.

Ein Tagebuch - zumindest das meine - ist eine Art Austausch mit einem imaginären Gegenüber. Während meiner Schulzeit war das der Klassenlehrer gewesen, oder ein Schriftsteller, den ich verehrte. Später in der Klinik redete ich in meiner Vorstellung mit meinem Rechtsanwalt, mit Gestalten aus der AA-Gbeschichte oder mit Leuten, deren Story ich im Meeting gehört hatte.

Unerklärlicherweise schienen dieses Mal jedoch die heimlichen Empfänger meiner Botschaften weit weggerückt zu sein. Also für wen schrieb ich eigentlich? Vorübergehend glaubte ich, für Paul, meinen Sponsor, oder für Pete, meinen Schützling, schreiben zu sollen. Aber so ging es einfach nicht.

Ich wandte mich wieder dem „Blauen Buch" der AA zu und entdeckte, worum es ging (S.84/97)*: „We have entered the world of Spirit - Wir haben die Welt des Geistes betreten", heißt es da im sechsten Kapitel im Zusammenhang mit dem Zehnten Schritt. Und da ist der Geist der Genesung gemeint, ein *ganz*machender, *heil*ender, *heil*iger Geist. Ungeachtet meiner Zweifel und meines Zögerns sollte ich wohl meine Höhere Kraft besser kennenlernen, so wie es mir das AA-Programm empfahl, ja dringend nahelegte. Meine Ahnung wurde zur zweifelsfreien Gewißheit, als ich auch noch in „Zwölf Schritte, Zwölf Traditionen" nachschlug.

Zu Gott zu sprechen hatte für mich den gleichen arroganten Beigeschmack, wie *für* Gott zu sprechen. Vielleicht reagierte ich so sauer, weil ich letztlich in der Saufzeit beides versucht hatte. Vielleicht war es der Ausgleich dafür, daß ich nicht gerade ein ruhiger, stiller Typ bin, daß mir meine Höhere Kraft immer so vorkam, als hülle sie sich in Schweigen. Verstrickt in solcherlei Befürchtungen und im Bemühen, sie loszuwerden, fand ich mich immer wieder mit den Schritten konfrontiert. Nicht einmal so sehr mit den Schritten Drei und Elf, wo es noch abmildernd heißt *Gott, wie wir ihn verstanden,* sondern ausgerechnet mit Schritt Sechs und Sieben. Schließlich konnte ich mich dazu durchringen, mit meiner Höheren Kraft über meine Charakterfehler und deren Beseitigung zu sprechen. Der Elfte Schritt empfiehlt ja, durch Gebet die bewußte Verbindung zu Gott zu vertiefen. Mir begann tatsächlich zu dämmern, daß dies wahrscheinlich der einzig gangbare Weg war, um *völlig bereit zu werden* und *Ihn demütig zu bitten, meine Mängel von mir zu nehmen.*

Indem sich mein Tagebuch Seite um Seite mit den Ereignissen der „90 Tage - 90 Meetings"-Reise füllte, kam ich dazu, den Sechsten und Siebten Schritt meines AA-Programms im Licht des neu gewonnenen Verstehens vom Zehnten und Elften Schritt zu betrachten. Diese Tagebuch-Seiten sind jedoch höchstens im weiteren Sinne eine *fortgesetzte Inventur* im Zehnten Schritt. Ich würde mich auch nicht dazu versteigen, daß meine Zeilen gar *Gebet und Meditation* darstellten. Sie bieten nur ganz einfach die täglichen Logbuch-Eintragungen über einen Teil des Genesungsweges eines „überstudierten, staubtrockenen, genesenden Alkoholikers" - so wurde ich genannt. Ich habe die Hoffnung, weiterzukommen in Richtung auf das, wovon ich hoffe, daß es Fortschritt ist - nicht Perfektionismus. „We claim spiritual progress rather than spiritual perfection. - Uns ist innerlicher Fortschritt wichtiger als innerliche Vollkommenheit." Oder wörtlicher übersetzt: Wir fordern /streben an/ beanspruchen spirituelles Vorgehen/ Vorwärtsgehen mehr als spirituelle Perfektion. (S.60/69).

Der Weg ist das Ziel! Im großen und ganzen verlief meine Reise recht erfreulich, manchmal erwies sie sich auch als schmerzlich, immer war ich im Innersten angerührt und ergriffen.

Wie kam es nun dazu, daß diese bruchstückhaften Notizen 1984 veröffentlicht wurden? Das war nicht leicht, schon gar nicht für mich. Jedes Tagebuch hat privaten Charakter, aber nicht die Tatsache, daß ich eins führe. Ich halte es für einen unverzichtbaren Bestandteil meines fortschreitenden Wachstums, daß ich meine Gedanken meinen Freunden mit*teile*. Einer dieser Freunde arbeitet bei einem Verlag. Für ihn lag es auf der Hand, daß nach dem Zehnten und Elften unweigerlich der Zwölfte Schritt folgen muß, in dem vom Weitergeben die Rede ist. Wir sollten uns damit beschäftigen und im täglichen Leben verwirklichen.

Ich bin vorsichtig damit, bereits ein *spirituelles Erwachen* für mich in Anspruch zu nehmen. Wenn es nicht im Zwölften Schritt des Programms der Anonymen Alkoholiker so stünde, würde ich eher dazu neigen, den Kopf in den Sand zu stecken und zu bestreiten, daß es das überhaupt gibt. Obwohl ich also glaube, noch nicht so weit zu sein, weiß ich doch von AA, daß das *Weitergeben der Botschaft* Bestandteil meiner Nüchternheit sein *muß*. Wir können nur behalten, was wir weitergeben. Natürlich tue ich das auch, wenn ich in den Meetings rede; und ab und zu werde ich zu Hilfe gerufen von jemandem mit akuten Alkohol-Problemen. Die Amerikaner nennen das einen „twelfth step call" - einen (meist telefonischen) Ruf (zum Dienst) im Zwölften Schritt. Aber, so betonte mein Freund, ich könne den Zwölften Schritt auch tun, indem ich den Inhalt meines Tagebuchs mit ihm und anderen teile, unter Weglassung der absolut persönlichen Einzelheiten.

Diese Seiten werden so schlicht dargeboten, wie sie geschrieben wurden, als eine Art Selbstgespräch oder manchmal als Gespräche mit der Höheren Kraft. Sie handeln von den tagtäglichen kleinen Schritten auf dem Weg der Nüchternheit, von der Lebensweise der Anonymen Alkoholiker, die mir oft noch viel zu wenig vertraut ist. Ich habe auch die Rückschläge und verpaßten Anschlüsse, wie sie wohl bei jeder Reise vorkommen, aufgezeichnet. Ebenso habe ich die bereits vertrauten Ansichten und die neuen Entdeckungen schriftlich festgehalten, die jede Reise zu einer Herausforderung werden lassen, dazuzulernen, zu wachsen, den Horizont zu erweitern und das Leben zu genießen. Nun, da die Veröffentlichung bevorsteht, kann ich nur sagen: Wenn dieses Tagebuch meiner Reise irgendwann einem der Leser auf seinem eigenen Weg eine Hilfe sein könnte, wäre ich glücklich. Denn die Erfahrung, Kraft und Hoffnung der Anonymen Alkoholiker besagt: **Nur du allein kannst es schaffen, aber du schaffst es nicht allein!**

Ernie K.

Der 1. bis 13. Tag ist im Band 1 veröffentlicht.

ca. 100 Seiten, 13x20,5cm

ISBN 3-930657-20-1

14. Tag / Wechselbeziehung der Ehrlichkeit

Thales[1] wurde einmal gefragt, was für den Menschen am schwierigsten sei; er antwortete: sich selbst zu kennen.

- Diogenes Laertius[2]

Es ist ebenso leicht, sich selbst zu betrügen, ohne es zu merken, wie es schwer ist, andere zu betrügen, ohne daß sie es merken.

- La Rouchefoucauld[3]

„WAS IST DER WICHTIGSTE TEIL von jedem A.A.-Meeting?" Ich kann mich noch erinnern, wie mir Phil, mein erster Sponsor, diese Frage eines Abends stellte, als wir nach Hause fuhren. Obwohl mein Kopf vom letzten Rausch noch ziemlich benebelt war, gab ich mir große Mühe, die Antwort zu finden, die er zu erwarten schien. Das Gelassenheitsgebet? Die Geschichten? Die freundliche Begrüßung jedes Teilnehmers, wenn er sich als Alkoholiker vorstellte? Phil hörte ruhig zu, bis mir nichts mehr einfiel. Dann brachte er es noch ruhiger auf den Punkt, den ich an dem Abend brauchte: „Der wichtigste Teil eines A.A.-Meetings ist für dich der Moment, in dem du zur Tür hereinkommst."

Phils Weisheit geht mir wieder im Kopf herum. Sie wurde durch etwas wachgerufen, das ich gestern abend beobachtete. Ich identifizierte mich mit einem nicht gerade glücklichen Ereignis von „damals". In den meisten Meetings, die ich gerade besuche, sehe ich immer wieder einen Neuen. Im Gespräch erzählte er mir, daß er nicht versucht, zu neunzig Meetings in neunzig Tagen zu gehen und auch nicht zu dreißig Meetings in dreißig Tagen. Er schaut sich nur so um.

Manchmal ist es vernünftig, einfach nur herumzuschauen. Doch die Art, wie dieser Neue damit umgeht, macht mir Sorgen. Ich habe es nämlich am Anfang genauso gemacht, und das war ein Fehler. Eine Minute, bevor es losgeht, kommt er ins Meeting gehetzt und ist wie der Blitz verschwunden, wenn es zu Ende ist. Ihm entgeht eine Menge, und er weiß es nicht einmal.

Ich weiß, ich sollte nicht seine Inventur machen - vielleicht arbeitet er lange, oder er muß zur Spätschicht, oder vielleicht hat er eine kranke Frau oder ein Kind zu Hause. Ich hatte allerdings keine Entschuldigung dafür, als ich damals dasselbe tat. In Wirklichkeit verstand ich einfach nicht das Wesen eines A.A.-Meetings.

Phil nahm mich eines Tages beiseite und erklärte mir das, einige Wochen, nachdem er mir sein Argument mit dem „Moment, in dem du zur Tür herein kommst" nahegebracht hatte. „Du scheinst alle Formalien von

Sprecher- und Diskussions-Meetings zu kennen", bemerkte Phil. „Aber jedes Meeting hat zwei Teile - das, was in ihnen passiert und das, was vorher und besonders hinterher geschieht. Für eine gute Nüchternheit brauchen die meisten von uns beide Formen von Meetings. Ebenso brauchen besonders die Neuen beide Teile von dem, was ein A.A.-Meeting wirklich ist - vielleicht, um überhaupt erst einmal nüchtern zu werden."

Phil hatte meinen wunden Punkt sicherlich bewußt angesprochen. Während meiner letzten Entgiftung war mir etwas aufgefallen: Die A.A.s, die mich im Krankenhaus besuchten und mit mir die Zwölf Schritte durcharbeiteten, die Freunde, die all ihre Zeit und Liebe für einen Kerl aufbrachten, der gerade bei A.A. ausgeschert war, das waren diejenigen, die immer schon da waren, wenn ich ins Meeting kam, und die immer noch da waren, wenn ich ging. Natürlich fiel es mir leicht, in dieser Gruppe zu sein, wenn man bedenkt, wie sparsam ich meine Zeit für A.A. bemaß.

Und so fing ich an, etwas zu lernen: Ich dachte über diese Zeit nach, in der jegliche Kraft und Hoffnung zu fehlen schien, und ich hörte Phils Kommentaren zu. Während der Meetings, in der Zeit zwischen dem Gelassenheitsspruch und dem Vaterunser, teilen wir miteinander hauptsächlich deshalb unsere Erfahrung, Kraft und Hoffnung, um uns miteinander identifizieren zu können und voneinander zu lernen. Das ist nicht bloß gut, das ist sogar notwendig: Identifizierung ist die einzige Möglichkeit oder zumindest der beste Weg, wie sich Menschen, die an einer chronischen Erkrankung im Sinne von Alkoholismus leiden, über das austauschen können, was für sie von wahrer Bedeutung ist. Es ist der einzige Weg, auf dem wir wirklich Erfahrung, Kraft und Hoffnung teilen - das heißt geben und nehmen - können.

In den Meetings zeigt sich ein weiteres Symptom der Gegenseitigkeit - ein Anzeichen unseres Bedürfnisses, zu geben und zu nehmen - das auf Erfahrung, Kraft und Hoffnung beruht. Erzählt zum Beispiel jemand seine Geschichte, so wird anschließend unweigerlich jemand kommen und sagen: „Danke für das, was du gesagt hast - das hat mir wirklich geholfen." Und ebenso unweigerlich kommt jemand anderes und sagt: „Zu dem, was du gesagt hast - ich meine, ich kann dir vielleicht helfen." Diese Erfahrung ist eine wirksame Erinnerung an die Gegenseitigkeit unseres Gebens und Nehmens.

Aber es gibt noch eine andere Gegenseitigkeit - ein Geben durch Nehmen, ein Nehmen durch Geben - und das geht tiefer. Das zeigt sich am deutlichsten in den Dingen, die vor und besonders nach dem Meeting geschehen. Ich befragte einmal einen Oldtimer über seine Beteiligung an den Meetings - warum er so häufig und so regelmäßig kommt - da doch offensichtlich kaum eine Gefahr besteht, daß er wieder trinkt.

Ben erklärte mir als erstes, daß ein Alkoholiker eben ein Alkoholiker sei. Der Tag, an dem der Alkoholiker vergißt, daß er sehr leicht wieder anfangen könnte zu trinken - der Tag an dem er sicher ist, daß er nicht trinken wird, und deshalb vergißt, um Hilfe zu bitten - ist meistens auch der Tag, an dem er oder sie wieder trinkt. Denn ein Alkoholiker ist eben ein Alkoholiker. Aber nachdem er das klargestellt hatte, gab Ben sofort auch zu, daß dies nicht der einzige Grund war, warum er so viele Meetings besuchte.

Ben erinnerte mich daran, daß Ehrlichkeit die Grundlage der Nüchternheit ist. Und es ist niemals leicht, uns selbst gegenüber ehrlich zu werden, obwohl es sehr wichtig ist. Uns selbst gegenüber Ehrlichkeit zu entwickeln, ist ein fortwährender und nie endender Prozeß. Das wollte uns schon das Orakels von Delphi mit dem Ratschlag „Erkenne dich selbst" vermitteln. Nach Auffassung der alten Griechen waren diejenigen Menschen gut, die ihr ganzes Leben lang diesem Rat zu folgen versuchten. Die schlechten Menschen schienen ihr Leben dem Versuch zu opfern, ihn zu umgehen - meist, indem sie sich und anderen vortäuschten, daß sie ihn ein für allemal erfüllt und vollkommene Ehrlichkeit sich selbst gegenüber erlangt hätten.

Die Ausführungen in A.A.'s „Wie es wirkt"[4] erinnern uns daran, daß wir keine „Vollkommenheit" erreichen können. Aber wir müssen versuchen, in den spirituellen Tugenden voranzukommen - um den antiken Begriff zu gebrauchen. Aber wie können wir tatsächlich etwas erreichen - zum Beispiel mit *Ehrlichkeit*? Nun, die Erfahrung lehrt uns - und A.A. bestätigt das sicherlich - daß wir mit uns selbst ehrlich werden, indem wir anderen gegenüber ehrlich sind. Und natürlich können wir anderen gegenüber nur dann ehrlich sein, wenn wir vor uns selbst ehrlich sind.

Das ist ein Heilungsprozeß und kein Teufelskreis. Alles beginnt mit dem Wort *Alkoholiker* - wenn wir laut und deutlich zu einem anderen sagen: „Ich bin ein Alkoholiker." Einerseits sagen wir das erst, wenn wir es selbst glauben. Andererseits glauben wir es erst dann, wenn wir es sagen. Aber das ist nur der Anfang unserer Ehrlichkeit, wenn wir in der Nüchternheit wachsen wollen. Wir müssen Fortschritte in dieser rettenden Ehrlichkeit machen, indem wir sie ständig üben - indem wir erzählen, was wir über uns selbst herausgefunden haben, denn das ist unsere einzige Möglichkeit, um zu erfahren, was wir von uns selbst wissen.

Der Zehnte Schritt von A.A. erfaßt diese Einsicht, wie mir scheint. Dieser Schritt hat zwei Teile, und beide gemeinsam spiegeln die Wechselbeziehung zwischen der Ehrlichkeit gegenüber sich selbst und gegenüber anderen wider. „Wir setzten unsere Inventur fort, und wenn wir Unrecht hatten, gaben wir es sofort zu."[5] Wir machen eine Bestandsaufnahme, um uns selbst besser kennenzulernen. Doch wenn wir diese Selbsterkenntnis erlangen, müssen wir sie jemandem mitteilen. Umgekehrt führt die Mitteilung jeglicher Selbsterkenntnis zu gründlicherer Selbsterkenntnis, und deshalb zu einer tiefer gehenden Ehrlichkeit mit uns selbst.

Es gibt natürlich viele weitere Gründe für den Wortlaut dieses Schrittes: Niemand wird je die tiefgründige Weisheit, die in jedem Schritt der A.A.-Lebensweise enthalten ist, in einer einzigen, engstirnigen Vorstellung einfangen, schon gar nicht den Begriff der Ehrlichkeit. Aber mir scheint, daß diese Wechselbeziehung der Ehrlichkeit ein Stückchen Weisheit dieses Zehnten Schrittes ist, die mich zum Wachstum anregt. Und ich schlage nicht nur durch meine Inventur eine Brücke zu dieser Weisheit, sondern auch durch die Meetings. Besonders durch die Gespräche, die vor und nach den Meetings stattfinden, denn sie gehören zu der gesamten Meeting-Erfahrung von A.A. dazu. Unglücklicherweise sind sie ein Teil der Meetings, den sich viele Neue, und mitunter auch nicht ganz so Neue, aus Unwissenheit entgehen lassen.

Weil ich mir das selbst zu lange entgehen ließ, als ich neu war, bete ich jetzt darum, daß der Neue, mit dem ich mich gestern abend identifiziert habe, mir das nicht gerade nachmacht. Das A.A.-Programm erfordert Ehrlichkeit, doch das ist nur die halbe Geschichte: Die Gemeinschaft von A.A. ermöglicht diese Ehrlichkeit, wenn wir die Chance wahrnehmen. Wenn wir früher kommen und länger bleiben, werden wir dafür aufgeschlossen: Das möge jeder Neuling auf weniger schmerzhafte Weise lernen als ich selbst.

Anmerkungen des Übersetzers:

[1] Thales von Milet, griechischer Philosoph, geboren um 625, gestorben 545 v. Chr.; einer der „sieben Weisen", gilt seit Aristoteles als Begründer der Philosophie. Er hatte astronomische Interessen: Voraussage der Sonnenfinsternis von 585 v. Chr. Seine Weltentstehungslehre (Kosmogonie) behauptet, daß die Erde aus dem Wasser entstanden ist. Der *Thalessatz* besagt, daß der Peripheriewinkel über dem Halbkreis 90° beträgt.

[2] Diogenes Laertius (2./3. Jahrhundert). Griechischer Philosoph. Schrieb eine bedeutende Geschichte der Philosophie in der Antike.

[3] La Rouchefoucauld, Francois VI, Herzog von Rouchefoucauld und Prince de Marcillac (1613-1680); Schriftsteller und Offizier. Nachfahre des französischen Adelsgeschlechtes, das erstmals im 11. Jahrhundert mit Sire de la Roche du Foucauld nachgewiesen wurde. Francois IV. wurde wegen Intrigen gegen Richelieu verbannt, später jedoch rehabilitiert. Seine Schriften vermitteln ein pessimistisches, psychologisch begründetes Bild des Menschen, dessen als tugendhaft angesehene Handlungen allein der Selbstsucht entwachsen. Gilt als Vollender der literarischen Gattung der Maxime in Frankreich und ist für die französische Literatur von großer Bedeutung. [Grand Larousse Universel. Libraire Larousse, Paris 1989].

[4] Vgl. *Alcoholics Anonymous*: 58/67.

[5] Vgl. *Alcoholics Anonymous*; 59/69: „Continued to take personal inventory and when we were wrong promptly admitted it."

15. Tag / A.A.-Gespräche

Mittlerweile, daheim auf der Ranch ...

- Owen Wister[1]

ZEITIG IN MEETINGS ZU KOMMEN und länger zu bleiben hat einen zweiten Vorteil: Man entdeckt das Wesen dessen, was einer meiner frühen Sponsoren „A.A.-Gespräche" nannte.

„A.A.- Gespräch" ist kein Fachbegriff. Soviel ich weiß, taucht der Begriff nirgendwo in der Literatur der Gemeinschaft auf. Es ist eher ein Kürzel für jeden Austausch, der durch die A.A.-Denkweise geprägt ist und die A.A.-Lebensweise fördert und unterstützt. Diese Unterhaltungen gewinnen ihre Qualität weniger durch ihren Inhalt, durch das, worüber geredet wird, als durch ihren Stil, die Art, wie jedes Thema angegangen wird.

Humor, zum Beispiel, ist häufig charakteristisch für A.A.-Gespräche. Selten betrifft A.A.-Humor die Trinkerei oder die Nüchternheit direkt, sondern er hebt eher die Ungereimtheiten des Lebens hervor. In A.A.-Gesprächen, wie ich sie verstehe, reden die Beteiligten nicht *über* A.A., sondern *von* dieser Lebensweise - und wenden dadurch die Grundsätze der Zwölf Schritte auf „all ihre Angelegenheiten" an.

Als mein erster Sponsor mich in das Konzept der A.A.-Gespräche einführte, hatte ich gerade sechs bis acht Monate angehende Nüchternheit hinter mir. Mir fällt ein, daß er mir den Gedanken weniger mit Worten, als mit den Händen erklärte. Sam hatte eindrucksvolle Hände: Sie zu sehen, sogar in Ruhestellung, erinnerte mich an Dürers[2] berühmten Holzschnitt der „Betenden Hände". Wenn ich mich recht an seine Worte entsinne, befaßten sie sich mit „Ganzheit finden, indem man die Dinge als Ganzes sieht"[3]. Seine Gestik beim Sprechen blieb mir jedoch viel lebhafter in Erinnerung. Diese wunderschön gefurchten Hände, die den leeren Raum zerschnitten und die Luft ins Gleichgewicht zu bringen schienen, führten mich dazu, seinen Standpunkt zu begreifen - und ein Stück Wirklichkeit zu erfahren, das mir half, noch viel mehr über die Reichtümer der Genesung zu lernen, die das Programm und die A.A.-Gemeinschaft bereithalten. Die bloßen Worte erscheinen ohne diese Hände armselig. Aber dieser Gesichtspunkt ist so wichtig, daß ich ihn in diesem Tagebuch einfach erwähnen muß. Er steigerte meine Nüchternheit so sehr, daß ich mich daran festhalten will, wenn auch nur in Worten.

Als Alkoholiker, und vielleicht auch als Menschen, werden wir nur geheilt - werden wir ganz und vollständig - wenn wir Gesamtheiten suchen und finden, wenn wir das ganze Bild betrachten, wenn wir die Dinge im Zusammenhang sehen. Bei A.A. kommt diese schwierige und doch notwendige Fähigkeit in erster Linie dadurch zur Geltung, daß wir unsere Geschichten erzählen, anderen zuhören und lernen, in Geschichten zu denken. Eine Geschichte ist in gewissem Sinne immer ganz. Zumindest spiegelt sie soviel Ganzheit, wie wir als Menschen verstehen können.

Geschichten vermitteln also etwas wie „chronologische" Ganzheit. Aber mitunter wird unser Leiden[4] - unser Gebrechen der Entfremdung - „akut". Bei solchen Anlässen, wenn es eher die alltäglichen Ereignisse und nicht die größeren Schicksalsschläge im Leben sind, die uns aus der Bahn zu werfen drohen, brauchen wir solch eine stark zusammengefaßte Erinnerung an die größeren Wahrheiten, die uns durch „ganze Geschichten" nahegebracht werden. Und das ist es, was A.A.-Gespräche vermitteln.

An dem Abend, als Sam mir das erste Mal diesen Gedanken erklärte, wurde mir bewußt, wie stark mich seine Arbeiterhände an die präzise, feine Gestik jenes Professors erinnerten, der mir vor langer Zeit die Grundbegriffe der griechischen Sprache beibrachte. Plötzlich wurde mir klar, daß mir beide dieselbe Wahrheit zeigen wollten. Jahrzehnte zuvor hatte mein akademischer Mentor behauptet, der größte Beitrag der alten Griechen zur Zivilisation bestünde in den beiden nicht übersetzbaren Partikeln *men* und *de*. Die Übersetzung, die am nächsten kommt, ist vielleicht „einerseits" und „andererseits". Doch wie die klassischen Griechen diese Partikel benutzten, das war echt „Klasse". Obwohl die antike Kultur eine geschriebene Sprache besaß, setzte sich ihre Gesellschaft aus Menschen zusammen, die in erster Linie Geschichtenerzähler waren. Ihre großartige Literatur erzählt nicht bloß Geschichten, sondern diese Geschichten handeln oft von Menschen, die einen großen Teil ihrer Zeit damit verbrachten, *ihre* Geschichten zu erzählen.

Soviel ich weiß, würde ein griechischer Geschichtenerzähler seine Erzählung von einer Begebenheit gewöhnlich mit dem Partikel *men* beginnen. Dann würde er fortfahren - für Stunden oder für Seiten über Seiten - und weiter dieses Ereignis beschreiben, aber die Leser oder Zuhörer wußten die ganze Zeit, daß früher oder später das *de* kommen würde: die Beschreibung dessen, was gleichzeitig auch noch passierte und ebenso wichtig war. Mein Griechischlehrer betonte, daß *men* und *de* die westliche Zivilisation lehrte, sich mit Urteilen zurückzuhalten und „die Kehrseite" zu suchen und zu sehen, die stets und zu jeder Gegebenheit dazugehört. Die Anwendung dieses Brauches förderte daher sowohl die Toleranz als auch das wirklich kultivierte Denken über die Komplexität, die allem menschlichen Handeln innewohnt.

In unseren A.A.-Gesprächen ist das *men* und *de* stillschweigend mit inbegriffen, und es half mir damals wie heute, darüber nachzudenken:

Es ist dem „mittlerweile" eines Schmocks bei weitem überlegen. Diese moderne Technik überrumpelt den Leser oft mit einer Art Schock und verrät, daß er daran erinnert werden muß, daß noch etwas anderes geschieht. Genau wie der A.A.-Stil stellt die griechische Methode auf subtile Weise sicher, daß dieses „andere Etwas" nie in Vergessenheit gerät und immer im Bewußtsein bleibt.

A.A.- Unterhaltungen bewirken das gleiche. Man stelle sich ein A.A.-Mitglied vor, das am Ende eines besonders harten Tages in ein A.A.-Meeting kommt. Er oder sie hatte Probleme mit dem Wagen und kam zu spät zur Arbeit; möglicherweise gab es Streit zu Hause, ein Kind ist krank geworden und ein anderes scheint ebenfalls irgendwelche Schwierigkeiten zu haben, und vielleicht gibt es noch mehr Probleme. Andere A.A.s stehen herum und hören aufmerksam zu, wie bei einer Tasse Kaffee die Leidensgeschichte dieses Tages nacherzählt wird, bis einer - ausnahmslos - das Wort ergreift: „Sicher, du hast einen harten Tag gehabt, aber wenigstens hast du nicht getrunken." Sein oder ihr Tag war, zumindest teilweise, ein Erfolg.

Ein anderes Mitglied, vielleicht sogar in demselben Meeting, erlebte genau das Gegenteil und hatte einen erfreulichen Tag. Er oder sie erzählt bei einer Tasse Kaffee, wie großartig diese vierundzwanzig Stunden waren: Es gab eine unerwartete Gehaltserhöhung, eine Tochter bekam gerade ein Stipendium für ein angesehenes College bewilligt, und in die Ehe scheint das wundervolle Glück der ersten Wochen zurückzukehren. Ebenso ausnahmslos sagt irgendein kaffeetrinkender Freund: „Ja, das ist sicher großartig. Aber vergiß nicht, daß du ein Alkoholiker bist und dich nur ein Schluck von dem Rausch trennt, der alles zunichte machen könnte."

Mit anderen Worten, die alten Griechen und nüchterne Alkoholiker teilen ein und dieselbe Weisheit und geben sie weiter. Nach dieser Vorstellung bedeutet das Mensch-Sein gewissermaßen in der Mitte zu sein: Notwendigerweise sind wir immer „sowohl-als-auch" und niemals „entweder-oder". A.A.'s Mitbegründer Bill W. drückte diese Einsicht häufig so aus: Wir brauchen jede Hilfe, die wir bekommen können, um unsere Höhen und Tiefen auszubügeln, denn „wir Alkoholiker neigen dazu, „alles-oder-nichts" Menschen zu sein"[5]. A.A.- Gespräche bringen das zustande. Da sie uns ständig auffordern, die Kehrseite der Medaille zu betrachten, gewinnen wir durch sie die Einsicht, daß die gesamte Wirklichkeit - und besonders unsere eigene Realität - stets zwei Seiten hat. Keine Wolke ohne Lichtblick, doch es gibt auch keinen Lichtblick ohne Wolke. So ist das Leben, und A.A.-Gespräche bringen uns in die Realität des Lebens zurück.

Abschließend kommt mir noch ein Gedanke in den Sinn. Er betrifft die Umsetzung meiner Erfahrung, Kraft und Hoffnung während dieser neunzig Tage in ein Tagebuch. Meistens notiere ich meine Gedanken spät in der Nacht, wenn ich vom Meeting nach Hause komme. Der Klarheit zuliebe überarbeite ich sie am nächsten Morgen im Licht meiner Tagesabschluß-Inventur des vorangegangenen Abends und mit der Dankbarkeit eines neuen Tages, an dem ich nicht trinken muß.

In diesem Zusammenhang denke ich am liebsten, daß dieses Tagebuch manchmal vielleicht eine Art A.A.-Gespräch mit meiner Höheren Kraft wiedergibt. Da mir diese Möglichkeit bewußt ist, denke ich hoffentlich stets daran, besser hinzuhören, wenn ich mir die Tagesereignisse durch den Kopf gehen lasse und überdenke, was jedes A.A.-Meeting für meine Nüchternheit bedeutet. Es tut mir gut, mich daran zu erinnern, denn meine Höhere Kraft spricht auf so viele verschiedene Arten zu mir, besonders durch A.A. Deshalb ist aufmerksames Zuhören immer eine wichtige Grundeinstellung - und wahrscheinlich ganz besonders für jemanden, der seine Einsichten in geschriebene Worte zu fassen versucht.

Anmerkungen des Übersetzers:

[1] Wister, Owen. Geboren am 14. Juli 1860 in Philadelphia, verstorben am 21. Juli 1938 bei Kingston, Rhode Island. Schriftsteller; kannte das Leben der Cowboys durch Aufenthalte im Mittleren Westen. Unromantische Darstellung in Anlehnung an R.L. Stevenson und R. Kipling. Hauptwerk: *The Virginian* (1902; Deutsch: „Der Virginier", 1955).

[2] Dürer, Albrecht (1471-1528). Nürnberger Goldschmied, Maler und Graphiker. Gesamtwerk: ca. 70 Gemälde, ca. 100 Kupferstiche, ca. 350 Holzschnitte und mehr als 900 Handzeichnungen. Häufig religiöse Thematik, zahlreiche Kirchen- und Schloßausmalungen. In Dürers Kunst vollzog sich der Übergang von der Spätgotik zur Renaissance. Kunsttheoretische Schriften zum Problem der Proportion. Gekrönt wurde seine Lebensarbeit durch die „Vier Apostel" (1526). Die *Betenden Hände* entstanden im Rahmen seiner Holzschn itt-Zyklen um 1511.

[3] *finding wholeness by seeing wholes.*

[4] *dis-ease*: Krankheit, Leiden; (wörtlich:) Nicht-leicht. [Alt-Französisch *desaise - dis* fehlende (Präfix für Mangel) + *aise* Gelegenheit; abgeleitet von Latein *adjacéns* Nachbarschaft, aus *ad* bei (nahe) + *jacére* liegen].

[5] Vgl. *As Bill Sees It* („Wie Bill es sieht"): 6, 59, 135, 214, 308.

16. Tag / Gebet und Meditation

Wissen über Gott, sei es in meditativer Besinnung oder durch theoretische Versuche erworben, liegt außerhalb der sprachlichen Möglichkeiten und erscheint paradox[1].

- Lesczek Kolakowski[2]

Als Computerwissenschaftler stimme ich mit Ionesco[3] *überein, der schrieb: „Nicht alles ist in Worten unsagbar, nur die lebendige Wahrheit."*

- Joseph Weizenbaum

WENN IRGENDEIN Thema dazu geeignet ist, in einem Diskussionsmeeting Schweigen hervorzurufen, dann ist das die Anspielung auf Gebet und Meditation im Elften Schritt. Gestern abend erwies sich nicht als Ausnahme. Aber ein guter Diskussionsleiter, einer, der die Gruppe und ihre Nüchternheit gut kennt, versteht sich auf das Warten. Denn das Warten, die Stille, ist nicht leer. Selbst wenn die einzelnen am Tisch still sind, arbeiten sie hart und versuchen einen ergiebigen, aber auch zutiefst unartikulierten Aspekt seiner oder ihrer eigenen Erfahrung, Kraft und Hoffnung in Worte zu fassen.

Als Gesprächsleiter kann Len gut warten. Entspannt und zugleich erwartungsvoll vorgeneigt, halb auf der Stuhlkante, schaut er ermutigend, doch ohne jede Andeutung von Zwang, in jedes Gesicht, ob dessen Ausdruck möglicherweise eine dämmernde Einsicht signalisiert, die mitgeteilt werden soll. Die Gruppe begann gestern abend sehr vorsichtig. Mehrere bemerkten auf verschiedene Weise, daß die A.A.-Literatur bei diesem Thema am besten weiterhelfen kann und Gebet ganz spezifisch erläutert. Meditation wird kürzer abgehandelt, besonders im *Blauen Buch*, aber auch in *Zwölf Schritte und Zwölf Traditionen*. Diese Passagen scheinen in erster Linie für Leute geschrieben zu sein, die einfach schon an dem puren Begriff *Meditation* herumwürgen.

Aber wir waren uns einig, daß letzteres nicht unser Problem war. Zumindest in dieser Gruppe fand keiner den Begriff oder das Konzept anstößig. Obwohl wir alle hinsichtlich Bildung und Religion aus den unterschiedlichsten Kreisen kommen, waren etliche von uns sogar mit der alten und starken Tradition der Meditation vertraut. Doch dieses Wissen schien uns in der aktuellen Diskussion nicht weiterzuhelfen. Unser Interesse bezog sich auf die präzise Bedeutung von Meditation in A.A. und in welchem Zusammenhang sie mit der Lebensweise von A.A. steht.

Selbst in diesem Rahmen erwies sich der Stoff als schwieriges Diskussionsthema. Für die meisten von uns haben Gebet und Meditation mit etwas sehr Kostbarem und sehr Persönlichem in unserem Leben zu tun. Leichtfertig darüber zu reden, scheint diese Dinge abzuwerten und ihre Bedeutung innerhalb unserer Erfahrung zu verletzen. Wesentliche Gegebenheiten können nicht leichtfertig oder treffend in Worte gefaßt werden. Das ist der Grund, warum wir so viele Künstler und so viele verschiedene Künste haben. Mich zu bitten, über meine Meditation zu erzählen, ist das gleiche, wie einen Maler zu bitten, sein Bild zu erklären. Der Künstler wird antworten: „Wenn ich es in Worte fassen könnte, hätte ich das Bild nicht zu malen brauchen." Wenn ich über Gebet und Meditation befragt werde, dann möchte ich antworten: „Wenn du das nicht an meinem Leben erkennen kannst, dann werde ich es dir erst recht nicht durch meine Worte klarmachen können."

Aber danach fragte die Gruppe nicht. In einem Diskussionsmeeting von A.A. geht es nicht um „zeigen und erklären", sondern um „leben und leben lassen"[4]; es geht uns darum, uns zu identifizieren, und nicht darum, zu vergleichen. Einige Mitglieder versuchten es auf diesem Weg. Len faßte unsere Bemühungen gut zusammen, indem er hervorhob, wenigstens für ihn beinhaltete das, was wir gerade taten, eine Art Meditation. Wir hatten uns auf einen gedankenvollen Ideenaustausch über einen Stoff eingelassen, der für uns von tiefster Bedeutung war. Er wies darauf hin, daß damit zumindest ein Aspekt der Meditation erfaßt wurde: Es schließt eine Art A.A.-Gespräch mit der eigenen Höheren Kraft mit ein.

Obwohl die meisten von uns dem Hinweis unseres Diskussionsleiters nicht zustimmten, daß die A.A.-Gruppe als Höhere Kraft diene, wurde der Standpunkt von Lens richtig aufgefaßt. Jeder akzeptierte, daß anscheinend zwei grundlegende Bestandteile jeglicher Meditation erfaßt werden: die eigene Höhere Kraft ist mit eingeschlossen, und es ist ein gegenseitiger Prozeß, in dem Zuhören wichtiger als Reden ist.

Doch gestern abend, während meiner Inventur, und auch heute morgen, als ich unweigerlich über Meditation meditierte, kam mir der Verdacht, daß dieses buchstäbliche Verständnis, bei aller Nützlichkeit, auch eine deutliche Schwäche aufweist. Meditation kann schließlich über Worte hinaus gehen, und vielleicht sollte sie das auch. Jedes Gespräch besteht aus Worten, doch mir scheint, daß jede Meditation, die ihren Namen verdient, zumindest gelegentlich über unsere gewöhnliche Art des Sprechens und Denkens hinausgehen sollte.

Gerade hier hilft das Buch *Zwölf Schritte und Zwölf Traditionen* mit seiner Abhandlung über den Elften Schritt. Der Mitbegründer von A.A. schreibt darin über „*konstruktive* Vorstellungskraft"[5] - die Kursivschrift stammt von ihm. Bei der Textstelle des *Blauen Buches* über Meditation[6] war Bills Abhandlung sehr erkenntnis- und idee-orientiert. Seine kurze Beschreibung stellt Meditation hauptsächlich als Erweiterung der Inventur im Zehnten Schritt dar. Diese Ansicht geht natürlich vor. Wahrscheinlich zeigt sie einem Anfänger im Programm auch den besten Weg, mit Meditation zu beginnen.

Doch mir scheint, daß die Behandlung des Elften Schrittes in *Zwölf Schritte und Zwölf Taditionen*[7] viel weiter geht. Mit Sicherheit zeigt sie, wie sich Bill und die anderen frühen A.A.s über all die Jahre in der Nüchternheit entwickelt haben. Es tut mir gut, mich daran zu erinnern, daß sie sich, genau wie wir, in Nüchternheit *entwickeln* mußten. Zwar verbindet Bill Gebet und Meditation wieder mit Selbstprüfung und folgt den klassischen spirituellen Autoren, wenn er empfiehlt, mit Worten zu beginnen - sein Beispiel ist das Gebet des Heiligen Franziskus - doch geht er in *Zwölf Schritte und Zwölf Traditionen* sofort darüber hinaus. Um es kurz zu fassen: er regt uns an, eine Atmosphäre zu visualisieren - unsere Beziehung zur Wirklichkeit in echter Tateinheit mit unserem Sein zu sehen und zu fühlen.

Die Worte, *eine Atmosphäre zu visualisieren,* sind eigentlich eher von mir als von Bill. Doch ich finde, das echt Paradoxe, das in dieser Wendung mitschwingt, ist hilfreich, und meiner Ansicht nach reflektiert es präzise, was Bill empfiehlt. Das Paradoxe in Worten kann das Herz für jene Realitäten öffnen, die die Möglichkeiten des präzisen, sprachlichen Ausdrucks überschreiten. Der Dramatiker Eugène Ionesco[3] drückte es einmal so aus: „Nicht alles ist in Worten unsagbar, nur die lebendige Wahrheit."

Meditation ist eine Art lebendiger Wahrheit, die uns irgendwie mit der endgültigen Wirklichkeit in Berührung bringt. Die Anwendung der Meditation ist demnach eine Art Anwesenheit in der Wirklichkeit. Und weil sie mit der endgültigen Wirklichkeit umgeht oder zumindest dafür offen ist, ist diese Anwesenheit eine Art „Da-Sein" (wie in Heideggers[8] berühmter Formulierung), das eher *uns* einen Platz gibt, als daß wir der Wirklichkeit einen Platz zuweisen. Wie mir scheint, bringt Meditation daher die Art des „Verständnisses" mit sich, bei der unser *Stand*punkt buchstäblich mit der endgültigen Wirklichkeit *ver*bunden ist. Somit werden wir auf eine Weise für diese Wirklichkeit offen, die uns besser befähigt, zu sein und so zu leben, wie wir wirklich sind.

So schwierig das auch in Worte zu fassen ist, ich glaube, daß in *Zwölf Schritte und Zwölf Traditionen* diese Bedeutung bestätigt wird. Bill fährt auf diesen Seiten fort und nennt die „ersten Früchte" der Meditation „emotionales Gleichgewicht"[9]. Und am Schluß der Abhandlung über den Elften Schritt nennt er „das Gefühl der *Zugehörigkeit,* daß wir bekommen ... die vielleicht größte Belohnung für Meditation und Gebet"[10]. Die kursiv gedruckte Betonung stammt wieder von ihm.

Obwohl es genauso schwierig ist, über das Denken zu meditieren, wie über das Meditieren nachzudenken, hilft es mir sehr, mir ins Gedächtnis zu rufen, daß der A.A.-Lebensweise eine Denkweise zugrunde liegt. Bei der Behandlung von Gebet und Meditation betont Bill W., daß beides mit einem Lernprozeß verbunden ist.

Innerhalb von A.A. lernen wir zuerst, was wir sind - was es bedeutet, Alkoholiker zu sein. Doch dann, wenn wir im Programm Fortschritte machen und in die Lebensweise von A.A. hineinwachsen, fühlen wir uns dazu eingeladen, zu entdecken, wer wir sind - als nüchterne Alkoholiker. Und das zieht noch mehr Lernen und tieferes Verständnis nach sich, über unsere Beziehungen zu all den anderen Gegebenheiten neben Alkohol und Alkoholikern.

Die Hauptache bei dieser Tatsache ist natürlich die endgültige Wirklichkeit unserer Höheren Kraft. Weil diese Beziehung endgültig ist, kann nicht besonders viel darüber gesagt werden, und es ist natürlich auch sehr schwierig, darüber nachzudenken. Über unsere Höhere Kraft nachzudenken ist genauso sinnlos, wie über Alkoholismus nachzudenken, wenn wir trinken. William James[11] wußte und lehrte, daß es einige Dinge gibt, über die nachzudenken uns unweigerlich verwirrt. Deshalb wissen wir nicht über sie Bescheid, weil wir *über* sie nachdenken, sondern weil wir *in* ihnen denken.

Der Unterschied zwischen „nachdenken über" und „denken in" ist alles andere als ein bloßes Spiel mit Präpositionen. Wie James aufzeigte, ist das der Unterschied zwischen dem vielleicht sogar fachkundigen theoretischen Wissen, wie eine Geige einen Ton erzeugt, und dem Können eines Konzertgeigers. Oder, in einem weiteren Bild, es ist der Unterschied zwischen den beiden Arten, wie eine Mutter und wie ein Kinderarzt für die Gesundheit eines Kindes sorgen.

Also ist Meditation anscheinend mit einem Loslassen von „nachdenken über" verbunden, in der Hoffnung zum „denken in" befähigt zu werden. Der Unterschied zwischen *nachdenken über* ein spirituelles Thema und *denken in* dem, was Meditation ist, ähnelt daher dem Unterschied zwischen dem Lernen und Nachdenken und selbst der Forschung über die Zwölf Schritte einerseits und der tatsächlichen Anwendung und dem Leben in den Schritten andererseits. In beiden Fällen wird gedacht, aber man kann den riesengroßen Unterschied zwischen diesen beiden Arten des Denkens bei fast jedem Meeting sehen, bei dem sowohl Oldtimer als auch Neulinge anwesend sind.

In gewissem Sinn verhält sich „nachdenken über" zu „denken in" wie Trockenheit zu Nüchternheit. Beide Beispiele sehen von außen ähnlich aus. Aber wie alle wissen, die in ihrem eigenen Leben von dem einem zu dem anderen vorgerückt sind, ist kaum ein größerer Unterschied vorstellbar - abgesehen von dem Unterschied zwischen trinken und nicht trinken.

Mit anderen Worten: Genaugenommen entzieht sich Meditation solchen Bemühungen wie „nachdenken über" deshalb, weil sie eben Meditation ist. Daher brauche ich nicht so sehr ein Gespräch über sie, sondern mehr die angewandte Praxis. Ich kam nicht darauf, „Machtlosigkeit" und „Unkontrollierbarkeit" zu akzeptieren, indem ich über die Bedeutung dieser Worte nachdachte, sondern ich kam nur dadurch zur Einsicht in ihre Bedeutung, weil ich mich mit meiner Erfahrung darin identifizierte.

Ich nehme an, dasselbe gilt für „Gebet und Meditation", so wie diese Worte im Elften Schritt aussehen. Es ist also im Elften wie im Ersten Schritt eher meine Aufgabe, mich zu identifizieren, als mich zu vergleichen; und Meetings wie das, an dem ich gestern abend teilnahm, oder Tagebucheintragungen wie die von heute morgen, können bestenfalls nur den Weg weisen.[12]

Anmerkungen des Übersetzers:

[1] *paradox*: (scheinbar) widersinnig; *Paradox*: Widerstreit in sich; *Paradoxie*: Widerstreit zweier gleich richtig scheinender Meinungen [16. Jahrhundert: Spätes Latein *paradoxum* Griechisch *paradoxos* im Widerspruch zur bestehenden Vorstellung *para* neben + *doxa* Meinung].

[2] Kolakowski, Leszek. *Religion, If There Is No God*. Oxford University Press, 1982

[3] Ionesco, Eugène. Französicher Schriftsteller. Geboren 1912 in Slatina/Rumänien, lebt seit 1938 in Frankreich. Verfasser zahlreicher Theaterstücke („Antidramen"), die sich in keine der üblichen Kategorien einreihen lassen und in denen das Reale neben dem Absurden in einem einzigen Stück, sogar bei ein und derselben Figur nebeneinander stehen.

[4] *Live and let live.*

[5] *constructive imagination*. Vgl. *Twelve Steps and Twelve Traditions* („Zwölf Schritte und Zwölf Traditionen"), 100/95: „There's nothing the matter with *constructive* imagination; all sound achievement rests upon it." (Anonyme Alkoholiker deutscher Sprache: „Gegen produktive Phantasie ist nichts einzuwenden. Darauf beruht schließlich jeder gesunde Fortschritt.")

[6] Vgl. *Alcoholics Anonymous*: 85/99 ff.

[7] Vgl. *Twelve Steps and Twelve Traditions* („Zwölf Schritte und Zwölf

Traditionen"): 96/90 ff.
[8] Heidegger, Martin (1889 - 1976); Existenz-Philosoph; *Sein und Zeit*, Niemeyer, Tübingen 1960.
[9] Vgl. *Twelve Steps and Twelve Traditions* („Zwölf Schritte und Zwölf Traditionen"), 101f./96: „One of its first fruits is emotional balance." (Anonyme Alkoholiker deutscher Sprache: „Als erstes wird sich innere Ausgeglichenheit einstellen.")
[10] Vgl. *Twelve Steps and Twelve Traditions* („Zwölf Schritte und Zwölf Traditionen"), 105/:100 „Perhaps one of the greatest rewards of meditation and prayer is the sense of *belonging* that comes to us." (Anonyme Alkoholiker Deutscher Sprache: „Vielleicht ist der größte Gewinn, den wir aus Gebet und Meditation ziehen, das Gefühl des *Dazugehörens*.")
[11] James, William (1842-1910). Amerikanischer Philosoph und Psychologe. Bruder des Schriftstellers *Henry James* (1843 - 1916). *Talks to Teachers on Psychology, and to Students on Some of Life's Ideals*. Dover Publications, 1962; *The Principles of Psychology*. Dover Publications, 1950; *The Varieties of Religious Experience: A Study in Human Nature*. Macmillan Publishing Company, 1961.
[12] Ernie kommt zu dem richtigen Schluß: nicht **weil** er denkt, sondern **obwohl** er denkt. (*God's will most often happens in spite of us, not because of us.*)

17. Tag / Unsere Besucher

Um einen Besessenen[1] erkennen zu können, mußt du ir gendeine Vorstellung vom ganzen Menschen haben ... [Manche Menschen scheinen] sehr stark zu befürchten, daß [sie] vielleicht nach dem Ebenbild Gottes geschaffen sein könnten.

- Flannery O'Connor[2]

SEITDEM MIR Sprechermeetings immer besser gefallen und ich die spezielle Heilkraft zu schätzen weiß, die beim Hören ganzer Geschichten auf mich einströmt, entdecke ich einen weiteren Vorteil in solchen Meetings, worüber ich mich früher geärgert habe, weil ich mich dem ausgesetzt fühlte. Viele Sprechermeetings sind offene Meetings: Nichtalkoholiker sind eingeladen, daran teilzunehmen.

Jahrelang und mehr als genug hatte ich in meiner Gedankenlosigkeit das Gefühl, daß Besucher die A.A.-Meetings in einen Zoo verwandelten - ganz besonders, wenn sie sich nicht als Problemtrinker vorstellten, sondern mehr als Beobachter, die gerne wissen wollten, ob sie möglicherweise Alkoholiker wären oder nicht. Als A.A.-Mitglied kam ich mir in solchen Meetings wie irgendein Besessener vor. Mir paßte es nicht, von „Erdenmenschen"[3] angestarrt zu werden. Warum mußte mein Gebrechen - Alkoholismus - weniger höflich behandelt werden als irgendeine andere Behinderung?

Vielleicht reagierte ich emotional so stark, weil ich am Anfang selbst oft so tat, als ob ich ein Beobachter sei. Ich befürchtete - oder besser gesagt, ich hatte panische Angst davor - für einen der Beobachteten, für einen Alkoholiker, gehalten zu werden. Vielleicht habe ich heute andere Gefühle über Beobachter, weil ich akzeptiere, daß ich ein Alkoholiker bin.

Wenn sie an unseren Meetings teilnehmen, fühle ich mich manchmal sogar durch ihre Aufmerksamkeit geschmeichelt - natürlich nicht meinetwegen; niemand möchte als Besessener angesehen werden. Nur für A.A. Es erscheint mir buchstäblich wie ein Wunder, daß einige der Großen und Weisen dieser Welt kommen - oder wenigstens die, die sich manchmal selbst groß und weise vorkommen - um von A.A. zu lernen, von uns Alkoholikern, die vielleicht die „dümmsten" Wesen auf der Welt sind.

All die großen Philosophen und religiösen Denker erläuterten und ermutigten, glaube ich, dazu - nicht in Bezug auf Alkoholiker, aber daß die Weisen von den Dummen lernen sollten. Unter den modernen Schriftstellern war Flannery O'Connor fast besessen davon. Sie schrieb einmal einen Essay, der einige von ihren Geschichten erklärte, und warum sie den amerikanischen Süden als Schauplatz gewählt hatte.

Wann immer ich gefragt werde, warum Schriftsteller aus dem Süden eine Vorliebe dafür haben, über Besessene zu schreiben, sage ich, das ist so, weil wir noch dazu in der Lage sind, sie zu erkennen. Um einen Besessenen erkennen zu können, mußt du irgendeine Vorstellung vom ganzen Menschen haben, und im Süden ist die allgemeine Vorstellung vom Menschen noch überwiegend theologisch ... Obgleich der Süden wohl kaum Christus-zentriert ist, so ist er doch ganz sicher Christus-fürchtig[4]. *Der Südstaatler... befürchtet sehr stark, daß er vielleicht nach dem Ebenbild Gottes geschaffen sein könnte.*

O'Connor zu zitieren scheint besonders geeignet zu sein: Es gibt eine Menge Colleges in der Umgebung, und daher haben wir viele Collegeleute in den Meetings. Eigentlich mag ich den Begriff *Collegeleute*[5] genauso wenig, wie mir der Begriff *Erdenmenschen*[3] widerstrebt. Jemand wies einmal darauf hin, daß das obszönste Schimpfwort „die" sei, wenn diese Silbe dazu dienen soll, sich von anderen Leuten abzuheben, um sie mehr zu „anderen" und weniger zu „Menschen" zu machen. Nichtalkoholiker sind Menschen, genau wie wir. Wir mögen in anderem und vielleicht engerem Kontakt zu unserer Menschlichkeit sein, weil wir auch Alkoholiker sind; nur die Freuden und die Schmerzen, die Vergnügungen und die Bekümmernisse des Menschseins sind für sie ebenso wirklich, wie diese Erfahrungen für uns sind.

In diesem Zusammenhang fällt mir auf, daß es zwar niemals lustig ist, ein Alkoholiker zu sein, daß aber oft eine humorvolle Seite bei unserer Anonymität dabei ist. Zum Beispiel denke ich manchmal, daß uns zumindest einige unserer Besucher von draußen beneiden. Manche von ihnen scheinen zu spüren, daß wir etwas besitzen und uns in etwas eingeklinkt haben, das sie gerne hätten, aber nicht haben können, weil sie keine Alkoholiker sind. Ich erinnere mich an einen Kollegen, der einmal halb scherzhaft darüber klagte, daß er anscheinend „dazu verdammt sei, ein Leben lang ein Gesellschaftstrinker zu sein".

Daher kommen manche von ihnen als Beobachter oder Besucher, weil sie hungern, vermute ich - sie wollen das, was wir seltsamerweise haben, in einer Welt, in der es anscheinend zu wenig Träger des Spirituellen für die Bedürfnisse mancher Menschen gibt. Ich meine, wenigstens einige unserer Besucher nennen sich eher demütig als stolz „Beobachter". Sie erkennen an, daß sie sich von uns unterscheiden - sie sind keine Alkoholiker - aber es scheint fast so, als wären sie gern Alkoholiker, denn „lernen von" bedeutet „werden wie". Und dadurch habe ich oft das Gefühl, daß A.A. verehrt wird, und nicht unsere Mitglieder ausspioniert oder abgewertet werden, wenn solche Besucher zu uns ins Meeting kommen.

Das mag natürlich überschwenglich klingen. Wie jeder Alkoholiker weiß, steht niemand dafür Schlange, um Alkoholiker zu werden. Ich habe gehört, wie Menschen aufrichtig sagten: „Ich bin dankbar, daß ich ein Alkoholiker bin." Und ich empfinde in diesem Zusammenhang selbst ganz schön viel von dieser Dankbarkeit. Aber das kommt, wenn es überhaupt kommt, sehr langsam, wenn die Lebensweise von A.A. langsam in all unsere Gedanken einsickert. Ich habe noch kein A.A.-Mitglied kennengelernt, das in seinem oder ihrem ersten Monat oder selbst nach einem Jahr im Programm, schon dankbar war, ein Alkoholiker zu sein. Niemand will Alkoholiker sein. Und alle, die uns wirklich kennen und unseren Geschichten zuhören, können nur froh sein, daß sie nicht die gleichen Eintrittskarten zu kaufen brauchten, die wir bezahlen mußten, um zu A.A. zu kommen.

Und dennoch ist es wahr, daß wir Alkoholiker wirklich etwas sehr Wertvolles und Attraktives haben, daher wünschen sich andere Menschen manchmal aufrichtig und mit gutem Grund, daß sie es hätten. Ich glaube, die Frage ist fast philosophisch: Ist es möglich, ein nüchterner Alkoholiker zu sein, ohne je ein aktiver Alkoholiker gewesen zu sein?

Bei einer genauen Definition der Begriffe muß die Antwort „Nein" lauten. Aber es gibt noch eine andere, tiefer gehende Frage: Kann die

Lebensweise, die der nüchterne Alkoholiker bei A.A. lernt, auch von anderen erlernt werden, die keine Alkoholiker sind? Und ich meine, die Geschichte und Praxis von A.A. beweisen, daß die Antwort auf diese Frage „Ja" heißt.

Immer wieder bin ich beeindruckt, wie großzügig unsere Gemeinschaft mit ihrem Programm umgeht. Die einzelnen Gruppen unterschiedlich behinderter Menschen, die alle mit dem Einverständnis und dem Segen von A.A. die Zwölf Schritte benutzen, sind praktisch unzählbar. Das sagt viel über die Attraktivität - und den tieferen Sinn - von A.A. und über die Lebensweise, die dieses einfache Programm ermöglicht.

Deshalb möchte ich meinen - und ich weiß aus Erfahrung, daß ich mir das nicht nur einbilde - daß wenigstens einige der Außenstehenden, die unsere Meetings besuchen, nicht kommen, um zu lachen oder zu inspizieren, sondern um zu lernen. Möglicherweise stellen sie mitunter scheinbar dumme Fragen. Sie können uns manchmal unbequem werden, weil sie sich unwohl fühlen und spüren, daß sie Außenseiter sind. Einige von ihnen könnten natürlich auch Alkoholiker im Frühstadium sein, die abwehrend reagieren, wenn sie etwas hören, was ihre Verleugnungsmechanismen bedroht, die sie gerade erst aufzubauen beginnen. Andere kommen natürlich, um uns zu studieren, die Sozialarbeiter vielleicht ganz besonders. Aber selbst die meisten von ihnen kommen nicht, um sich über uns lustig zu machen oder uns anzustarren, sondern in der Hoffnung, von uns zu lernen, damit sie anderen helfen können.

A.A. praktiziert wirklich das, was es predigt. Wie immer bleibt sein primäres Ziel [Hauptzweck], „dem Alkoholiker zu helfen, der noch leidet". Wenn andere von uns lernen können, dann ist das großartig; aber wir betonen diesen Aspekt des Potentials von A.A. nicht. A.A. hat, wie mir scheint, einen starken Glauben an seine Höhere Kraft: Es glaubt, wenn es vierundzwanzig-Stunden-weise seine Arbeit tut, dann wird die Höhere Kraft für den Rest sorgen.

Es stimmt natürlich auch, daß A.A. nicht „es" ist: Das Gemeinsame Dienstbüro ist nicht A.A. - wir sind es, ich bin es. Und deshalb halte ich es nicht für hochtrabend, wenn mir ein gutes Gefühl wegen A.A. auch ein gutes Gefühl wegen meiner selbst gibt. Meine Aufgabe ist es, so gut ich kann, diese Mischung aus Demut und Großzügigkeit zu leben, die unsere Gemeinschaft charakterisiert, und heute bin ich aufrichtig nüchtern stolz darauf, ein Teil davon zu sein. Und für mich beinhaltet das, Besucher, Außenstehende, und sogar Beobachter in unseren offenen Meetings willkommen zu heißen. Manche von ihnen könnten nach meiner Vermutung von der Höheren Kraft benutzt werden, um die Botschaft in einer Weise weiterzutragen, in der wir es selbst nicht können. Denn da draußen gibt es nicht nur Alkoholiker, die noch leiden: Es gibt auch andere Menschen, die leiden, obwohl sie keine Alkoholiker sind, und die auf irgendeine Art durch unsere Lebensweise geheilt werden könnten.

Anmerkungen des Übersetzers:

[1] *freak:* 1. a person, animal, or plant that is abnormal or deformed; monstrously. 2. a) an object, event, etc., that is abnormal or extremely unusual. b) *(as modifier):* a *freak storm.* 3. a personal whim or caprice. 4. *Informal.* a person who acts or dresses in a markedly unconventional or strange way. 5. *Informal.* a person who is obsessed with something specified: *a jazz freak* 6. **freak out** to be or cause to be in a heightened emotional state, such as anger, excitement, etc.
+++ Ernie K. spricht von Alkoholismus! Daher 5: freak=Besessener
(Spinner oder Sonderling ist hier zu schwach.)

[2] O'Connor, Flannery. *Mystery and Manners.* Farrar, Straus, and Giroux, 1969.

[3] *earthpeople*: Manche amerikanische A.A.s bezeichnen damit „normale Menschen".

[4] *haunted:* 1. frequented or visited by ghosts. 2. (*postpositive*) obsessed or worried
+++haunted ist ein <u>Negativ</u>-Wort! haunt ist eigentlich „spuken": Christus „spukt" in ihren Köpfen herum. Am nächsten kommt wohl Christus-fürchtig, da Furcht auch negativ verstanden werden kann. (Christ-versponnen ginge auch, ist aber irgendwie zu flach.)

[5] *collegepeople*.

*** Alcoholics Anonymous

Der Begriff *Alcoholics Anonymous* wurde von Bill W. selbst als „synthetischer Begriff" bezeichnet. Eigentlich ist die Übersetzung *Anonyme Alkoholiker* verkehrt. Das hieße nämlich auf Englisch *Anonymous Alcoholics.* Das tragende Wort in dem Begriff ist, entsprechend der englischen oder amerikanischen Syntax, *Anonymous* - das **Anonymus.** Wörtlich übersetzt hieße es eigentlich *Anonymes des Alkoholikers.* Eben im Meeting (13. Juli 1995) habe ich gefragt und bekam die Antwort: „.... In any case, the emphasis is on „Anonymous'" (...jedenfalls liegt die Betonung auf „Anonym"). Im ursprünglichen Manuskript für die erste Ausgabe des Buches stand ein Genitiv: „Alcoholic's Anonymous" - Vgl. 50. Tag.

Kein Mensch sagt „women beautiful" oder „men strong", sondern es heißt „strong men" oder „beautiful women". Was bedeutet also „Alcoholics Anonymous"? - Jedenfalls nicht „Anonyme Alkoholiker" - denn da liegt die Betonung auf den Alkoholikern, und nicht auf dem Anonymen, und Nomen est omen: Auch in unserer deutschen Wirklichkeit ist da mehr ein Club von Alkoholikern als eine anonyme spirituelle Gemeinschaft! Auf unserem Tisch im englischsprachigen Meeting steht immer ein Schild: „**Anonymity** is the spiritual foundation of all our Traditions, ever reminding us to place principles before personalities." Ich habe es die ganze Zeit angestarrt und mußte denken: „Alkoholiker **Anonymus**! Als ich Jim das erzählte, mußte er lachen und sagte: „Change it! You *can* do it. If the emphasis is on „alcoholic', they've got it wrong."

18. Tag / Das Problem mit anderen Süchten

Die Probleme von Tablettensüchtigen sind dieselben wie die von Alkoholikern, und für pillenschluckende Alkoholiker ist der Gebrauch von Tabletten genauso gefährlich wie das Trinken - sie verdoppeln einfach ihr Risiko.[1]

- The Grapevine

Wahrscheinlich sind ein Drittel der Frauen und viele der Männer bereits von Pillen abhängig, wenn sie zu A.A. kommen. Und oft stellt sich heraus, daß Medikamentenabhängigkeit für uns Säufer in körperlicher und emotionaler Hinsicht schädlicher ist als Alkohol.

- Bill W.

DAS MEETING gestern abend erinnerte mich an die winzige Diskrepanz zwischen der Zehnten Tradition von A.A. und der „Präambel", die am Anfang unserer Meetings vorgelesen wird. Die Zehnte Tradition lautet:

Alcoholics Anonymous bezieht zu Fragen außerhalb (der Gemeinschaft) keine Stellung; folglich sollte der Name „A.A." niemals in eine öffentliche Auseinandersetzung gezogen werden.

Die betreffende Stelle der Präambel erklärt:

Die einzige Voraussetzung für die Mitgliedschaft ist ein aufrichtiger Wunsch, mit dem Trinken aufzuhören ... A.A ... will sich weder mit irgendeinem Meinungsstreit befassen noch zu irgendwelchen Streitfragen Stellung beziehen.

Anscheinend gibt es einen Unterschied zwischen *öffentlichen Auseinandersetzungen* und *irgendwelchen Streitfragen*. Oder besser gesagt: Es gibt einen kleinen Spielraum für eine Art von Auseinandersetzung innerhalb von A.A. selbst.

Die Auseinandersetzung gestern abend - wenn dieses Wort für die geistreiche und respektvolle Diskussion, die eigentlich stattfand, nicht mißverstanden wird - befaßte sich mit dem Problem von „anderen Problemen". Es begann damit, daß sich ein neues Mitglied mit den Worten vorstellte: „Mein Name ist Glen, und ich bin ein medikamentenabhängiger Alkoholiker."

Die Mitglieder der Gruppe, deren Meeting ich gestern abend besuchte, haben den Ruf, „fundamentalistische" A.A.s zu sein. Ich bin mir nicht sicher, ob ich das Adjektiv mag, aber seine Bedeutung ist klar, und ich bin mir sicher, daß ich diese Bedeutung mag und gelegentlich auch brauche. Das sind Leute, die sich an die Fundamente von A.A. halten. Manche, die ein weniger starkes Bedürfnis nach jenen Grundlagen verspüren als ich, nennen sie mitunter die „Trink-nicht-und-geh-in-Meetings-Gruppe'. Und daher gingen einige von ihnen dem Spitznamen auf den Leim, was meiner Ansicht nach sicher nicht beabsichtigt war.

„A.A. steht für Anonyme *Alkoholiker*", erwiderte der Gruppenleiter sofort auf Glens ruhige Vorstellung. „Unser Ziel ist, „nüchtern zu bleiben, und Alkoholikern zu helfen, die noch leiden'. Über Pillen und andere Chemikalien zu reden bringt mich nur durcheinander. „Schnaps' ist Schnaps. Die frühen A.A.s, die Oldtimer, hatten völlig recht, wenn sie ihre ganze Anstrengung darauf konzentrierten. Mir scheint es gefährlich, das zu erweitern. Wie man so sagt: „Wenn es wirkt, dann bastele nicht daran herum'[2]. Ja, und für mich wirkt A.A. geradezu hervorragend, wenn wir uns daran halten, nur über Alkohol zu reden."

Zum Glück für alle Anwesenden wurde diese Herausforderung sofort von einem anderen regulären Mitglied der Gruppe aufgefangen, das auch schon fast drei Jahrhunderte Nüchternheit hinter sich zu haben schien. „Mit welchen Oldtimern hast du in letzter Zeit geredet?" fragte Russ. „Ich glaube, ich erinnere mich, daß Bill W. schon 1945 in einer der allerersten Ausgaben der A.A.-Grapevine einen Artikel zu dem Thema schrieb: „Schnaps zum Kauen: Die Gefahr von Schlaftabletten".

Tabletten und andere Chemikalien sind für Alkoholiker und damit für A.A. kein neues Problem. Das Problem ist durch moderne Medizin, Chemie und usw. größer geworden, aber es ist kein neues Thema bei A.A. Bill schrieb noch einen anderen Artikel speziell über Tabletten, über die damals neuen stimmungsverändernden Drogen, die manche Ärzte Alkoholikern verschrieben. Der Titel des Artikels war: „Die Idioten-Klunker"[3]. Soweit ich weiß, bezog sich der Titel weder auf diejenigen, die sie nahmen, noch auf die Ärzte, die sie verschrieben, sondern auf die Pillen."

Das bestimmte den Rahmen und legte die Begriffe der Debatte fest. Die langjährigen Mitglieder legten los - Glen, ich und ein paar andere verfolgten den Schlagabtausch wie bei einem Tennismatch.

„Russ", bemerkte George zu dem eben vorangegangenen Kommentar. „Es ist sicher gut, wenn du *über* A.A. liest, aber was ist mit der A.A.-Literatur selbst? Ich meine, abgesehen von der *Grapevine*, die letztendlich inoffiziell ist. Findest du im *Blauen Buch* oder in *Zwölf Schritte und Zwölf Traditionen* irgend etwas über das Kauen von Schnaps oder Idiotenklunker?

Ich möchte nicht grob sein - in diesen 24 Stunden hat niemand in diesem Raum getrunken, und ihr liebt A.A., und mir scheint, daß ihr wenigstens schon ein bißchen an schöner und zufriedener Nüchternheit habt. Die meisten A.A.-Gruppen scheinen aus Alkoholikern zu bestehen, von denen mindestens die Hälfte auch Probleme mit anderen chemischen Mitteln hatte - im großen und ganzen deshalb, weil die Welt, in der wir leben, im Grunde genommen so ist. Und ich kann mich mit ihnen identifizieren, wenn sie über Alkohol sprechen. Aber wenn sie darüber reden, wie sie „Rezepte fälschen" oder daß sie zu drei Ärzten gleichzeitig gehen ... naja, da kann ich mich einfach nicht wiederfinden. Und ich komme zu diesen Meetings wegen mir selbst, damit ich nüchtern bleiben kann, also ist es ganz schön wichtig für mich, daß ich mich identifizieren kann."

„Einen Moment mal, George", fiel ein anderes Mitglied ein. „Du meinst, du hast dir nie deinen Schnapsvorrat gesichert? Oder nie einen Weg gefunden, ihn dir illegal nach Ladenschluß oder an Feiertagen zu besorgen? Oder nie darüber gelogen, wieviel du trinkst? Bist du immer zu dem Laden gegangen - zum selben Verkäufer? Oder auch zum selben Schwarzhändler? Vergiß nicht, was wir hier so oft sagen: Unser Grundproblem war nicht unsere Trinkerei, es war unser Denken. Es war die Art und Weise, in der Alkohol unser Leben beherrschte, bis hin zu dem Punkt, wo er alles andere in unserem Leben zerstörte und besonders unsere Ehrlichkeit."

Al sprach weiter. „Du hast gerade über identifizieren gesprochen. Da stimme ich dir zu: Das ist der Schlüssel. Das ist immer der Schlüssel in und zu A.A. gewesen. Aber wir identifizieren uns nicht auf Grund von Äußerlichkeiten, wie Autounfälle oder Haftstrafen oder verlorene Arbeitsplätze oder kaputte Ehen oder nicht einmal auf der Basis, wieviel oder was wir getrunken haben. Bei A.A. identifizieren sich Alkoholiker, wie mir scheint, auf der Grundlage des Innenlebens - der Gefühle, der Ängste und besonders des Denkens, und wenn genau das beschrieben wird, können wir uns selbst in jedem anderen wiedererkennen, und jeden anderen in uns selbst.

Sieh' mal: Wenn ein Teil dieses Denkens - ein Teil von den gleichen Gefühlen und Ängsten - einige Alkoholiker dazu verführt, andere Drogen genau wie Alkohol zu benutzen, macht uns das irgendwie weniger alkoholkrank? Ich habe nie einen Arbeitsplatz wegen meiner Trinkerei verloren - naja, fast nie. Jedenfalls, gibt mir das nun das Recht zu klagen: „Wir sind hier doch nicht bei den Anonymen Arbeitslosen", wenn irgendein armer Alkie-Freund, der Mitglied bei A.A. ist, beschreibt, wie er seine Arbeitsplätze verlor, als er trank, und wie er sich jetzt in der Nüchternheit fühlt, wenn er befürchtet, seinen Arbeitsplatz zu verlieren, obwohl er überhaupt nicht trinkt? Mir scheint, ich kann wirklich etwas von ihm darüber lernen, wie wir mit unseren Ängsten und Gefühlen umgehen, wenn wir nicht trinken."

90 Tage - 90 Meetings

Für einen kurzen Moment wurde es still im Raum. Die Logik von Al schien unbestreitbar, obwohl ich bezweifele, daß irgendeiner dort dieses Wort benutzt hätte. Selbst der Gesprächsleiter und George hatten genickt, als Al sprach, und saßen nun offensichtlich in schweigendem Einverständnis da. Glen schien fast bereit zu sein, sich weiter zu „qualifizieren", als aus dem Hintergrund des Raumes die selten gehörte Stimme von Jake donnerte. Es bestand generelle Einigkeit darüber, daß Jake mindestens sechs Jahrhunderte Nüchternheit hinter sich hatte: Er war bei dem zweiten A.A.-Meeting anwesend gewesen, das je in diesem Staat abgehalten worden war.

„Ich bin froh darüber, daß dieses Thema angeschnitten wurde", begann er, „weil es mich an mein erstes A.A.-Meeting erinnert." Ich brauche nicht zu erwähnen, daß diese Offenbarung Aufmerksamkeit erregte. „Bei meinem ersten Meeting hatte ich genau das gleiche Gefühl, das ihr betrunkenen Strolche jetzt Glen empfinden laßt", fuhr Jack fort. „Als ich zuerst herkam, süffelte ich billigen Wein: Das war alles, was ich mir leisten konnte. Naja, als ich ihnen das bei diesem ersten Meeting erzählte - als wenn sie nicht riechen konnten - sagte einer von den Typen: „Mit „Schnaps" sind harte Spirituosen gemeint. Wenn du dich nicht mit harten Spirituosen betrunken hast, bist du kein richtiger Säufer ... wenigstens nicht so einer, wie ich war.'

Danach war da ein lautstarkes Schweigen im Raum. Ich vermute, alle fragten sich, was sie zu den Neulingen sagen sollten, wenn sie einen wie mich aufgetrieben hatten und versuchten, unser Interesse für diese neue Sache namens „A.A." zu gewinnen. Viele von uns hatten den meisten wirklich schlimmen Ärger mit billigem Wein gehabt. Und wir hatten da schweigend herumgesessen und fragten uns irgendwie, ob wir wirklich Alkoholiker waren, glaube ich. Ich kann mich daran erinnern, daß mir der Gedanke durch den Kopf ging, da sogar A.A. anscheinend nicht viel über Wein wußte, könnte es ja sein, daß ich keine Schwierigkeiten mehr bekäme, wenn ich einfach meine Trinkerei auf ein paar Bierchen beschränken würde.

Naja, da war ein anderer Freund in diesem Raum, etwa so einer, wie ich hier heute abend. Das war noch in den ganz frühen Tagen von A.A. - ich glaube, das *Blaue Buch* war gerade ein paar Monate vorher herausgekommen - aber er war anscheinend schon immer dabei gewesen, wirklich von Anfang an. Nach ein paar Minuten des Schweigens kam der Typ mit der Sprache heraus - ich bekam nie seinen Namen mit, aber ich meine, er war aus New York. „Gut", sagte er, „dann bin ich auch kein Alkoholiker. Ich habe mich früher hauptsächlich mit Scotch betrunken. Und nach dem, was ich hier so höre, hatten die meisten von euch verlausten

Alkie-holikern Ärger mit Bourbon, und vielleicht - besonders um euren Tiefpunkt herum - mit schwarz gebranntem Korn oder Gin. Ich nehme an, das bedeutet, daß ich nicht so wie ihr getrunken habe, und das bedeutet vermutlich, daß ich kein Alkoholiker bin. Ich meine, verflucht nochmal: Wenn man noch durchsehen kann, dann ist es wohl kein richtiger Schnaps."''

Gelächter brach aus, ungeachtet der noch nachklingenden Spannung in unserem Meeting. Die Unstimmigkeiten und der hirnverbrannte Streit schienen dahinzuschmelzen. Die Gruppe machte sich an das, was alle in Übereinstimmung für „Blechnapf-Grundlagen" hielten. Es ging nicht so sehr darum, was wir tranken, oder gar, wie wir tranken, sondern es ging darum, was das Trinken bei uns anrichtete, besonders bei unserem Denken und unserer Ehrlichkeit.

Alle stimmten zu, daß es auf dieser Basis keine Rolle spielte, was für ein Alkoholiker man war. „Ein Alkoholiker, der ein Alkoholiker ist, ist ein Alkoholiker", hieß der gemeinsame Nenner. Die Grundlinie bei A.A. heißt Probleme mit Alkohol. Wenn du Probleme mit Alkohol hast, und wenn du das willst, was A.A. hat, dann spielt es auch keine Rolle, ob du männlich oder weiblich bist, oder Afrikaner oder Chinese, oder Baptist oder Katholik oder Jude, oder reich oder arm, oder ein überführter Verbrecher oder ein hoher Regierungsbeamter. Warum also sollte es irgend etwas ausmachen, ob du nun auch von anderen Chemikalien abhängig bist oder nicht? Ein Alkoholiker ist ein Alkoholiker.

Doch einige Freunde, die anscheinend durch die vorherige Diskussion angefeuert waren, drängten weiter. In ihren Augen ließ sich die Angelegenheit nicht einfach wie die Frage „Was für ein Alkoholiker?" als Pseudo-Problem abwürgen und löste nicht die tiefere Problematik, die die „Chemikalien-Abhängigkeit" darstellte. Einer von ihnen formulierte es so: „Ich bin der Meinung, hier geht es um mehr. Erinnern wir uns an „Schnaps zum Kauen' und „Die Idioten-Klunker'. Für einige Alkoholiker bedeutet „auch von anderen Chemikalien abhängig zu sein' etwas ganz anderes als diese anderen Dinge, die hier erwähnt wurden. Weil die Benutzung anderer Chemikalien ein „Kauen von Alkohol' sein kann, gehört eine Aussprache darüber viel mehr in ein A.A.-Meeting als diese anderen Dinge, über die wir - seien wir doch „mal ehrlich - meistens gar nicht sprechen."

„Die endgültige Grundlinie bei den Anonymen Alkoholikern heißt Identifikation", fuhr Ted fort. Wir gehen zu Meetings, um unser Leben zu retten, indem wir eine neue Lebensweise erlernen. Wir lernen diese Lebensweise, indem wir uns mit anderen identifizieren, die den gleichen Versuch machen. Ich bin ziemlich oft auf Reisen. Ich finde, die meisten

A.A.-Gruppen sind wie die meisten A.A.s: wirklich tolerant gegenüber vielen, manchmal den schlimmsten Erfahrungen - solange sich die Mitglieder damit identifizieren können. Wenn ich etwas in einem A.A.-Meeting sage, womit sich Alkoholiker nicht identifizieren können, dann helfe ich weder ihnen noch mir. Und wenn jene Mitglieder intolerant sind, liegt es nicht daran, daß ich irgendwelche Regeln verletzt habe, sondern weil ich ihnen nicht das gebe, wofür sie gekommen sind - die Identifikation, die sie nüchtern hält - und weil sie wissen, daß sie mir nichts zu geben haben, wenn ich mich nicht mit ihnen identifizieren kann."

Inzwischen war es spät geworden, und der Gesprächsleiter schlug vor, mit dem Thema zum Abschluß zu kommen.

Ich erinnerte mich an meine eigene Geschichte: Wie ich, bevor ich zu A.A. kam, versucht hatte, mit Beruhigungsmitteln vom Saufen loszukommen, einzig und allein mit dem Erfolg, daß ich bald auch von den Pillen abhängig wurde. Meine Chemikalie zu wechseln half nicht: Es machte die Dinge nur schlimmer, bis ich schließlich lernte, daß das, was ich ändern mußte, nicht die Chemikalie war, sondern meine Lebensweise. Was ich bei A.A. gefunden habe, ist eine neue Lebensweise, bei der ich ohne jede Chemikalie auskomme.

Für mich ist Identifikation äußerst wichtig, denn das ist der einzige Weg, auf dem wir diese neue Lebensweise lernen können. Ich betrachte es deshalb als ein großes Geschenk für das Wachsen meiner Nüchternheit, daß wir in so viel verschiedenen Größen, Formen und mit einer so starken Vielfalt der Erfahrung, Kraft und Hoffnung hereinkommen, obwohl „ein Alkoholiker, der ein Alkoholiker ist, ein Alkoholiker ist". Wegen dieser Vielfalt können wir uns nicht nur miteinander identifizieren - wir können voneinander lernen. Und diese Lebensweise zu lernen, indem wir ihre Denkweise anwenden, ist für mich die beste Art von Fortschritt in der Nüchternheit.

Anmerkungen des Übersetzers:
* Zu diesem Thema: Vgl. 22. Juli im 24 Stunden Buch!
  ISBN 3-930 657-38-4, 12&12 Verlag
[1] Vgl. *Wie Bill es sieht*: 197.
[2] *If it works, don't fix it.*
[3] *Those „Goof Balls"*, November 1945, *Language of the Heart*: 103ff.

19. Tag / Das Vermächtnis von William James

Wir müssen auf James zurückgehen, um uns selbst in unseren tatsächlichen Verlegenheiten und Unsicherheiten zu begegnen ... William James hatte einen Instinkt dafür, bei jeder Frage „an das Eingemachte zu gehen".

- William Barrett[1]

ZWEIMAL WURDE IN DEN LETZTEN ZWEI WOCHEN in den Meetings, an denen ich teilnahm, der Name *William James*[2] erwähnt. Mitglieder der Anonymen Alkoholiker werfen im allgemeinen nicht mit Namen um sich, und die meisten, mit denen ich meine Zeit in den Meetings teile, sind weit davon entfernt, eifrige Leser zu sein.

William James und *Herbert Spencer*[3] sind die einzigen Autoren, die im *Blauen Buch* namentlich zitiert werden. Spencers Namen habe ich nie in einem A.A.-Meeting gehört. Wieso wird also James so häufig - oder auch nur gelegentlich - Beachtung geschenkt?

James' Studie über *Die Vielfalt religiöser Erfahrung* zeichnet sich als direktester Beitrag seiner Gedanken für *Alcoholics Anonymous* aus, doch bei näherer Betrachtung erscheint mir William James als ein Mensch, der ein Leben führte, das fast eine A.A.-Geschichte sein könnte - nur ohne Sauferei. Soweit ich informiert bin, starb James etwa zur gleichen Zeit, als der Mitbegründer von A.A., Bill W., als Heranwachsender gerade dabei war, im Jahre 1910 seinen ersten Schnaps zu trinken. In gewisser Weise scheint es fast schicksalhaft, wie James mit seinen Gedanken mehr als irgendein anderer amerikanischer Denker das Programm und die Gemeinschaft der Anonymen Alkoholiker mitprägte. Sein Buch half nicht nur Bill W., seine eigene spirituelle Erfahrung zu verstehen. Es wurde fast ein Leitfaden für all die frühen A.A.s, die Schwierigkeiten mit dem Spirituellen hatten.

Der ausgebildete Mediziner William James war sowohl Philosoph als auch Psychologe und lebte zu einer Zeit des Umbruchs in der Geschichte amerikanischer Ideen. Er war der erstgeborene Lieblingssohn einer prominenten intellektuellen Familie und lernte in seiner Jugend auch viel Leid und sogar Verzweiflung kennen. Hauptsächlich auf Grund dieser Erfahrungen und vielleicht ganz besonders wegen der Art, wie er sie überwand, entwickelte James eine Qualität, die unter intellektuellen amerikanischen Akademikern selten ist, fast zu einer Kunstform: eine Aufgeschlossenheit, die ihn spiritistische Sitzungen genauso ernst nehmen ließ wie Siegmund Freud und die wahnsinnigen Phantasien angeketteter Irrenhausinsassen ebenso wie die hingeworfenen Kritzeleien seiner Harvard-Studenten.

Mir scheint, William James besticht in der intellektuellen Geschichte Amerikas vor allem durch seine Aufgeschlossenheit in einem Zeitalter, in dem der humanistische Horizont der Intellektuellen im gleichen Maße schrumpfte, wie sich die durch die Naturwissenschaften geprägte Weltanschauung erweiterte. William James war ein einzigartiges Phänomen - ein Sozialwissenschaftler, der davon überzeugt war, daß seine Weisheit der gesamten Menschheit nützen könne. Er verlor nie die Vitalität seiner Begeisterung für die Ganzheit des menschlichen Lebens, alle menschliche Erfahrung mit eingeschlossen.

Heute fällt es uns oft schwer, James zu lesen. Der Stil, in dem er schrieb, mag für unseren modernen Geschmack ein bißchen blumig erscheinen. Das freie Fließen seiner Ideen scheint manchmal einer ganz eigenen Logik zu folgen. Oft bezieht er sich nicht auf technische Einzeldarstellungen, die man nachschlagen kann, sondern auf allgemein verständliche Bücher, die heute so gut wie vergessen sind. Und er liebte die Kontroverse - besonders Diskussionen darüber, wie wir denken - wobei er mit Behagen diejenigen herausforderte, die ihm die menschliche Einzigartigkeit zu verleugnen schienen.

Beim durchschnittlichen Menschen ... hat die Fähigkeit zu vertrauen, sich ein wenig über den buchstäblichen Beweis hinauszuwagen, eine wesentliche Funktion. Jedes Modell, das dazu dient, das Universum zu begreifen, wird mit Sicherheit zahlreiche Menschen ansprechen, wenn es an diese fruchtbare Fähigkeit appelliert und dem Menschen das Gefühl gibt, daß er persönlich mithilft, die Wahrheit zum Leben zu erwecken, vorausgesetzt, er ist bereit, ihre metaphysische Realität anzunehmen.[4]

Ich glaube, genau das ist es, was wir bei A.A. tun. *Alcoholics Anonymous* lädt uns ein, in solch einer Weise „das Universum zu begreifen", damit wir wissen, daß wir Nüchternheit „zum Leben erwecken" können, wenn wir einfach Tag für Tag den ersten Schluck nicht trinken und in Meetings gehen. Kein Wunder, daß es „zahlreiche Menschen ansprach".

Außerdem mag ich dieses Zitat, weil es sowohl das Augenzwinkern von James als auch seinen Weitblick einzufangen scheint. William James hatte eine Leidenschaft dafür, ein Mensch zu sein. Vielleicht paßt sein Denken deshalb so treffend zu Alkoholikern. Er erbaute sich sowohl an menschlichem Vermögen als auch an menschlichem Unvermögen - an der Fähigkeit jedes Menschen, Grenzen zu überwinden, und an den wirklichen Grenzen, die er als unvermeidlich und sogar als Notwendigkeit für das menschliche Leben verstand.[5]

Das einzige, wogegen James intolerant war, war Intoleranz. In gewisser Weise war es jene Leidenschaft, die ihn zum Studium religiöser Erfahrung führte. So schrieb er zum Zeitpunkt der Veröffentlichung des Buches an einen befreundeten Arzt: „Ich betrachte „*Die Vielfalt religiöser Erfahrung*" in gewissem Sinne als Studie über morbide Psychologie, die dem Spießbürger viel vermittelt und auslegt, was er sonst verachten und völlig verwerfen würde."

Diese Erklärung mag zweischneidig erscheinen, wenn man nicht merkt, wie sehr James sich selbst mit der „morbiden Psychologie" der „Zweimal-Geborenen" identifizierte. Diese Identifizierung war immer ein Gegenstand seines Abscheus und spielerischen Aufziehens der „Spießbürger".

Meine Unternehmung dieser neunzig Meetings in neunzig Tagen führte bei mir zur Wiederentdeckung von William James, was mich dazu anregte, das Buch „*Die Vielfalt religiöser Erfahrung*" wieder aufzugreifen, und ich begann, es erneut zu lesen. Und während ich es im Lichte dessen lese, was ich täglich im Meeting höre, fällt mir mehr und mehr auf, daß die drei Worte des Titels nicht nur James selbst zusammenfassen, sondern auch seinen präzisen Beitrag zu *Alcoholics Anonymous* darstellen. „Vielfalt", „religiös", „Erfahrung": Aufgeschlossene Ehrlichkeit und begeisterte Bereitschaft zu wachsen scheinen jedem dieser Begriffe zugrundezuliegen. William James ist vielleicht kein Alkoholiker gewesen, aber ich bin sicher, daß er das *Blaue Buch* gelesen, gelobt und daraus gelernt hätte.

James' Titel scheint in der wahren Struktur des Programmes und der Gemeinschaft der Anonymen Alkoholiker verkörpert zu sein. Das Wort *Vielfalt*[6] ist der Schlüssel zur Toleranz und Spannweite von A.A. Sogar bei dem wichtigen Thema des spirituellen Erwachens wird im Anhang II des *Blauen Buches* klargestellt: „... daß sich der Persönlichkeitswandel, der ausreichte, um die Genesung vom Alkoholismus zu bewirken, bei uns in vielen verschiedenen Erscheinungsformen offenbart hatte."[7] Weit davon entfernt, eine Zwangsjacke zu sein, begrüßt A.A. Vielfalt und Unterschiedlichkeit als besten Beweis für die tiefe Wahrheit seiner grundlegenden Einsichten - der Einsicht, daß „religiöse Erfahrung" *existiert*.

Religiös[8] ist der zweite Begriff. Seit der Epoche von James ist man im Umgang mit diesem Begriff vorsichtiger geworden, und deshalb stellt sich A.A. selbst mehr als spirituell, statt als religiös dar. Doch die Ansprüche des Titels von William James und der A.A.s laufen auf das gleiche Ziel hinaus: Es bleiben Tatsachen übrig, die von wissenschaftlichen Methoden nicht erfaßt werden - Tatsachen, die für das menschliche Dasein wichtig sind.

Erfahrung[9] heißt das dritte Wort. Was kann über Erfahrung noch klarer gesagt werden als das, was sowohl William James als auch die Anonymen Alkoholiker mit ihren sorgfältigen Schilderungen echten Fallmaterials aussagen? Theoretisieren fällt uns leicht, doch nur Erfahrung kann das Verständnis bestätigen. Wenige Phänomene haben dem Jamesianischen Sinn besser entsprochen als Erfahrung, Kraft und Hoffnung von Mitgliedern der Anonymen Alkoholiker.

Mit einem Wort, ich glaube, daß A.A. sowohl die Philosophie als auch die Psychologie von William James stark bekräftigt. Leider werden heute weder James noch A.A. als wissenschaftlich ernst zu nehmende Themen betrachtet. Aber die Trends ändern sich auch in der Wissenschaft. Wenn sich der gegenwärtige Trend ändert, wird A.A. da sein, um das Denken von William James zu erhellen, genau wie die Vorstellungen von William James da sein werden, um das Verständnis von A.A. zu erleichtern.

Anmerkungen des Übersetzers:

[1] Barrett, William. *Irrational Man*. Doubleday, 1958; *The Illusion of Technique*. Anchor Press, 1978.

[2] James, William (1842-1910). Amerikanischer Philosoph und Psychologe. Bruder des Schriftstellers *Henry James* (1843 - 1916).

[3] Spencer, Herbert (1820-1903). Englischer Philosoph. Trotz seiner Lehre vom sozialen Organismus überzeugter Liberalist und Individualist. Sein Hauptwerk ist das zehnbändige „*System der synthetischen Philosophie*". Vgl. *Alcoholics Anonymous*: 570/419.

[4] James, William. *The Varieties of Religious Experience: A Study in Human Nature*. Macmillan Publishing Company, 1961.

[5] „Alles geben die Unsterblichen ihren Lieblingen ganz: alle Freuden ganz, alle Leiden ganz." Goethe.

[6] *variety*: Verschiedenheit, Buntheit, Mannigfaltigkeit, Vielseitigkeit, Abwechslung, Vielfalt, Reihe, Anzahl, Auswahl, Sorte, Art, Abart, Spielart, Varietät, Variante, Varieté [Latein *varietás* Verschiedenheit *varius* bunt].

[7] Vgl. *Alcoholics Anonymous*; 569/417: „... the personality change sufficient to bring about recovery from alcoholism has manifested itself among us in many different forms."

[8] *religious*: religiös, fromm, gläubig, die *Religion* betreffend [12. Jahrhundert: Latein *religió* Furcht vor dem Übernatürlichen, Pietät, Frömmigkeit, Ehrfurcht, genaue Beachtung; wahrscheinlich von *religáre* festbinden, befestigen; *re-* zurück + *ligáre* binden].

[9] *experience*: Erfahrung, Praxis, Lebenspraxis, Erfahrenheit, Fachkenntnis, Sachkenntnis, Erlebnis, Vorkommnis, Geschehnis [Latein *experírí* versuchen, unternehmen, wagen, verwandt mit *perículum* Gefahr, Risiko].

20. Tag / Gefallsucht

Sei mit dir selbst ehrlich, und du kannst keinem Menschen gegenüber falsch sein.

- Polonius[1]

MANCHMAL stehe ich im Widerspruch zu dem, was ich in einem A.A.-Meeting höre. Ich habe festgestellt, daß sich diese Erfahrung gewöhnlich in Kraft und Hoffnung umwandelt, wenn ich nach dem Meeting eine Gelegenheit finde, den Widerspruch zu untersuchen. Dieses Neunzig/Neunzig hat schon viele Beispiele für diesen Prozeß geliefert.

Die Meinungsverschiedenheit, die wir gestern abend untersuchten, war in den verschiedenen Ansichten versteckt, nach denen zwei Teilnehmer die Meetings-Diskussion absteckten. Walter wählte das Thema „Gefallsucht" und verkündete, daß die Befreiung von diesem unreifen Bedürfnis eine großartige Freiheit sei, die er durch A.A. fand. „Heute muß ich mich nicht darum kümmern, was irgend jemand von mir denkt", schloß Walter.

Ich identifiziere mich ohne weiteres, wenn A.A.s über die Tendenz reden, es allen recht machen zu wollen, wenn sie besprechen, wie uns der tiefe Abscheu vor uns selbst als nasse Alkoholiker in unserer krankhaften Hoffnung, Anerkennung zu gewinnen, dazu führt, schmierige Fußabtreter zu werden. Und ich mag es besonders gern, wenn ich daran erinnert werde, daß ich das bei A.A. nicht mehr tun muß. Denn meine Aufgabe besteht jeden Tag darin, „das Wichtigste zuerst"[2] zu tun und nicht den ersten Schluck zu trinken, gleichgültig, wie viele versteckte Prioritäten andere bei ihren Erwartungen an mich haben.

Doch Walters Standpunkt oder vielleicht die Leidenschaft, mit der er ihn ausdrückte, beunruhigte mich auch. Mir scheint, daß das, was andere Leute von uns denken, uns doch etwas ausmacht, wie sehr wir auch versuchen, es zu leugnen, oder wie reif wir auch sind. Ich achte zum Beispiel darauf, was nüchterne A.A.s - die „Gewinner", die ich treffe - über meine Nüchternheit denken und über meine Bemühungen, in ihr zu wachsen. Wenn das stimmt - und es stimmt tatsächlich - bin ich dann noch nicht frei? Das sehe ich nicht so; aber wie unterscheidet sich in diesem Bereich „nüchtern leben" von „alkoholkrankem Denken"?

Als ich gerade mit dieser Frage rang, schaltete sich Peggy mit einer Bemerkung, die half, in die Diskussion ein. Ruhig, aber nachdrücklich stellte sie fest: „Mein Problem spiegelte sich nicht so sehr darin, daß ich allen gefallen wollte - sondern in der Art von Leuten, denen ich gefallen wollte."

Das gefiel mir, und ich kostete es aus, obwohl die Gruppe in einer anderen Richtung weitermachte. Doch nach dem Meeting, beim Kaffee, kamen Peggy und Walter, ein paar andere und ich auf das Thema zurück. In dieser Umgebung stimmte Walter ohne weiteres der offensichtlichen Tatsache zu, daß wir während unserer Trinkerei meist versuchten, anderen Trinkern und unseren Versorgern zu gefallen, wohingegen es uns jetzt bei A.A. mehr darauf ankommt, anderen A.A.s zu gefallen.

„Aber da seht ihr es!" rief er aus. „Da liegt das Problem! Irgendwie ist die Vorstellung, den A.A.s zu gefallen, nicht besonders geeignet. Ich denke, das ist wirklich nicht das, was ich zu tun versuche oder etwas, das sehr wichtig ist. Ich meine sogar, daß viele A.A.s mit gesunder Nüchternheit nicht besonders gut auf jemanden zu sprechen sein würden, der vorbeikäme, weil er versucht, ihnen zu gefallen. Das klingt mir bestenfalls nach einer sehr dürftigen Methode, trocken zu bleiben, aber mit Sicherheit nicht nach einem guten Weg, nüchtern zu werden."

Mike nahm kein Blatt vor den Mund, als er beipflichtete, es sei wohl kaum denkbar, daß irgendeine Art von Gefallsucht in der Nüchternheit Platz haben könnte. Das Wort *Gefallsucht* dient uns bei A.A. zur Beschreibung unseres Lebens vor A.A., weil es gut erfaßt, wie sich nasse Alkoholiker in ihrem Abscheu vor sich selbst für ihre Verleugnung Rückhalt suchen. Nasse Alkoholiker suchen gerade deshalb Bestätigung von außen, daß bei ihnen alles in Ordnung ist, weil sie tief unten im Innersten wissen, daß alles mögliche, und vor allem das Selbst, nicht in Ordnung ist. Dieser Begriff schließt also immer einen Wischi-Waschi-Versuch der Verleugnung mit ein - entweder der Trinkerei, oder zumindest unseres Charakters[3], den wir für wahre Nüchternheit brauchen.

Peggy mischte sich wieder in die Diskussion ein, und zwar mit einem Gedankengang, der mir insgeheim schmeichelte. Sie gab zu, daß sie William James[4] gelesen hatte (auf meine Empfehlung). „`Veränderung' war das große Thema bei James. Ihn interessierte, wie das, „was andere Leute denken', unser Leben verändert. Wenn etwas eine Veränderung bewirkt, ist es wichtig. Ich bin sicher, daß James einfach deshalb A.A. geliebt hätte, weil so viele Menschen bezeugen, daß A.A. eine sehr wichtige Veränderung in ihrem Leben bewirkt." Als sie fortfuhr, wanderten meine Gedanken zu meiner eigenen Lektüre von James.

Als Psychologe war James sowohl ein Realist als auch ein Pragmatiker. Er war von einem Thema fasziniert, das seit seiner Zeit nicht viel Gefallen gefunden hat - der menschliche Wille, unsere Fähigkeit zu wählen. Nach seiner Auffassung wählen die Menschen in wundersamer und vielfältiger Weise aus. Im Grunde genommen sagt James tatsächlich, Mensch zu sein bedeutet zu wählen: Wir definieren unsere Menschlichkeit durch die Wahl, die wir treffen. Und wieder bin ich sicher, daß James die Wahl, die von den A.A.-Mitgliedern getroffen wurde, Tag für Tag den ersten Schluck nicht zu trinken, sehr ernst genommen und ihr Beifall gespendet hätte.

Ich konzentrierte mich wieder auf Peggy. Sie sagte gerade: „Bei diesem Thema - dem Thema, wie das, was wir von uns selbst denken und fühlen, durch das, was andere Leute von uns denken, verändert wird - kommt James also zu folgendem Schluß: Obwohl das unweigerlich zutrifft, können wir uns zumindest die Leute aussuchen, deren Gedanken uns verändern. Viele ganz unterschiedliche Leute leben in unserer schönen Welt. Es gibt sogar eine Unmenge verschiedener Leute, die zumindest zeitweilig „etwas von mir denken' könnten. Aber bei diesen Leuten kann ich mir aussuchen, wessen Denken mich beeinflussen kann - das heißt, wessen Denken mein eigenes Verständnis verändern wird."

Obwohl Walter vorher, bei der Erwähnung von William James, den Kopf geschüttelt und „Macht es nicht so kompliziert" gemurmelt hatte, grinste er plötzlich über beide Ohren, als Peggy und ich ausgesprochen hatten. „Ihr habt nichts Neues gesagt", meinte er.

„Bei A.A. können wir es uns aussuchen, nicht zu trinken, solange wir diese Auswahl darauf beschränken, nicht den ersten Schluck zu trinken und immer nur für einen Tag; dann werden wir dafür frei, uns weitere Dinge auszusuchen - zum Beispiel, wessen Denken etwas bei uns verändern wird. Was andere A.A.-Mitglieder denken, zumindest, was sie über „nüchtern leben" denken, verändert mich, weil ich mir das, was sie haben, bewußt aussuche und wünsche - nämlich Nüchternheit. Das ist keine Gefallsucht, sondern einfach gesunder Menschenverstand."

Walters Beitrag faßte sehr gut die abendliche Unterhaltung für uns alle zusammen. Und heute grübele ich weniger über Gefallsucht, als über das Wesen gelegentlicher Meinungsverschiedenheiten innerhalb der Anonymen Alkoholiker.

Vielleicht gibt es bei A.A. zu wenig Meinungsverschiedenheiten; vielleicht nehmen wir zeitweilig aus Höflichkeit zu viel Rücksicht. Wenigstens bin ich für die Gelegenheiten dankbar, die mir durch diese neunzig Meetings in neunzig Tagen geboten werden, die Reichtümer unseres vielfältigen Verstehens mit Leuten wie Peggy, Walter und Mike zu erforschen.

Anmerkungen des Übersetzers:
[1] *To thine own self be true - and you will not be false to anyone.*
Polonius: Figur in Shakespeares Tragödie *Hamlet*; Kämmerer am dänischen Hof, Vater der Ophelia; wird von Hamlet getötet.

[2] *First things first.*
[3] *nature*: Natur, Schöpfung, Veranlagung, Charakter, Eigenart, Gemütsart, Naturell, Beschaffenheit - bezieht sich hier auf „the nature of our wrongs" [Latein *nátus* geboren, *nascí* geboren werden].
[4] James, William (1842-1910). Amerikanischer Philosoph und Psychologe. Bruder des Schriftstellers *Henry James* (1843 - 1916). *Talks to Teachers on Psychology, and to Students on Some of Life's Ideals.* Dover Publications, 1962; *The Principles of Psychology.* Dover Publications, 1950; *The Varieties of Religious Experience: A Study in Human Nature.* Macmillan Publishing Company, 1961.

21. Tag / Anagrammspiele

Wovor ich mich am meisten fürchte, das ist die Furcht selbst.
- Montaigne[1]

DIE DISKUSSION gestern abend rief mir ein altes Hobby ins Gedächtnis zurück: das Spielen mit Anagrammen[2].

Das Thema war HALT[3] - eine Untersuchung der schmerzhaft gelernten Wahrheit, daß wir als genesende Alkoholiker alle besonders verletzlich sind, wenn wir hungrig, ärgerlich, einsam oder müde sind.

Über drei Fragen war sich die Gruppe schnell einig. Erstens, daß es ratsam ist, vorzubeugen, um nicht zu hungrig, ärgerlich, einsam oder zu müde zu werden. Zweitens, daß trotz aller Vorkehrungen niemand jene Erfahrungen völlig vermeiden kann. Drittens, daß wir uns heute - in der Nüchternheit - A.A. zuwenden müssen, genau wie wir uns in solchen Situationen scheinbar fast instinktiv dem Alkohol zuwandten, als wir getrunken haben. In diesem Zusammenhang betonte ein Teilnehmer: Das ist kein Ersatz und auch keine Ablenkung - das ist einfach nur geistige Gesundheit.

Wir erledigten diese Punkte ziemlich schnell. Einen kurzen Moment lang fragte ich mich, ob dies vielleicht eines dieser ganz seltenen A.A.-Meetings sein würde, die früher enden. Doch dann ergriff der gute alte Ed das Wort, und am Ende waren wir sogar ziemlich spät dran.

Seine Frage betraf Furcht.[4] „Vielleicht habe ich einfach nur Glück", begann Ed mit der unschuldigsten Miene der Welt, „aber ich glaube, ich bin weniger in Gefahr zu trinken oder zumindest in eine Art alkoholkrankes Denken zu verfallen, wenn ich hungrig, ärgerlich, einsam oder müde bin, als wenn mich die Furcht überfällt und mein Leben zu beherrschen beginnt. Furcht vor wirtschaftlicher Unsicherheit, Furcht, nicht geliebt zu werden oder lieblos zu sein, Furcht davor, was andere denken könnten, Furcht vor was-du-willst. Wie mir scheint, liegt Furcht praktisch allen Problemen zugrunde, die ich beim „nüchtern leben' habe."

Eds Bemerkung ging mehreren von uns an die Nieren. Vielleicht war es eine Abwehrhaltung von mir, als mein Kopf mit dem Akronym[5] HALT zu spielen begann: „Ja, sicherlich trifft Furcht den Nagel auf den Kopf", dachte ich. „Laß mal sehen - kann THALF oder FLATH[6] einen Sinn geben?"

Andere reagierten glücklicherweise konstruktiver. „Damit kann ich mich identifizieren", legte Paul los. „Wo du es jetzt erwähnst, erscheint es mir tatsächlich so, als ob der entscheidende Unterschied zwischen der Art, wie ich früher war, und wie ich jetzt bin, ganz genau mit Befürchtungen und furchtsam sein zu tun hat. Während meiner Trinkerei wurde ich von Furcht getrieben: Furcht davor, daß mir der Schnaps ausgehen würde; Furcht davor, daß jemand denken könnte, daß ich ein Säufer wäre; Furcht davor, daß ich ein Säufer sein könnte; Furcht davor, was ich vielleicht in einer Erinnerungslücke getan haben könnte ... Ich hatte, ehrlich gesagt, eine verdammte Furcht davor, morgens aufzuwachen, aber manchmal befürchtete ich ebenso, daß ich vielleicht nicht mehr aufwachen könnte.

Heutzutage kenne ich solche Befürchtungen gar nicht mehr ... gewissermaßen habe ich überhaupt nichts mehr zu befürchten, solange ich immer nur für vierundzwanzig Stunden den ersten Schluck nicht trinke, in Meetings gehe und in den Zwölf Schritten von A.A. zu arbeiten versuche. Ich glaube, ich kann mit Dankbarkeit behaupten, daß ich frei von Befürchtungen bin, oder zumindest davon, furchtsam zu sein. Und diese Freiheit ist eines der größten Geschenke der Nüchternheit für mich. Es ist großartig, frei von diesen Befürchtungen zu sein ... oder zumindest frei von Furchtsamkeit. Bevor ich A.A. fand, war ich bis zum Rand voll mit Befürchtungen.[7]"

Mehrere aufmerksame Zuhörer nahmen Pauls vorsichtige Selbstbeschreibung auf. „Ich weiß, was du meinst", warf Jane ein, „und ich identifiziere mich sowohl mit Ed als auch mit dir, Paul. Aber ich glaube, am meisten habe ich mich in deinen Formulierungen „gewissermaßen" und „zumindest" wiedergefunden, denn mir scheint, daß ich jetzt eine wirklich gesunde Furcht habe - die Furcht davor, Alkohol zu trinken. Vielleicht ist das tatsächlich eine Möglichkeit, um den hauptsächlichen Unterschied klarzustellen, den A.A. in meinem Leben bedeutet hat: A.A. macht es einfach. Ich war früher auch sehr furchtsam - voller Befürchtungen, von denen die meisten lächerlich waren. Jetzt habe ich nur eine Furcht, und zwar eine, die gesund ist. Ich fürchte mich davor, Alkohol zu trinken."

90 Tage - 90 Meetings

Sofort nahmen auch andere zu diesem Thema Stellung und tauschten ihre Vorstellungen über gute und schlechte, angebrachte und unangebrachte Befürchtungen aus. Steve lieferte den bezeichnendsten Beitrag. Er unterschied zwischen zwei Arten von Befürchtungen: die Befürchtungen, die uns bedrängen[8] und die Befürchtungen, die an uns zerren[9]. „Beide Arten scheuchen uns herum", stellte er fest, „aber bei den bedrängenden Befürchtungen[8] geht es darum, alles so zu erhalten, wie es ist - sie drängen uns dazu, alles zu vermeiden, was wir als Gefahr empfinden. Bedrängende Befürchtungen können wichtig sein. Es ist gut für uns, Gefahren zu vermeiden, wie zum Beispiel die Gefahr, Alkohol zu trinken. Doch wenn die Furcht für uns einzig und allein ein Wegdrücken von allem und jedem bedeutet, und wenn diese Furcht unser Leben beherrscht, wie das im Leben des nassen Alkoholikers tatsächlich der Fall ist, dann entmenschlichen uns diese bedrängenden Befürchtungen scheinbar. Sie versperren uns den Weg, ein ganzer und wahrer Mensch zu sein.

Im Gegensatz dazu bringen uns die zerrenden Befürchtungen[9] einer Sache entgegen. Sie bringen uns zum Suchen - mehr, um etwas zu erreichen, als um etwas zu vermeiden. Wie mir scheint, gehen wir wenigstens zum Teil aus Besorgnis [fear] zu den A.A.-Meetings. Die bedrückende Sorge[8] besteht darin, daß ich vielleicht Alkohol trinke, wenn ich nicht hingehe. Aber für die meisten A.A.-Mitglieder ist das nur ein sehr kleiner Teil dessen, warum sie in Meetings gehen. Es ist nur selten und ausnahmsweise der Hauptgrund für ihre Meetingsbesuche. Wenn das nämlich die Hauptfurcht wäre, na dann könntest du dich genauso gut im Gefängnis einsperren lassen oder dich ohne Schnaps in ein kleines Boot setzen, auf die Mitte eines Sees hinausfahren und dort bleiben.

Bei unserer Teilnahme an A.A. geht es weitaus mehr darum, etwas zu bekommen, als darum, von etwas wegzukommen. Teilweise gehört auch Furcht dazu, wenn man so will, aber es ist hauptsächlich eine zerrende Furcht. Eigentlich scheint mir das weniger eine Furcht als vielmehr der Preis zu sein, den wir für unsere Nüchternheit zahlen.[10] Weil wir wissen, daß Alkohol eine Gefahr für uns ist, trachten wir danach, uns zu stärken und in unserer Nüchternheit voranzukommen, statt bloß davonzurennen. Ich vermute, der springende Punkt ist, daß es einfach manche Dinge gibt, wie Alkohol, vor denen wir einfach nicht weglaufen können. Zu versuchen, vor ihnen wegzulaufen, bedeutet unweigerlich, zu ihnen zurückzurennen."

Steves Worte trafen ins Schwarze. Am Ende meiner Trinkerei lernte ich nur allzu gut die Enttäuschung kennen, die mit der Unmöglichkeit des Versuchs verwurzelt war, vor meinem Alkoholismus einfach davonzurennen. Je mehr und je stärker ich versuchte, vor ihm davonzulaufen, desto eher und desto tiefer sank ich wieder in ihn zurück. Erst als ich endlich A.A. entdeckte, begann ich die Antwort zu ahnen.[11] Von manchen Realitäten, manchen Gefahren, kommen wir nur los, indem wir auf etwas anderes zugehen. Vielleicht gehört ein Element von Furcht dazu, das ist sogar wahrscheinlich. Aber es liegen Welten zwischen der Furcht, die uns zum Weglaufen drängt, und der Furcht, die uns dazu anregt, auf etwas zuzulaufen. Eigentlich dürfte nur die erste mit Recht *Furcht* heißen: Die andere ist Hoffnung, eine der großen Tugenden, und deshalb eine der mutigen Stärken des Menschseins.[12]

Schon allein diese Wiederentdeckung machte die Diskussion gestern abend für meine Nüchternheit bedeutungsvoll. Für mich ist es notwendig, daran erinnert zu werden, daß Trinken von Alkohol für den Alkoholiker ein Weglaufen vor der Wirklichkeit ist, wohingegen die Teilnahme bei A.A. bedeutet, der Realität des Lebens und auch der Nüchternheit entgegenzugehen. Ob ich nun Furcht spüre oder ob ich hungrig, ärgerlich, einsam oder müde bin, die Frage ist die gleiche: Was soll ich tun? Soll ich versuchen, vor einer Sache davonzulaufen, von der ich doch nicht entkommen kann, was ein gefährliches Bestreben wäre? Oder soll ich lieber versuchen, mich einer anderen Sache entgegenzuwenden, die mich vor der Gefahr beschützen kann, womit ich ein Zeichen für gesunden Menschenverstand und nüchternes Leben setzen würde?

Es ist also an der Zeit, das Spiel mit Anagrammen zu beenden. Das Problem ist nicht, wie das F von Furcht in das HALT von hungrig-ärgerlich-einsam-müde paßt: Meine Aufgabe besteht vielmehr darin, die Freiheit zu leben, die mir die Nüchternheit von A.A. gibt. Ich fürchte mich wirklich vor dem Alkohol; sofern mit Laufen jedoch Fortschritt in der A.A.-Lebensweise gemeint ist, laufe ich nicht vor einer Sache davon. Entgegenlaufen, anstatt wegzulaufen[13]: Das ist Freiheit, und dafür bin ich dankbar.

Anmerkungen des Übersetzers:
[1] *Essays of Michel de Montaigne*. Translated by G.B. Ives. Heritage Press, 1947.
[2] *Anagramm*: Wortverrätselung durch Buchstabenumstellung
[3] Aus dem amerikanischen: H = hungry (hungrig), A = angry (ärgerlich), L = lonely (einsam) T = tired (müde). HALT steht auf dem STOP-Schild der amerikanischen Verkehrszeichen.
[4] *fear*: Furcht, Angst, Sorge, Befürchtung, Bedenken, Scheu, Ehrfurcht. Der englische/amerikanische Sprachgebrauch unterscheidet die Begriffe *fear* (Furcht) und *anxiety* (Angst) klarer, als wir es im Deutschen tun. Gerald Epstein („*Healing Visualization*"; Bantam Books): „Der hauptsächliche Antagonismus zu Glaube und Vertrauen ist **Furcht** (fear). *Furcht*

bezieht sich immer auf etwas oder jemanden außerhalb unseres Selbst, im Gegensatz zu Angst (anxiety), die von innen her generiert wird. Die menschliche Ur-Furcht ist die Dunkelheit. Die zwei Schlüssel-Auslöser dieser Ur-Furcht erzählen uns von der Wahrnehmung des Unbekannten und des Todes ... Die Übersteigerung von Furcht wird Phobie genannt (Griechisch: phobia)." Vgl. König David, Psalm 23: „... Und ob ich schon wanderte im finstern Tal (wörtl.: Tal der Todesschatten), fürchte ich kein Unglück; denn du bist bei mir, dein Stecken und Stab trösten mich."
*Gerald Epstein empfiehlt: „Gehe einfach den kleinen Schritt von der Furcht zur Ehrfurcht!"
Fear (Furcht) hängt mit dem lateinischen Wort *periculum* (Gefahr) zusammen, dagegen geht *anxiety* auf das lateinische Verbum *angere* (quälen/fest-pressen) zurück und ist auch mit „Ärger" und „Enge" verwandt (Vgl. Collins oder Oxford Dictionaries).

[5] *Akronym*: Initialwort, Kurzwort aus Anfangsbuchstaben

[6] *THALF / FLATH*: Ernie K. versucht, in das Akronym HALT den Buchstaben F für Furcht (fear) einzufügen und damit ein neues Akronym zu bilden, das einen Sinn ergibt.

[7] *full of fears*: voll von Befürchtungen, voll von Furcht, voller Schrecken, voller Angst(?)

[8] *push (push fears)*: stoßen, schieben, drängen (bedrängende Befürchtungen)

[9] *pull (pull fears)*: ziehen, schleppen, zerren (zerrende Befürchtungen)

[10] Akronym für ANGST: <u>A</u>bstands-<u>N</u>erv: <u>G</u>ottgegebenes <u>S</u>eelen-<u>T</u>au

[11] Meine Sponsorin in den USA gab mir zwei Akronyme für FEAR: „*Fuck Everything And Run*" / „*Face Everything And Recover*" („Scheiß' auf alles und renne davon" / „Stell' Dich allen Dingen und werde gesund"). „Furcht", sagte sie, „bedeutet, zwischen den beiden gefangen zu sein. Du mußt dich nur entscheiden, egal wie."

[12] In einer Gruppe in Mooroopna/Victoria steht ein Schild: „Fear is only your distance from God." (Furcht ist nur dein Abstand von Gott.)

[13] *run forward*: Das ist eine gängige Technik im Aikido. Dem Schlag des Gegners entgegen gehen. Im Aikido geht es darum, das *Ma* (den Abstand) zu zerstören: Jeder Angreifer braucht einen bestimmten Abstand, um seinen Angriff zur Wirkung zu bringen. Für den Boxer ist das z.B. etwa der Abstand des ausgestreckten Armes. Wenn sich der Verteidiger in den Schlag hinein bewegt, so daß der Angreifer den Arm nicht in voller Länge ausstrecken kann, dann entwickelt der Schlag nicht seine volle Kraft: Deshalb umarmen sich die Boxer im Boxring so oft, wenn sie müde werden!

22. Tag / *In welchem Schritt arbeitest du gerade?*

Es genügt nicht, rege zu sein ... die Frage ist: Wobei sind wir rege?
- Henry David Thoreau[1]

VON DEM HEUTIGEN MEETING muß ich gleich heute abend schreiben, denn die wachgerufenen Erinnerungen legen es nahe, ganz frisch eingefangen zu werden. Ben war da - der alte Ben, wie er anscheinend heutzutage immer genannt wird. Und Ben „deichselte das Meeting", wie er das vor Jahren immer zu tun pflegte - er ging von einem zum anderen und sprach kurz, aber eingehend mit jedem, den er wiedererkannte.

Ben ist nach weltlichem Maßstab nicht mehr allzu gesund. Er witzelt darüber, fünf tödliche Krankheiten zu haben, doch ich vermute, es ist seine Arthritis, die ihn darin hindert, an vielen Meetings teilzunehmen. Natürlich gehen viele A.A.s bei ihm zu Hause vorbei und besuchen ihn - zu einer Kaffeeplauderei über alles mögliche, was sie in ihrer Nüchternheit zu plagen scheint. Und Ben findet immer ein paar Worte, die helfen.

Ein relativ Neuer, der Ben nicht kannte, war wohl ziemlich verwirrt und vielleicht sogar verärgert darüber, wie Ben heute abend das Meeting deichselte. „Was macht der denn da?" fragte mich der Neuling. „Verkauft der Versicherungen?"

Von dieser Seite hatte ich das bisher noch nie gesehen, aber in gewissem Sinne verkaufte Ben tatsächlich Versicherungen. Ich schlug dem Frager vor, aufzupassen und zu versuchen, die Frage zu hören, die Ben gerade fast jedem stellte, mit dem er sprach: „In welchem Schritt arbeitest du gerade?" Jene Frage ist in den vielen Jahren, seit Ben hier herumgeistert, sein Markenzeichen gewesen. Und obwohl er wegen seiner Krankheit ziemlich viel daheim bleiben muß, bleibt sie sein Kennzeichen.

Immer, wenn jemand mit irgendeinem Problem ankommt, eine Frage formuliert oder Schwierigkeiten mit dem nüchternen Leben äußert, sitzt Ben ganz still da und hört sorgfältig zu, sieht dich mit seinem ernsten, vom Schmerz gezeichneten Gesicht an, das trotzdem auch gelassen und fröhlich aussieht und schenkt jedem deiner Worte all seine Aufmerksamkeit. Er unterbricht nie; doch wenn du ihm schließlich dein ganzes Herz mit all deinen Sorgen ausgeschüttet hast, beginnt Ben, was immer er zu sagen hat, stets mit der gleichen Frage: „In welchem Schritt arbeitest du?"

Manchmal genügt schon dieser Wink, um das Problem zu lösen. Ich kann mich daran erinnern, daß nach einiger Zeit, als Ben mit der Vorliebe für diese Frage berühmt wurde, die Leute anfingen, sich diese Frage selbst zu stellen, wenn sie sich entschlossen, ihn aufzusuchen, um eine

Antwort parat zu haben, wenn Ben damit ankam, und das überraschte mich nicht. Oft geschieht natürlich das Unvermeidliche: Nachdem man das tut, braucht man Ben eigentlich kaum noch aufzusuchen, außer, um „Danke" zu sagen. Sich selbst nur diese Frage zu stellen, verschafft einem sehr oft schon den besten Start auf dem Weg zur Lösung des Problems, dem man sich gegenüber sieht.

Natürlich gibt es bei A.A. keine Zauberei. Bestenfalls wird uns von anderen Erfahrung, Kraft und Hoffnung geschenkt, die sie sich oft schmerzhaft erwerben mußten; und wir erarbeiten uns unser eigenes Programm. Bens Frage erinnert nur daran, daß wir im Programm arbeiten müssen. Das wiederum bedeutet natürlich, auf der Basis der Zwölf Schritte zu arbeiten, die das A.A.-Programm darstellen. Und weil wir als menschliche Wesen in unserer Zeit und unserem Wirken begrenzt sind, weil wir Alkoholiker sind, die stets daran erinnert werden müssen, „das Wichtigste zuerst" und alles „immer mit der Ruhe" zu tun, können wir im Programm nur an einem Schritt zur gleichen Zeit arbeiten. Darum haben wir Zwölf Schritte, vor denen Nummern stehen, und keinen geblümten Absatz oder philosophischen Essay an der Stelle.

Um mein eigenes Gedächtnis aufzufrischen, will ich versuchen, die lebhafte Erinnerung so gut wie möglich wachzurufen, die ich an das erste Mal habe, als ich vor Jahren einen weit gesunderen Ben seine ganze Geschichte erzählen hörte. Jedoch vermute ich, daß ich diesem Anliegen kaum gerecht werden kann.

„Viele Leute denken, A.A. sei viel zu einfach", begann Ben, und die Augen blitzten aus seinem Gesicht, als er versuchte, sich ein Lachen zu verkneifen. „Aber sobald ich die Schritte sah, wußte ich, daß sie meine geistigen Fähigkeiten überfordern würden, wie das nach jahrzehntelanger Trinkerei auch gar nicht anders sein konnte. Wißt ihr, was mir als erstes auffiel? Es gab zwölf von diesen verdammten Dingern! „Verflucht nochmal", dachte ich, „das schaffe ich nie! Moses bekam nur zehn Gebote, und ich habe weiß Gott genug Schwierigkeiten damit!" Ich kann nämlich noch nicht einmal bis zwölf zählen, außer wenn ich mir die Schuhe dazu ausziehe."

Weiter erzählte Ben, wie er gelernt hatte, bis zwölf zu zählen, ohne sich die Schuhe auszuziehen, und wie es ihm danach dämmerte, daß er vielleicht versuchen sollte, mit dem Lernen weiterzumachen. „Eines Tages", fuhr er fort, „hatte ich folgende plötzliche Offenbarung: Es wäre an der Zeit, mit dem Zählen der Schritte aufzuhören und anzufangen, sie zu lesen." Ben gestand uns, wie ihm das in den darauf folgenden sechs Monaten ganz schön zu schaffen machte, bis er noch eine, und zwar eine noch plötzlichere, Offenbarung hatte.

„Eines Tages, als ich die Schritte schon ziemlich gut lesen konnte, meinte ein kleiner Vogel, oder vielleicht war das auch meine Höhere Kraft, daß es wohl an der Zeit wäre, um anzufangen, mit ihnen zu arbeiten. Na gut, ich ließ mich umpusten. Ich vermute, ich war aus dem gleichen Grund zu A.A. gekommen - einem der Gründe - weshalb ich früher trank. Ich arbeitete nicht gern. „Hast du gern getrunken?' fragte meine Höhere Kraft. „Zum Teufel, ja!' antwortete ich. „Also gut, warum trinkst du dann nicht?' fragte der Schweinekerl - so nannte ich früher meine Höhere Kraft immer. „Weil mich die Trinkerei umbringt', antwortete ich, und ich war ziemlich sicher, daß ich ihm etwas mitteilte, was er schon längst wußte. „Also, du willst leben, wirklich leben?' fragte er. „Verdammt nochmal, ja!' sagte ich und dachte, das sei eine furchtbar blöde Frage für eine Höhere Kraft. „Dann arbeite nach den Schritten.' kam die Antwort. „Was meinst du, warum ich dir geholfen habe, dich wieder daran zu erinnern, wie man bis zwölf zählt, ohne sich die Schuhe auszuziehen?'

„Weil meine Füße stinken?" mutmaßte ich und hoffte, er würde die Anspielung mitkriegen und mich in Ruhe lassen. Aber er ließ nicht locker, also stellte ich noch eine schlaue Frage: „Welche Schritte?" Wieder kam die gleiche Frage: „Was meinst du, warum ich dir geholfen habe, dich wieder daran zu erinnern, wie man bis zwölf zählt, ohne sich die Schuhe auszuziehen?" „Schon gut", sagte ich, „womit soll ich anfangen?" „Was meinst du, warum ich dir geholfen habe, dich wieder daran zu erinnern, wie man bis zwölf zählt, ohne sich die Schuhe auszuziehen?" setzte er noch einmal nach. „Ich soll also mit der Nummer eins anfangen und einen Schritt nach dem anderen durcharbeiten - ist das richtig?" „Richtig!" kam die Antwort. „Jeden Schritt einmal richtig durcharbeiten, bis du ihn perfekt beherrschst."

Nun bin ich ja schlauer, als ihr vielleicht denkt, und das war ich sogar schon damals. „Perfekt!" sagte ich. „Ach komm, Du Höhere Kraft: Du kennst mich doch besser!" „Richtig!" sagte er wieder. Und dann fügte er hinzu: „Sieh" mal Ben, ich muß jetzt gehen, weil ich ganz schön viel damit zu tun habe, diese ganze Welt, mit all den Alkoholikern darauf, zusammenzuhalten. Aber ich will dir etwas sagen: Wenn du mich irgendwann einmal brauchst, dann ruf mich einfach. Ich werde sofort da sein. Und als erstes werde ich dich fragen, in welchem Schritt du arbeitest. Hast du das verstanden? Du wirst also eine Antwort für mich parat haben, in Ordnung?"

Schön und gut, ich wollte dieses Gespräch ohnehin irgendwie hinter mich bringen, also stimmte ich zu: „In Ordnung." Und ich begann in diesen Schritten zu arbeiten, damit ich eine Antwort auf die Frage haben würde, falls ich ihn jemals brauchte. Und wißt ihr was? Seit ich versucht habe, mit diesen Schritten zu arbeiten, mußte ich nicht mehr nach ihm rufen. Nicht etwa, weil ich ihn nicht brauche; es liegt vielmehr daran, daß ich entdeckte, wo ich meine Höhere Kraft finde: jeden Tag, für mich, in diesen Schritten - und ganz besonders in dem Schritt, in dem ich gerade arbeite."

Das ist natürlich nur ein Teil von Bens Geschichte. Doch es ist der Teil, der ein Teil meiner eigenen Nüchternheit gewesen ist - und den ich immer mehr dazu machen will. Als ich die Geschichte zum ersten Mal hörte, da war ich, ehrlich gesagt, wohl auch ein bißchen zimperlicher, als ich das heute dank meiner Nüchternheit bin. Als ich mich nach jenem Meeting bei Ben für seine Geschichte bedankte, da wagte ich es, die Vermutung zu äußern, daß es vielleicht Anstoß erregen könnte, seine Höhere Kraft einen Schweinekerl zu nennen.

Obwohl ich mir heute noch blöd vorkomme, daß ich diese Bemerkung gemacht habe, bin ich froh darüber, daß ich es getan habe. Denn Ben sah mich ganz direkt mit diesen Augen an, die ich so unbeschreiblich finde - Augen, die Schmerz und Liebe gleichzeitig ausstrahlen konnten - und ganz langsam fragte er: „In welchem Schritt arbeitest du gerade?"

Ich kann jetzt in meiner Erinnerung jenen Moment auskosten, wenn mir erneut diese Mischung aus Schmerz und Liebe widerfährt, denn das ist, was mir Ben im Laufe der Zeit und in den vielen anderen Meetings beibrachte: Das ist eben Nüchternheit. Ich habe mich in Bens „Versicherung" eingekauft, hoffe ich. Denn ich vermute, daß ich wohl kaum trinken werde, solange ich mich jeden Tag frage: „In welchem Schritt arbeitest du gerade?" Und vielleicht ist es sogar möglich, daß ich von Bens Frage beflügelt in meiner Nüchternheit wachsen kann.

Anmerkungen des Übersetzers:
[1] Thoreau, Henry David. Amerikanischer Schriftsteller. Geboren am 12. Juli 1817 in Concord (Massachusetts), verstorben ebenda am 6. Mai 1862. Studium an der Havard Universität. Gehört zu dem Kreis der Transzendentendentalisten; befreundet mit R.W. Emerson. Beeinflußt von J.J. Rousseau, beeinflußte er seinerseits die Werke von Tolstoi und Gandhi.

23. Tag / Alkoholiker und Alkoholismus

Es ist oft über A.A. gesagt worden, daß wir nur am Alkoholismus interessiert sind. Das ist nicht wahr. Wir müssen die Trinkerei überwinden, um am Leben zu bleiben. Aber jeder, der die alkoholkranke Persönlichkeit aus erster Hand kennt, weiß, daß kein echter Alkie je dauerhaft mit der Trinkerei aufhört, ohne einen tiefschürfenden Persönlichkeitswandel zu durchleben.

- Bill W.[1]

„AMBIVALENZ"[2] DEUTET AUF GEMISCHTE GEFÜHLE; Ambiguität[3] deutet auf ein gemischtes Dasein. Beides lauert in der Tiefe des Kernes von *Alcoholics Anonymous*.

Auf der einen Seite ist das primäre und wirklich einzige Anliegen von *Alcoholics Anonymous* der Alkoholiker selbst. Das von A.A. statuierte Exempel, eine wesentliche Einschränkung (Machtlosigkeit gegenüber Alkohol) hinzunehmen, ist die Voraussetzung, die seiner Botschaft so viel Kraft verleiht. Durch die Hinnahme von Einschränkungen bietet A.A. ein Modell, das Größenwahn verhindert und Demut bestärkt. Wir sind bloß ein Haufen von Säufern, nunmehr dankbar für die Nüchternheit, und haben nur die Erfahrung, Kraft und Hoffnung unseres eigenen Alkoholismus anzubieten. Nichtalkoholiker können uns akzeptieren, weil sie nichts von uns zu befürchten haben - wir sind keine Sachverständigen, die ihren eigenen Boden untergraben könnten. Alkoholiker können uns akzeptieren, weil sie sich mit unserer Not identifizieren können: Ebenso sehr, wie wir in unserer Saufzeit Alkohol brauchten, sind wir in unserer Genesung auf Alkoholiker angewiesen. Wenn es auch falsch ist, daß wir bei A.A. „nur am Alkoholismus interessiert sind", so ist es doch wahr, daß wir bei A.A. nur an Alkoholikern interessiert sind.

Im Gegensatz zu all der im nachhinein gerechtfertigt erscheinenden Vorsicht gegenüber dem Begriff *der alkoholkranken Persönlichkeit* geben wir auf der anderen Seite doch zu, daß Alkoholiker Persönlichkeiten sind - Menschen mit einem vollständigen Leben. Der Versuch, das zu leugnen, charakterisierte eigentlich unsere krankhafte Trinkerei. Wir dachten, wir könnten so bleiben, wie wir waren, auch wenn sich unsere Art zu trinken von anderen - „normalen Trinkern" - unterschied. Die fortschreitende Alkoholsucht ließ diese Illusion allmählich völlig zerbröckeln. Niemand kann einen Teil seines menschlichen Lebens abspalten - und in einer Form von Isolation ausklammern, welche die Ganzheit unseres menschlichen Daseins zu leugnen versucht. Und ebenso, wie sich unser Alkoholismus breit machte und jeden Aspekt unseres Lebens zerstörte, von Beruf und Karriere bis hin zur Familie und unseren Lieben, genau wie uns unsere alkoholsüchtige Trinkerei körperlich, geistig und spirituell beeinträchtigte, so heilt auch unsere Genesung notwendigerweise und unvermeidlich das wieder zu einer Ganzheit zusammen, was unsere Trinkerei in Einzelteile zerbrechen ließ.

Der Hauptgrund, warum A.A. nicht nur an Alkoholismus interessiert ist, besteht darin, daß A.A. eingehend an allem interessiert ist, was den Alkoholiker betrifft. Das muß so sein, weil Alkoholiker nur als ganze Menschen vorkommen.

Daß Alkoholismus die ganze Person des Alkoholikers in Mitleidenschaft zieht, ist vielleicht die größte Einsicht von A.A. Daher kann *Alcoholics Anonymous* niemals nur am Alkohol, Alkoholtrinken oder Alkoholmißbrauch allein interessiert sein. Diese Einsicht und unser wahres Interesse zeigten sich darin, daß uns das Thema *Alkoholverbot* langweilt - eine Frage, an deren Für und Wider sich viele andere Gemüter dann und wann stark erhitzen. Wir sind jedoch von der Irrelevanz dieses Themas überzeugt: Es geht uns nicht um Alkohol und noch nicht einmal um Alkoholismus, sondern um den Alkoholiker.

Weil sich Alkoholismus auf den Alkoholiker als ganze Person bis ins Tiefste mächtig auswirkt, muß es die Genesung vom Alkoholismus ebenso. Da sowohl Alkoholismus als auch Genesung mit dem Menschen als Ganzes zu tun haben, sind wir nicht so dumm, nur auf den Gebrauch von Alkohol zu schauen - wir nehmen den Gebrauch des Lebens unter die Lupe. Wir haben erkannt, daß Alkoholismus keine körperliche Krankheit, keine geistige Verirrung und auch keine spirituelle Unfähigkeit ist: Es ist weder das eine noch das andere, weil es all das gleichzeitig ist.

Ich nehme an, daß Bill W. durch den Wortschatz seiner Zeit gefangen gehalten wurde und ihm daher keine angemesseneren Begriffe als „Alkoholiker-Persönlichkeit" und „Persönlichkeits-Veränderung" zur Verfügung standen. Doch der Zusammenhang dieser Schlagworte - die Verflechtung von „Wissen aus erster Hand" und des „Durchleben einer tiefschürfenden Veränderung" macht klar, daß Bill mit „Persönlichkeit" weniger eine psychologische Kategorie meinte und ausdrückte, sondern vielmehr die „Person" als eine existentielle Wirklichkeit.

Der Begriff *existentielle Wirklichkeit* ist kaum besser. Jede Generation von A.A.s, jedes einzelne Mitglied unserer Gemeinschaft, muß selbst zu ihrem oder seinem eigenen Verständnis der tiefgründigen Wahrheit gelangen, auf die das Paradox[4] unseres Lebens hindeutet. Schlicht gesagt, jeder von uns muß sich die Frage stellen: „Was ist die Beziehung oder die Verbindung zwischen meinem Dasein als Alkoholiker - und meinem menschlichen Dasein?"

Wir beantworten diese Frage natürlich weniger mit Worten als mit unserem Leben. Im Rahmen von *Alcoholics Anonymous* wird sie beantwortet, indem wir eine „Lebensweise" wählen und leben. Wer für diese Lebensweise blind ist, wer nur den Alkoholismus sieht und den Alkoholiker ignoriert, wird weder den Alkoholismus noch *Alcoholics Anonymous* begreifen. Früher, zum Beispiel zu der Zeit, als Bill den Brief schrieb, der als Einleitung von *Wie Bill es sieht* dient, traf dieser Vorwurf auf die meisten Leute außerhalb unserer Gemeinschaft zu. Mittlerweile hat es der Erfolg von A.A. möglich gemacht, daß viel mehr Menschen zu solch einer Erkenntnis kommen können und zu solch einem Verständnis dieses Paradoxes[4], das letztendlich allen Menschen gemeinsam ist.

Ich glaube, dafür sollten wir den Al-Anon-Familiengruppen besonders dankbar sein. Wenn dieses Zwölf-Schritte-Programm von einem Nichtalkoholiker gelebt wird, zeigen sich vielleicht einige Wahrheiten klarer, als es durch uns Alkoholiker möglich ist.

Es hat stets verschiedene Quellen für die immer breitere Anerkennung der Einsicht gegeben, die A.A. uns gibt - doch was sie auch waren, wir sollten dafür dankbar sein. Erstens dankbar dafür, daß wir die Wahrheit gefunden haben, die in unserer Ganzheit liegt, die Wahrheit, die uns das Leben gerettet hat; und zweitens dankbar dafür, daß auch andere - die nicht vom Alkoholismus, sondern von anderen Erscheinungsformen menschlichen Leidens betroffen sind - bereitstehen, um unsere Nüchternheit zu fördern. Nichtalkoholiker können uns nicht in unserem Dasein als Alkoholiker zur Seite stehen, aber sie können uns helfen, menschlich zu sein.

Anmerkungen des Übersetzers:
[1] Brief 1940; *Wie Bill es sieht*: 1.
[2] **Ambivalenz**: (*Physikalisch*) Doppelwertigkeit; (*Psychologisch*) Auslösung mehrerer (gegenteiliger) Gefühle durch die gleiche Vorstellung. (Freud) [Latein: *ambo* = beide + *valere* = wert sein]
[3] **Ambiguität**: Zweideutigkeit, Vieldeutigkeit, Doppelsinn; Unklarheit [Latein: *ambigere* = (sich) herumtreiben; *ambi* = beide + *agere* = treiben, betreiben, tätig sein]
[4] *Paradox*: Widerstreit in sich; *Paradoxie*: Widerstreit zweier gleich richtig scheinender Meinungen [16. Jahrhundert: Spätes Latein *paradoxum* Griechisch *paradoxos* im Widerspruch zur bestehenden Vorstellung *para* neben + *doxa* Meinung].

24. Tag / Das „falsche" Meeting

Dies nun, Brüder, ist die arische Wahrheit über den Ur-sprung des Leidens: Es ist die Sehnsucht, die uns hinab zur Geburt führt, zusammen mit der Verlockung und der Wollust, die voller Verlangen bald hier, bald da lauert: nämlich die Sehnsucht nach starken Gefühlen, die Sehnsucht nach Wiedergeburt, die Sehnsucht danach, mit der Wiedergeburt fertig zu sein. Und dies, Brüder, ist die arische Wahrheit über die Beendigung des Leidens: Wahrlich, es ist die höchst leidenschaftslose Beendigung des Aufgebens, des Verlassens, der Erlösung von, der Abwesenheit von Verlangen nach, dieser Sehnsucht.

- Buddha zugeschriebene Aussage

ENTWEDER WIRD MEINE HÖHERE KRAFT immer trickreicher, oder jemand anders hat einen Fehler gemacht, jedenfalls ging ich gestern abend ins falsche Meeting. Ich war auf A.A. vorbereitet und wollte dorthin. Ich landete bei *Narcotics Anonymous*, und das akzeptierte ich. Als ich im Meeting ankam, war es schon zu spät, um irgendwo anders hinzugehen.

Die N.A.s schienen den Irrtum in der Wegbeschreibung, die ich erhalten hatte, wohl besser zu verstehen als ich. Sie hießen meine Anwesenheit auch herzlich willkommen - besonders nachdem sie erfuhren, daß ich mich zwar hauptsächlich und in erster Linie als Alkoholiker betrachte, jedoch im Endstadium meiner Alkohol-Misere mit Rezepten Pillen-Roulette gespielt hatte.

Also blieb ich. Als das Meeting begann, fielen mir ein paar formelle Unterschiede bei der Eröffnung auf, und ich fragte mich, wie ich mich „identifizieren" sollte. Die Sorge war umsonst. Zumindest so, wie diese Gruppe gestern abend das Thema anging, regte sie dazu an, *Alkoholismus* und *Sucht* als gleichbedeutend zu verstehen - und ich glaube, sie taten das nicht nur mir zuliebe. Dabei taten sie das nicht, indem sie die Begriffe technisch oder abstrakt erörterten, sondern indem sie die Diskussion nach dem Aspekt des Gelassenheitsgebetes aufbauten - es war mit Sicherheit gute und solide Anwendung des Zwölf-Schritte-Programms.

Ich vermute, daß der entscheidende Schlüssel für den Zugang, um mich in der Gruppe gestern abend wiederfinden zu können, der gleiche war, wie auch bei jeder Identifikation innerhalb von A.A. Ich hörte vor allem nach innen und nahm hauptsächlich wahr, was dort vor sich ging - Gefühle und Gedanken, die beschrieben wurden. Ich weiß nicht viel über Drogenabhängigkeit. Aber der Unterschied in der Art des Denkens, der gestern abend beschrieben wurde, der Unterschied zwischen dem, „wie wir waren" und „wie wir heute sind" - darin konnte und wollte ich mich wiederfinden, auch wenn meine hauptsächliche stimmungsverändernde Chemikalie der Alkohol war.

Diese Redner beschrieben mich: Sie schilderten genau meine Denkweise. Auf diesem innigen Niveau paßten mir ihre Geschichten wie angegossen. Und als sie dieses Verständnis mit dem Gelassenheitsgebet in Verbindung brachten, da zweifelte ich nicht mehr, ob dies kein gutes Meeting für mich sein könnte - und das hilft tatsächlich meiner Entwicklung in der Nüchternheit.

Ich konzentrierte mich heute morgen besonders auf die „Denkweisen", weil mir die Erfahrung, gestern abend zufällig einem N.A. Meeting beizuwohnen, etwas über meine Teilnahme an A.A.-Meetings zeigte - und ich befürchte, es geht da um etwas, wofür ich bisher aus Dummheit viel zu oft blind gewesen bin. Wenn sich bei A.A. jemand genau wie ich als Alkoholiker zu erkennen gibt und dann den Gebrauch anderer Drogen erwähnt, identifiziere ich mich anscheinend viel zu leicht mit dieser bloß äußerlichen Ähnlichkeit, und deshalb neige ich dazu, die Identifikation in tieferen Schichten zu verpassen.

Was da geschieht, ist dem nicht ganz unähnlich, was bei A.A. zum Vorschein kommen kann, wenn wir die Geschichte von jemandem hören, die damit übereinstimmt, „was" und „wo" wir selbst auch getrunken haben. Wir vergessen viel zu leicht, daß durch diese oberflächlichen Parallelen nicht die heilende Identifikation herbeigeführt wird, die wir wirklich brauchen, die Identifikation mit den innerlichen Gedanken und Gefühlen aus dem Bauch, durch die wir Alkoholiker - und vielleicht viele Süchtige - aneinander Anteil nehmen. Oberflächliche Ähnlichkeiten können das tiefere Bedürfnis verschleiern: das Bedürfnis nach Berührung, Identifikation und präziser Auseinandersetzung mit genau den Gedanken, über die uns eine direkte Aussprache meist so schwerfällt, weil sie alles andere als oberflächlich sind.

Was gestern abend meine Identifikation auslöste, war etwas sehr Einfaches: Nämlich, wie wir als Alkoholiker oder Süchtige immer wieder fordern, daß sich die Wirklichkeit außerhalb von uns selbst ändert und es somit unterlassen oder verweigern, uns zu vergegenwärtigen, daß wir selbst diejenigen sind, die sich ändern müssen. Gene drückte es gut aus: „Sucht ist der Glaube, daß etwas, das bei mir verkehrt ist, durch etwas außerhalb von mir wieder hingebogen werden kann." So wenig ich auch über Sucht weiß, dies ist eine der besten Beschreibungen für alkoholkrankes, faules, nasses Denken, die ich je gehört habe. Wenigstens beschreibt es meine eigene Denkweise sehr gut.

Mir gefiel auch die Art, in der Sue darauf hinwies, wie dieses Verständnis zum Gelassenheitsgebet paßt. Das Gelassenheitsgebet ist natürlich viel aussagekräftiger. Es gibt sowohl außerhalb als auch innerhalb von uns selbst einige Dinge, die wir nicht ändern können, und deshalb trachten wir nach Gelassenheit, um sie hinzunehmen. Und es erfordert ebensoviel Mut oder vielleicht sogar noch mehr, die Dinge in uns selbst zu ändern, die wir ändern können, den wir brauchen, um die Dinge zu ändern, die außerhalb von uns selbst sind. Doch wenn wir an die tiefere Weisheit herankommen wollen, nach der das Gelassenheitsgebet trachtet, ist es anscheinend - zumindest für mich als Alkoholiker - ein guter Anfang, die Dinge in mir, die von außen geregelt werden können von denen, die nicht so hingebogen werden können, unterscheiden zu lernen.

In meiner Saufzeit wandte ich mich häufig dem Alkohol oder anderen Drogen zu, um etwas in mir zu ändern - um mich anders zu fühlen, um mich zu etwas aufzuraffen oder um von etwas „runterzukommen. Doch oft hätte ich entweder das, was mich wirklich innerlich quälte, lieber ausleben sollen - anstatt es umzumodeln - weil ich um meiner Menschenwürde willen damit leben mußte, oder aber, wenn sich etwas ändern sollte, mußte diese Veränderung, um dauerhaft zu sein, von innen her kommen. Etwas in meinem Inneren mußte sich ändern. Kurzum, ich selbst mußte mich ändern.

Persönliche Erfahrung veranschaulicht die Tiefe dieser Wahrheit, obwohl es weh tun mag, sich zu erinnern. Bevor ich A.A. fand und in aller Nüchternheit heiratete, machte ich den Frauen oft, aber nicht besonders gut, den Hof. Manchmal schmerzt das Abbrechen solcher Beziehungen. Wie jeder blutige Anfänger oder nasse Alkoholiker, wandte ich mich also dem Alkohol zu, um den Schmerz zu ertränken. Das bewirkte natürlich auch nichts, aber es ließ mich A.A. finden.

Ein paar Jahre später, nachdem ich schon eine ganze Zeit bei A.A. gewesen war, fing ich wieder an, Beziehungen zu knüpfen. Einer dieser Versuche war dann tatsächlich das endgültige Freien - und wurde eine Ehe. Doch obwohl ich deshalb nicht gleich wieder zu trinken anfing, geschah es davor immer wieder, daß meine „Auserwählte" sich entschied, Schluß zu machen. Das war wahrscheinlich von ihrer Seite aus eine kluge Entscheidung: Ich war zwar trocken, aber nicht sehr nüchtern, und meine Seite unserer Beziehung war sehr unreif. Dennoch verletzte mich ihre Zurückweisung. Aber mit der Hilfe und gutem Rückhalt von A.A. merkte ich diesmal, daß manche Schmerzen durchlebt werden müssen, zumindest eine Zeitlang - das gehört zum Erwachsenwerden. Und als ich versuchte, das Gedankengut von A.A. auf die Erfahrung anzuwenden, lernte ich außerdem, daß ich derjenige war, der etwas an sich ändern mußte, wenn ich etwas an dieser Verletzung ändern, über sie wegkommen, ihr entwachsen und vielleicht sogar ihre Wiederholung verhindern wollte - denn es war meine Unreife, welche die Zurückweisung hervorgerufen hatte, die zu der Verletzung führte.

Dieses Beispiel dreht sich um dasselbe wie die Diskussion gestern abend: Menschsein beinhaltet eine Menge Kränkung. Die Frage ist nicht, ob wir Schmerz haben oder nicht, sondern wie wir damit umgehen. Deshalb erinnerte Bill W. uns Alkoholiker in der langen Zeit seiner Nüchternheit immer und immer wieder daran: „Schmerz ist der Prüfstein allen Wachstums."

Allein schon dies zu erkennen, schmerzt beinahe. Auf der einen Seite mag ich diese Vorstellung überhaupt nicht. Wenn mir etwas weh tut, dann will ich mich besser fühlen und nicht gesagt bekommen, daß „Schmerz der Prüfstein allen Wachstums"[1] ist. Wenn ich auf der anderen Seite aber in der Lage bin, mich an diese Wahrheit zu erinnern, dann kann allein schon die Vorstellung davon sehr wohl bewirken, daß ich mich besser fühle, denn sie verbindet mich mit der Wirklichkeit des Menschseins, oder zumindest damit, ein Alkoholiker zu sein. Vielleicht ist das der Schlüssel: Wir lernen in der Nüchternheit, daß es wichtiger ist, sich besser zu fühlen, als sich wohl zu fühlen.

Das Meeting gestern abend und auch der Gedankengang, den es heute morgen ausgelöst hat, erinnern mich an etwas, das ich kürzlich las: „Aus der Tatsache, daß wir krank sind, folgt noch nicht, daß wir geheilt werden können." Das trifft gewiß auch auf den Schmerz zu, der dem Menschsein eigen ist. Wie die gestrige Erörterung jedoch erkennen ließ, trifft es nicht notwendigerweise auf das Leiden an alkoholischem oder süchtigem Denken zu. Letzteres gehört zu den Dingen, die wir ändern können, wenn wir bereit sind, uns selbst zu ändern und das Gelassenheitsgebet bereitwillig beten.

Ich brauchte diese Eselsbrücke: den Hinweis, daß die besagte Sehnsucht, das Leben ohne Schmerz zu erfahren, so viel mit meiner Alkohol-Misere zu tun hatte. Ich weiß noch immer nicht, warum es meine Höhere Kraft vorzog, mich lieber zu einem N.A. Meeting anstatt zu einem A.A.-Meeting zu führen, um das zu hören. Vielleicht, weil es dort so klar ausgesprochen wurde, daß ich es tatsächlich hörte. Vielleicht war es bloß Zufall. Dann hilf mir also, für die Wahrheit dankbar zu sein, wo immer ich sie erfahre - und besonders, für die heilsame Wahrheit dankbar zu sein, die in allen Zwölf-Schritte Programmen enthalten ist.

Anmerkung des Übersetzers:
[1] *Wie Bill es sieht*: 3, 148; *Zwölf Schritte und Zwölf Traditionen*: 93f./ 88f.; *Language of the Heart* („Sprache des Herzens"): 272.

25. Tag / Meine Lieblingsmeetings

Es ist wohl lobenswert, sein Leben für andere zu leben, aber es so zu leben, wie es nach Meinung anderer gelebt werden sollte, ist reiner Wahnsinn.

- Bill W.[1]

OFT ERTAPPE ICH MICH IN DIESEM TAGEBUCH dabei, wie ich die Wörter *gut* und *schlecht* zu voreilig benutze, oder aber zu befangen bin und ihre Anwendung zu vermeiden versuche. Diese Begriffe tun unseren modernen Ohren weh: Sie riechen nach krasser Beeinflussung und ungerechter Verdammung. Ich denke, wir haben zu Recht einen Argwohn gegen zu leichtfertiges Fällen intellektueller oder moralischer Urteile entwickelt.

Aber ein großer Teil unseres Gefühlslebens - und möglicherweise ein noch größerer Teil unseres Alkoholismus - scheint mit unseren endlosen Bemühungen bei dem Versuch, uns gut zu fühlen, zu tun zu haben. Und das wiederum hat anscheinend damit zu tun, wie wir unsere schlechten Gefühle verstehen und darauf reagieren.

Das Thema entspringt heute daraus, wie Betty ihre Geschichte gestern abend im Meeting erzählte. Sie formulierte ihren Beitrag unter dem Aspekt ihrer unaufhörlichen Suche nach einer Realität, in der sie sich wohl fühlen würde. Betty erzählte, wie sie sich erst auf Arzneimittel ausrichtete, und dieser Teil ihrer Geschichte half mir zu begreifen, wie außerordentlich schwierig das Leben für eine alkoholkranke Frau sein kann. Männer leben meist in einer Umgebung, in der das Dasein eines harten Trinkers für eine gute Sache gehalten werden kann: Manchmal bringt das sogar Respekt. Aber auf Frauen reagiert unsere Gesellschaft viel härter, wenn es ums Trinken geht. Kein Wunder, daß so viele von ihnen zu Tabletten greifen. Natürlich entdecken viele Frauen früher oder später trotzdem, was Männer im allgemeinen mit viel weniger Stigma lernen: Wenn wir denken, daß uns etwas fehlt, scheint Schnaps die beste Medizin zu sein. Aber die meisten Frauen müssen ihre Trinkerei von Anfang an geheim halten. Das Bewußtsein, daß sie trinken, untergräbt außerdem schneller ihre Selbstachtung und führt zu mehr Abscheu vor sich selbst, als es bei den meisten von uns männlichen Alkoholikern der Fall ist - zumindest entsteht dieser Eindruck bei mir aufgrund der Berichte, die ich von Frauen gehört habe.

Eins steht natürlich fest, ob männlich oder weiblich, wir enden alle ganz schön schnell im gleichen alkoholkranken Boot. Doch wie dem auch sei, ich bin dafür dankbar, daß Betty gestern abend ihre Geschichte aus einem anderen Blickwinkel erzählte und damit deutlich machte, wie stark die Dynamik zwischen sich-schlecht-fühlen und sich-gut-fühlen-wollen in unsere Sauferei mit eingebunden sein kann. Sie betonte diese Wörter mehrmals und zu Hause angekommen schlug ich sie deshalb in einem umfassenden Wörterbuch nach.[2]

In dem Wort *gut*[3] steckt dieselbe Wurzel wie in den Wörtern *versammeln*[4] und *zusammen*[5]. Sein Grundgedanke bedeutet „auf passende Weise zusammengefügt oder vereint zu sein". Mit anderen Worten, wir fühlen uns „gut", wenn wir irgendwo richtig hineinpassen - ein Schuh ist „gut", wenn er an meinen Fuß paßt, oder ein Essen ist „gut", wenn es meinem Appetit entspricht.

Das Wort *schlecht*[6] wird zwar von einer völlig anderen Sprachfamilie hergeleitet, aber sein Ursprung beinhaltet eine Wurzel mit der Bedeutung „außerstande, auf passende Weise zusammengefügt oder vereint zu sein".

Die Vorstellung von Hineinpassen, von Zugehörigkeit, von der Fähigkeit, sich „angemessen" zu vereinigen oder zu verbinden, scheint also der Schlüssel zu unserem Konzept von gut und schlecht zu sein. Etwas ist gut, wenn es paßt; etwas ist schlecht, wenn es nicht paßt, vielleicht sogar insbesondere, wenn es nicht passen kann.

Ich finde das faszinierend, denn das Verständnis an sich scheint sowohl auf meine Alkoholtrinkerei zu passen als auch auf das, was ich bei A.A. finde und lerne. Ich trank oft Alkohol, um mich anzupassen, um mich dazuzugehörig zu fühlen, besonders in unangenehmen Situationen. Natürlich trank ich auch allein - aber oft tat ich das, um das Gefühl zu ertränken, nicht am richtigen Platz zu sein. Mit anderen Worten, ich trank, weil ich mich schlecht fühlte; oder ich trank, weil ich mich gut fühlen wollte: Die ursprünglichen Bedeutungen beider Worte passen somit gut auf meine Erfahrung mit der Trinkerei.

Aber vielleicht treffen sie noch mehr auf A.A. zu. *Alcoholics Anonymous* ist ein Platz, an den wir Alkoholiker hingehören - kein Wunder, daß wir uns in Meetings meist so gut fühlen. Das liegt nicht daran, weil wir uns tugendhaft fühlen, oder weil wir tun, was wir tun sollten; wir fühlen uns bei A.A. wohl, weil wir da hineinpassen. Da gehören wir dazu. Das Verständnis von „gut" und „schlecht" hilft mir daher, einen der wirklich riesigen Unterschiede zwischen meinem früheren und meinem jetzigen Dasein tiefer zu würdigen. Es hat damit zu tun, wo und wie ich mich einzuordnen versuche. Und ich vermute, daraufhin entdeckte ich, daß mir der Alkohol, zumindest unterm Strich, gar kein gutes Gefühl mehr verschaffte, wohingegen das bei A.A. der Fall war und ist.

Diese Einsicht hilft mir auch, eine Neigung von mir ein bißchen besser zu verstehen, vor der ich mich, seit ich nüchtern bin, normalerweise hüte, nämlich meine Tendenz, A.A.- Meetings und manchmal eben auch die Redner bei A.A. zu beurteilen. Die prompte Antwort auf die Frage „Was ist ein gutes Meeting?" heißt natürlich: „Ein Meeting, das dich vom Trinken abhält." Aber hinter dieser klassischen Binsenweisheit steckt noch mehr. Ein gutes Meeting ist ein Meeting, das zu meiner Nüchternheit paßt. Und weil meine ganze Nüchternheit darauf beruht, daß ich keinen Alkohol trinke, hält diese Binsenwahrheit immer, was sie verspricht - und das sollte nie vergessen werden.

Doch wenn wir uns in unserer Nüchternheit weiterentwickeln und bei unseren Bemühungen um ein wirklich nüchternes Leben auch unsere Höhen und Tiefen erleben, dann wird das eine oder andere Meeting - oder das, was da gesagt wird - besser als Mitteilung in die Erfahrung passen, die wir in dem Moment gerade brauchen, je nachdem, wie stark wir schon gewachsen sind und welche Fortschritte wir schon gemacht haben. Vermutlich steckt das in Wirklichkeit dahinter, wenn ich meist beinahe gedankenlos sage: „Das war aber ein gutes Meeting."

Während ich nachlese, was ich da geschrieben habe, merke ich, daß mir die Vorstellung davon, A.A.-Meetings zu beurteilen, immer noch nicht gefällt. Vergesse ich nicht dabei den Satz, „du bekommst immer nur das, was du brauchst, und nicht das, was du dir wünschst"? Könnte nicht die Suche nach mutmaßlich guten Meetings dabei in die Quere kommen? Mir scheint, da kann sich immer noch viel zu leicht das Bestreben einschleichen, das Lenkrad wieder selbst in die Hand zu nehmen. Wenn wir beim Dritten Schritt ehrlich sind und unseren Willen und unser Leben der Fürsorge Gottes wirklich in der Tat überlassen, wie können wir dann das Recht beanspruchen, A.A.-Meetings zu beurteilen?

Um Licht in diese Angelegenheit zu bringen, könnte es mir helfen, mich an ein paar Brocken aus meiner eigenen Geschichte zu erinnern. Als ich am Anfang zu A.A. kam und auch noch eine ganze Weile, nachdem ich endlich mit dem Trinken aufgehört hatte, besaß ich kein Auto. Manche der Meetings, die ich besuchte, wählte ich aus, weil sie mit öffentlichen Verkehrsmitteln zu erreichen waren. Aber die meisten wurden von meinem Sponsor für mich ausgesucht, der mich meistens mit seinem Auto abholte und zu den Meetings mitnahm, an denen er gerade teilnahm. Welch ein netter Kerl, welch ein großzügiger Freund und welch ein hilfreicher Sponsor Phil auch war, er entsprach trotz allem nicht meiner Vorstellung von „Gott, wie ich ihn verstehe".

Worauf ich hinaus will, ist wohl der Punkt, daß wir beim Vollziehen des Dritten Schrittes selten unser Leben unserer Höheren Kraft direkt übergeben. Im allgemeinen ist unsere Übergabe eher ein Loslassen. Und obgleich von Anfang an das Einstellen unserer eigenen Kontrollversuche mit einbezogen ist, bedeutet Loslassen außerdem, hinzunehmen, daß das, was wir brauchen, auch auf anderen Wegen zu uns kommen könnte als nur durch unsere eigene Willenskraft. Wenn unsere Höhere Kraft uns durch andere führen und versorgen kann, könnte uns dann nicht auch dieselbe Höhere Kraft mit Hilfe unserer eigenen intelligenten Vorlieben führen, solange sie unserer ehrlichen Nüchternheit entspringen?

Ich bin nicht sicher, ob das völlig A.A.-gemäß ist, aber in der Therapie wurde mir unter anderem gesagt, sobald ich wirklich nüchtern geworden wäre, könnte ich mir auch selbst vertrauen. Dabei geht es nicht um *blindes* Selbstvertrauen, sondern um das Vertrauen auf einen Körper und ein Gehirn, die frei von Chemikalien sind, ein Vertrauen, wie es niemals möglich war, als diese Teile von mir vom Alkohol besoffen waren. Seitdem gefällt mir die Vorstellung, daß ich in meinem Inneren für meine Höhere Kraft Platz gemacht habe, indem ich mir den Alkohol vom Halse geschafft habe.

Bei der Entscheidung, was für mich gut oder schlecht ist, denke ich am liebsten folgendes: Solange ich mich von den Täuschungen freihalte, mit denen mich Chemikalien belasten, und solange ich für die Orientierung offen bleibe, die ich von anderen Menschen bekommen kann, die aufrichtig „durch Gebet und Meditation *ihre* bewußte Verbindung zu Gott, wie *sie* Ihn verstehen, zu vertiefen suchen", solange kann ich den Eingebungen der Höheren Kraft vertrauen, zu der ich *meine* bewußte Verbindung auf die gleiche Weise zu vertiefen suche.

In Anbetracht meiner Säuferlaufbahn kann sich dieses Unterfangen als heikel erweisen. Wenn ich jedoch in den Versprechen lese, die auf den Seiten 83/96 und 84/97 des *Blauen Buches* zu finden sind, versichert mir eines davon: „Wir werden intuitiv wissen, wie wir in Situationen handeln können, die uns früher stets verblüfften."[7] Für mich bedeutet das, daß wir wenigstens einigen unserer Intuitionen vertrauen können, wenn wir wirklich nüchtern sind.

Deswegen glaube ich tatsächlich, daß meine Höhere Kraft in mir leben könnte, sobald ich den Stoff aus mir herausbekommen habe, und meiner Ansicht nach unterstützt meine Erfahrung bei A.A. diesen Glauben. Ich kann das nicht erzwingen und wage es auch nicht zu verlangen. Nur, wenn ich für diese Möglichkeit Raum schaffe, kann ich auch nicht verhindern, daß es sich ereignet. Anscheinend wird mir durch meine Nüchternheit die Erkenntnis geschenkt, was gut und schlecht für mich ist - keine vollkommene Erkenntnis, aber sicherlich eine präzisere, als ich in meiner Saufzeit je besaß oder besitzen konnte.

Anmerkungen des Übersetzers:
[1] Brief 1966: *Wie Bill es sieht*, 144.
[2] im englischen oder amerikanischen Wörterbuch

90 Tage - 90 Meetings

[3] *good*
[4] *gather*
[5] *together*
[6] *bad*
[7] *Alcoholics Anonymous*: 84/97: „We will intuitively know how to handle situations which used to baffle us."

26. Tag / Der Wendepunkt

Schrecken ist ... sowohl eine Abkehr von, als auch eine Konfrontation mit dem Selbst ... [denn] unsere Abkehr enthüllt uns das, wovon wir uns abkehren.

- Martin Heidegger[1]

IN JEDEM MENSCHLICHEN LEBEN gibt es Wendepunkte. Der Begriff ist inzwischen genauso abgedroschen wie die altertümliche Idee, von der er hergeleitet wird: Bekehrung.

Mir gefällt „Wendepunkt" besser als „Bekehrung". Anscheinend umschreibt es deutlicher die Bedeutung eines Richtungswechsels. *Wendepunkt* ist ein ausgesprochen dynamischer Begriff: Er beinhaltet sowohl die Bewegung davor als auch die Bewegung danach. Anscheinend definieren wir einen Wendepunkt, indem wir die Richtung beschreiben, aus der wir bei ihm anlangten, und auch den geänderten Kurs, den wir danach einschlugen.

Aber vielleicht ist die Bewegung weniger wichtig als die Perspektive. Zumindest scheint Heidegger zu dieser Erkenntnis gekommen zu sein. Wenn wir uns umwenden, gewinnen wir einen veränderten Blickwinkel und dadurch vielleicht sogar ein völlig neues Blickfeld. Damit will ich sagen, daß uns ein anderer Blickwinkel meist neue Aspekte enthüllt, sogar von einer Wirklichkeit, die vielleicht schon für selbstverständlich gehalten wurde.

Das Wort „Schrecken" erfaßt recht gut meine eigene Erfahrung des Tiefpunktes. Die Verwandtschaft zwischen der Einsicht von A.A. und dem, was oberflächlich oft „existentieller Gedanke" genannt wird, ist häufig bemerkt worden. Selbst wenn Heideggers Einsicht weitaus stichhaltiger sein mag, scheint seine Vision des „Schreckens" als dem Wendepunkt absolut auf dasselbe hinauszulaufen wie die Struktur der Lebensgeschichten bei A.A., „wie wir waren, was geschah und wie wir heute sind" - zumindest wenn man davon ausgeht, daß das, was sich ereignete, tatsächlich ein Tiefpunkt war, und in meiner eigenen Geschichte sehe ich das auch so.

Der Tiefpunkt ist ein Wendepunkt. Als solcher signalisiert er nicht bloß eine neue Richtung, sondern eine neue Perspektive. Das wesentlich Neue an der Perspektive, die ich an diesem Wendepunkt gewann, betraf mich selbst. Nur wenige der Dinge, die ich über mich selbst gesagt hätte, als ich noch trank, würde ich jetzt immer noch über mich sagen. Ich bin noch immer ich: Ernie, ein Alkoholiker. Aber neben der Tatsache, daß „Ich-Ernie" für einen Moment am Wendepunkt stand, gibt es nur wenig, was am „Ernie-Ich" jetzt noch dasselbe ist.

Der Hauptunterschied hat natürlich mit dem Richtungswechsel zu tun. Weil das menschliche Leben ein Prozeß ist, ein Fortschritt, scheint die Richtung, in der wir uns bewegen, zu bestimmen, wer wir sind. Ich vermute, der folgende Vergleich hinkt ein bißchen, aber hier geht er. Wenn in New England ein Vogel im Oktober südwärts fliegt, wird er einer wandernden Gattung, vielleicht den Gänsen, zugeordnet. Wenn ein Vogel im Oktober aber nordwärts fliegt, wird er als Standvogel angesehen oder vielleicht für eine verwirrte Gans gehalten. Es ist jedoch wichtig, nicht zu vergessen, daß Vögel nicht deshalb südwärts fliegen, weil sie Wandervögel sind. Vielmehr klassifizieren wir sie als Wandervögel, weil sie südwärts fliegen.

In meinem eigenen Fall, im Fall „ich-Ernie-der-Alkoholiker", war ich so krank, daß ich mich selbst und andere zerstörte, solange ich Alkohol trank. Soweit es mich betrifft, trank ich nicht deshalb zwanghaft Alkohol, weil ich krank war, sondern vielmehr war ich süchtig, weil ich zwanghaft Alkohol trank. In meiner Nüchternheit, nach dem Wendepunkt, an dem ich den Alkohol in meinem Leben durch A.A. ersetzte, gehe ich nicht zu A.A., weil ich nüchtern bin; ich bin nüchtern, weil ich zu A.A. gehe.

Ist das bloß ein Wortspiel? Nein, das denke ich nicht. Auf merkwürdige Weise *sind* wir das, worauf wir zusteuern. In dem Maße, in dem ein Wendepunkt einen Richtungswechsel bewirkt, bestimmt das Erleben eines echten Wendepunktes eine Veränderung in einem selbst - einen wirklichen Unterschied im eigenen Ich. Daher besteht ein wirklicher Unterschied zwischen „Ernie-dem-nassen-Alkoholiker" und „Ernie-dem-nüchternen-Alkoholiker".

Eine philosophische Binsenweisheit besagt: Jeder wirklich wahre Unterschied muß einen Unterschied ausmachen. Das ist die einzige Möglichkeit, einen Unterschied zu erkennen und zu beweisen. Wenn das so ist, wäre es wohl schwierig, sich einen größeren Unterschied vorzustellen als den zwischen einem nassen und einem nüchternen Alkoholiker.

Das ist der Unterschied zwischen „wie-ich-war" und „wie-ich-jetzt-bin". „Sich gleichen"[2] ist ein Ausdruck, ein Konzept, mit dem sich zaubern läßt. Es schließt Ähnlichkeit in der Form, aber Unterschiedlichkeit in der Substanz mit ein. Bei den anglistischen Völkern ist seine Wurzel am besten im schottischen Dialekt erhalten, der den Begriff *lich*[3] verwendet, um einen toten Körper, einen *Leich*nam zu bezeichnen. Eines Tages werden sich vielleicht Freunde in einer Trauerhalle versammeln, um sich meinen sterblichen Rest anzuschauen und sagen: „Die Leiche sieht noch genau wie Ernie aus." In diesen Worten spiegelt sich wider, daß der tote Körper, jener Leichnam, nicht Ernie ist. Der Tod ist ein Wendepunkt.

Meine Umkehr am Tiefpunkt scheint das Spiegelbild des Wendepunktes zu sein, der im Tod stattfindet. Vielleicht lauert darin eine tiefere Frage. Welches ist die Wirklichkeit und welches das gespiegelte Gegenstück? Als lebendiger Mensch mit einem ganz neuen Lebensgefühl inmitten von A.A. will ich vorläufig die Möglichkeit wahrnehmen, den Wendepunkt als wirklich zu benennen, von dem ich beide Seiten sehen kann.

Gelegentlich laufe ich einem Bekannten in die Arme, der mich nur kannte, als ich noch trank. Manchmal kommt so jemand auf mich zu und sagt: „Du bist doch Ernie, nicht wahr?" Ich beantworte die Frage immer mit „Ja"; doch manchmal frage ich mich, inwieweit diese Antwort stimmt. Ich mag wie derjenige aussehen, den sie einmal kannten, aber in gewissem Sinne bin ich nicht mehr derjenige, und manchmal hoffe ich auf eine Gelegenheit, ihnen das zu zeigen. Meine kurze Antwort „Ja" scheint dabei der Wahrheitsfindung in ähnlicher Weise zu dienen, wie wenn die Zeichnung eines Kindes gelobt wird, weil es sich Mühe gegeben hat, und nicht so sehr wegen des Ergebnisses.

Vielleicht sieht mein Leben aus der Perspektive meiner Höheren Kraft auch wie eine Kinderzeichnung aus. Weil ich meine Höhere Kraft hauptsächlich bei und durch A.A. erfahre, lerne ich mich anscheinend mehr nach meinen Bemühungen als nach meinen Ergebnissen einzuschätzen; ich versuche, nüchtern zu leben. Aber in erster Linie beurteile ich mich und schätze mich danach ein, wie gut es mir gelingt, für vierundzwanzig Stunden den ersten Schluck nicht zu trinken. Vermutlich lerne ich dadurch, kleine Ergebnisse zu würdigen. Natürlich werden die großen Erfolge aus einer Reihe solcher kleinen Resultate gemacht - obgleich selten durch uns allein. Ist da ein Höherer Könner am Werk, der mein Leben als Werkzeug benutzt? Das Werkzeug weiß das natürlich nie.

Ich spüre, wie ich abschweife. Verbindet der Gedanke des *Wendepunktes*, mit dem ich angefangen habe, das alles irgendwie miteinander?

Vielleicht auf eine ganz einfache Weise: Ohne den Tiefpunkt würde ich die Unterschiede in meinem Denken und in meinem Leben nicht kennen, die mich dazu geführt haben, ein Tagebuch zu schreiben - denn es gäbe sie nicht. Heute weiß ich, daß ich bei und durch A.A. einen anderen Kurs eingeschlagen habe und daher in mancher Hinsicht ein anderer Mensch bin. Ich weiß auch, daß die Perspektive, die ich heute nicht nur in Bezug auf mich selbst, sondern in jeder Hinsicht habe, mir ermöglicht, viel mehr Schönheit zu sehen und zu verstehen, als ich mir vor dem Erreichen meines Tiefpunktes je hätte träumen lassen.

Dafür bin ich nun zutiefst dankbar. Und ich denke, hier kommt jetzt eine gute Eintragung ins Tagebuch: Dankbarkeit gehört zur Nüchternheit.

Sollte meine Höhere Kraft, mit ihrem einzigartigen Einblick in meinen Wendepunkt, mir je die Frage stellen „Du bist doch Ernie, nicht wahr?", dann will ich antworten: „Gott sei Dank."

Anmerkungen des Übersetzers:
[1] Heidegger, Martin (1889 - 1976); Existenz-Philosoph; *Sein und Zeit*, Niemeyer, Tübingen 1960.
[2] Englisch: *to be like*; *like* (Präposition) kurz für Alt-Englisch *gelíc*; verwandt mit Alt-Norwegisch *glíkr* und *líkr*; verwandt mit unserem Deutschen *gleich* und *gleichen* (Wie z.B. in: *Er ist **gleich** einem Held* oder *Er **gleicht** einem Held.*).
[3] *lich*: Schottisch für *Leiche, Leichnam*

27. Tag / Dankbarkeit als Alkoholiker

Die Gesellschaft ist genauso krank geworden wie wir selbst. Die verschiedensten Leute aus allen Sozialschichten sind kollektiv und individuell versessen auf die Jagd nach Geld, Ansehen und Macht, wie nie zuvor. Das Verlangen nach diesen Dingen ist in beängstigender Weise total und absolut. Was einst normale Instinkte waren, hat sich jetzt zu solch einer zwanghaften und zerstörerischen Begierde hochgeschraubt, daß sie wie die Moloche[1] aufeinander losgehen - jeder gegen jeden, eine Interessengruppe gegen die andere.

- Bill W.[2]

OBWOHL ICH NORMALERWEISE VERSUCHE, solche Ereignisse zu meiden, war ich gestern abend im Meeting bei einer ersten Geburtstagsfeier dabei. Vielleicht ziehe ich ruhige, normale Meetings vor, weil ich meine Saufereien auch meist im stillen und allein veranstaltete. Vielleicht liegt es an meiner Vorsicht vor dem Begriff „besonders", daß ich mich vor besonderen Veranstaltungen scheue, selbst wenn sie im Rahmen von A.A. stattfinden. Auf jeden Fall nahm ich gestern abend an einem Meeting mit einem ersten Geburtstag teil, und heute bin ich froh darüber.

Der Ehren-Redner, ein A.A. mit über einem Jahrzehnt Nüchternheit, wählte als Thema: „Ich bin dankbar, ein Alkoholiker zu sein." Das Geburtstagskind sprach in seiner Antwort von der Hoffnung, selbst auch irgendwann zu solch einer Anerkennung heranzuwachsen, fügte jedoch hinzu: „Ich bin heute schon dankbar, wenn ich einfach nur sagen kann: Ich bin dankbar, nüchtern zu sein." Die zwanglose Unterhaltung bei Kaffee und Kuchen nach dem Meeting konzentrierte sich somit auf den folgenden Aspekt unserer Dankbarkeit: Sicher sind wir alle dankbar für unsere Nüchternheit, doch in welchem Sinne können wir von uns behaupten, daß wir dankbar sind, Alkoholiker zu sein?

Verschiedene Freunde bestanden darauf, daß solche Äußerungen des Dankes genau genommen eher die Dankbarkeit für A.A. ausdrücken, denn kein Nichtalkoholiker möchte je ein Alkoholiker sein. - Es ist die Dankbarkeit für das Wissen, daß man Alkoholiker ist und für das Verständnis von Alkoholismus und Genesung, das A.A. ermöglicht. Einer aus dieser Gruppe formulierte so: „Wenn ich sage, „Ich bin dankbar, ein Alkoholiker zu sein', dann meine ich damit, daß ich dankbar bin, weil ich weiß, was mir fehlt, und weil ich etwas dagegen tun kann." Und ein anderer warf ein: „Ohne die Schwere des Alkoholismus als Krankheit leugnen zu wollen, kann ich sagen, daß ich froh bin, ein Alkoholiker zu sein, denn wenn ich kein Alkoholiker wäre, dann würde tatsächlich etwas mit mir nicht stimmen: Ich wäre echt verrückt."

Solche Dankesbezeugungen sind gut, finde ich - besonders unter solchen Umständen wie gestern abend. Für Neue ist es wirklich sehr wichtig und notwendig, sich mit solch positiven und heilsamen Perspektiven identifizieren zu können, und es erfordert nicht allzu viel Nüchternheit, um wirklich tief und echt die Dankbarkeit zu fühlen, wenn sie so beschrieben wird. Wir alle entdecken und erfahren meiner Ansicht nach bei *Alcoholics Anonymous* diese Dankbarkeit - Dankbarkeit dafür, daß wir jetzt endlich wissen, was uns fehlt.

Doch es gibt, glaube ich, eine weitaus tiefere Dankbarkeit, die gelegentlich mit dem Anspruch ausgedrückt wird: „Ich bin dankbar, ein Alkoholiker zu sein." Vermutlich reden wir aus zwei Gründen nicht viel darüber. Erstens, weil wir uns mit Recht darauf konzentrieren, diejenige Dankbarkeit zu leben und auszudrücken, mit der sich Neue am ehesten identifizieren können. Zweitens, weil es uns schwerfällt, leichthin über etwas so Tiefgründiges zu sprechen. Solche intimen und persönlichen Teile unserer Weltsicht, unseres Selbstverständnisses, gedeihen am besten in der Stille. Sie wachsen irgendwie in uns und formen uns, aber kommen nur selten im Gespräch - oder vielleicht auch nur in unserem direkten Bewußtsein - zum Vorschein. In gewisser Weise liegen sie so tief und sind so kostbar, daß es uns schwerfällt, sie direkt zu untersuchen.

Doch vielleicht tut es gut, es mitunter zu versuchen, zum Beispiel in der Meditation oder im Gespräch mit unserer eigenen Höheren Kraft.

Gestern abend dachte ich an einen Brief, den Bill W. 1954 an den wegen Mordes verurteilten Caryl Chessman schrieb, dessen Fall seinerzeit großes Aufsehen erregte. Soweit ich ihn verstanden habe, war Bill durch diesen Briefwechsel zutiefst bewegt. Er hatte seine Arbeit mit *Zwölf Schritte und Zwölf Traditionen* gerade beendet und bereitete sich auf die Feierlichkeiten des Mündigkeitstreffens von A.A. im Jahre 1955 vor, also steckte er mitten in der Überprüfung seines eigenen Programmes - seines eigenen Verständnisses und Erlebens der A.A.-Lebensweise.[3]

Die Gesellschaft ist genauso krank geworden wie wir selbst. Die verschiedensten Leute aus allen Sozialschichten sind kollektiv und individuell versessen auf die Jagd nach Geld, Ansehen und Macht, wie nie zuvor. Das Verlangen nach diesen Dingen ist in beängstigender Weise total und absolut. Was einst normale Instinkte waren, hat sich jetzt zu solch einer zwanghaften und zerstörerischen Begierde hochgeschraubt, daß sie wie die Moloche[1] aufeinander losgehen - jeder gegen jeden, eine Interessengruppe gegen die andere.

Dreißig Jahre später finde ich es verblüffend und vielleicht ein bißchen erschreckend, daß Bills Diagnose heute sogar noch zutreffender zu sein scheint. Haben wir nichts dazugelernt? Zumindest scheint die Welt nicht viel von A.A. gelernt zu haben - was vermutlich nicht besonders überraschend ist.

Doch der springende Punkt an Bills Worten ist, daß sie eine Perspektive auf einen selbst, und nicht auf andere, eröffnen. Ich weiß so gut wie nichts über die meisten Menschen, noch nicht einmal über die meisten anderen Alkoholiker; aber ich bin ganz sicher, daß ich diese andere Krankheit, die Bill beschreibt, haben würde, wenn ich nicht ein Alkoholiker wäre. Das ist ein ansteckendes, kulturbedingtes Leiden - eine echte Seuche, denn sie zerstört unsere wahre Menschlichkeit. Ganz einfach gesagt, die Krankheit unserer Zeit ist, daß wir dazu neigen, uns für Gott zu halten und deshalb die göttlichen Vorrechte fordern oder sie uns anmaßen.

Wenn ich eine medizinische Metapher strapazieren darf: Ich verstehe meine Krankheit, den Alkoholismus, als eine Art Impfung, die mich vor der noch schlimmeren Krankheit schützt, mich für Gott zu halten. Impfstoffe lösen eine sanfte Form einer Krankheit aus, damit Antikörper produziert werden, die den Menschen vor den schweren Auswirkungen der voll ausgebrochenen Krankheit schützen. Ich verstehe meinen Alkoholismus gewissermaßen als meine Impfung, die mich vor der Krankheit bewahrt, die Bill beschreibt: vor der Anmaßung von Göttlichkeit, die so zerstörerisch auf unsere eigene Menschlichkeit - und die von anderen - zu wirken scheint.

Dieser Vergleich hinkt natürlich. Erstens geht das von einem Impfstoff ausgelöste Fieber normalerweise leicht vorüber, und man erholt sich schnell davon. Der „eingeimpfte" Zustand des Alkoholismus ist hingegen viel dauerhafter: Wir verbringen den Rest unseres Lebens mit der Genesung davon.

Aber die Metapher hat auch ihre Stärken. So wie der Impfstoff, den ein Arzt injiziert, im Körper die Produktion von Antikörpern bewirkt, welche die schwere Krankheit abwehren, scheint unser Alkoholismus - zumindest wenn wir ihn zu A.A. bringen und ihn dort vorlegen - unserem Kopf zu helfen, eine neue Denkweise zu entwickeln, die dann zur Lebensweise von A.A. führt, welche uns vor dem wirklich krankhaften Gedanken des Anspruchs und des Verlangens, Gott zu sein, schützt und ihn abwehrt.

Obwohl es gefährlich ist, medizinische und moralische Bilder zu vermischen, will ich versuchen, den springenden Punkt dieser Aussage doch noch auf eine andere Art aufzuzeigen. Wenn ich kein Alkoholiker wäre, würde ich nicht so sehr befürchten, daß ich verrückt bin, sondern daß ich bösartig wäre. Oder wie Pete, mein Schützling, es einmal so reizend formulierte: „Verzeih' mir, wenn ich das so sage: Man mag als Alkoholiker auch noch so viele Mängel und Charakterfehler haben, aber wenn man kein Alkoholiker wäre, würde man ein echter Scheißkerl sein. Alkoholiker zu sein hält einen davon ab, noch schlimmer zu sein."

Könnt ihr euch das Chaos vorstellen, welches das alkoholkranke Denken in dieser armen alten Welt anrichten würde, wenn sich nicht die Alkoholiker auf ihr durch den Suff selbst unschädlich machen würden? Wenn ich daran denke, was für Sachen ich mit Hilfe von Alkohol hinzukriegen versucht habe, dann erscheint es mir nicht einmal größenwahnsinnig, zu befürchten, daß es wohl verdammten Ärger gegeben hätte, wenn ich nicht zu besoffen gewesen wäre, um diese Dinge zu tun.

Bills Zitat spricht im Originaltext eigentlich von *Jaganna then*[4]. Ein Jagannath ist eine schreckliche, unaufhaltsame Macht; und das Wort kommt von einem Ritual, bei dem Menschen vor dem Idol eines Gottes zermalmt werden. Mir scheint, daß A.A. dem Alkoholiker gewissermaßen nicht so sehr beibringt, daß er nicht Gott ist: A.A. zeigt einfach auf die offensichtliche Wirklichkeit und eklatante Wahrheit, die allein schon im Trinkverhalten des Alkoholikers deutlich wird - und lehrt den Alkoholiker dann, wie er mit dieser Wirklichkeit und mit dieser Wahrheit leben kann.

Mit anderen Worten: Wir Alkoholiker kommen zu A.A. und akzeptieren die A.A.-Lebensweise, weil wir entdeckt haben, daß wir nicht Gott sind. Weil das so ist, heilt uns letztlich unser Alkoholismus von der schwereren Krankheit, nämlich dem Denken, Gott zu sein, oder wenigstens dem Begehren nach den göttlichen Vorrechten und bewahrt uns somit davor, wegen all den anderen Gegebenheiten und besonders wegen anderen Leuten Amok zu laufen.

Soweit ich es verstehe, lehrt uns A.A., wie wir mit dieser Wahrheit und mit dieser Wirklichkeit leben können. Und deshalb ist natürlich unsere Dankbarkeit gegenüber A.A. über alle Maßen größer und tiefgründiger als all die Dankbarkeit, die wir vielleicht einfach dafür empfinden, Alkoholiker zu sein. Aber wenigstens für mich ist auch die andere Dankbarkeit da, und sie ist echt. Wenn ich mir unsere gute alte Welt anschaue und das Chaos sehe, das diejenigen anrichten, die absolute Forderungen stellen, weil sie auf die eine oder andere Weise denken oder versuchen, Gott zu sein, dann danke ich Gott für A.A., doch auch dafür, ein Alkoholiker zu sein. Und in diesem Sinne bin ich dankbar dafür, ein Alkoholiker zu sein, nicht zuletzt aus folgendem Grund: Wenn ich kein Alkoholiker wäre, hätte ich nie die A.A.-Lebensweise gefunden, durch die ich zum ersten Mal in meinem Leben dabei bin, Gelassenheit zu entdecken!

Anmerkungen des Übersetzers:

[1] *juggernaut*: (*allgemein*) Götze, Untier, Moloch; (*Britisch*) Schwerlastwagen, Brummi, Lastzug; [*Moloch*: [phönizisch-griechisch: *der König*] babylonischer Gott; Götze; (unersättliches) Untier; australische Eidechsenart.]

[2] Vgl. *Language of the Heart* (Sprache des Herzens): 209ff., „Why Alcoholics Anonymous is Anonymous" (Januar 1955) oder auch *Sechs Artikel von Bill*: 51ff. „Warum die Gemeinschaft AA anonym ist".

[3] Vgl. *Language of the Heart* (Sprache des Herzens): 137, „*Our Final Great Decision*", Juni 1954.

[4] **Juggernaut** im *Hinduismus*: eine Gestalt des Krishna, die durch ein Wunder von Brahma aus dem Zustand eines primitiven Götzen in einen lebenden Gott verwandelt wurde.

[17. Jahrhundert: Hindi *Jagannath*, abgeleitet vom Sanskrit *Jagannátha* Herr der Welt (das ist *Vishnu*, das Oberhaupt der Hindu Götter), aus *jagat* Welt + *nátha* Herr]

Später auch: Barbarischer Abgott von Krishna, der in Puri und überall in Orissa und Bengalen angebetet wird. Bei einem alljährlichen Festival wird das Idol auf einem gigantischen Wagen durch die Stadt gekarrt. Wahrscheinlich haben sich die Anhänger des Kultes früher vor die Räder geworfen, weil sie sich erhofften, dadurch auf direktem Wege ins Paradies zu gelangen.

90 Tage - 90 Meetings

28. Tag / A.A.-Literatur

A.A. sollte den verschiedenen Urquellen seiner Inspiration stets Vertrauen schenken und ... sollte diese Menschen immer zu den Gründern unserer Gemeinschaft zählen.

- Bill W.[1]

EIN POSITIVER NEBENEFFEKT DIESES NEUNZIG/NEUNZIG oder wenigstens der Art, in der ich da herangehe, besteht darin, daß ich mich wieder in A.A.-Literatur vertiefe. Es scheint meiner Nüchternheit gut zu tun, wenn ich nicht nur das *Blaue Buch* und *Zwölf Schritte und Zwölf Traditionen* immer wieder lese, sondern mich auch mit der weiteren Literatur von A.A. befasse, wie zum Beispiel *Trocken bleiben - Nüchtern leben*, *Wie Bill es sieht* und *A.A. wird mündig*.

Manchmal habe ich natürlich Fragen zu meiner Lektüre. Wenn ich ans Lesen denke, scheint es mir zum Beispiel immer sinnvoll, nicht zu vergessen, daß ich nicht durch das Lesen nüchtern geworden bin - nicht einmal durch das *Blaue Buch*. A.A. passiert für mich früher wie heute in den Meetings[2]: nüchterne Alkoholiker, die ihre Erfahrung, Kraft und Hoffnung miteinander teilen. Ich gebe das nicht gerne zu, weil ich im allgemeinen ein sehr begeisterter Leser bin, aber das *Blaue Buch* hat mir nicht besonders viel genützt, als ich es in meiner Saufzeit las. Natürlich warf ich damals kaum einmal einen Blick auf die Geschichten - hauptsächlich versuchte ich, das Programm, wie es auf den ersten 164/192 Seiten beschrieben war, zu analysieren. Und das bewirkte natürlich überhaupt nichts. Oder zumindest trank ich damals einfach weiter. Allerdings vermute ich, daß ich doch etwas lernte, nämlich, daß dort eine Lösung für mein Trinkproblem sein könnte - A.A. war da draußen, falls ich mich je entscheiden sollte, mich auf die Suche zu machen, um es zu finden.

Letztendlich tat ich natürlich genau das. Und dann las ich das *Blaue Buch* erneut, und ich verstand es viel besser - oder ich hatte mehr Verstand. Nachdem ich gerade „mal ein Jahr in der Gemeinschaft gewesen war, schlug mir jemand vor, ich solle doch vielleicht auch „mal versuchen, im Programm zu arbeiten, und er gab mir ein Exemplar von *Zwölf Schritte und Zwölf Traditionen*. Ich liebte dieses Buch - ich halte es immer noch für meine Lieblingslektüre, besonders dann, wenn ich mich mit mir selbst unwohl fühle. Es bringt mich zu den Grundlagen zurück, dahin, „das Wichtigste zuerst" zu tun, zurück zu den Schritten, die das A.A.-Programm sind.

Doch wenn ich mich nicht so mies fühle - an den normalen Tagen meiner Nüchternheit, falls es so etwas gibt - lese ich wirklich gern etwas über die Geschichte von A.A. selbst, wie sie in *A.A. wird mündig* erzählt wird. Es passiert mir manchmal so leicht, daß ich A.A. für selbstverständlich halte. Dann tut es mir wirklich gut, die Entstehungsgeschichte unserer Gemeinschaft zu lesen - vielleicht insbesondere, wie die Zwölf Traditionen von A.A. auf dem Amboß der Erfahrung gehämmert wurden. In dieser Chronik stecken viele kleine Geschichten. Und weil ein Alkoholiker ein Alkoholiker ist und bleibt, kann ich mich wirklich in etlichen dieser Erfahrungen wiederfinden, die zu den A.A.-Traditionen führten.

Daß das Lesen der A.A.-Chronik gut für mich ist, merke ich daran, daß es immer ein Gefühl tiefster Dankbarkeit bei mir hinterläßt. Es gibt auch in der Nüchternheit viele Fallgruben. Doch die A.A.s, die uns vorausgegangen sind, ganz besonders die allerersten, scheinen fast alle Stolpersteine entdeckt zu haben - wahrscheinlich, weil sie auch Alkoholiker waren. Wenn ich ihre Geschichte lese, wie sie diese Fallen schließlich erfolgreich markierten und damit anderen Alkoholikern bessere Chancen gaben, sie zu vermeiden - dann hilft mir das, an Nüchternheit zu wachsen, weil ich mich mit ihrem Wachstum an Nüchternheit identifiziere.

Die Lektüre von A.A.-Literatur ist außerdem gut für mich, weil sie mich daran erinnert, daß Lesen wie Denken ist: etwas *durch*lesen oder *durch*denken nützt nicht viel, doch wenn wir dadurch etwas *verinnerlichen*, hilft es uns ganz gewiß. Ich weiß, daß es mir im Laufe der Jahre geholfen hat, und deshalb lese ich weiter das *Blaue Buch* und *Zwölf Schritte und Zwölf Traditionen* und versuche, mindestens einmal wöchentlich in ein Meeting zu gehen, in dem das Blaue Buch oder die Schritte im Mittelpunkt stehen.

Niemand muß lesen, um nüchtern zu werden oder an Nüchternheit zu wachsen, aber unser Programm dreht sich um ein Buch - „das grundlegende Lehrbuch für unsere Gemeinschaft"[3], wie es in der Einleitung heißt. Für Leute wie mich, die gerne lesen, kann deshalb das Ausleben dieser Gewohnheit im richtigen Maß zum Wachstum in der Nüchternheit, und besonders zum Fortschritt beim nüchternen Denken, eine Menge beitragen - so sehe ich das wenigstens.

„Durch Lesen verinnerlichen" kann jedoch auch weitläufiger verstanden werden, und in dieser Hinsicht beeindruckt mich an der Weisheit von A.A. immer die Aufgeschlossenheit und auch die Feinfühligkeit. Um Auseinandersetzungen zu vermeiden, beschränken sich zwar die meisten A.A.-Gruppen mit ihrem Angebot und ihrem Verkauf ausschließlich auf Literatur, die von der Konferenz als A.A.-Literatur anerkannt wurde, und das ist auch richtig, doch viele A.A.s stecken den Rahmen ihrer persönlichen Lektüre umfassender ab. Die Möglichkeit, mit anderen, die in

Nüchternheit zu wachsen versuchen, das zu teilen, was wir für unser eigenes Wachstum als Hilfe empfunden haben, gehört für mein Empfinden zu den erfreulichen Dingen in unserer Genesung. Und in diesen Bereich fällt auch viel A.A.-Literatur, die nicht von der Konferenz offiziell geprüft worden ist.

Das augenfälligste Beispiel dafür ist das *Vierundzwanzig-Stunden-Buch*. Ich wurde damit in meinem Therapie-Programm bekannt gemacht, das sich an A.A. orientierte, aber inzwischen habe ich von vielen gehört, die eine gute Nüchternheit haben, ohne je in Behandlung gewesen zu sein, und die es wärmstens empfehlen können. Sicherlich haben sie es nützlich gefunden, genau wie ich. Das scheint mir zu beweisen, daß man die A.A.-Lebensweise auch durch Lesen von Literatur verinnerlichen kann, die nicht offiziell von der Allgemeinen Dienstkonferenz von *Alcoholics Anonymous* anerkannt worden ist.

Ich möchte versuchen, mit folgendem Sprichwort zu erklären, was ich meine: „Halte dich an die Gewinner"[4]. Wer ist bei A.A. ein Gewinner? Ist das nicht jemand, der durch das Teilen seiner Erfahrung, Kraft und Hoffnung die Achtung anderer A.A.s gewinnt, so daß sie versuchen, von seiner Nüchternheit zu lernen?

Dieselbe Art des Führungsprinzips scheint auch bei dem ganzen Durcheinander an Büchern, Broschüren und Kassetten zum Vorschein zu kommen. Einige A.A.-Mitglieder entdecken, daß sie sich darin wiederfinden und daraus lernen können, also erzählen sie das bei A.A. weiter, und das Ergebnis der Bewährungsprobe zeigt sich am Erfolg. Wenn nüchterne A.A.-Mitglieder etwas hilfreich finden, dann ist es hilfreich.

Das sicherste Hilfsmittel bleibt natürlich die offizielle A.A.-Literatur und ist am zuverlässigsten für diejenigen von uns, die anscheinend lesen müssen und dadurch lernen können. In gewissem Sinne gilt diese Literatur hauptsächlich deswegen als offiziell, weil sie von der überwiegenden Anzahl der A.A.-Mitglieder oder zumindest von ihren gewählten Vertretern ausgesiebt worden ist. Mich beeindruckt jedoch, daß A.A. niemals irgendwelche Literatur verurteilt hat, obwohl es - weiß Gott - eine ganze Menge verrücktes Zeug gibt. Die Mitgliedschaft entscheidet durch das Dasein, was auf die Nüchternheit förderlich wirkt. Für jeden von uns bei A.A. kann es in gewisser Hinsicht kaum etwas Offizielleres geben als das, was ein anderer A.A., dessen Nüchternheit wir bewundern, als mögliche Hilfe vorschlägt - ob es nun ein Meeting, eine Handlungsweise oder ein Stück Literatur ist. Daran liegt es vermutlich, warum solch eine Vielfalt an hilfreicher, aber inoffizieller Literatur bei den A.A.s im Umlauf ist, selbst wenn sie nicht immer in A.A.-Meetings erhältlich ist.

Was immer bei uns wirkt, teilen wir - aus freien Stücken und mit Begeisterung. Es bestärkt meine Hochachtung vor der Genialität von A.A., daß es so wenig offizielle Literatur braucht und überhaupt wenig Offizielles an sich hat. Das scheint diejenigen Mitglieder, die mehr lesen wollen, stillschweigend zu ermutigen, es auch ausgiebig zu tun, auszuprobieren, was bei ihnen wirkt, damit alle A.A.-Mitglieder die größtmögliche Chance haben, sich selbst zu finden und kennenzulernen. Wie all die anderen Beispiele der großen Toleranz von A.A. scheint auch dies ein vielsagender Beweis für die Echtheit des Anliegens von A.A. bei der Verwirklichung seines Hauptziels zu sein - nämlich „seine Botschaft an den Alkoholiker heranzutragen, der noch leidet", und zwar unter Verwendung jedes erdenklichen und verfügbaren Mittels.

Anmerkungen des Übersetzers:

[1] Vgl. „Wie Bill es sieht": 67 (Briefe 1966), 303 (Grapevine August 1961). und *Language of the Heart* (Sprache des Herzens): 171ff., *„Let's Be Friendly with Our Friends"* („Laßt uns freundlich mit unseren Freunden umgehen") und 353ff., *Memorial Articles* (Nachrufe)

[2] Im Originaltext steht: *A.A., for me, was and is the meetings:...* (also „A.A. war und ist für mich [das Phänomen] „die Meetings" - doch Vorsicht: A.A. ist etwas, das sich nicht mit dem Verstand begreifen läßt. Die Meetings, die Literatur, die Dienststruktur, Sponsorschaft, sogar die Schritte, Traditionen, und auch die Gemeinschaft, all das sind nur Teile, in denen sich A.A. widerspiegeln kann. Deshalb heißt es z.B. *The Fellowship of Alcoholics Anonymous*. „Die Gemeinschaft A.A." kann eine irreführende Übersetzung sein, denn es ist eigentlich „die Gemeinschaft [auf Grund] von A.A.". A.A. selbst können wir nur erleben und erfahren, es ist ein *Spirituelles Wesen*, und damit etwas *Unsichtbares*. Natürlich liegt Ernie nicht falsch: In den Meetings haben wir meist durch das Teilen von (spiritueller) Erfahrung, Kraft und Hoffnung die besten Gelegenheiten, zu erfahren, was A.A. ist.

[3] *Alcoholics Anonymous* Seite XI: „Because this book has become the basic text for our Society ..."
Anonyme Alkoholiker deutscher Sprache Seite XI: „Weil das Buch für unsere Gemeinschaft zum Grundtext geworden ist ..."
basic: grundlegend, Grund...
textbook: Lehrbuch

[4] *Ein Gewinner ist ein Verlierer, der immer wieder aufsteht.* - Anonymus

29. Tag / Durch Veranlagung unfähig

Selten haben wir jemanden scheitern gesehen, der gewissenhaft unserem Weg gefolgt ist.

- Alcoholics Anonymous[1]

HEUTE MORGEN FÄLLT MIR WIRKLICH NICHTS BESSERES EIN, als von einer Geschichte zu berichten, die ich gestern abend im Meeting hörte. Obwohl ich nicht behaupten kann, mich in all ihren Einzelheiten wiederfinden zu können, identifiziere ich mich doch zutiefst mit ihrer Substanz - selbst, wenn ich das in gewissem Sinne nicht genau erklären kann. Ich möchte versuchen, das zusammenzufassen, woran ich mich erinnern kann; ich bin nämlich überzeugt, daß es gerade solche Erinnerungen sind, die mir mehr Klarheit über mich selbst verschaffen können.

Meine eigene Geschichte ist in die Struktur meines Daseins eingraviert. Wie dem auch sei, vielleicht ist sie so tief eingeprägt, daß ich manchmal finde, am besten - wenn nicht sogar ausschließlich - kann ich Teile davon abklopfen, indem ich mich mit den Geschichten von anderen identifiziere. Ich versuche, solche Geschichten aufzuzeichnen - nicht auf Band, sondern mit meinen eigenen Worten. Darum geht es bei der folgenden Geschichte von Leo:

Heute ist mein A.A.-Geburtstag - und, wie ihr vielleicht wißt, bin ich dankbar, daß es nicht mein erster Geburtstag bei *Alcoholics Anonymous* ist. Gewöhnlich bemühe ich mich beim Erzählen meiner Geschichte um Ausgewogenheit: „Wie wir jetzt sind" ist für mich weitaus wichtiger als „wie wir waren" oder „was geschah". In der vergangenen Woche bat mich jedoch ein anderes Geburtstagskind im Gespräch, von meinem Tiefpunkt zu erzählen. Seit langem hatte ich nicht mehr davon gesprochen. Mir hat diese Erfahrung gutgetan. Weil sie mir gutgetan hat, kann sie euch vielleicht auch guttun.

Viele von euch würden mich im Sinne des Programmes als Gewinner bezeichnen. Als ich zuerst herkam, haßte ich dieses Wort, weil ich so sicher war, ein Verlierer zu sein. Wenn man sich als Verlierer erwiesen hat, ist es schwer, sich mit einem Gewinner zu identifizieren. Gewissermaßen ist mir das nie gelungen. Heute abend möchte ich euch also die Geschichte eines Verlierers erzählen - den Teil meiner Geschichte, den ihr vielleicht zu selten gehört habt, weil ich sicherlich zu selten daran gedacht habe, ihn zu erzählen.

Zu Beginn möchte ich euch - und mich - daran erinnern, daß die Grundlage unseres Programms und deshalb unserer Nüchternheit *Ehrlichkeit* bedeutet. Wir wissen alle, wie beängstigend der erste Abschnitt von „Wie es wirkt"[2] manchmal sein kann. Als ich bei A.A. aufschlug, versuchte ich noch nicht einmal, mit dem Trinken aufzuhören, weil ich wußte, daß ich viel zu trotzig war, um ehrlich zu sein - und vielleicht war ich dazu sogar unfähig.

Als ich also zum ersten Mal „Wie es wirkt"[2] hörte, war ich ziemlich sicher, einer jener Unglücklichen zu sein, „die durch ihre Veranlagung unfähig sind, ehrlich mit sich selbst zu sein"[3] - ihr kennt dieses Zitat. Jedenfalls hatte ich noch kein echtes Interesse daran, mit dem Trinken aufzuhören, denn ich hing bei A.A. einfach nur so herum. Obwohl ich früher ein Akademiker gewesen bin, war ich damals im barsten Sinne des Wortes ein Penner, und A.A. war eine Möglichkeit, bei schlechtem Wetter wenigstens eine Stunde oder so von der Straße wegzukommen. Da ich wußte, daß ich nachts wieder draußen schlafen würde, war ich bereit, so gut wie jeden warmen, trockenen Platz anzunehmen, den ich finden konnte. Sogar ein A.A.-Meeting.

Nach ein paar Meetings traf ich den Priester der Kirche, in der diese Meetings abgehalten wurden, Pater Mac. Obwohl er selbst kein Alkoholiker war, schien Mac meine Unehrlichkeit intuitiv zu spüren, und er sprach mich darauf an. Er schenkte mir seine Zeit und versuchte mir zu helfen, über die Dinge zu reden, über die ich nicht sprechen konnte, weil ich ihnen nicht ins Auge sehen konnte. Und er brachte mich mit ein paar nüchternen A.A.-Mitgliedern zusammen, mit denen ich mich, seiner Ansicht nach, eventuell identifizieren könnte. So geriet ich ganz schön unter Druck, ehrlich zu werden.

Nun gut, ich war natürlich zu schlau für sie. Aber ich vermute, all das half, denn der sprichwörtliche Tropfen, der das Faß zum Überlaufen brachte, kam eines Abends hinzu: Unmittelbar, nachdem mir Mac und die anderen geholfen hatten, mir ein paar anständige Klamotten gegeben und eine echte Chance für einen Job, den ich wirklich wollte, angeboten hatten, knallte ich mich voll bis zum Rand, geriet in eine Schlägerei und landete im Gefängnis. Keiner von ihnen - nicht ein einziger - kam mich dort besuchen. Ich weiß noch, wie ich dachte, das müssen aber lausige Freunde sein, wenn sie sich durch ein bißchen Urin und Erbrochenes davon abhalten lassen. Denn ... nun ja, ich weiß nicht, wie das neue Stadtgefängnis ist, aber daraus bestand das alte damals: Pisse, Kotze und Säuferschweiß.

Jedenfalls, als ich „rauskam, kroch ich trotz all meines Grolls zu diesen „Freunden" zurück. Wo hätte ich denn sonst hingehen können? Also kroch ich zurück, obwohl ich aufrecht ging. Ich erwartete entweder Ärger oder die kalte Schulter. Ich hatte alles versaut, und ich wußte, daß ich es versaut hatte. Doch ich merkte auch, daß ich verzweifelte Angst hatte und mich schämte, weil ich nun auch noch die geringste Chance zerschlagen hatte, die für mich vielleicht bestand, echte Freunde zu finden. Merkwürdig, daß ich solche Gefühle hatte, obwohl ich doch bezweifele, ob das Wort *Freund* damals überhaupt zu meinem Wortschatz gehörte.

Jawohl, als ich in das Meeting hereinspazierte, sahen diese Kerle auch erst einmal ärgerlich aus und zeigten mir die kalte Schulter. Oh ja, sie gaben mir das übliche, mechanische Lächeln und den „Schön-daß-du-wieder-da-bist"-Scheiß, aber dann wendeten sie sich ab, um mit jemand anders zu reden oder sich noch Kaffee zu holen oder sonst etwas. Sie hatten unverkennbar keine Zeit mehr für mich. Ich plumpste in einen Stuhl im Hintergrund des Raumes und versuchte zuzuhören, aber ich merkte, daß ich gegen die Tränen ankämpfte.

Nun, ich bin kein weinerlicher Typ und war das auch nie, selbst in meiner schlimmsten Saufzeit nicht. Ich war immer entweder ein Kämpfer oder bewußtlos. Und vergeßt nicht, ich war trocken: Sie servieren keinen Schnaps im Stadtknast, wo ich gerade zehn Tage gewesen war, und seitdem ich an diesem Morgen entlassen worden war, hatte ich nichts getrunken. Das allein grenzte vermutlich schon an ein Wunder, aber ich wußte, daß ich am Abend zu Mac und den anderen Jungs ins Meeting gehen wollte, wenn auch nur, um sie mir vorzuknöpfen, weil sie mich nicht besucht hatten - deshalb war ich trocken geblieben.

Tief im Inneren wußte ich, daß ich alles vermasselt hatte, daß ich nicht nur das einzig Gute in meinem Leben zerstört und verloren hatte, sondern sicherlich auch meine letzte Chance, je mit dem Trinken aufzuhören. Es war alles vorbei, es war meine Schuld, ich wußte es, und - komisch - es war mir scheißegal.

Nun wissen die meisten von euch, daß ich noch immer nicht sehr religiös bin. Und wenn ihr es nicht schon wißt, dann sage ich es euch ganz offen, trotz all der Missionen und all dem Kram sind die Kerle auf der Straße nicht besonders religiös. Aber irgendwie, vielleicht nur wegen der vielen Meetings, selbst wenn ich nicht aus ehrlicher Überzeugung hingegangen bin, schienen auf einmal wie von selbst aus meiner tiefsten Seele heraus die Worte zu kommen: „Gott, hilf mir". Tja, das nützte gar nichts. Es gab keinen Lichtblitz, kein Gefühl von Wärme, keine Stimmen oder irgend etwas von dem Zeug, was ich in den Beschreibungen von anderen gehört habe - und selbst wenn das der Fall gewesen wäre, bezweifele ich, ob ich dadurch zum Glauben gefunden hätte.

Ich saß also bloß da, in meinem Schmerz, überzeugt, daß ich meine letzte Chance vermasselt hatte, und sah die abgewandte Gleichgültigkeit in den Augen der anderen als den Beweis für meine Verurteilung an.

Wahrscheinlich hörte ich den Rednern an diesem Abend auf eine andere Art zu, zum Teil, weil ich hoffte, einer von ihnen würde mich ansehen und meinen Schmerz erkennen, aber hauptsächlich deshalb, weil ich in meinem in meinem tiefsten Innern dachte, daß dies mein letztes A.A.-Meeting war. Ich hatte meine letzte Chance verspielt, es gab absolut keine Hoffnung, und ich war völlig sicher, daß ich nie wiederkommen würde. Ich glaube, weise Menschen bezeichnen diesen Zustand, in dem ich mich an jenem Abend und in jenem Meeting befand, als „absolut hoffnungslos und absolut hilflos". Diese Beschreibung könnte kaum zutreffender sein: Das war ich, wie ich in diesem Moment leibte und lebte.

Nun ja, das Meeting ging zu Ende, und es änderte sich nichts. Die anderen tummelten sich beim Kaffee zusammen - sie ignorierten mich nicht, aber sie nahmen einfach keine Notiz von mir. Ich hatte plötzlich das Gefühl, daß ich da „raus mußte: Mein letztes A.A.-Meeting war aus und vorbei, *mit mir war es aus und vorbei,* und warum sollte ich mich jetzt noch herumquälen und bleiben? Ich ging in Richtung Tür.

Vermutlich werde ich nie erfahren, was geschah - vielleicht war es die Art, wie ich meinen Kopf zurückwarf und hinaus marschierte. Jahre später grinste Mac bloß, wenn ich ihn danach fragte, und sagte etwas über „seinen Sponsor, den Heiligen Geist". Als ich zur Tür kam, war Pater Mac jedenfalls da und stand genau vor mir. Ich möchte hier noch einmal daran erinnern, daß er kein Alkie ist; aber er kommt immer zu den offenen Meetings, und er sitzt da und hört zu, und aus irgendeinem Grund bin ich sicher, daß er sich identifiziert, hauptsächlich, weil er uns Alkies liebt. Also, plötzlich steht er da, genau vor mir, und er verstellt mir den Weg. Ich werde nie ein Wort von dem vergessen, was er sagte, und auch nicht den unbeschreiblichen Blick, der in seinem Gesicht stand, als er sprach und mir fest in die Augen sah.

„Leo, du hast heute nicht getrunken, nicht wahr? Heißt das, daß du nun endgültig davon die Schnauze voll hast, die Schnauze voll zu haben? Du bist hier. Heißt das, daß du endlich bereit bist, es auf die A.A.-Tour zu versuchen? Jetzt halt erstmal den Mund! Gib mir noch keine Antwort, denn ich habe noch eine Frage. Bist du endlich bereit, dir selbst gegenüber ehrlich zu werden? Willst du das wirklich? Vor dir selbst ehrlich werden? Bist du tatsächlich bereit, den ganzen Weg zu gehen, um vor dir selbst ehrlich zu werden? Wenn nicht, dann komm' - vielleicht - „mal „rauf in mein Büro, und laß' uns darüber reden. Aber wenn du wirklich bereit bist, dann rede nicht mit mir; geh' rüber und sprich mit einem dieser nüchternen Alkoholiker, die du heute reden gehört hast. Denn wenn du bereit bist, dir selbst gegenüber ehrlich zu werden, haben sie das, was du willst: die Werkzeuge, die dir dazu verhelfen. So, Leo, was ist dir

90 Tage - 90 Meetings

lieber - eine schöne Tasse warmer Kaffee, vielleicht ein neues Paar alte Schuhe dazu und eine Absolution auf die Schnelle von mir für die Nacht? Oder den Anfang einer wirklich neuen Lebensweise von einem jener Kerle, die genau wissen, wie du dich fühlst, und was du denkst, weil sie das auch einmal durchgemacht haben? Was ist dir lieber, Leo? Denn wenn ich dich so anschaue, dann denke ich, du weißt genauso gut wie ich, daß dies wahrscheinlich die letzte Chance ist, die du je haben wirst, diese Entscheidung zu fällen."

Ich nehme an, ich brauche euch nicht zu erzählen, was ich tat. Ich drehte mich herum, und ohne Mac für sein Angebot auch nur „Dankeschön" zu sagen, versuchte ich, den Sprecher zu finden, der „hoffnungslos" gesagt hatte.

Es tut mir gut, mich daran zu erinnern, wo ich herkomme und wie ich hier hergekommen bin. Jetzt sitzen vielleicht einige von euch da und denken, „Mein lieber Mann, du hast einen weiten Weg hinter dir." Vielleicht stimmt das in gewisser Hinsicht: Dies ist meine eigene Kleidung, ich habe einen Beruf und einen sauberen Platz zum Schlafen für heute nacht, und - was am wichtigsten ist - ich habe in den vergangenen vierundzwanzig Stunden nicht getrunken.

Aber in einer anderen Hinsicht, die viel wichtiger ist, habe ich überhaupt keinen Weg hinter mir. Was ich beschrieben habe, hat in einem A.A.-Meeting stattgefunden, und wir sind hier in einem A.A.-Meeting. Und wir sind alle aus demselben Grund hier, aus dem ich damals an jenem Abend dort war: Ohne A.A. sind wir hilflos und hoffnungslos. Wenn ich einen langen Weg hinter mich gebracht habe, so liegt das daran, daß ich hiergeblieben bin - nicht an einem Ort, aber hier in dieser Gemeinschaft und hier in diesem Programm. Und ich bin hiergeblieben, weil ich weiß, wenn ich fortgehe, dann werde ich an denselben Ort zurückkommen, an dem ich war, bevor ich A.A. fand, bevor ich von euch und euren Freunden, wie Pater Mac, gefunden wurde.

Danke, daß ihr hier seid, denn - wenn ihr„s nicht wärt - nun gut, ihr habt gerade gehört, wo ich dann sein würde, wenn ich Glück hätte.

Anmerkungen des Übersetzers:

[1] *Alcoholics Anonymous* 58/67: „Rarely have we seen a person fail who has thoroughly followed our path."

[2] ebenda: *Chapter 5*: **„How it works"** / Von den Anonymen Alkoholikern deutscher Sprache übertragen: *„Wie es funktioniert"*.

[3] ebenda: „... usually men and women who are <u>constitutionally incapable of being honest with themselves</u>. There are such <u>unfortunates</u>."

30. Tag / Der dunkle Gott

Der schuldige Mensch ist geeignet und darum ausersehen, *zur Geburtsstätte fortschreitender Inkarnation zu werden, nicht der unschuldige, der sich der Welt vorenthält und den Tribut ans Leben verweigert, denn in diesem fände der dunkle Gott keinen Raum.*¹

— C. G. Jung

In einer Zeit, so vollgepfropft mit Methoden und Techniken, um Menschen zu verändern, ihr Verhalten zu beeinflussen und sie Neues tun und neue Gedanken denken zu lassen, haben wir die einfache, aber schwierige Gabe verloren, für einander da zu sein. ... Einfach nur bei jemandem zu sein ist deshalb so schwierig, weil es von uns verlangt, daß wir an der Verletzlichkeit des anderen teilnehmen, uns mit ihm auf die Erfahrung von Schwäche und Kraftlosigkeit einlassen, an der Unsicherheit beteiligt werden und Kontrolle und Selbstbestimmung aufgeben.

— Donald McNeil, Douglas Morrison und Henri Nouwen²

DAS DENKEN VON CARL JUNG BLEIBT FÜR MICH größtenteils ein Geheimnis. Oft schätze ich seine Einsichten und empfinde es als Privileg, daß so ein großer Psychiater und tiefgründiger Denker einen so hervorragenden Platz in der A.A.-Geschichte einnimmt. „Den Grundstein, auf dem unsere Gemeinschaft aufgebaut ist," nannte Bill W. Jungs wahrhaft historische Unterhaltung mit Rowland H., der seine Botschaft an Ebby T. weitergab, der sie wiederum an einen der beiden Gründer von A.A. herantrug.³ Mit Sicherheit kann mir Dr. Jung mit seiner Sensibilität für das Spirituelle eine Menge beibringen.

Aber wenn ich versuche, Jung⁴ zu lesen, verliere ich mich leicht in der Komplexität seines Denkens. Sein Hang zu irritierend geheimnisvollen Ausdrücken frustriert mich. „Geburtsstätte fortschreitender Inkarnation" - vielleicht ist von meinem Christentum genug übrig geblieben, um das verstehen zu können. Aber „der dunkle Gott"? Ich vermute, daß es hier um etwas Wichtiges geht: Mein starker Widerstand scheint das zu signalisieren. Doch es bleibt ein fesselnder, fast unheimlicher Begriff.

Jung will hier offensichtlich nicht auf die „Macht des Bösen" anspielen. Das paßt in dem Zusammenhang nicht; und sicher hätte Jung aus seiner Weltsicht heraus „die Macht des Bösen" nie als irgendeinen „Gott" bezeichnet. Nein, „der dunkle Gott" scheint sich hier mehr auf den Aspekt der endgültigen Wirklichkeit zu beziehen, auf das Wissen um Schmerz, Leid, Verlust... all die Qualen und Krankheiten, welche die menschlichen Lebensbedingungen trüben.

Indem er diese Gegebenheiten mit dem dunklen Gott gleichsetzt, scheint Jung zu behaupten, daß solche Erfahrungen ebenso real sind wie ihr Gegenteil. Das Buch hat den Titel *Antwort auf Hiob*, und sein Untertitel macht klar, was Jung zu behandeln versucht: „Die Frage nach dem Bösen und seinen religionspsychologischen Ursprüngen". Sein unvermeidbares Scheitern, die Frage nach dem Bösen zu lösen, sollte mich nicht darüber hinwegtäuschen, welcher Mut hinter seinem Versuch steckt und welche tiefen Einsichten darin zu finden sind.

Jung veröffentlichte sein Buch in den frühen fünfziger Jahren. In Anbetracht seiner Erfahrung mit Menschen wie Rowland H. frage ich mich, ob er beim Schreiben nicht auch an Alkoholiker dachte? Dieser Gedanke würde mir gefallen, und in dieser Passage finde ich vielleicht Gründe dafür. Die Vorstellung von Schuld verwirrt mich immer, aber der Alkoholiker ist wohl kaum jemand, „der sich der Welt vorenthält" oder „den Tribut ans Leben verweigert." Es erscheint mir gewissermaßen so, als ob wir die Welt in unserem Alkoholrausch verschlingen wollen, und während wir den Rücken krumm machen und gute Laune heucheln, scheinen wir dem Leben so viel Tribut zu zahlen, daß wir, im barsten Sinne des Wortes, verdammt nahe an den Punkt herankommen, unser Leben zu verlieren.

Hilft mir das, den dunklen Gott zu verstehen, welcher der Herr des Schmerzes und Leidens, der Qual und des Verlustes zu sein scheint? Wenn wir Alkoholiker, wie Jung es sieht, *schuldig* sind, wofür sind wir dann geeignet und ausersehen? Der Begriff „ausersehen" erinnert mich an eine starke Passage in *Der Triumph der Therapeutik* von Philipp Rieff[5], wo er das untersucht, was er für den Schlüssel zu Jungs Therapie hält:

Es gibt kein verzweifelteres Gefühl als das, die Freiheit der Wahl ohne den spezifischen Trost des Auserwähltseins zu haben. ... Götter wählen aus; Menschen werden ausersehen. Das Gefühl, ausersehen zu sein, ist genau das, was die Menschen verloren haben, wenn sie wie Götter werden, und gerade dieses Gefühl ist das, was sie anschließend ermutigt, ihre eigenen Entscheidungen auf Grund ihrer Dankbarkeit ernst zu nehmen.

Glauben notwendig, damit ein Mensch frei sein kann, zu wählen - frei zu wählen, weil seine Erkenntnis, sein persönliches Wesen, ihn dazu treiben. Die härteste Lektion, die wir lernen müssen, ist nicht, wie man wählt, sondern vielmehr, wie man sich dieses leidenschaftliche Wissen aneignet, das uns erneut gestattet, ausersehen zu werden.

Vielleicht ist das eine Begabung von uns Alkoholikern, wenn wir Mitglieder bei A.A. sind - die leidenschaftliche Erkenntnis, die es uns gestattet, ausersehen zu sein. Denn uns ist die Freiheit zu wählen geschenkt worden: Immer nur für vierundzwanzig Stunden, und wenn wir uns helfen lassen, können wir tatsächlich wählen und uns dafür entscheiden, den ersten Schluck nicht zu trinken. Uns ist bewußt, daß es ein Geschenk ist, weil wir diese Freiheit früher mit Sicherheit nicht hatten. Doch wie kamen wir zu dieser Begabung? Ich glaube, wir erhielten sie, weil wir in gewissem Sinne ausersehen worden sind.

Doch das Gefühl, ausersehen zu sein, kann gefährlich sein: Es grenzt eng an den Anspruch, etwas Besonderes zu sein. Deshalb kann sich darin allzu leicht Egozentrik widerspiegeln und *das ist die Wurzel all unserer Probleme.*[6] Und doch wußte Rieff intuitiv: „Möglicherweise ist letztendlich eine Entscheidung zum Glauben notwendig." Wie und warum werden wir ausersehen? Der Anlaß ist unser Schmerz, unsere Kränkung. Wir werden daher ausersehen, weil es uns an Gutem fehlt, nicht weil wir es besitzen. Wir finden Heilung vor allem deshalb, weil wir Heilung brauchen. Heilung ist also die einzige Gegebenheit, für die wir uns als Alkoholiker eignen.

„Der schuldige Mensch ist geeignet und darum ausersehen," behauptete Jung. Wozu geeignet? Das zweite Zitat hilft mir, die Antwort zu finden. Es stammt aus einem Buch mit dem Titel *Mitgefühl*[7], einem Essay, der eine vertrautere und herkömmlichere Sichtweise der Frage nach dem Bösen bietet. Einer seiner Autoren schrieb vor einigen Jahren ein anderes Werk mit dem Titel *Der verwundete Heiler*[8]. Seinerzeit war ich als Alkoholiker neu im Programm und der Gemeinschaft von A.A. und identifizierte mich mit dem Begriff des „verwundeten Heilers". Mir scheint, das ist genau das, was wir bei A.A. füreinander sind. Wir können Alkoholismus heilen - Heilung daraus machen - weil wir an derselben Verwundung leiden. Und gerade unsere Wunde wird die Quelle unserer Heilung - sowohl für andere, als auch für uns selbst. Das ist die Bedeutung des Zwölften Schrittes.

Wenn das Problem des Bösen als die Frage nach dem Leiden verstanden wird, dann heißt die Antwort „Mitgefühl", was „mit leiden" bedeutet. Ist das nicht das Eigentliche, was wir Alkoholiker in der Gemeinschaft von *Alcoholics Anonymous* füreinander tun? Wir kommen nicht zu A.A., um zu leiden, sondern wir kommen, weil wir versuchen, vor dem Leiden zu fliehen - vor dem Leid unseres Alkoholismus. Aber wir entfliehen ihm nicht: Wir wachsen darüber hinaus. Wir bleiben Alkoholiker. Und wir hören nur deshalb auf, an unserer Alkoholkrankheit zu leiden, weil andere da sind, es sich wünschen, es brauchen und darauf warten, daß sie gemeinsam mit uns an unserem Alkoholismus leiden können.

Bei A.A. wachsen wir somit über das Leiden unserer Alkoholsucht hinaus, indem wir bereit sind und indem wir da sind, um mit anderen gemeinsam zu leiden. Deshalb ist der Zwölfte Schritt ein wesentlicher

Teil unseres Programms. Daran liegt es auch, daß eine A.A.-Gruppe abstirbt, wenn keine Neuen mehr hinzukommen.

Für die Leute außerhalb von A.A. ist das vermutlich schwer zu verstehen. Scheinbar erhalten wir uns durch das Leiden und saugen es in uns auf - ja, vielleicht stöbern wir es sogar auf. Und das tun wir tatsächlich, wenn es um das Leid des Alkoholismus geht, das wir alle so gut kennen. Dazu sind wir geeignet, dafür wurden wir ausersehen, und das wissen wir auch: Um andere und uns selbst zu heilen, indem wir gemeinsam leiden mit dem Alkoholiker, der auch noch leidet.

Es gibt sicher Menschen, die diese Auffassung als „ungesund" bezeichnen würden. Wir jedoch finden darin Heilung. Vielleicht sind wir Alkoholiker - zumindest diejenigen von uns, die inmitten des Programmes und der Gemeinschaft von *Alcoholics Anonymous* genesen - auch noch für etwas anderes „geeignet" und „auserse hen". Unser Dasein und die Lebensweise, für die unsere Genesung als Beweis spricht, signalisieren jedem, der aufgeschlossen, ehrlich und bereitwillig genug ist, von uns zu lernen, die Wirklichkeit, die Schönheit und die Kraft des Mitgefühls[9] - des „Leidens-mit[10]", das Heilung durch Heilen findet.

Viele Menschen möchten geheilt werden, aber nur wenige sind bereit, mit anderen das Leid zu teilen. Innerhalb von A.A. nüchtern zu sein heißt, die tiefgründige Wahrheit zu erfahren - und zu vermitteln, daß es unmöglich ist, das eine zu behalten, ohne auch an dem anderen festzuhalten.

Anmerkungen des Übersetzers:

[1] Jung, Carl Gustav. *Antwort auf Hiob.* Walter-Verlag AG, 1971; DTV, 1990, Seite 104/105.

[2] McNeill, Donald P., Morrison, Douglas A., Nouwen, Henri J.N. *Compassion: A Reflection on the Christian Life.* Doubleday, 1982.

[3] Vgl. *Wie Bill es sieht*, 217: „Dieses Konzept wurde die Grundlage des großartigen Erfolges, den A.A. hat."

[4] Jung, Carl Gustav. *Answer to Job.* Princeton University Press, 1973; *The Development of Personality.* Princeton University Press, 1981.

[5] Rieff, Phillip. *The Triumph of the Therapeutic: Uses of Faith After Freud.* Harper and Row, 1968.

[6] *Alcoholics Anonymous*, 62/71: „Selfishness - self-centeredness! That, we think, is the root of our troubles." [wörtlich: „Selbstsucht - Egozentrik! Das, denken wir, ist die Wurzel unserer Probleme"]; Anonyme Alkoholiker Deutscher Sprache: „Egoismus - Ichbezogenheit! Das, glauben wir, ist die Wurzel allen Übels."

[7] *Compassion*, vgl. (2).

[8] *The Wounded Healer*, vgl. (2).

[9] compassion

[10] *suffering-with*

31. Tag / Anonymität

Im Tierreich heißt das Gesetz: Friß oder werde gefressen. Im Menschenleben heißt das Gesetz: Bestimme oder werde bestimmt.

- Thomas Szasz[1]

ES GIBT INNERHALB VON A.A. unterschiedliche Auffassungen von Anonymität. Wo ich herkam, gab es eine Sitte, die es hier, wo ich jetzt lebe, nicht gibt. Meetings wurden mit dem Hinweis abgeschlossen: „Wir sind *Alcoholics Anonymous*. Daher bitten wir euch, nur das in Erinnerung zu behalten, was ihr hier gehört habt, aber nicht, wen ihr hier gesehen habt." Die meisten Gruppen folgen dem Prinzip, nur die Vornamen zu nennen. Manche Sprecher legen dennoch Wert darauf, ihren vollständigen Namen zu benutzen, wenn sie sich vorstellen und rechtfertigen ihr Verhalten mit der Aussage: „Jeder wußte, daß ich ein Säufer war - daher ist es mir gleichgültig, wer nun weiß, daß ich nüchtern bin."

A.A. gibt uns für Anonymität einen präzisen, aber eng gefaßten Leitfaden. Danach trifft Anonymität nicht auf unser Dasein als Alkoholiker zu, sondern auf unsere Mitgliedschaft bei *Alcoholics Anonymous*. Wir bekennen uns im allgemeinen nur in Meetings und bei Hilfeleistungen im Zwölften Schritt zu unserer Mitgliedschaft bei A.A. Wir tun das nur, um uns selbst oder einem anderen zu helfen, Nüchternheit zu erlangen. Doch selbst zu diesem Zweck geben wir unsere Mitgliedschaft bei A.A. und unseren vollständigen Namen „auf der Ebene von Presse, Rundfunk, Film und Fernsehen"[2] nicht bekannt. Ehrfürchtig schätzen wir unsere Anonymität als „die spirituelle Grundlage all unserer Traditionen", wir bewahren sie und versuchen daraus zu lernen, da „sie uns immer daran erinnern soll, Prinzipien vor Persönlichkeiten zu stellen"[3].

Wenige A.A.-Mitglieder verletzen diese Richtlinien. Doch wie verhält es sich mit jenen Anlässen, bei denen sich der eine oder andere öffentlich, zwar nicht als Mitglied von A.A., aber doch als Alkoholiker vorstellt? Seien wir ehrlich, und stellen wir uns der Realität: Wegen des außergewöhnlichen Erfolges von A.A. ist fast jedem in unserem [amerikanischen] Kulturkreis klar, daß es sich um ein Mitglied von A.A. handeln muß, wenn jemand unbesorgt und vielleicht sogar noch glücklich als Alkoholiker bezeichnet. Wir sind die einzigen, die das können. Das mag viel Gutes bewirken, besonders wegen der Botschaft, die nassen Alkoholikern, die noch im Sumpf der Selbstverleugnung stecken, stillschweigend übermittelt wird; nur, ist das nicht eine Form von Verletzung unserer Tradition der Anonymität bei A.A.?

Die aus der ureigensten Geschichte von A.A. klar ersichtliche Antwort lautet: „Nein". Sowohl in *Zwölf Schritte und Zwölf Traditionen*, als auch mit Bills Worten in *AA wird mündig* über die Geschichte dieser Tradition, wird klargestellt, daß sich diese Tradition von *Alcoholics Anonymous* ausschließlich auf das Bekenntnis zur Mitgliedschaft bei A.A. in den aufgezählten Medien bezieht - zu denen neuerdings auch das Fernsehen zählt. Die frühe Geschichte von A.A. und unsere Erfahrung lassen den Grund für ein solches Verständnis erkennen. Die Tradition der Anonymität bietet uns besonders in zweierlei Hinsicht Schutz. Zunächst schützt sie uns alle vor den wahnsinnigen Fanatikern unter uns: Wir haben sie heute genau wie damals. Aber noch wichtiger ist, daß sie die A.A.-Mitglieder davor bewahrt, die Tendenz zum Größenwahn, die immer in uns schlummert, zu rechtfertigen. Wenn Anonymität die spirituelle Grundlage all unserer Traditionen ist, gründet sich das darauf, daß Demut die spirituelle Grundlage unserer gesamten Nüchternheit ist.

Diese Überlegung scheint eigentlich eine ganz einfache Antwort auf meine vorherige Frage zu geben. Die Aussage, daß jemand ein Alkoholiker ist, bringt selten Pluspunkte für Stolz: Gewöhnlich werden dadurch weder Lob noch Bewunderung gewonnen, schon gar nicht auf der persönlichen Ebene, von Angesicht zu Angesicht. Mit dem Bekenntnis, ein genesender Alkoholiker zu sein, wird zwangsläufig zugegeben, daß man einst ein nasser Alkoholiker war. Das gesellschaftliche Schandmal bleibt: Niemand möchte ein Alkoholiker sein oder dafür gehalten werden. Das Stigma kann bei manchen die Selbstverleugnung bestärken; doch ich nehme an, daß es eher die Nüchternheit fördert, indem es als nützliches Gegenmittel zum Stolz dient. Selbst unter Freunden und Anteil nehmenden Bekannten wird durch das Eingeständnis des Alkoholismus die Aufmerksamkeit eher auf die eigenen Fehler gelenkt, auf das, was man nicht kann.

Aber ungeachtet der möglichen Brauchbarkeit dieses Ansatzes für die Aufklärung anderer und als Erinnerung an die Demut für uns selbst, ist diese Antwort zu einfach. Erst einmal fällt uns Demut nicht so leicht. Weil ich immer irgendwie verwickelt und viel zu oft völlig durcheinander bin, kann es mit meinen Motiven auch nicht anders sein. Manchmal kann mein Eingeständnis, Alkoholiker zu sein, eine leise Versuchung oder ein unterschwelliger Vorwand dafür sein, bewundert zu werden. Selten erreichen wir Demut, wenn wir direkt danach streben; wir gewinnen nie an Demut, wenn wir demonstrativ demütig sind.

Mir scheint es daher hilfreicher, nicht an meine eigene Demut, sondern an die von A.A. zu denken. Schon der eigentliche Name von A.A. trägt einen Funken von Genialität in sich: *Alcoholics Anonymous* - etwas Geniales, das ich leicht vergesse, wenn ich mich nur auf „Anonym" konzentriere.[4] Das Wort „Alkoholiker" war in den frühesten Tagen von A.A. ein weitaus geringschätzigeres und verhöhnteres Aushängeschild als heute. Da wir in einer Welt leben, in der Namen und Titel wichtig sind, bemühen sich Menschen, die sich stigmatisiert fühlen, meist sehr intensiv darum, die Bezeichnung zu ändern, die man ihnen gibt, um damit die Einstellung der Gesellschaft zu ihnen zu verändern. Viele eindeutige Beispiele fallen mir dazu ein, von der „gleichgeschlechtlichen Ehe" bis zu „verhaltensauffälligen Kindern".

Das sind lobenswerte Bemühungen: Wir brauchen jede verfügbare Hilfe, damit wir nicht vergessen, alle Menschen mit der gleichen Menschlichkeit zu behandeln. Aber vielleicht ist es die wichtigste Voraussetzung für die außergewöhnliche historische Bedeutung von A.A., daß es dieses Ziel nicht durch die Verwerfung des Wortes *Alkoholiker* erreichte oder zu bewirken versuchte. Die frühen Mitglieder unserer Gemeinschaft akzeptieren das Aushängeschild *Alkoholiker* beinahe freudig und das zu einer Zeit, als viele den Begriff „Betrunkener"[5] für vornehmer und wissenschaftlich korrekter hielten.

Zwei Dinge halte ich für besonders relevant, einerseits in Hinsicht auf die damalige Entscheidung, andererseits in Bezug auf meine heutige Nüchternheit. Die frühen Alkoholiker, die A.A. prägten, waren zunächst derart froh, zu hören, daß es Hoffnung gab, daß es ihnen wirklich ziemlich egal war, wie das, was ihnen diese Hoffnung gab, genannt wurde. Durch das bewußte Festhalten an dem Begriff *Alkoholiker*, der meist in der wirklich zutreffenden Verbindung „hoffnungsloser Alkoholiker" zum Ausdruck kam, signalisierten sie in der Tat, daß sie wußten, wovon sie redeten und daß ihr Programm eine Art Wunder versprach. Der Name selbst ließ vermuten, daß dort Hoffnung für die Hoffnungslosen bestand.

Doch unterschwellig deuteten sie viel mehr an - eine Wahrheit und eine Gegebenheit, die diejenigen häufig übersehen, die sich darauf konzentrieren, wie sie benannt oder bezeichnet werden. Ich möchte hier einen scharfsichtigen Zeitkritiker zitieren:

Wenn eine Änderung der Terminologie keinen wirklichen Wandel der Vorstellung und Behandlung der Gegebenheiten widerspiegelt, auf die sich diese Terminologie bezieht, wird das alte Übel lediglich in ein neues Gewand gehüllt. So wurden medizinische Begriffe mit moralischen Untertönen belegt, als in Bezug auf „Irrsinn" moralische Begriffe durch medizinische ersetzt wurden - aus „krank" wurde ein Begriff der Verdammung.

Ich befürchte manchmal, daß unser „Krankheitskonzept" einigen Alkoholikern möglicherweise geschadet hat, weil „krank" in unserer modernen Kultur ein abfälliges Beiwort geworden ist. Es erstaunt mich -

oder genauer gesagt, es erfüllt mich mit Bewunderung für die intuitive Weisheit der frühen A.A.s - daß sie das wußten. Und so konzentrierten sie ihre Bemühungen nicht darauf, wie die Menschen, deren Leben vom Alkohol zerstört wurde, bezeichnet wurden, sondern darauf, wie man allgemein über dieses Phänomen dachte.

Ihre Bemühungen zielten natürlich in erster Linie und sogar ausschließlich auf ihre eigenen Mitglieder, auf sie selbst, auf mich. Ich nehme an, das Festhalten an diesem Begriff gehörte teilweise zu ihrem Tiefpunkt. Wenn sich der nasse Alkoholiker dem Tiefpunkt nähert, kommt er nicht drum herum, sich zu fragen: „Was ist los mit mir?" A.A. unterstellt schonungslos: „Wenn du dich mit unserer Machtlosigkeit über Alkohol identifizieren kannst, bist du wahrscheinlich ein Alkoholiker."

„Oh nein, alles andere, aber nicht das!" antworten die meisten Alkoholiker instinktiv. Und A.A. hält tatsächlich entgegen: „Doch, genau das! Nur schau' mal, wir sind auch Alkoholiker, und wir sind gelassen und nüchtern, oder wenigstens kommen wir diesen Idealen immer näher. Du brauchst also vielleicht nur anders zu verstehen, was es bedeutet, ein Alkoholiker zu sein. Wenn du das willst, was wir haben, dann versuche ein Alkoholiker in der Art von A.A. zu sein und sieh' dir an, was geschieht."

Und wir wissen natürlich, was sich meistens ereignet: Wieder wird aus einem Säufer, der voller Abscheu vor sich selbst ist, ein Mitglied bei A.A., das Selbstachtung besitzt, und bald trägt sie oder er die gleiche Botschaft schon an einen weiteren Säufer heran.

Bei A.A. müssen wir natürlich häufig kapitulieren - vor der Wirklichkeit und vor der Weisheit, die in den Zwölf Schritten steckt. Aber was die äußere Welt angeht, ist unsere Kapitulation eine Art Judo-Griff. Wir akzeptieren das Aushängeschild, ändern aber unsere Meinung darüber. Und weil wir in dieser Welt leben, verändern wir die Meinung der Welt darüber. Deshalb kann heute jemand öffentlich sagen: „Ich bin ein Alkoholiker", zum Beispiel im Rahmen des N.C.A.[6], und es verschafft ihm eher Bewunderung für seinen Mut als Verachtung für seine Schwäche.

Das Problem bei diesem Manöver, bei diesem Erfolg, besteht darin, daß jeder Erfolg für den Alkoholiker sehr trügerisch sein kann. Ich befürchte, wenn irgendein Alkoholiker an die Öffentlichkeit tritt, um Bewunderung zu gewinnen, geraten er oder sie und wir ebenfalls in große Schwierigkeiten. Selbstverständlich ist das die entscheidende Veranlassung für unsere Elfte Tradition. Und das ist auch ein Grund, glaube ich, warum der N.C.A. eine so wichtige Rolle spielt. Der N.C.A. ist natürlich in keiner Weise mit A.A. verbunden. Alkoholismus und Alkoholiker sind zwei verschiedene Interessensphären. Doch davon abgesehen kommt Alkoholismus natürlich nicht in Reagenzgläsern vor, sondern nur bei Alkoholikern. Der N.C.A. tut also etwas, das A.A. nicht tun kann; und beim Abschirmen von Alkoholikern, die an die Öffentlichkeit traten, hat der N.C.A. seine Sache wirklich gut gemacht, wahrscheinlich, weil Marty Mann[7] uns so gut kannte.

Einige A.A.-Mitglieder sind natürlich immer noch dagegen. Teilweise mögen sie recht haben, doch gewissermaßen ist jeder für seine eigene Nüchternheit verantwortlich, und der N.C.A. sieht darin mehr eine Chance als ein Problem. Diejenigen, die an die Öffentlichkeit treten, sagen nie, daß sie zu A.A. gehören. Wenn die meisten Leute in unserer Gesellschaft heutzutage annehmen, daß jeder ein Mitglied von *Alcoholics Anonymous* sein muß, wenn er ungezwungen sagt, „Ich bin ein Alkoholiker" - nun gut, dann haben sie eben diese Vermutung. Zumindest steckt dahinter eine enorme Anerkennung für A.A. Da diese Vermutung jedoch dominiert, müssen wir bei A.A. sehr vorsichtig sein. Ich persönlich halte mich jedenfalls lieber an das Sprichwort: „Vorsicht ist die Mutter der Porzellankiste".

Nun, ich muß schon zugeben, irgendwie reizt mich dieses ganze Thema mitsamt dem Phänomen, das sich darin widerspiegelt. Doktor Thomas Szasz hat auf folgendes hingewiesen: „Im Tierreich heißt das Gesetz: Friß oder werde gefressen. Im Menschenleben heißt das Gesetz: Bestimme oder werde bestimmt." Wenn seine Erkenntnis richtig ist (und meiner Ansicht nach hat er tatsächlich eine bedeutsame Wahrheit unserer modernen Welt erfaßt), dann erfaßt mich ein tiefes Gefühl des Glücklichseins, nicht so sehr deshalb, weil wir Alkies echt ein cooler Haufen sind, sondern weil sich die Leute, die dieses Programm ausgeheckt und speziell für uns entworfen haben, als erstaunlich klug erwiesen haben. Und dafür empfinde ich tiefste Dankbarkeit, wie immer, doch jeden Tag ein bißchen mehr.

Anmerkungen des Übersetzers:
[1] Szasz, Thomas. *The Second Sin.* Anchor Press, 1973.
[2] *Alcoholics Anonymous*, 564/410: „Our public relations policy is based on attraction rather than promotion; we need always maintain personal anonymity at the level of press, radio and films." - *Anonyme Alkoholiker deutscher Sprache*: „Unsere Beziehungen zur Öffentlichkeit stützen sich mehr auf Anziehungskraft als auf Werbung. Deshalb sollten wir auch gegenüber Presse, Rundfunk, Film und Fernsehen stets unsere persönliche Anonymität wahren."
[3] ebenda. „Anonymity is the spiritual foundation of all our Traditions, ever reminding us to place principles before personalities." - *Anonyme Alkoholiker deutscher Sprache*: „Anonymität ist die spirituelle Grundla-

ge aller unserer Traditionen, die uns immer daran erinnern soll, Prinzipien vor Persönlichkeiten zu stellen."

[4] Vgl. Anmerkungen zum 17. Meeting.

[5] *inebriate:* I) betrunken machen; berauschen; II) Betrunkener; Alkoholiker III) betrunken; berauscht
[15. Jahrhundert: aus dem Lateinischen *inebriare*, aus *in* + *ebriare* berauschen, aus *ebrius* trunken, betrunken]

[6] N.C.A.: Abkürzung für *National Committee for Education in Alcoholism*, auch *National Council on Alcoholism* genannt: Nationaler Beirat zum Alkoholismus in den USA. Vgl.: *Pass It On* 310, 320; *The Language of the Heart* 189.

[7] Mann, Marty (15.10 Nüchternheit erlangte und enge persönliche Freundin von Bill W. Vgl.: *Pass It On* 210 ff., 244, 248, 258, 293 ff., 310 (!), 311, 319 f., 401; *The Language of the Heart* 100 f., 369. - Gründerin des *N.C.A.* und von 1942-1944 dessen leitende Direktorin. 1944-1968 Gründungsmitglied und Beraterin. Leitete 1948 den *Congress on Alcoholism* in Luzern. Ehrenmitglied der *American Psychiatric Association*, Mitglied der *American Public Health Association* und der *Society of Public Health Educators*. Autorin von *Primer on Alcoholism* (1952) und *Marty Mann Answers Your Questions About Drinking and Alcoholism* (1970) u.a. [„Who Was Who In America", Marquis Who's Who Inc., Chicago.]

32. Tag / Einfach, und doch nicht zu einfach

fun-da-men-tal: 1. zur Grundlage oder Basis gehörig oder eine solche bildend; grundlegend; wesentlich; 2. auf die Grundlage oder Basis bezogen; radikal, wurzelhaft, gründlich; 3. worauf anderes basiert....
- Websters New World Dictionary[1]

DIE GRUPPE, DEREN MEETING ich gestern abend besuchte, hat eine interessante kleine Neben-Tradition. Nach dem Lesen der „Präambel" und „Wie es wirkt"[2] eröffnet der Leiter die Diskussion stets mit der Frage: „Möchte einer der Anwesenden heute hier einen Schnaps?" Er wartet dann eine volle halbe Minute, bevor er zu der altbekannten Frage übergeht: „Okay, will hier jemand über irgend etwas reden, das mit saufen oder nüchtern leben zu tun hat?"

Ich war neugierig auf den Ursprung dieser Sitte, also erkundigte ich mich nach dem Meeting im Gespräch, ob vielleicht eine Geschichte dazu geführt hatte. „Wie kam die Gruppe dazu, solch eine Frage zu stellen?" befragte ich einen der alten Hasen.

„Das läuft schon seit etwa zwanzig Jahren so", antwortete er. „Ich war damals nicht dabei, aber ich kann dir erzählen, was ich über die Entstehung dieses Brauches gehört habe. Jeder berichtet so ziemlich das gleiche darüber, daher vermute ich, daß es stimmt."

Die Geschichte war kurz. Anscheinend hatte das Meeting vor fast dreißig Jahren als „Schritte-und-Traditionen-Erörterung" begonnen. Jede Woche wurde dort ein Kapitel aus *Zwölf Schritte und Zwölf Traditionen* gelesen und dann besprochen. Eines Abends, in der Mitte der Sechziger Jahre, begann der agierende Leiter nach dem Verlesen der „Präambel" und von „Wie es wirkt"[2] die Diskussion mit den Worten: „Okay, heute abend sind wir hier, um die Vierte Tradition zu besprechen." Einer der unregelmäßigen Teilnehmer, der einhellig als „der 55jährige Goldzahn-Hippie" beschrieben wurde, platzte plötzlich dazwischen, schlug seine Faust auf den Tisch und brüllte wie ein Ochse: „Scheiß auf die Traditionen! Ich will einen Schnaps!"

„Nun", sagte der alte Hase, „die Stamm-Mitglieder der Gruppe behaupten steif und fest, daß es das beste Meeting war, das die guten alten Kerle je hatten."

An jenem Abend wurde jedenfalls dieses eigene, bezeichnende Ziel und das Identitätsgefühl der Gruppe durch jenen Besucher ein für alle Mal geprägt. Jedes A.A.-Mitglied in diesem Distrikt weiß, daß es ein Meeting gibt, wo du hingehen kannst und mit Sicherheit diese Frage hörst - „Möchte einer der Anwesenden heute hier einen Schnaps?" - und du weißt, du hast neunundzwanzig Sekunden Zeit, um den Mut aufzubringen und „Ja" zu murmeln und dann nicht als Problem, sondern als Geschenk begrüßt zu werden. Das ist wahrscheinlich der Grund, warum jene äußerlich rauhbeinigen und manchmal unflätigen Bauern einen Ruf haben, der sich in A.A.-Kreisen über den ganzen Staat erstreckt - sie sind bekannt für einfache Ehrlichkeit in Verbindung mit toleranter und verständnisvoller Liebe.

Ich kann mich nicht daran erinnern, jemals einen von ihnen am Tisch über die eigene Hilfsbereitschaft reden gehört zu haben, zumindest dann nicht, wenn ein Besucher dabei war, aber fast jedes Mitglied dieser Gruppe hat irgendwann schon einen wirklich kranken, meist einen echten Großstadt-Alkie eine Zeitlang bei sich zu Hause aufgenommen, ihm ein paar gesunde Arbeiten an der frischen Luft und ein bißchen Selbstachtung gegeben, damit er nachdenken konnte, während er am A.A.-Programm arbeitete. Bestimmt war der junge, blasse Neuling, der gestern abend da saß, aus eben diesem Grund dort - vermutlich wohnt er bei einem dieser A.A.s, und das ist vielleicht das effektivste Therapieprogramm, das in diesem Teil des Landes zu finden ist.

90 Tage - 90 Meetings

Als ich gestern abend darüber nachdachte, fand ich die Geschichte dieser Gruppe faszinierend. Als ich es heute morgen eingehender reflektierte, erkannte ich darin auch eine tiefe Einsicht in das vielsagende Schlagwort „so einfach wie möglich"³ und warum A.A. etwas bewirkt. Gestern abend, in dieser alten Baracke, schien eine ganz besondere Art von Nüchternheit in der Luft zu liegen - falls es so etwas gibt. Vielleicht bin ich im Grunde meines Herzens ein blasierter Großstadtpinkel, doch die echte Atmosphäre rauher, aber herzlicher Liebe durchbrach meine inneren Widerstände, die ich immer gegen überschwengliche Äußerungen von Herzenswärme aufbaue.

Die Idee, ein Meeting mit jener Frage zu eröffnen, gefällt mir wirklich gut: Das ist sicher ein Weg, jeden einzelnen daran zu erinnern, warum er da ist. Doch als ich die Geschichte gestern abend hörte, wunderte ich mich zuerst, warum das nicht einfach wieder zu einer Formalität wurde, die mit der Zeit ihre Bedeutung verlor. Aber jetzt ist mir die Antwort klargeworden. Sowohl wegen des Rufes der Gruppe als auch wegen ihrer von alters her fürsorglichen Anwendung des Zwölften Schrittes ist sehr oft jemand anwesend, der es verdammt nötig hat, gerade über diese Frage zu sprechen.

Doch das größere Geheimnis der Gruppe, wenn ich das so nennen kann, scheint mir die Art zu sein, wie sie es einfach und doch nicht zu einfach machen. Sie wissen, womit die A.A.-Lebensweise beginnen muß: „Das erste Glas stehen lassen, im *Heute* leben und in Meetings gehen". Sie wissen und leben aber auch, was daraus erwachsen muß, wenn *Alcoholics Anonymous* wirklich ein Lebensweg werden soll. Gestern abend kam ich mit dem Gefühl aus dem Meeting, daß in dieser speziellen Gruppe jedes Meeting eine Art Einsatz im Zwölften Schritt ist.

Heutzutage fällt es mir manchmal schwer, den Einsatz im Zwölften Schritt in der althergebrachten Art zu leisten. Mir wird klar, daß wir eine bunte Mischung der auserlesensten Heilmethoden haben: Wenn Behandlung von offizieller Seite angeboten wird, können dadurch, daß früher Hilfe angeboten wird, nicht nur Leben gerettet und viel Leid erspart werden, sondern es wird außerdem für A.A. ermöglicht, die Botschaft in diese Institutionen hineinzutragen und vielleicht die beste Atmosphäre für einen Einsatz im Zwölften Schritt zu finden.

Doch ich habe den Eindruck, mitunter übersehen wir den mittleren Teil des Zwölften Schrittes beinahe und auch die Geschichte unserer Gemeinschaft, die davon handelt, nach Alkoholikern zu suchen, um selbst nüchtern zu bleiben und in unserer eigenen Nüchternheit zu wachsen. Meiner Ansicht nach ist es großartig, daß es Behandlungseinrichtungen gibt, in die man nasse Alkoholiker bringen kann: Diese Leute können zum Beispiel mit medizinischen Komplikationen umgehen, mit denen wir sicherlich überfordert wären. Nur, obwohl das auch ein Teil eines Einsatzes im Zwölften Schritt sein mag, bleibt es trotz allem lediglich ein Teil davon: Echte Schritt-Zwölf-Arbeit ist nicht mit Überweisung oder Abliefern beendet.

Das erfuhr ich vor etlichen Monaten an mir selbst, und zwar fast auf dem harten Weg. Als ich einmal einen wirklich miesen Tag hatte, sah es so aus, als könnte ich keinen meiner A.A.-Freunde zu Hause erreichen. Da erinnerte ich mich an einen Säufer, den ich zwei Wochen vorher in einem Krankenhaus abgeliefert und seitdem vergessen hatte. Na schön, ich marschierte also zu ihm hin und ging in sein Zimmer, setzte mich und sagte: „Joe, ich bin hier, um mit dir zu reden, weil ich mit dir reden *muß*. Ich weiß nicht, ob du mich überhaupt gehört hast, als ich dich damals hierher brachte und dir sagte, daß ich ein Alkoholiker wäre; aber heute befürchte ich, daß ich selber losgehen und mich vollknallen könnte ... nicht nur ein oder zwei Gläser trinken, sondern mich richtig zuschütten. Und ich kenne nur einen einzigen Weg, wie ich das vermeiden kann, und zwar, indem ich mit einem anderen Alkoholiker spreche, und du bist der erste Beste, an den ich mich heute wenden kann."

Ich werde nie den ungläubigen Blick in seinem Gesicht vergessen, bis es ihm langsam dämmerte, daß es mir ernst war. Nun, keiner von uns beiden trank an diesem Tag. Aber daß ich damals nüchtern blieb, verdanke ich der Denkweise, die ich gestern abend in der Gruppe wiedergefunden habe, und ich bin dankbar für diesen Hinweis. Sie besitzen das Fundamentale, ohne Fundamentalisten zu sein: Sie wissen, wo es anfängt; sie wissen auch, wo es lang gehen muß, wenn aus Trockenheit jemals Nüchternheit werden soll.

Auf jeden Fall brauchte ich anscheinend genau an dieser Stelle in meinem Neunzig/Neunzig diese Eselsbrücke, und zwar beide Seiten davon: Es ist wichtig, an die Grundlagen zu denken, aber das Entscheidende ist, was danach kommt - wie ich damit lebe.

Mit ihrer Frage, ob jemand einen Schnaps trinken wolle, brachte mich die Gruppe gestern abend an die Grundlagen zurück. Und durch ihre beispielhafte Nüchternheit, die sie auf diesem Fundament aufbauen, kann ich viel mehr darüber lernen, was ich genau jetzt brauche als in noch so vielen „blasiert-intellektuellen" Diskussionsmeetings.

Anmerkungen des Übersetzers:
[1] *fun-da-men-tal* (Websters New World Dictionary): 1. of or forming a foundation or basis; basic; essential; 2. relating to what is basic; radical; 3. on which others are based. ... (Collins English Dictionary): 1. of,

involving, or comprising a foundation; basic. 2. of, involving, or comprising a source. 3. *(Music)* denoting or relating to the principal or lowest note of a harmonic series. 4. of or concerned with the component of lowest frequency in a complex vibration. *(fundamental note)* 5. a principle, law etc., that serves as the basis of an idea or system. 6.a) the principal or lowest note of a harmonic series. b) the bass note of a chord in root position. 7. Also called: **fundamental frequency, first harmonic.** *(Physics)* a) the component of lowest frequency in a complex vibration. b) the frequency of this component [13. Jahrhundert vom Lateinischen ins Englische. *fundamentum* Grund, Fundament, Grundlage, Unterbau, von *fundare* den Grund legen, erbauen, befestigen, sichern; Englisch: to found]. (Mackensen, Großes Deutsche Wörterbuch): **fundamental** grundlegend

[2] *Alcoholics Anonymous* 58/67; *Chapter 5*: „**How it works**" / Von den Anonymen Alkoholikern deutscher Sprache übertragen: *„Wie es funktioniert".*

[3] *Keep it simple.*

33. Tag / Dankbarkeit

„Denken" und „danken" haben verwandte Wurzeln, und das deutsche Wort An-denken - wörtlich „denken an" - bedeutet, sich etwas ins Gedächtnis zurückrufen; daher versteht Heidegger[1] „denken", „danken", und „sich erinnern" als verwandte Begriffe. Echtes Denken ist ... zugleich ein Akt des Dankes und der Erinnerung.

- William Barrett[2]

ALS ICH ANFANGS ZU A.A. kam, ärgerte mich lange Zeit die bereitwillige Leichtigkeit, mit der die anderen Mitglieder „Danke" sagten, beinahe ebenso wie ihr dauerndes Geschwafel über Dankbarkeit. Ich hoffe und denke, daß ich das im Laufe der Zeit besser akzeptieren gelernt habe und mein Verständnis für dieses Gütesiegel von A.A. gewachsen ist. Als ich heute morgen über den vergangenen Abend sowie über die bisher geschriebenen Aufzeichnungen zu Neunzig/Neunzig nachdachte, kamen mir in Bezug auf diese Entwicklung zwei Dinge in den Sinn.

Das erste ist die Erkenntnis, daß es genau richtig ist, wie ich das soeben formuliert habe: Bei Dankbarkeit geht Akzeptieren dem Verstehen voraus. Solange wir dagegen ankämpfen - bei uns selbst oder bei anderen - kennen wir keine Dankbarkeit. Das ist vielleicht der erste Schlüssel zu ihrer tiefen Beziehung zur Nüchternheit.

Zweitens beeindruckt es mich, daß Dankbarkeit etwas ist, in das wir langsam hineinwachsen, genau wie die Nüchternheit. In unserer Dankbarkeit suchen - oder besser: beanspruchen - wir keine Vollkommenheit, sondern Fortschritt.

Es hilft mir also, daran zu denken, wie ich mich ganz am Anfang dieses Weges gefühlt habe, in dem Augenblick, als ich neu zu A.A. kam. Ich kann mich an zwei Dinge erinnern, die mich besonders störten. Die Leute bei A.A. sagten so häufig und so leichtfertig „Danke", daß es mir schwer fiel, zu glauben, daß sie es wirklich meinten: Es erschien mir zu automatisch. Und zweitens führte meine eigene falsche, hochgestochene Abneigung gegen „dumme Klischees" dazu, daß mir die Redewendung „Haltung der Dankbarkeit"[3] immer auf die Nerven ging. Sie war mir einfach zu niedlich.

Ich kann mich auch noch gut daran erinnern, wie und wann ich letztendlich umzudenken begann. Wenn ich an einem Abend nüchtern genug war, nahm mich mein Sponsor in ein Meeting mit, und monatelang ärgerte ich mich über sein „Danke", das er immer sagte, wenn er mich danach heimbrachte. Das schien die Verkörperung eines gedankenlosen Klischees oder einer puren rituellen Geste zu sein, besonders in Anbetracht der Tatsache, daß ich scheinbar - oder wirklich - keinerlei Fortschritte machte. „Wofür zum Teufel dankt er mir?"

Manchmal passieren wichtige Dinge auf merkwürdige Weise. Eines Abends, als ich endlich - und, was ich noch nicht wußte, zum letzten Mal - den Korken in die Flasche gesteckt hatte, klemmte mein Schlüssel einen Augenblick in der Tür. Ich fing an, ganz laut mit mir selbst zu reden, und deshalb hörte ich vielleicht zum ersten Mal meine eigene Frage. Wir hatten an jenem Abend ein recht gutes Gespräch über die A.A.-Slogans geführt. Plötzlich wurde mir klar, daß es ein Zwiegespräch war und ich deshalb dazu beigetragen hatte.

Auf einmal kam mir eine Erleuchtung: Ich kannte Phil und sein ständiges Bemühen um Ehrlichkeit, und während ich im Geiste noch das Echo seiner Stimme hörte, ging mir auf, daß er wirklich dankbar war - daß sein kurzes und beinahe hingeworfenes „Danke" kein Klischee oder Ritual war, sondern ein tiefer, echter, herzlicher, etwas verlegener und ungeschickter Ausdruck ehrlicher Dankbarkeit. Ich muß wirklich taub gewesen sein, daß ich das erst so spät kapiert hatte, obwohl es so offensichtlich war, doch plötzlich erkannte ich auch, daß all die anderen „Dankeschön" von Phil ebenso aufrichtig waren: Zu sehen, was meine fortwährende Trinkerei bei mir anrichtete, half ihm mit Sicherheit dabei, das erste Glas stehen zu lassen und im „Heute' zu bleiben.

Nach diesem Vorfall dachte ich oft über Dankbarkeit nach. Und ich begann mir darüber klar zu werden, daß mein Widerwille gegen das Wort

90 Tage - 90 Meetings

„Danke" teilweise darin wurzelte, daß ich in meiner Saufzeit selbst ziemlich oft „Danke" gesagt hatte. Viel zu oft sogar, denn mein „Dankeschön" war so gut wie immer unehrlich gewesen – entweder ein Teil meiner Gefallsucht und meines Minderwertigkeitsgefühls oder ein Versuch, jemand „reinzulegen, damit er mir „mehr" gab – meistens mehr Schnaps. Ich kam zu der Erkenntnis, daß ich immer noch eine Menge Groll mit mir herumtrug, daß ich mit meiner Nüchternheit kämpfte und dabei eine zynische Haltung einnahm. Es sah so aus, als ob ich in meiner Anfangszeit bei A.A. nicht nur nicht sehr oft „Danke" sagte, sondern sogar einen Angelpunkt daraus machte, bewußt nicht „Danke" zu sagen. Diese Säufer erzählten mir ja immer wieder, daß sie mir um ihrer selbst willen helfen würden, warum sollte ich ihnen also danken – das ist das, was ich „dachte" – wenn von Denken überhaupt die Rede sein kann.

Nach jener Offenbarung begann es bei mir allmählich zu dämmern. Es war wohl das erste Mal in meinem verkümmerten Leben, daß ich echte, ehrliche Dankbarkeit zu fühlen begann, und das lag wahrscheinlich daran, daß ich nüchtern wurde. Langsam und vorsichtig fing ich also an, „Danke" zu sagen. Das Echo meines abgedroschenen, unehrlichen „Dankeschön" während der Trinkerei spukte mir noch im Kopf herum.

Und das bewirkte auch etwas, wie es schon so oft mit vielen anderen Dingen bei A.A. gewesen ist. Ich entdeckte, daß ich immer mehr echte Dankbarkeit empfand, je öfter ich ein ehrliches „Dankeschön" sagte. Doch abgesehen davon, daß ich das zur Kenntnis nahm und dafür dankbar war, dachte ich wirklich nie sehr viel über Dankbarkeit nach. Daher ist das, was anscheinend bei diesem Neunzig/Neunzig geschieht, gewissermaßen eine zweite Offenbarung für mich – eine Offenbarung der Dankbarkeit.

Gestern abend hörte ich zum ersten Mal die wirkliche Bedeutung aus der Redewendung „Haltung der Dankbarkeit" heraus. Vielleicht lag es am Klang der Stimme der Sprecherin oder wahrscheinlich noch mehr an der Art, wie sie da vor uns stand, als sie das geflügelte Wort sagte, jedenfalls ging mir plötzlich auf, eine Haltung ist selbstverständlich eine Einstellung oder Position – insbesondere eine Geisteshaltung. Als ich heimkam, schlug ich *Haltung* im Wörterbuch nach, um das zu überprüfen. Mein Rückblick auf die tiefere Bedeutung war richtig, doch darüber hinaus entdeckte ich, daß *Haltung* [englisch: *attitude*][4] dieselbe Wurzel wie *Befähigung* [englisch: *aptitude*][5] hat und damit verwandt ist. Das läßt darauf schließen, daß uns eine angemessene Einstellung dazu befähigt, etwas zu tun. So gesehen spiegelt die Redewendung „Haltung der Dankbarkeit" meine eigene Erfahrung mit dem „Dankeschön" wider. Dankbar sein befähigt uns dazu, noch dankbarer zu werden, denn Dankbarkeit ist eine Haltung.

Und es ist natürlich eine Haltung, die A.A. durchdringt - nicht nur an der Oberfläche, sondern bis tief in die Wurzeln aller echten Nüchternheit. Die Menschen bei A.A. haben tiefste Hoffnungslosigkeit und Hilflosigkeit kennengelernt. Jetzt haben sie sowohl Hoffnung als auch Hilfe. Ihnen wird klar, daß sie beides von A.A. bekommen haben, und wie könnten sie da undankbar sein, insbesondere jedes Mal, wenn sie in ein A.A.-Meeting gehen? Das ist der Grund, warum Dankbarkeit fast immer bei A.A.-Meetings in der Luft liegt, obwohl es vielleicht nicht jeder so gut ausdrücken kann. Es ist so viel davon im Raum, daß einiges davon einfach überfließen muß.

Das scheint auch gut zu dem Erzählen der Lebensgeschichten zu passen, das bei A.A. üblich ist. Wenn „denken an" stets eine Erinnerung ist, dann besteht eine innere Verbindung zwischen dem Erzählen meiner Geschichte und dem Dankbarsein. Diejenigen, die ihre Lebensgeschichten erzählen, sind notwendigerweise dankbar, und diejenigen, die dankbar sind, erzählen zwangsläufig ihre Lebensgeschichten, und die wahre Idee der Dankbarkeit beginnt alle zu überwältigen. Ich will es daher darauf beruhen lassen, dankbar zu sein: nicht nur für A.A. und meine Nüchternheit, sondern auch für die neunzig Tage und neunzig Meetings und das damit verbundene Tagebuch. Nie habe ich es klarer gesehen, daß die A.A.-Lebensweise nicht nur mit einem Weg des Denkens, sondern auch mit einem Weg des Dankens verbunden ist.

Anmerkungen des Übersetzers:

[1] Heidegger, Martin (1889 - 1976); Existenz-Philosoph; *Sein und Zeit*, Niemeyer, Tübingen 1960.

[2] Barrett, William. *Irrational Man*. Doubleday, 1958; *The Illusion of Technique*. Anchor Press, 1978.

[3] Redewendung der amerikanischen A.A.s: *attitude of gratitude*

[4] *attitude*: Haltung, Stellung; Standpunkt, Verhalten: *attitude of mind* Geisteshaltung; Stellungnahme, Einstellung; Lage [Aus dem Französischen, abgeleitet vom Italienischen *attitudine* Veranlagung, Neigung; vom Spätlatein *aptitudo* Eignung, Fähigkeit; vom Latein *aptus* passend, geeignet, von *apere* öffnen, aufdecken].

[5] *aptitude*: Begabung, Befähigung, Talent; Fähigkeit; Auffassungsgabe; Eignung [15. Jahrhundert über Altfranzösich vom Spätlatein *aptitudo*, vom Latein *aptus* s.o.].

34. Tag / Das flotte Lottchen

Der Mensch tötete Gott, weil er nicht ertragen konnte, daß es jemanden gab, der seine häßlichste Seite sehen konnte.

- Friedrich Nietzsche[1]

BIS VOR KURZEM fiel es mir schwer, mich mit den Geschichten von Frauen zu identifizieren - besonders beim Thema Trinken. Das begann sich etwa zu dem Zeitpunkt zu ändern, als ich mich zu dieser Neunzig-Tage-Reise entschloß, und das gestrige Meeting half mir, diese Veränderung festzunageln. Ich denke, ich fange langsam an, eine tiefe Wahrheit im nüchternen Leben zu erkennen: Ein Alkoholiker in der Genesung ist und bleibt ein Alkoholiker; und das Wachstum, in das wir eingebunden sind, ist weder männlich noch weiblich, denn es bezieht Fortschritt im menschlichen Dasein mit ein. Der Unterschied zwischen Männern und Frauen - insbesondere, was die Erwartungen der Gesellschaft an uns anbetrifft - kann mir mehr als alles andere helfen, das Wesen und die Auswirkungen wahrer Nüchternheit besser zu verstehen.

Als ich gestern zum Abschluß des Tages über meine Inventur nachdachte, schien etwas in mir durchbrechen zu wollen. Die Geschichte der Sprecherin, die gestern im Mittelpunkt stand, ging mir immer wieder durch den Kopf. Ich muß gestehen, daß ich in Patty zunächst nur eine attraktive Frau sah, als sie aufstand und sich vorstellte. Als sie unterdessen zum Ende kam, fand ich mich in dem kämpfenden und doch glücklich nüchternen Menschen wieder, den sie darstellte. Ich kann sie selbst jetzt noch hören - jedes Wort ihrer Geschichte - denn wie sehr es auch Pattys Geschichte war, die sie erzählte, so sehr ist es auch Ernies Geschichte, wenn ich mich in ihrem Licht begreife. Pattys Worte berührten meine menschliche Natur, und ich will sie nun so wiedergeben, wie sie mir in Erinnerung sind, weil ich hoffe, die klare Einsicht zu bewahren, die sie mir in einen Bereich gaben, in dem meine eigene Nüchternheit noch wachsen muß.

„Mein Name ist Patty, und ich bin Alkoholikerin." Mit diesen Worten stellte sich die Sprecherin selbst vor. „Doch ich sollte mich vielleicht lieber mit dem Namen vorstellen, den mir meine Freunde gaben, als ich noch am Saufen war, denn ich bin immer noch eine Alkoholikerin, obwohl ich heute nichts getrunken habe. In meinem Spitznamen spiegelt sich ein Charakterzug wider, der mir immer noch anhaftet, und ich an ihm, obwohl ich in meiner Nüchternheit täglich und nur für heute zu wachsen versuche. Ebenso, wie ich eine Alkoholikerin war und heute noch bin, war ich früher „das flotte Lottchen' und bin es jetzt noch viel zu oft.

Die Geschichten meines Trinkens und die Geschichte meines Lebens scheinen nämlich identisch zu sein: Immer, wenn etwas schiefläuft, muß es „Fräulein Patty Tadellos" flottmachen.

Fangen wir mit den Saufjahren an. Ob ich selbst die Gastgeberin war oder nicht, jede Party, die mir zu langweilig erschien, mußte ich ordentlich in Schwung bringen. Das versuchte ich meistens, indem ich andere mit dem Zeug bedrängte und immer mehr ausschenkte. Und da es natürlich wichtig war, mit gutem Beispiel voranzugehen, achtete ich immer sorgsam darauf, daß auch Patty reichlich eingeschenkt bekam.

Übrigens, entschuldigt bitte, daß ich es „Zeug" nenne. Es waren zwar edle Getränke, aber es waren alkoholische Getränke; und ich bin nicht hier gelandet, weil sie edel waren, sondern weil darin Alkohol war. Vielleicht habe ich einmal Cocktails getrunken oder mit Freunden an einem Sherry genippt, doch zumindest in der Endphase, als ich allein trank, schüttete ich das Zeug nur noch in mich hinein. Ein Sprichwort heißt: „Eine Rose duftet immer lieblich, auch wenn sie einen anderen Namen trägt", doch es bewahrte mich nicht davor, eine Alkoholikerin zu werden, daß ich dem Alkohol außer „Zeug" auch noch andere Namen gab. Es diente lediglich meiner Verleugnung, nach hübschen Namen für Alkohol zu suchen, also laßt mich an diesem häßlichen Namen - Zeug - festhalten, den ihr wunderbaren nüchternen Alkoholiker mir beigebracht habt. Diese Aufrichtigkeit kann mir vielleicht helfen, nüchtern zu bleiben.

Bei diesen Partys und ebenso, wenn ich allein trank, ging es mir natürlich in der Hauptsache darum, mich selbst ins rechte Lot zu bringen. Eigentlich gab es gar nicht so viele Partys: Sicherlich kann ich nicht meine Verpflichtungen in der High-Society für meinen Alkoholismus verantwortlich machen. Was ich tatsächlich in Ordnung zu bringen versuchte, war etwas in meinem Inneren, und ich bin sicher, daß euch das allen hier im Raum klar ist: Ein nagendes Unbehagen, eine sonderbare und leere Unsicherheit, ein schleichender Verdacht, daß Patty nicht gut genug wäre - nicht nur als Partygängerin, sondern nicht gut genug als Person, als Frau, als Mensch.

Und so machte sich die arme Patty, die nicht gut genug war, an die chemischen Mittel ran, und besonders an die lindernden Freuden des Alkohols, um ihren Schmerz aus der Welt zu schaffen - den Schmerz, der eigentlich Patty war, den Schmerz, in den sich Patty mehr und mehr verwandelte, je mehr und mehr Alkohol sie trank. Es änderte wirklich nichts, ihr kennt das sicher alle: Die chemischen Mittel nutzten sich ab, und Patty war immer noch Patty und noch nicht gut genug, und jetzt nahm der Schmerz immer mehr zu, denn „nette Mädchen" tranken nicht so viel - ich sonderte mich ab, war allein, voller Selbstmitleid, und mir stand das Wasser bis zum Hals.

90 Tage - 90 Meetings

Schließlich kam die arme Patty zu A.A. - weniger, um mit dem Trinken aufzuhören, als in der Hoffnung, sich weniger elend zu fühlen, weniger, um nüchtern zu werden, als in der Hoffnung, sich wohl zu fühlen - sich mit Patty wohl zu fühlen. Und hier in diesen Räumen, zwischen Menschen wie euch, da erfüllt sich das. Es wirkt, wie ihr mir versprochen habt. Hier ist Patty „gut genug"; hier habe ich gelernt, was es heißt, wirklich nüchtern zu sein. Aber hier hat Patty auch noch eine weitere wichtige Lektion gelernt: Das Leben ist kein A.A.-Meeting. Und Tag für Tag lerne ich auch, daß das Leben nichts dafür kann - es ist eher Pattys Problem. Und ihr alle habt mir den wunderbaren Sinn beigebracht, der dahinter steckt: das nüchterne Bewußtsein, daß jedes Problem die Gelegenheit und die Einladung beinhaltet, ein Mensch zu sein, und in dem wundervollen Abenteuer, das die Nüchternheit ist, immer weiter voranzugehen.

Und das ist ein Abenteuer. Als eine nüchterne Alkoholikerin, die immer noch dazu neigt, das flotte Lottchen zu sein, die jedoch zu erkennen beginnt, daß solch ein Verhalten dem wirklich nüchternen Leben im Wege steht, möchte ich versuchen, euch zu sagen, was es mir bedeutet, mit euch meine „Erfahrung, Kraft und Hoffnung" zu teilen.

Für uns ist „Fortschritt wichtiger als Perfektion"[2], heißt es im *Blauen Buch*. Mir gefällt der Gedanke, das zu akzeptieren, und ich finde befreiende Erleichterung darin. Auf mich selbst scheint das zuzutreffen; doch sobald es um Dinge geht, die außerhalb von mir selbst sind, muß ich noch viele Fortschritte machen. Äußerlich scheine ich meiner eigenen Unvollkommenheit gegenüber tolerant zu sein, aber allzu oft werde ich von dem Bedürfnis getrieben und folge dem Verlangen, von Vollkommenheit umgeben zu sein. Ob es darum geht, wie die Bilder an der Wand hängen (vollkommen gerade), oder wie es auf meinem Schreibtisch im Büro aussieht (vollkommen ordentlich), oder welche Erwartungen ich an diejenigen stelle, mit denen ich arbeite (vollkommen höflich), alles, was mir ins Auge fällt, muß vollkommen sein. Liegt das vielleicht daran, daß ich im Grunde hinter meiner sichtbaren Freude an der Nüchternheit mit dem tiefen Gefühl meiner eigenen Unzulänglichkeit sehr unglücklich bleibe?

Was da - sogar in der Nüchternheit - sein heimtückisches, häßliches Haupt zu erheben scheint, ist mein altes Bedürfnis, zu herrschen, alles um mich herum völlig beherrschen zu wollen. Ich scheine unfähig zu sein, mich wohl zu fühlen, wenn nicht alles um mich herum den letzten Schliff von mir bekommen hat. Anscheinend muß ich allem und jedem meinen Stempel aufdrücken: Ein Hauch der Vollkommenheit muß meinen Weg säumen - er besagt nicht nur, daß ich hier war, sondern daß ich Herr der Lage war. Und so verdrehe ich scheinbar das schöne Dienst-Motto von A.A.: „Was auch immer geschieht, ich muß verantwortlich sein"[3]. Werden mich nicht letztendlich alle verurteilen, wenn etwas schiefgeht?

Manchmal versuche ich mir einzureden, das zeige nur, daß ich meine volle Verantwortlichkeit als eine menschliche Persönlichkeit akzeptiere, die zufällig eine Frau ist. Es wäre schön, wenn ich das glauben könnte, aber würde ich mir so ein Verhalten von einem Mann gefallen lassen? Nein. Ich vermute, ihr alle, ob Mann oder Frau, erkennt euch in dem Vorgang wieder: Das Ich vom Ego macht sich breit. Warum suche und verlange ich danach, alles zu beherrschen, warum muß ich das tun? Weil es mir sogar in der Nüchternheit manchmal passieren kann, daß ich anfange, Gott zu spielen.

Irgend jemand hat einmal geschrieben, daß der Mensch Gott tötete, weil er nicht ertragen konnte, daß es jemanden gab, der seine häßlichste Seite sehen konnte. Aus dem gleichen Grund bringe ich mich mit meinen selbst auferlegten Forderungen nach Vollkommenheit um. Wenn Patty von Vollkommenheit umgeben und darin eingehüllt ist, wird vielleicht niemand auf Pattys eigene ständige Unzulänglichkeit achten.

Doch ich bin nicht vollkommen - deshalb bin ich hier. Ihr achtet nicht auf Patty, die Perfekte: Ihr seht Patty, die Alkoholikerin. Denn Patty ist eine Alkoholikerin. Deshalb kommt sie hierher, zu diesen Meetings, steht hier und schüttet ihr nicht-so-nüchternes Herz an diesen Tischen aus. Und was lehrt mich diese Erfahrung? Daß ihr nicht Patty, die Perfekte, sondern Patty, die Alkoholikerin akzeptiert und seht und ihr zuhört und sie liebt.

Genau wie ihr alle hier in diesen Raum will ich geliebt werden - ich brauche es, geliebt zu werden; und das bedeutet, so gesehen zu werden, wie ich wirklich bin, und nicht für die gehalten zu werden, die ich vielleicht gerne sein möchte. Hier finde ich diese lebenspendende Liebe, diese Identifizierung - und ich finde sie nicht, weil ich perfekt bin, sondern weil ich Alkoholikerin bin. Und das ist etwas, wovon ich weiß, daß ich es nicht ins rechte Lot bringen kann. Ich weiß, daß ich es tatsächlich noch nicht einmal ändern würde, wenn ich es könnte, denn dann könnte ich nicht mehr an der liebevollen Identifizierung teilhaben, die in diesen Meetings stattfindet.

Und deshalb danke ich euch. Danke, daß ihr hier seid und mich liebt, indem ihr mich seht und mir zuhört. Und ganz besonders dankbar bin ich euch, weil ihr mich so angenommen habt, wie ich bin und mir genau deshalb zuhört und mich eben darum liebt, weil ich, Patty, so unzulänglich und daher eine Alkoholikerin bin. Mit eurer Liebe und in diesen Meetings werde ich vielleicht lernen, mich selbst mehr zu lieben als bisher - Patty genug zu lieben, damit sie nicht länger das flotte Lottchen sein muß."

Ich denke, ich weiß, warum Pattys Geschichte mich so traf: Es gibt darin eine Botschaft der Freiheit für mich, den flotten Herrn, den ich auch noch in mir trage. Besonders wenn ich mit einer Frau zusammen

90 Tage - 90 Meetings   99

bin, scheint sich dieses Bedürfnis bemerkbar zu machen, die Sache in die Hand zu nehmen - ist das nicht schließlich die Rolle eines echten Mannes? Gesellschaftliches Leben kann in der Nüchternheit tückisch sein. Nicht nur, weil der Alkohol immer als Schmiermittel dabei zu sein scheint, sondern weil es ständig zu dem alten Denken verlockt, dem wir vor unserer Nüchternheit verfallen waren.

Der Unterschied zwischen Männern und Frauen, zwischen ihren Gedanken und ihren Gefühlen, war mir immer ein Rätsel. Bei A.A. höre ich Geschichten, die von Alkoholikern erzählt werden - von Männern *und* von Frauen, und dadurch scheine ich über die Unterschiede - und die Gemeinsamkeiten - mehr zu erfahren, mehr als ich in meinen kühnsten Träumen für möglich gehalten hätte. Alkoholiker zu sein, heißt menschlich zu sein; und wenn wir zuallererst menschlich sind, gleichen wir uns in Freud und Leid, in unseren Ängsten und in unseren Triumphen, viel mehr, als daß wir uns unterscheiden. Ich lerne bei A.A., ehrlich zu sein - ehrlich mit meinen Gedanken und meinen Gefühlen, ehrlich mit mir selbst und auch den anderen gegenüber. Und ich lerne auch, andere zur Ehrlichkeit zu ermutigen und ihnen aufrichtig zuzuhören, denn nur dadurch kann meine eigene Ehrlichkeit wachsen.

Ich habe viel durch Pattys Geschichte gestern abend gelernt. Ich bete dafür, daß sie mir auch weiterhin eine Lehre sein möge; doch mehr noch bitte ich darum, daß ich bereitwilliger, ehrlicher und aufgeschlossen genug werde, um von jedem Menschen lernen und mich in jedem Alkoholiker sehen zu können. Pattys Geschichte zu hören und mich darin wiederzufinden, schenkt mir Freiheit - und dafür danke ich euch ebenso wie ihr.

Anmerkungen des Übersetzers:

[1] Nietzsche, Friedrich. *Beyond Good and Evil.* Vintage Books, 1966.

[2] *Alcoholics Anonymous*, 60/69: „We claim spiritual progress rather than spiritual perfection." [*wörtlich*: „Wir beanspruchen eher spirituellen Fortschritt, als spirituelle Vervollkommnung."] - *Anonyme Alkoholiker deutscher Sprache*: „Uns ist innerlicher Fortschritt wichtiger als innere Vollkommenheit"

[3] Gemeinsame Erklärung beim Welttreffen im Jahre 1965 zum dreißigjährigen Bestehen von A.A.: „I am responsible. When anyone, anywhere, reaches out for help, I want the hand of A.A. always to be there. And for that: I am responsible." [„Ich bin verantwortlich. Wenn irgendjemand irgendwo um Hilfe ruft möchte ich, daß die Hand von A.A. ausgestreckt ist, denn: Ich bin verantwortlich."]

35. Tag / Sponsoren und Schützlinge

Damit eine Geschichte wirklich die Aufmerksamkeit eines Kindes fesseln kann, muß sie unterhalten und seine Neugier wecken. Aber um sein Leben zu bereichern, muß sie seine Vorstellungskraft anregen; sie muß ihm helfen, seinen Intellekt zu entwickeln und seine Gefühle zu klären; sie muß auf seine Ängste und Sehnsüchte abgestimmt sein; sie muß ihre Anerkennung ganz und gar seinen Schwierigkeiten widmen und zugleich auf Lösungen für seine verwirrenden Probleme hindeuten.

- Bruno Bettelheim[1]

DER GESTRIGE ABEND stand im Zeichen eines seltenen Zusammentreffens: Sam (mein Sponsor), Pete (mein Schützling) und ich saßen nach dem Meeting gemeinsam bei Kaffee und Eis. Hinterher, bei mir zu Hause, versuchte ich mich darauf zu besinnen, worum es bei unserer Erörterung über Sponsorschaft gegangen war. Bei diesen Überlegungen sprang nicht viel heraus, denn was sich in meiner Erinnerung breit machte, war unser Gedankenaustausch zum Thema „Schützlinge"[2].

Pete brachte den Begriff auf, und ich spürte, daß er sich irgendwie über meinen Kopf hinweg an Sam wandte. „Es ist nur eine Kleinigkeit", begann er, „aber ich hoffe, daß ihr mir helfen könnt, mir darüber klar zu werden - denn genau wie in meiner Saufzeit sind es auch jetzt nicht die großen Krisen, die mein Denken und mein Leben verhunzen, sondern es sind die lumpigen Kleinigkeiten, die meine Nüchternheit zu untergraben scheinen, wenn ich mir selbst gegenüber nicht ehrlich werde, und ich kann das nur tun, indem ich darüber mit anderen A.A.s rede. Und was mir jetzt gerade zu schaffen macht, ist, daß ich es nicht mag, „Schützling' genannt zu werden. Ich habe das Gefühl, das ist ein dummes und abfälliges Wort."

Ich lachte, obwohl ich ein bißchen verlegen war: Ich benutze das Wort *Schützling* tatsächlich leichtfertig und auch gedankenlos, und vergesse dabei, wie der Begriff mich selbst geärgert hatte, als ich neu zu A.A. kam. Damals hatte ich das Gefühl, Neue als *Schützling* zu bezeichnen, würde alles verletzen, was A.A. bedeutete - daß nur ein Tag oder sogar nur eine Stunde ohne zu trinken genug war, um sich selbst wenigstens dafür respektieren zu können. Ich fand, daß ich zum Kind gemacht wurde, wenn ich Schützling genannt wurde.

Sam lachte unterdessen. Vielleicht erinnerte er sich auch an meine früheren Ausbrüche bei diesem Thema. „Ja, aber Neue sind schon immer Schützlinge genannt worden," schimpfte Sam. Er sah mich an und fragte: „Hast du dir denn nie die Mühe gemacht, das nachzuschlagen – „es wissenschaftlich untersucht', wie du sagst?"

Das hatte ich tatsächlich, und die Aussagen der „Oldtimer", die ich gefragt hatte, waren sehr aufschlußreich. Der Begriff *Schützling* [oder *Täubchen* in der wörtlichen Übersetzung] war ursprünglich als Kosename aufgekommen, aber mit dem eingebauten Hinweis „behutsam damit umzugehen", damit der verängstigte Neue nicht aufgescheucht wird und davonflattert.

Das zu hören half mir, den Begriff zu akzeptieren. Ein Stück meiner eigenen Familiengeschichte verhalf mir dazu, daß ich die Vorstellung einer *Taube* plötzlich als sehr zutreffend für das empfand, was bei *Alcoholics Anonymous* geschieht. Mein Vater hatte Tauben gezüchtet, als er ein Junge war – echte Tauben – und ich konnte mich erinnern, daß er mir erzählte, wie man eine fängt, als ich noch klein war und immer die Tauben im Park jagte. Er behauptete, man müsse langsam und direkt auf die Tauben zugehen und keine plötzlichen Bewegungen machen oder den Anschein erwecken, sie fangen zu wollen. Und wenn man je eine fing – was mir, wie ihr euch denken könnt, nie gelang – sollte man sie fest, aber behutsam halten und sie mit der Wärme seiner Hände einhüllen, bis sie ruhig wurde, und man sollte vielleicht sogar gurren, damit die Taube annahm, daß man sich mit ihr identifizierte und ihr kein Leid antun wollte.

Mein Vater sagte natürlich nicht „identifizierte", aber es beschreibt mit Sicherheit den Begriff, den er meinte, soweit ich mich daran erinnere. Und ich weiß genau, daß es mir half, meine Abneigung gegen das Wort *Täubchen* [Schützling] zu überwinden, als ich jenes Bild und jene Erinnerung wieder wachrief, obwohl ich nicht sicher bin, ob es Pete gestern abend viel half.

Da brachte uns Sam auf einen anderen Gedanken, indem er uns beide darauf aufmerksam machte, daß Schützling zwar gelegentlich mißverstanden werden kann, aber mit dem Begriff *Sponsor* kann das ebenso oder vielleicht sogar noch mehr passieren. Er wies darauf hin, daß ein Sponsor in einer Szenerie außerhalb von A.A. meist jemand ist, der dich zur Mitgliedschaft vorschlägt und sich für die Aufrichtigkeit deines Charakters verbürgt. Während Sam leise in sich hineinlachte, mußten Pete und ich zugeben, daß wir und die meisten anderen A.A.s, die wir kannten, nicht gerade auf diese Weise Mitglieder von *Alcoholics Anonymous* geworden waren.

Ich erinnerte mich jedoch daran, daß zumindest in Hinsicht auf die ursprüngliche Benutzung des Konzeptes und Begriffes *Sponsorschaft bei A.A.*[3] ein Hinweis auf diese Auffassung enthalten war. In den frühen Jahren, besonders in Akron und Cleveland, sorgten manche A.A.-Gruppen dafür, daß ein Säufer, der eine stationäre Behandlung benötigte, diese auch bekam. Das geschah zu einer Zeit, als es noch keine Behandlungsprogramme und noch nicht einmal eine Krankenversicherung gab, wie wir sie heute kennen. Und in Anbetracht der finanziellen Lage der meisten Alkoholiker zur Zeit ihres Tiefpunktes, stand die Tür zu einem Krankenhaus natürlich nur dann offen, wenn jemand versprach, die Rechnung zu bezahlen - jemand anders, als der Alkoholiker selbst. Die Leute, die Krankenhäuser betrieben, waren nicht dumm.

Und so kam der Gedanke und der Begriff *Sponsor* in Gebrauch, weil bereits nüchterne A.A.-Mitglieder, die finanziell gut genug gestellt waren, die Rechnung für die Behandlung beglichen, in der Hoffnung, dieses Geld zurückgezahlt zu bekommen, wenn der Neuling schließlich wieder wirtschaftlich auf die Füße gekommen war. Natürlich war in jenen Jahren keiner von ihnen besonders wohlhabend. Es war die Epoche der schweren Rezessionen, und daher erschwerte die wirtschaftsbedingte Not zusätzlich die Last der Vergangenheit jener frühen Alkoholiker, wenn es darum ging, Arbeit zu finden, auch wenn sie dann schon nüchtern waren. In derartigen Lebensumständen versuchte ein Sponsor ganz sicher zu gehen, daß jemand, der um Hilfe bat, sie auch wirklich wollte - und wirklich „willens war, den ganzen Weg zu gehen"[4]. Die frühesten Sponsoren hatten also gewissermaßen eine abschirmende Funktion, obwohl es dabei mehr darum ging, jemanden ins Krankenhaus, als zu *Alcoholics Anonymous* zu bekommen.

Aber es gibt noch einen anderen, grundlegenderen Unterschied zwischen der Sponsorschaft, wie sie sich bei A.A. entwickelt hat und der gewöhnlichen Auffassung dieses Begriffs. In den meisten anderen Gruppen bleiben Sponsoren auf gewisse Weise verantwortlich für das Verhalten derjenigen, die sie vorgeschlagen haben. Da die Sponsoren die Mitglieder selbst aussuchen, kann diese Verantwortung gelegentlich auch zur Last werden. In A.A. ist das genaue Gegenteil der Fall: Der Neuling wählt seinen Sponsor selbst. Jedem Mitglied steht es stets frei, sich einen anderen Sponsor auszusuchen, und der Sponsor übernimmt diese Verantwortung in erster Linie als Hilfsmittel, um dadurch selbst nüchtern zu bleiben. Diese Einstellungen ergänzen sich und lassen Sponsorschaft bei A.A. eher zu einer Freude als zu einer Last werden.

Wie bei der Nüchternheit selbst bewährt sich auch bei Sponsorschaft die A.A.-Tradition: Anziehung, nicht Werbung. Sponsoren sind wie Leitsterne - sie treiben nicht an, sondern sie geben Orientierung. Und vielleicht wirft dieses Verständnis auch Licht auf das Bild, das in dem vergleichbaren Begriff *Täubchen* [Schützling] steckt.

Mir fällt auf, daß die Dressur von Tauben - zumindest bei Brieftauben - in gewisser Weise der Sponsorschaft bei Alkoholikern ähnelt. Besonders im Anfangsstadium ihrer Genesung lassen sich Alkoholiker leicht ablenken; ihr Mut verfliegt sehr schnell. Außerdem haben genesende Alkoholiker in gewissem Sinne auch zwei verschiedene Heimatorte. Als wir noch tranken, lösten wir unsere Probleme und feierten unsere Freuden stets damit, daß wir schnell dem Schnaps entgegenflogen. Dieser Drang bleibt selbst in der Nüchternheit immer in uns, wenn auch nur verborgen.

Doch Nüchternheit bei A.A. bedeutet gewissermaßen zu lernen, daß wir noch eine weitere Heimat, einen anderen Ort haben, wo wir wirklich hingehören: A.A. - Als Neue sind wir also in einer Art Training: Wir müssen *Alcoholics Anonymous*, unser neues Zuhause, kennenlernen. Und Sponsoren helfen uns dabei - nicht so sehr durch Ausbildung, sondern indem sie den Weg zeigen und uns durch ihr eigenes Beispiel helfen, heimzufinden und uns zu Hause zu fühlen.

In der Mitte zu leben - sowohl einen Sponsor als auch einen Schützling zu haben - bietet viele Gelegenheiten zum Wachstum und zur Vertiefung meines eigenen Verständnisses für Nüchternheit.

Anmerkungen des Übersetzers:

[1] Bettelheim, Bruno. *The uses of Enchantment.* Knopf, 1976

[2] *pigeon*: Taube; Kosename für „Schützling"; „Fall" [Idiom: *that's not my pigeon*: „das ist nicht mein Fall"; „das ist nicht mein »Bier« "].

[3] Vgl. *Anonyme Alkoholiker*, Faltblätter: 022 „Verantwortung - Sponsorschaft", 023 „Die Gruppe", 030 „44 Fragen". - *Alcoholics Anonymous*: Pamphlets P-2 „44 Questions", P-15 „Questions and Answers on Sponsorship", P-16 „The A.A. Group", P-23 „AA as a Resource for the Health Care Professional", P-27 „AA in Treatment Facilities", P-49 „Bridging the Gap".

[4] *Alcoholics Anonymous*, 58/67: „If you have decided you want what we have and are willing to go to any length to get it - then you are ready to take certain steps." [„Wenn Sie sich darüber klar geworden sind, daß Sie das haben wollen, was wir heute besitzen, und wenn Sie willens sind, den ganzen Weg zu gehen, um es zu bekommen, dann sind Sie auch bereit, dafür bestimmte Schritte zu tun."]

36. Tag / Verstehen und verstanden werden

Oh, Herr, laß mich immer mehr danach verlangen, andere zu trösten, als selbst getröstet zu werden; andere zu verstehen, als selbst verstanden zu werden; andere zu lieben, als selbst geliebt zu werden; denn: Nur im Geben liegt wahrer Gewinn ...

- Gebet des Franz von Assisi[1]

ICH DENKE UND FÜHLE, daß ich langsam anfange, etwas sehr Wichtiges zu lernen. Doch es fällt mir schwer, es in Worte zu fassen. Es hat mit Verstehen zu tun, und besonders damit, wie ich mich verstanden fühle.

Zahllose alte Cartoons und nicht besonders komische Witze rasen mir sofort durch den Kopf - der Säufer mit dem trüben Blick, der zu einem gelangweilten Barkeeper oder einem niederschmetternd hohlköpfigen Saufkumpanen sagt: „Keiner versteht mich" oder „Meine Frau versteht mich überhaupt nicht". Wie mir scheint, wird die Szene deshalb für lustig gehalten, weil sie zwei menschliche Tragödien in einer Karikatur bloßstellt: die des Alkoholikers und die des Menschen.

Die Stichelei über das Pathos des nassen Alkoholikers zielt darauf, daß ihn niemand verstehen kann, zumindest nicht so, wie es der nasse Alkoholiker in diesem Zusammenhang verlangt. Niemand versteht Alkoholismus. Aber der nasse Alkoholiker denkt - wenn auch unbewußt - daß er sich dieses „Verständnis" im Grunde wünscht. Ich glaube, in unserer Saufzeit verlangen wir so zwanghaft nach Verständnis für unseren Alkoholismus, weil wir im Innersten große Angst davor haben und um jeden Preis vermeiden wollen, verstanden zu werden.

Mensch zu sein bedeutet, wir brauchen Verständnis, das ist die große menschliche Tragödie. Mir war als hörte ich in meiner Erinnerung die Stimme eines Freundes, der einmal beschrieb „wie es war": „Manchmal denke ich, das Leben ist nichts weiter, als eine im allgemeinen zwecklose Suche nach wenigstens einem anderen Menschen, der mich wirklich versteht." In tragischer Weise macht sich diese Not als ein so bedrückender Anspruch bemerkbar, daß wir über seine Bedeutung in Verwirrung geraten können. Verständnis zu brauchen deutet nicht in erster Linie auf das Verlangen, verstanden zu werden, sondern vielmehr auf das unserem Sein innewohnende Grundbedürfnis, zu verstehen. Wir müssen verstehen - wahrscheinlich ganz besonders uns selbst.

Ich will das noch einmal von einer anderen Richtung her anzugehen versuchen. Wir brauchen und wünschen uns weniger die Tatsache, verstanden zu werden, als vielmehr die Empfindung, uns verstanden zu fühlen. Aber wir können nur dann ein Gespür dafür bekommen, wenn wir selbst verstehen. Und wir erzielen Verständnis nicht direkt aus uns selbst heraus, sondern indem wir versuchen, andere zu verstehen - andere, mit denen wir uns identifizieren.

Identifizierung öffnet die Tür zu wechselseitigem Verständnis; und es gibt nur wechselseitiges Verständnis, denn Verstehen ist von Natur aus gegenseitig. Obwohl diese Phrase die hier verborgene Wahrheit nur oberflächlich erfaßt, ist es damit wie bei so vielen anderen echten Kostbarkeiten des Lebens: „Man kann das eine nicht ohne das andere haben".

Ein Aspekt der großartigen Genialität von A.A. tritt genau hier zutage. Der Alkoholiker kommt zu *Alcoholics Anonymous* in der Hoffnung, verstanden zu werden. Am Anfang ist er oder sie erst einmal überrascht und frustriert, daß A.A. dem Neuling eigentlich wenig zuhört. Dem neu hinzugekommenen Alkoholiker wird vielmehr gesagt: „Trinke einfach für vierundzwanzig Stunden den ersten Schluck nicht und gehe in Meetings." In diesen Meetings hört der Alkoholiker die Geschichten anderer Alkoholiker und außerdem häufig den Hinweis: „Identifiziere dich, aber vergleiche nicht."

Was geschieht mit gerade trocken gewordenen Alkoholikern, wenn sie das zu tun versuchen? Nach meiner eigenen Erfahrung sieht es so aus, als ob in diesen ersten Wochen und Monaten zwei verschiedene Prozesse in uns vorgehen. Beide betreffen Kopf und Herz sowie das Verhältnis zwischen den beiden - aber was vor sich geht, vollzieht sich auf eine ganz andere Art, als sich ein außenstehender Beobachter vorstellen könnte.

Ich meine, zuerst beginnen wir unvermeidbar und vielleicht sogar instinktiv, mit unseren Köpfen hinzuhören - wir „vergleichen" in dem Sinne, daß wir nach äußerlichen Dingen suchen, von denen wir hoffen, daß sie das Verständnis des Sprechers für uns selbst signalisieren werden. „Wie kann mich schließlich jemand verstehen, der nicht auch seine Frau oder seinen Arbeitsplatz verloren oder dasselbe getan hat, wie ich?" denken wir. Langsam aber sicher, während wir über eine mehr oder weniger ausgedehnte Zeitspanne eine Menge Geschichten hören, die vielsagend beschreiben, „wie wir waren, was geschah und wie wir heute sind", beginnen wir allmählich zu verstehen, daß wir in Wirklichkeit eigentlich Gefühle, und nicht Vorfälle oder Ereignisse herauszuhören versuchen und erhoffen. Wir gehen dann immer mehr dazu über, mit dem Herzen und nicht mit dem Kopf zu lauschen - uns in den Gefühlen wiederzuerkennen, und das markiert den Anfang echter Identifizierung.

Doch das ist meiner Ansicht nach nur die erste Phase dieses wundervollen Wachstumsprozesses, den A.A. verkörpert: Identifizierung durch das Erzählen unserer Lebensgeschichten. Zur gleichen Zeit oder auch ein wenig später, aber auf einer weitaus tieferen Ebene, bewegen wir uns bei unserer Pilgerschaft zur Nüchternheit in eine merkwürdig entgegengesetzte und doch parallele Richtung. Damit meine ich etwa folgendes: Obwohl wir mit dem Identifizieren in der Hoffnung anfangen, Verständnis im Sinne von verstanden werden zu finden, entwickeln wir innerlich langsam das Empfinden, daß wir unter Leuten sind, die uns irgendwie verstehen können - und das vielleicht auch tun. Die tiefer werdende Verinnerlichung des anfänglichen Akzeptierens, „ich bin ein Alkoholiker, genau wie sie", scheint für diese Phase bezeichnend zu sein, in der wir beginnen, von bloßer Trockenheit zu echter Nüchternheit überzugehen.

Das ist jedoch nur der Anfang. Mir scheint, wenn unsere Herzen Wärme finden, wenn unsere tiefsten Gefühle sich auf den fortwährenden Prozeß der Identifizierung einzulassen beginnen, tritt unser Kopf an irgendeinem Punkt plötzlich wieder in Aktion: Wir erleben das, was manche Psychologen ein „Aha-Erlebnis" nennen.

Das „Aha!" erfolgt meist plötzlich, aber stets tiefgreifend und besteht meines Erachtens in der Einsicht, daß es bei diesem ganzen Identifikationsprozeß nicht darum geht, daß ich spüre, „ich werde verstanden", sondern daß ich merke, „ich kann verstehen". In brillanter Erleuchtung sehen wir die Wechselseitigkeit des Verstehens, wonach wir uns immer gesehnt haben. Und angesichts dieser Vision erfassen wir schließlich die Wirklichkeit, die wir als nasse Alkoholiker unser ganzes Leben lang der Verleugnung geopfert hatten: Wer andere versteht, der wird verstanden. Das heißt, wir erreichen das Gefühl, verstanden zu werden, dadurch, daß wir verständnisvoll sind. Und wie mir scheint bedeutet das, daß wir durch Erfahrung die lebenswichtige Verbindung zwischen Kopf und Herz entdecken.

Ich bezweifele, ob ich hier gut dargestellt habe, was ich zum Thema des Verstehens fühle und auch denke. Aber ich glaube, daß meine Vorstellung - zumindest wonach ich aufstrebe - mit der grundlegenden Tatsache zu tun hat, die so elegant und mit ganz vertrauten Worten in einem Teil des bekannten Gebetes vom Heiligen Franz von Assisi dargelegt wird.

„... Oh, Herr, laß mich immer mehr danach verlangen, andere zu trösten, als selbst getröstet zu werden; *andere zu verstehen, als selbst verstanden zu werden;* andere zu lieben, als selbst geliebt zu werden; denn: Nur im Geben liegt wahrer Gewinn ..."[1]

Anmerkungen des Übersetzers:
[1] Assisi, heiliger Franz von (1181-1226). Italienisch: Francesco d'Assisi, eigentlich Giovanni Bernadore. Ordensgründer der Franziskaner. Vgl. *Twelve Steps and Twelve Traditions* („Zwölf Schritte und Zwölf Traditionen"): 99/93 und *Sechs Artikel von Bill*: 46.

37. Tag / Zweierlei Bereitschaft

Etwas zu wollen, was nicht dem Willen unterliegt, hat zur Folge, daß wir in die Notlage geraten, die wir Angst nennen. ... Drogen [bieten sich zur Erleichterung der Angst an, denn sie] vermitteln die Illusion, die Spaltung zwischen dem Willen und seinem widerspenstigen Objekt zu heilen.

- Leslie Farber[1]

DAS THEMA BEIM GESTRIGEN MEETING war „Freiheit". Wie man sagt, ist Freiheit das große Geschenk der Lebensweise von A.A. Aber was bedeutet das? Wie befreit uns die A.A.-Lebensweise?

Offensichtlich hat Freiheit mit Auswahl zu tun. Ich habe heute eine Entscheidungsfreiheit, die ich in meiner Saufzeit nicht hatte: Es steht mir frei, die Wahl zu treffen, keinen Alkohol zu trinken. Jedes A.A.-Mitglied, jeder, der einmal von der Trinkerei besessen war oder zwanghaften Saufdruck erlebt hat, kennt die Pracht dieser Freiheit.

Aber wie frei ist meine Wahl letztendlich? Ich weiß, daß ich nicht die Freiheit habe, mich für gefahrlosen Alkoholkonsum zu entscheiden. Die Geschichte, die der Rückfällige gestern abend erzählte, nachdem er zurückgekommen war, bringt mir zum Bewußtsein, daß es mir wahrscheinlich nicht frei steht, nüchtern zu bleiben, ohne an Meetings teilzunehmen. Im Laufe der Jahre habe ich gelernt, daß ich mir mitunter das Richtige aussuchen muß, wenn meine Entscheidungsfreiheit erhalten bleiben und vielleicht sogar wachsen soll - und heute wird meine Lernerfahrung sicherlich durch die Arbeit an diesem Neunzig/Neunzig untermauert.

Was sind richtige Entscheidungen? Die Erfahrungen von Alkoholismus und Genesung lehren anscheinend, daß eine Entscheidung richtig ist, wenn sie Gelegenheiten zu weiteren menschlichen Entscheidungen eröffnet, statt sie zu verhindern. Wenn ich mich fürs Trinken entscheiden sollte, fange ich möglicherweise mit der Wahl zwischen Scotch und Bourbon an, doch das wird die letzte Entscheidung sein, die ich für eine Weile treffen werde - vielleicht sogar für immer. Wenn ich mich dafür entscheide, ein A.A.-Meeting zu besuchen, eröffnet mir meine Entscheidung weitere Wahlmöglichkeiten in Bereichen wie Ehrlichkeit, Fürsorge und Anteilnahme.

Die Eigenart der Wahl und der Sinn der Freiheit sind Gedanken, die den Philosophen in allen Jahrhunderten Rätsel aufgegeben haben. Sie schließen die Bedeutung des menschlichen Willens mit ein. Wenn ich über das nachdenke, was ich kürzlich gelesen habe, scheint meine Erfahrung von Nüchternheit bei A.A. mit dem Verständnis des menschlichen Willens übereinzustimmen, von dem Dr. Leslie Farber ausgeht.

Nach Dr. Farber gibt es zwei Bereiche, zwei Ebenen oder Arenen, in denen mein Wille und somit meine Auswahl funktionieren und eine Wirkung zeigen können. Im Wortschatz von A.A. sprechen wir von den Dingen, an denen wir arbeiten müssen, und den Dingen, die wir loslassen müssen. Die Unterscheidungsmerkmale spiegeln sich wohl im Gelassenheitsspruch wider: Es geht um den Unterschied zwischen dem, was ich direkt, mit Mut, ändern kann, und dem, was ich nicht direkt ändern kann und deshalb irgendwie hinnehmen muß.

Farber nennt diese beiden Arten der Wirklichkeit den „Bereich der Objekte" und den „Bereich der Richtungen". - Objekte kann ich direkt wählen. Beispielsweise kann ich zum Schreiben dieser Eintragung einen Füller oder einen Bleistift auswählen, oder ich kann das eine Wort einem anderen vorziehen, um das, was ich meine, möglichst klar und deutlich auszudrücken. Richtungen hingegen lassen sich nicht direkt wählen. Jeglicher Versuch, sie als Objekte wie Füller oder Bleistifte zu behandeln, macht sie weniger zugänglich und zerstört sie vielleicht sogar - zumindest sind derartige Bemühungen geeignet, die Möglichkeit zu zerstören, daß ich mein Ziel erreiche.

Das läßt sich an Hand von Beispielen klarer erläutern. Eine von Farber vorgebrachte Erläuterung hat für mich eine besondere Bedeutung gewonnen: „Das Zu-Bett-Gehen unterliegt meinem Willen direkt, das Einschlafen jedoch nicht." Aus meinen frühen Saufjahren kannte ich die Erfahrung, ins Bett zu gehen, aber nicht einschlafen zu können, und gelegentlich mache ich diese Erfahrung auch heute noch. Als ich noch trank, griff ich zum Schnaps, um mir zu helfen. Es gehört zu den schmerzlichen Illusionen stimmungsverändernder Suchtmittel, daß sie Richtungen in Objekte zu verwandeln scheinen. Als Säufer glauben wir zum Beispiel, daß wir willkürlich einschlafen könnten.

Das ist natürlich nicht nur eine Illusion, sondern ein nahezu teuflisch heimtückischer Irrtum. Alkoholische Betäubung ist kein Schlaf. Und um die stumpfsinnige Bewußtlosigkeit zu erreichen, muß die Dosierung selbstverständlich nach und nach erhöht werden. Unser Körper scheint die Grenzen unseres Willens zu kennen, selbst wenn unser Kopf sie zu leugnen oder zu umgehen versucht. „Toleranz" und „Progression" sind keine unbekannten Begriffe und Vorstellungen für diejenigen, die A.A.-Meetings besuchen und sorgfältig den Geschichten zuhören, die dort erzählt werden.

Obwohl ich heute von der Sklaverei falscher und zerstörerischer Hoffnungen auf Grund chemischer Präparate und des Alkohols befreit bin, habe ich mitunter noch immer Schwierigkeiten beim Einschlafen. Weil ich es auf die harte Tour gelernt habe, weiß ich jedoch genau, daß sich diese Situation sofort auflöst, wenn ich *nicht* versuche, in den Schlaf zu fallen. Der Versuch, mit direkter Willkür einzuschlafen, ist bekanntlich der sicherste Weg, um hellwach zu bleiben. Daher verschaffe ich mir statt dessen lieber am Tag Bewegung und sorge für Entspannung vor dem Zubettgehen. Dieser indirekte Willensakt, der eher in eine Richtung als auf ein Objekt zielt, erweist sich gewöhnlich als ausreichend, und in den meisten Nächten schlafe ich gleich ein.

Wenn das gelegentlich einmal nicht klappt, denke ich mitunter an die Parallele bei A.A. zu Farbers „zwei Bereichen des Willens". Wir legen in *Alcoholics Anonymous* keinen „Eid" ab - denn auch Nüchternheit ist eher eine Richtung als ein Objekt. Der Rahmen meines direkten Willens reicht lediglich für das Vorhaben, in den nächsten vierundzwanzig Stunden den ersten Schluck nicht zu trinken; dagegen unterliegt es nicht direkt meinem Willen, die A.A.-Lebensweise zu erreichen oder in ihr zu wachsen. Ich kann es mir direkt aussuchen, in ein Meeting zu gehen oder im Sechsten Schritt zu arbeiten; ich kann es mir hingegen nicht direkt aussuchen, meine Charakterfehler auszumerzen, woran mich auch der Wortlaut dieses Schrittes erinnert.

Kurz gesagt, wie es scheint, liegt die Trockenheit im Bereich meiner direkten Willenskraft, die Nüchternheit hingegen nicht. Wenn ich mich für Nüchternheit entscheiden will, so geht das nur, indem ich den Lebensweg wähle, der in diese Richtung führt. Und das tue ich, wenn ich die „Objekte" will, die das bewirken: Wenn ich in Meetings gehe und mit anderen A.A.s rede, die persönliche Inventur fortsetze und sofort zugebe, wenn ich im Unrecht bin, wenn ich an Gebet und Meditation festhalte, und besonders wenn ich nach Gelegenheiten suche, die Botschaft an andere Alkoholiker heranzutragen.

Aber ich kann Nüchternheit nicht direkt erzwingen, ebensowenig, wie ich direkt über Schlaf, Liebe, Weisheit oder Tugend entscheiden kann. Anscheinend gibt es die besten Dinge im Leben entweder tatsächlich umsonst, oder sie kommen nur durch Loslassen. Natürlich können wir uns manchmal sogar zu sehr - zu direkt - um das Loslassen bemühen. „Loslassen" bedeutet „Loslassen", das ist nicht bloß eine Binsenweisheit, wie mir vermutlich jeder bestätigen wird, der im Sechsten und Siebten Schritt gearbeitet hat.

Mir fiel ein, wie ich neulich einen Vierjährigen mit seinem Vater auf dem Jahrmarkt beobachtet hatte. Mehrere Kinder hatten Ballons gekauft, die anscheinend mit leichtem Helium gefüllt waren: Sie stiegen kaum hoch, es war fast nicht wahrnehmbar, doch sie stiegen tatsächlich auf, wenn sie sanft losgelassen wurden. Bald entstand unter den Kindern ein Spiel, eine Art Zeitlupen-Ballonrennen - jedes Kind blies oder fächelte nach oben und versuchte, seinen Ballon schneller und höher aufsteigen zu lassen als die anderen.

Ich wurde auf den einen Jungen aufmerksam, weil er den Spaß sah und mitmachen wollte. Da er später hinzugekommen war, begann er mit einem Nachteil. Um das wettzumachen, versuchte er aufzuholen, indem er seinen Ballon in die Luft warf. Doch gerade diese Bemühungen von ihm vereitelten natürlich sein Vorhaben. Jedes Mal, wenn er seinen Ballon hochwarf, drückte ihn der Luftwiderstand zu ihm zurück. Je heftiger er ihn zu werfen versuchte, desto schneller kam die hellgrüne Kugel zu ihm zurück.

„Waren völlig bereit" und „demütig baten wir" lauten die Worte, auf die es in den A.A.-Schritten Sechs und Sieben ankommt. Wenn ich das vergesse, mache ich mich mehr zum Narren als dieser kleine Junge. Er war schließlich erst vier. Und ich? ... Werde ich es je lernen?

Anmerkungen des Übersetzers:
[1] Farber, Leslie. *Lying, Despair, Jealousy, Envy, Sex, Suicide, Drugs and the Good Life*. Basic Books, 1976.

38. Tag / Belehrbar werden

Der mittelmäßige Lehrer erzählt. Der gute Lehrer erklärt. Der hervorragende Lehrer zeigt. Der großartige Lehrer inspiriert.

- William Arthur Ward

GESTERN ABEND GING ICH WIEDER IN DIE GRUPPE, deren Verbundenheit mit den Grundlagen mich bei diesem Neunzig/Neunzig schon mehrmals zuvor inspiriert hat. „Rauhbeinige, von gründlicher Nüchternheit geprägte Landleute, die sich hingebungsvoll den Grundlagen widmen, aber die auch wissen und vorleben, daß es nur da Grundlagen gibt, wo man beginnt." - So hatte ich sie einmal in meiner Begeisterung charakterisiert.

Manchmal kann mein Selbstverständnis von Intelligenz und Intellektualismus meine Nüchternheit behindern, und deshalb vermute ich, daß ich dieser Gruppe hauptsächlich dafür dankbar bin, weil ich immer mit dem Gefühl herauskomme, so viel von ihnen gelernt zu haben. Ich gehe mit der Sehnsucht und dem Bedürfnis nach A.A.-Liebe hin. Diese Liebe bekomme ich auch von dieser Gruppe. Doch mir scheint, das wichtigste, was ich gewöhnlich in ihrem Meeting bekomme, sind neue und fruchtbare Ansichten und Gedanken über unsere gemeinsame Reise in die Nüchternheit. Ich liebe diese Kerle wirklich, doch ich glaube, ich liebe und respektiere sie wohl am meisten, weil sie mir so vieles so gut beibringen.

Die Lektion von gestern abend war nicht gerade neu, wie es A.A.-Themen so an sich haben, aber irgendwie war sie doch wieder neu für mich. Als der alte John seine tiefe, donnernde Stimme erhob und die Wichtigkeit wachsender Gelehrsamkeit pries, schien nahezu jeder im Raum in den Bann einer einzigartigen Identifizierung mit ihm gezogen zu werden - egal, wie oft er das schon vorher gehört haben mochte.

John ist ein einfacher Mensch - im besten Sinne dieses oft negativ gebrauchten Wortes. Er lockt die Identifizierung nicht nur hervor: Er scheint sie aus jedem Zuhörer herauszusaugen. Er schafft nicht nur eine Atmosphäre der Anteilnahme, sondern vermittelt die Empfindung, man könnte die Kanäle heilender Identifizierung über die Tische fließen sehen.

Das Thema „belehrbar werden" beeindruckt mich selten, was vielleicht daran liegt, daß ich ein Lehrer gewesen bin. Ich muß zugeben, wenn ich dieses Thema hörte, hatte ich meist das Gefühl, daß ich schon alles darüber wußte. In gewissem Sinne stimmte das tatsächlich: John vermittelte mir gestern abend keinerlei neue Informationen. Doch irgendwie gelang es ihm, mehr darüber zu sagen, als ich je zuvor über diese wundersame Eigenschaft der „Gelehrsamkeit" gehört hatte.[1]

A.A. ist mehr als Lernen: Doch da die A.A.-Lebensweise auch unsere Denkweise umfaßt und zum Ausdruck bringt, müssen wir belehrbar sein, wenn wir diese Lebensweise leben und in ihr wachsen wollen. Für Lehrer ist es vermutlich immer sehr leicht, mit vielen schönen Worten über Gelehrsamkeit zu glänzen. Johns Redegewandtheit war dagegen ganz anders: Er ist mit Leib und Seele in den Meetings dabei, und offensichtlich lernt er weiter, obwohl fundierte Nüchternheit von ihm ausgeht. Auf Grund seiner Ausstrahlung scheinen alle, die das Glück haben, ihn zu hören oder zu erleben, mehr über die Denk- und Lebensweise von A.A lernen zu wollen.

Womit fing er gestern abend an? Diskussionsthema war der Unterschied zwischen Akzeptieren von Verantwortung für unsere Schwierigkeiten und Abschieben der Verantwortung auf andere. „Alkoholiker spielen gerne „fallendes Blatt"", hatte einer der vorhergehenden Sprecher bemerkt. „Der Wind oder etwas anderes treibt uns ständig herum. Und wir finden immer einen Weg, viel zu leicht festzustellen, daß wir das benötigen, was wir wollen." Dann platzte John in die Diskussion und beschrieb, wie er stets einen scheinbaren Grund zum Trinken gefunden hatte, obwohl er dafür nie einen Anlaß brauchte.

„Gut", fuhr er fort, „weil ich hier saß und zuhörte, was ihr mir zu sagen hattet, da wurde ich endlich belehrbar, und ich erfuhr, daß ihr versuchtet, mir beizubringen, daß ich, John, und meine Trinkerei - Johns Trinkerei - furchtbar viel von dem verursacht hatte, was ich für meine Probleme hielt. Ihr habt mir beigebracht, daß Johns Hauptproblem John war - John, der wie ein Alkoholiker trank, John, der wie ein nasser Alkoholiker dachte, denn genau das war John: ein Alkoholiker.

Nun, das gefiel mir nicht so sehr. Nee, Leute, das mochte ich überhaupt nicht hören. Wenn mir das irgend jemand anders gesagt hätte - was tatsächlich ein paar Leute versucht hatten, noch bevor ich zu A.A. fand - also, es kam mir einfach so vor, als ob jeder, der so etwas sagte, den armen alten John und all seine Sorgen nicht richtig verstand. Aber ihr und euresgleichen habt mir das ganz hinterlistig beigebracht. Ihr habt nicht versucht, mir etwas über John zu erzählen; ihr habt mir von euch erzählt, als Alkoholiker, über Tom, Mike, Ken, Angie, Margaret und Frank. Und eure Erzählungen über euch selbst machten mich irgendwie für das belehrbar, was mich selbst anbetraf.

Nie im Leben habe ich geglaubt, was mir andere über mich selbst sagten. Vielleicht bin ich deshalb nie sehr schlau geworden. Bis auf den heutigen Tag schien es mir im Leben immer so zu sein, daß jeder, der mir erzählt, was ich brauche, mir entweder etwas zu verkaufen versucht oder mich loswerden will, weil ich ihm im Wege bin. Nun, ich halte mich nicht gerade für paranoid - das scheint mir nur ganz klar der Lauf der Welt zu sein. Hüte dich vor jedem, der dir sagt, was gut für dich ist[2].

Deshalb war es ein Glück für mich, für meine Nüchternheit, daß ihr das nicht versucht habt. Statt dessen habt ihr mir erzählt, was gut und was schlecht für euch war. Ich weiß nicht, wieso es wirkte, außer daß es natürlich teilweise in „Wie es wirkt"[3] steht, aber euer Vorgehen machte mich zum ersten Mal in meinem Leben belehrbar. Das ist genau das, was A.A. für mich bedeutet: belehrbar werden, besonders in Bezug auf John. Daher scheint mir die große Aufgabe in der Nüchternheit das gleiche zu bedeuten wie das Abenteuer Leben an sich: John kennenzulernen, etwas über John zu lernen und John vielleicht sogar lieben zu lernen, anstatt vor ihm davonzulaufen oder ihn im Schnaps ertränken zu wollen."

Johns Ausführungen über „belehrbar sein" erinnerten mich an ein anderes Wort: *gelehrig*. Ich finde es traurig, daß niemand je auf den Gedanken käme, den rauhen, alten John gelehrig zu nennen.

„Gelehrig" ist wieder eins von diesen Worten, die uns gestohlen worden sind ... genau wie „nüchtern" oder „Tugend" und so viele andere. In einer Gesellschaft, die Lösungen für ihre Probleme und ein lebenswertes Leben von Chemikalien erwartet, scheinen Begriffe mit Bedeutungen wie Stärke, die nicht unterdrückt, oder Loslassen, das nicht aus Feigheit geschieht, nur wenig Raum zu finden.

Manchmal habe ich den Eindruck, als ob wir bei A.A. ein kostbares

Erbe zurückerobern - vielleicht genau das, was wir meist selbst durch unsere eigene Trinkerei verplemperten. Wir finden Halt an heilenden Gedanken, über die wir in unserer Saufzeit spotteten und die anscheinend sogar die meisten Nicht-Alkoholiker ablehnen. Worte vermitteln heilsame Ideen, weil sie die Denkweise verkörpern, die uns hilft, wieder heil zu werden. Besonders die A.A.-Mottos scheinen das in all ihrer Einfachheit zu bewirken. „Immer mit der Ruhe." - „Das Wichtigste zuerst." - Das sind keine Binsenweisheiten; es sind Hinweise auf tiefgründige Wahrheiten, die im großen und ganzen verloren gegangen sind.

Und Johns gestrige Lektion lehrt vor allem und erinnert mich daran, daß mich der Gedanke „Halte es einfach" am besten heilen kann. Einfachheit ist vielleicht die grundlegend wichtigste Vorstellung, die allgemein verachtet wird und deshalb oft völlig verlorengeht. Manchmal denke ich, die Tiefe der Weisheit in der Einfachheit A.A.'s zu erkennen, ist das erste echte Anzeichen für wahre Nüchternheit.

Diese Lektion, diese Wahrheit, ist sehr wichtig für mich, weil ich einmal auf den Irrtum hereinfiel, auf den Fehler, über den so viele außerhalb von A.A. oder ganz Neue im Programm stolpern - der Versuch, sich geistig zu messen, um der Identifizierung Vorschub zu leisten. Seit ich *Alcoholics Anonymous* angehöre, ermutigten mich zu oft wohlmeinende Freunde, die meinen Hintergrund und meine Interessen kannten, an Meetings teilzunehmen, wo Leute hinkamen, deren Interessen genauso intellektuell orientiert waren wie meine. Und in meiner Anfangszeit fiel ich viel zu lange in diese offene Falle.

Aber nun lerne ich die tiefere Wahrheit, die ich schon lange ahnte: Wenn die Identifizierung, die uns heilt, auf der Ebene unseres Daseins als Alkoholiker ansetzt, dann finden wir diese Identifizierung am besten, wenn wir unser Gefühl der Anteilnahme nicht durch so zufällige Dinge wie Bildung und Lebensstil verschütten. Besonders jemand wie ich findet das, was durch meine Trinkerei verloren ging - nämlich meine Menschlichkeit - am ehesten in der Menschlichkeit anderer, die äußerlich ganz anders sind als ich. Dieser oberflächliche Unterschied dient der tieferen Identifizierung. Jetzt verstehe ich auch die Bemerkung eines Oldtimers, die mir ein Rätsel war, als ich sie zum erstenmal hörte: Bens Überlegung, daß er zeitweise von jungen Leuten, die wirklich nüchtern waren, mehr über die A.A.-Lebensweise lernen konnte als von schrulligen und weisen Oldtimern, die ihm selbst zu sehr ähnelten.

Ich finde, was an meinem eigenen „belehrbar werden" gerade jetzt zu wachsen scheint, ist meine Fähigkeit, von vielen unterschiedlichen A.A.-Gruppen, von vielen verschiedenen Ausdrucksformen der A.A.-Lebensweise zu lernen. Doch dahinter steckt sogar noch viel mehr. Ein altes

Sprichwort mahnt: „Wenn du lernen willst, lehre." *Alcoholics Anonymous* ist natürlich der elementarste Lehrer für die Lebensweise, nach der wir trachten. Aber *Alcoholics Anonymous*, das *sind* wir selbst, und deshalb muß ich mich in diese Meetings einbringen, wenn für mich wirklich etwas herausspringen soll. Es gibt keine Beobachter bei A.A.: Wir beteiligen uns, oder wir sterben. Also beteilige ich mich wirklich: Ich versuche tatsächlich zu geben. Ich hoffe nur, daß mir das auch gelingt - daß ich lehre - wenigstens ein Zehntel so gut wie John.

Anmerkungen des Übersetzers:
[1] Englisches Sprichwort: *You can teach a teacher, but not much.* („Man kann einen Lehrer lehren, aber nicht viel")
[2] „Gute Ratschläge sind am besten für den, der sie gibt." - „Wer viel auf Ratschläge von anderen hört, macht auch bald die Fehler von anderen." - Alte Volksweisheiten.
[3] *Alcoholics Anonymous*: 58/67; „How It Works".

39. Tag / Ein Betrunkener im Meeting

Ich weiß nicht, wer er war, aber ich wollte ihm danken.
- Klischee, das oft über den Einsamen Reiter gesagt wird

ETWAS SELTENES GESCHAH GESTERN ABEND - eigentlich war es zweierlei: Ein nasser Alkoholiker polterte ungeladen in unser Meeting, und mir fiel die Aufgabe zu, einen gerade trockenen Neuen zu beruhigen, der entsetzt darüber war.

Mit „nass" meine ich tatsächlich besoffen: „Bab" oder „Bob", wie er seinen Namen zu lallen versuchte, hatte eine Pulle in seiner Tasche; und im Verlauf des Meetings nippelte er daraus. Ich fand, die Gruppe ging gut mit der Situation um. Doch offensichtlich stimmte mindestens ein anderer Besucher nicht mit meiner Einschätzung überein. Einerseits hatten alle anderen ziemlich viel zu tun, andererseits kann das Weitergeben der Botschaft für mich vielerlei bedeuten, vor allem vermutete ich jedoch, daß mir meine Höhere Kraft eine Gelegenheit geben wollte, etwas zu lernen, und deshalb schlug ich dem erschütterten Neuen namens Dan vor, auf dem Heimweg anzuhalten und bei einem Kaffee zu plaudern.

Dan war gern dazu bereit. Er erwies sich auch als weitaus nüchterner, als ich vermutet hatte. Wenn ich an unsere Unterhaltung zurückdenke, kommt mir der Verdacht, daß ich noch mehr daraus lernen kann. Deshalb will ich sie niederschreiben, so gut ich mich an die wichtigsten Punkte erinnern kann.

90 Tage - 90 Meetings

„So etwas habe ich echt noch nie gesehen, mir noch nicht einmal vorgestellt", rief Dan aus, als wir unser Fruchteis serviert bekamen. „Es ist wohl nicht zu fassen, wie jemand in ein A.A.-Meeting kommen kann und nicht nur besoffen ist, sondern dort sogar trinkt. Er hatte doch tatsächlich eine Pulle in der Tasche!"

„Ja sicher", stimmte ich zu, „und diese braune Papiertüte rief ein paar Erinnerungen wach. Aber sag mal, wie fandest du, wie die Gruppe mit der Situation umging? Ich will daraus zwei oder vielleicht sogar vier Fragen machen: Was dachtest du und wie fühltest du dich, als das geschah? Und was denkst du und wie fühlst du dich jetzt, ein paar Stunden später?"

„Gute Frage", sagte Dan und überlegte einen Moment. „Ich muß zugeben, als dieser Säufer hereinkam, reagierte ich zuerst mit Abscheu, Ärger, Groll und vielleicht sogar ein bißchen Angst. Ehrlich gesagt war mein erster Gedanke der Wunsch, zu sehen, wie er hinausgeschmissen wird, weil er nicht in ein A.A.-Meeting gehörte. Ich bin immer noch nicht sicher, ob mein Gedanke so ver kehrt war: Schließlich ist doch die einzige Voraussetzung für die Mitgliedschaft der Wunsch, mit dem Trinken aufzuhören, oder nicht? Es fällt mir schwer, zu glauben, daß jemand, der eine Pulle mit sich herumschleppt, den Wunsch hat, mit dem Trinken aufzuhören. In seinem Zustand gehörte dieser Betrunkene einfach nicht in ein A.A.-Meeting."

„Tatsächlich?" fragte ich und versuchte weiser zu klingen, als ich mich fühlte. „Es war ein offenes Meeting, Dan. Soviel ich weiß, bedeutet das doch wohl, daß man kein Mitglied sein muß, um teilzunehmen. Welchem Zweck dienen denn offene Meetings? Sind sie nicht zumindest teilweise dafür da, damit Menschen, die noch unsicher sind, ob sie sich bei A.A. einbringen wollen oder nicht, mehr über uns erfahren können und dadurch sich selbst besser kennenlernen?"

Ich fuhr fort: „Eigentlich kann ich mir kaum vorstellen, warum irgendein Betrunkener nicht in irgendein A.A.-Meeting gehören sollte. Was waren wir denn alle, als wir damals zum ersten Mal durch die Tür kamen? Ja, sicher: Die meisten von uns besaßen genügend Stolz und Blasiertheit, daß wir wenigstens versuchten, einigermaßen nüchtern zu kommen - und wahrscheinlich wollten wir uns auch verleugnen. Aber können wir sagen, daß ein Betrunkener nicht zu *Alcoholics Anonymous* gehört? Das nehme ich niemandem ab. Du hast bestimmt schon einmal davon gehört, daß wir bei A.A. niemandem versprechen können, daß er mit der Sauferei aufhört, aber wir können mit Sicherheit versprechen, daß wir ihm den Spaß daran verderben.

Meiner Ansicht nach bedeutet das, egal, wie verbockt die meisten von uns sind, wenn sie zum ersten Mal kommen, irgendwie hören wir doch etwas, das zumindest ein Fünkchen Identifizierung in uns weckt. Für viele ist das der erste kleine Schritt, der ihnen wenigstens einen Ansatz zur Ehrlichkeit ermöglicht. Kein Alkoholiker, der jemals *Alcoholics Anonymous* ausgesetzt war, und unsere Geschichten hörte, wie wir in den Meetings von der Arbeit im Zwölften Schritt erzählen, kann je wieder genauso sein oder denken wie vor dieser Erfahrung, davon bin ich fest überzeugt."

Dan hatte geduldig zugehört. Warum muß ich immer so predigen, dachte ich. Er stimmte mir zu: „Du hast natürlich recht, aber laß mich zu deiner zweiten Frage kommen - meine Gefühle. Ich erwähnte die Gefühle von Abscheu, Zorn, Groll und vielleicht ein wenig Angst.

Obwohl mir der Abscheu und die Angst mächtig an die Nieren gingen, merke ich jetzt, daß diese Gefühle gut für mich waren. Allein schon die Anwesenheit des Betrunkenen traf bei mir ins Schwarze: „Weißt du noch, damals ... ?" Ich bin nie so betrunken in ein A.A.-Meeting gekommen, aber ich war manchmal so betrunken - und ich weiß, daß ich damals weitaus Schlimmeres tat, als in ein A.A.-Meeting zu gehen, ganz zu schweigen von den Dingen, an die ich mich nicht mehr erinnern kann. Und obwohl ich trocken zu A.A.-Meetings ging, war mein Denken manchmal genauso naß wie der versoffene Körper dieses armen Schluckers heute abend.

Ich nehme an, mein Abscheu, mein Zorn und meine Angst hatten sich gegen mich selbst gerichtet - und zwar nicht so sehr dagegen, wie ich in der Vergangenheit war, sondern dagegen, was aus mir werden würde, wenn ich A.A. jemals als geheilt zu verlassen versuche. In der Tat: Wenn ich mich je für geheilt halten würde - um Gottes Willen - dann hoffe und bete ich nur, daß ich lange genug lebe und wenigstens im Suff die Einsicht und den Mut bekomme und dasselbe tue, wie dieser Betrunkene heute abend - nämlich meinen Hintern wieder zu A.A. bewege, egal wie meine Verfassung und mein Zustand dann auch sein mögen."

Dans letzte Bemerkung saß. Da stand ich nun, spielte den „Älteren, Klügeren, Nüchterneren", während er sich offensichtlich mit dem unerwarteten Besucher des Meetings besser identifizieren konnte als ich. Besonders mit Neuen reden wir viel über eine aufwärts orientierte Identifikation: Die weniger Nüchternen identifizieren sich mit denen, die schon mehr Nüchternheit erlangt haben. Doch plötzlich wurde mir klar, daß die nach unten gerichtete Identifizierung sogar noch kraftvoller sein konnte. In der Tat, bei genauerem Hinsehen und Nachdenken über A.A. frage ich mich eigentlich, was wundervoller und großartiger ist: Wenn ein nasser Alkoholiker eine Spur von sich selbst in einem nüchternen Alkoholiker entdeckt, oder wenn sich ein nüchterner Alkoholiker in einem nassen Alkoholiker wiedererkennt? Schließlich ist das auch eine Identifizierung,

90 Tage - 90 Meetings

durch die wir nüchtern bleiben; und in dem Meeting, aus dem wir gerade kamen, hatte Dan eindeutig mehr davon bekommen als ich.

Mein neu gefundener Lehrer unterbrach meine Träumerei: „Wenigstens bin ich nachträglich, in der Rückschau, dankbar. Weißt du, mir kommt der Gedanke, daß sogar mein kurzes Aufflammen von Groll gegen mich selbst gerichtet war: Wie konnte es dieser Betrunkene wagen, in solch einem Zustand zu A.A. zu kommen, wo ich so etwas nie getan hatte? Ich vermute, in dem Moment dachte ich, daß seine Anwesenheit mir mein Meeting kaputt machen könnte. Wenn sich doch mein Groll immer so schnell umkehren lassen würde!

Aber sage mal, was geschah eigentlich mit ihm? Ich sah ihn hereintorkeln, als das Meeting gerade anfing, und ich sah, wie ein Stamm-Mitglied der Gruppe einen Moment lang ebenso erschrocken aussah wie ich, ihn dann aber zu einem Stuhl führte. Vielleicht hätte er bei ihm bleiben sollen, denn sobald dieses Mitglied wegging, um irgend etwas anderes zu tun, fing der Betrunkene zuerst an, laut vor sich hin zu brabbeln, und dann machte er unflätige Bemerkungen zu dem Sprecher.

Aber was geschah dann, nachdem die anderen zu dem Betrunkenen hinübergingen und ihn wegbrachten? Ich weiß, daß sie ihn nicht hinauswarfen, weil ich ihn mit dieser kleinen Gruppe zusammensitzen sah, als wir gingen. Was taten sie da, und was werden sie jetzt tun - ihn ins Krankenhaus bringen oder was? Ich schätze, er muß mit dem Auto zum Meeting gekommen sein, aber ich kann mir nicht vorstellen, daß ihn irgend jemand aus der Gruppe allein nach Hause fahren läßt - zumindest nicht, bevor sie und ihre Lieben alle wohlbehalten zu Hause sind. Ich frage mich, was wohl ein Polizist denkt, wenn er den Kerl bei einer Alkoholkontrolle erwischt und der Betrunkene ihm erzählen würde, er wäre auf dem Heimweg nach einem A.A.-Meeting."

Nun mußte ich lachen, worüber Dan sich Sorgen machte. Ich erzählte ihm lieber nicht, daß ich mindestens vier Freunde im Meeting gesehen hatte, die bei der Polizei waren. Statt dessen versicherte ich ihm: „Um bei deiner letzten Sorge anzufangen, die meisten Polizisten im Umkreis wissen eine ganze Menge über A.A., also brauchst du dir über unseren Ruf keine Gedanken zu machen. Aber das wird nicht passieren, denn du hast recht: Kein vernünftiger Mensch würde diesen Betrunkenen fahren lassen.

Ich weiß ehrlich gesagt nicht, was sie tun werden, Dan. Du hast den Haufen an diesem Tisch gesehen. Anscheinend wären sie bereit, dort die ganze Nacht mit ihm zu sitzen, wenn ihnen das angebracht erscheint. Sie werden sich nach dem Gruppengewissen richten, das ist in schwierigen Augenblicken bei A.A. immer so. Sie entscheiden sich vielleicht für das Krankenhaus: Ray, der dort saß, arbeitet in diesem Programm. Es wäre auch möglich, daß sie versuchen, ihn nach Hause zu bringen, wenn er ein Zuhause hat; oder sie sitzen einfach mit ihm zusammen, solange es so aussieht, als ob er eine derartige Fürsorge braucht. Über eines bin ich mir sicher: Was immer sie tun werden, sie tun es, weil sie sich in ihm wiedererkennen und Mitgefühl empfinden, denn als gute A.A.s identifizieren sie sich mit allen Alkoholikern und kümmern sich echt um sie, ob sie naß oder nüchtern, verletzt oder glücklich sind."

„Aber wie wäre eine Gruppe unter anderen Umständen damit umgegangen, in einem kleineren Meeting oder einem kleinerem Raum?" fragte Dan.

Mittlerweile fand ich es in Ordnung, den Unwissenden zu spielen - bis auf einen Punkt: „Das weiß ich wirklich nicht, Dan. Aber ich bin ziemlich sicher, daß es nur sehr wenige A.A.-Gruppen gibt, wenn überhaupt, deren Gruppengewissen es zulassen würde, einen Betrunkenen einfach rauszuschmeißen. In erster Linie sind wir natürlich dem Meeting verpflichtet - den genesenden Alkoholikern, die versammelt sind, um in ihrer eigenen Nüchternheit reifer zu werden.

Die Entscheidung, wie ihre Botschaft unter solchen Umständen weitergegeben wird, mag in den einzelnen Gruppen unterschiedlich ausfallen, doch ich bin ganz sicher, wenn es eine A.A.-Gruppe ist, werden sich die Mitglieder nach Prinzipien richten. Meiner Ansicht nach war das heute abend ein ziemlich gutes Beispiel."

Es war schon spät geworden und Zeit zum Gehen. Ich bezweifele, ob ich dieses A.A.-Meeting mit diesem Besucher und dem Gespräch mit Dan hinterher je vergessen werde.

Und dann trennten sich unsere Wege. Ich empfinde heute noch immer Dankbarkeit - nicht nur für *Alcoholics Anonymous*, sondern auch für jenen armen anonymen Betrunkenen, der unser Meeting mit seiner Gegenwart buchstäblich beehrte, und vielleicht ganz besonders für Dan, der mir half, eine tiefe Dankbarkeit in einem Erlebnis zu entdecken, das ich für mich allein möglicherweise bloß als Kuriosität oder Spektakel angesehen hätte.

40. Tag / Ein Versager sein

Das Heilige wird uns durch die Erfahrung unseres Scheiterns offenbart. Religion ist tatsächlich das Bewußtsein menschlicher Unzulänglichkeit, sie ist das gelebte Eingeständnis des Versagens.

- Leszek Kolakowski[1]

Das Allerheiligste eines Tempels ist die Tatsache, daß er ein Ort ist, wo Menschen hingehen, um gemeinsam zu weinen ... Ja, wir müssen weinen lernen! Vielleicht ist das die höchste Weisheit.

- Miguel de Unamuno[2]

DAS WORT RELIGION oder Wörter, die mit Religion zu tun haben, bekomme ich oft in die falsche Kehle. Ich vermute, daß das Problem eher bei mir liegt als bei den Wörtern. Mein Kopf scheint sich an diesen Wörtern zu entzünden, beinah als ob er Streit sucht. Wenn mir die Gelassenheit etwas bedeutet, wäre es wohl empfehlenswert, ein bißchen aufgeschlossener zu sein.

Die obigen Zitate helfen, und ich denke, sie sind verwandt: Sie beleuchten sich gegenseitig. In der A.A.-Gemeinschaft habe ich durch die Lebensweise im A.A.-Programm die Tiefe des Reichtums an Schönheit erlebt, die durch „das Bewußtsein menschlicher Unzulänglichkeit" und insbesondere durch „das gelebte Eingeständnis des Versagens" ermöglicht wird.

Selbst wenn wir nur den Ersten Schritt des A.A.-Programms vollzogen haben, bekennen wir uns als A.A.-Mitglieder zu unserer Unzulänglichkeit, zu unserem Fehlschlag, Alkohol ebenso unbeschadet trinken zu können wie manch ein anderer. Mitunter scheint mir die Genialität von A.A. auf der Tatsache zu beruhen, daß es weder den Alkoholiker verdammt noch den Alkohol - trotz unserer Unzulänglichkeit.

A.A. verdammt den Alkoholiker nicht, weil A.A. aus Alkoholikern besteht. Das Bewußtsein unserer Unzulänglichkeit, das gelebte Eingeständnis unseres Versagens, ist somit für uns die Triebfeder der Hoffnung, und kein Ursprung von Scham oder Schuld. Bereits vor der Entstehung von A.A. hatten viele andere Menschen dieselbe Einsicht. Doch während sie den Alkoholiker annahmen und liebten, verdammten sie oft den Alkohol.

Wie mir scheint, bewirkten diese Ansätze vor allem deshalb nichts, weil sie letztendlich menschliche Unzulänglichkeit und menschliches Scheitern leugneten. Niemand fühlt sich unzulänglich und macht sich deshalb seine menschliche Unzulänglichkeit klar, weil er nicht unbeschadet Salzsäure trinken kann. Wenn wir das tiefgreifende Eingeständnis menschlichen Versagens leben sollen, brauchen wir den Hinweis, daß andere erfolgreich sind, wo wir scheitern. Der Ansatz von A.A., den Gebrauch von Alkohol in unserer Kultur nicht zu verdammen, bestätigt die Wirklichkeit unseres Scheiterns.

Denn wir sind Versager, zumindest in dem Sinne, daß Menschsein bedeutet, zu versagen. Sartre[3] schrieb: „Der Mensch ist das Wesen, das Gott sein will." Aber wir sind nicht Gott. Und weil wir begrenzt sind, weil wir Versager sind, weinen wir. Was hat das - und das Zitat von Miguel de Unamuno - mit *Alcoholics Anonymous* zu tun? Die A.A.-Gemeinschaft ist schließlich kein Ort der Trübsal: Dort wird bei weitem mehr gelacht als geweint. Dennoch bietet uns *Alcoholics Anonymous* einen Ort, wo wir hingehen können, wenn wir weinen müssen, wie wir das alle von Zeit zu Zeit auf die eine oder andere Weise tun - wenn wir Gewißheit brauchen, daß es andere Menschen gibt, die unsere Kränkung verstehen und teilen, wenn wir mit anderen zusammen sein müssen, die unsere menschliche Unzulänglichkeit bewußt wahrnehmen und akzeptieren, weil sie an derselben Unzulänglichkeit und demselben „gelebten Eingeständnis des Versagens" teilhaben.

Tränen gibt es in jedem Leben. Ich denke manchmal, der größte Unterschied zwischen dem, „wie wir waren" und dem, „wie wir jetzt sind", zeigt sich darin, worüber wir damals Tränen vergossen und worüber wir jetzt weinen. Und er zeigt sich auch darin, ob wir allein oder, wie uns Unamuno nahelegt, „gemeinsam" weinen.

Als ich gesoffen habe, weinte ich immer allein, sogar wenn andere dabei waren. Ich kann mich noch daran erinnern, wie das in meiner Saufzeit war, wenn ich allein weinte - oder genauer gesagt heulte und flennte: Ich plärrte aus Wut, Frustration und vor allem aus Selbstmitleid. Wenn wir allein weinen, ist die größte Strafe und auch der größte Schmerz vielleicht die Gewißheit, daß niemand uns versteht, denn wenn wir allein weinen, wie kann uns dann jemand verstehen?

Heutzutage weine ich nicht mehr oft. Doch wenn ich es tue, wenn es mir nottut, dann bin ich dankbar, daß ich wirklich weinen und nicht nur kindlich heulen kann. Daß ich überhaupt weinen kann, betrachte ich als ein kostbares Geschenk, dazu ermahnt mich Unamuno. Und wenn ich tatsächlich weinen muß, dann brauche ich es nicht allein zu tun, und das ist ein noch größeres Geschenk.

Anscheinend hat jedes A.A.-Mitglied die beiden Tatsachen entdeckt, auf die jene Zitate hinweisen. Wir richten unser tägliches Leben nach diesen Gegebenheiten aus - egal, wie wir sie nennen. Religion und Weinen sind für viele von uns keine erfreulichen Bezeichnungen oder angenehme Worte. Das liegt vermutlich nicht an den Worten. All meine Erfahrung, Kraft und Hoffnung ist für meine Nüchternheit sehr wertvoll. Doch jede meiner Erfahrungen trägt nur dann zu dem Wachstum in der Nüchternheit bei, das die A.A.-Lebensweise erfordert, wenn ich diese Erfahrung aus der Perspektive dieser Lebensweise neu bewerte.

Bei A.A. habe ich gelernt, über viele Tatsachen anders zu denken, über die ich früher, als ich noch trank, schon alles zu wissen meinte. Manchmal bedeutet das, den Dingen neue Namen zu geben: Was ich früher zum Beispiel gerechtfertigte Entrüstung nannte, stufe ich jetzt als Groll ein. Was ich Begabung im Umgang mit Menschen zu nennen pflegte, bezeichne ich heute in den meisten Fällen als Manipulation, die nasses, alkoholkrankes Denken signalisiert. Und ich nehme an, zumindest einen Teil von dem, was ich früher immer ablehnte, weil es religiös hieß, bezeichne ich nun in gewissem Sinne und gewissermaßen als spirituell; es ist auch immer noch unangenehm, wenn ich weinen muß, aber ich habe gelernt, wie wichtig es ist, mit meinen schmerzhaften Gefühlen ehrlich zu sein.

Reicht das, die Namen zu ändern? Vielleicht; es scheint tatsächlich zu helfen und etwas zu bewirken. Aber würde nicht vielleicht noch mehr geschehen, was beim Wachstum in der Nüchternheit noch mehr helfen und noch mehr bewirken würde, wenn ich um Hilfe bitten würde, daß ich meinen Charakterfehler loslassen kann, nämlich bei manchen Themen engstirnig und allwissend sein zu wollen - und vielleicht besonders beim Thema Religion?

Da sich herausgestellt hat, daß dieses Tagebuch eine Art Meditation ist und weil ich deshalb beim Denken und Schreiben darin versuche, für die Anwesenheit meiner Höheren Kraft offen zu sein, erscheint die Antwort klar. Ich hörte einmal, wie ein ziemlich nüchternes A.A.-Mitglied einen Rückfallgefährdeten zur Rede stellte: „Was hat ein netter, kontrollierter Trinker wie du eigentlich hier in einem Meeting von *Alcoholics Anonymous* zu suchen?" Meine Höhere Kraft scheint mir jetzt zu sagen: „Was hat so ein allwissender Schlaumeier wie du eigentlich hier bei der Meditation über Zitate in Bezug auf Religion und Weinen verloren?"

Ich bin beinahe froh, daß ich keine leichten Antworten finde und mit solchen Themen anscheinend zu kämpfen habe. Was kostbar ist, fällt tatsächlich nicht leicht. Klar, doch wie dem auch sei, ich muß aufgeschlossener werden und mich für eine größere Vielfalt von Themen öffnen.

Kürzlich entdeckte ich die Bedeutung von „gelehrig sein" neu. Was *Alcoholics Anonymous* anbetrifft, bin ich gelehrig, meine ich - doch A.A. ist eigentlich mehr eine Lebensweise als eine Folge von Meetings. Daher scheint mir, daß ich auch in anderer Hinsicht gelehrig werden muß.

Und so hoffe und bete ich, daß meine Höhere Kraft mein Neunzig/Neunzig dazu benutzen möge, mir zum Wachstum dieser Fähigkeit zu verhelfen, wenn es Ihr Wille ist.

Wie heißt es im Anhang des *Blauen Buches*, was steht da in bewegter Kursivschrift? *„Bereitschaft, Ehrlichkeit und Aufgeschlossenheit sind das wesentlichste bei der Genesung. Sie allein sind unentbehrlich."*[4] Ich denke, es ist an der Zeit, die Schritte Sechs und Sieben von dem, was ich manchmal viel zu leichtfertig „mein Programm" nenne, in diesem Sinne anzuwenden, sonst geht mir mein Programm verloren, und die erhoffte Genesung bleibt aus.

Anmerkungen des Übersetzers:

[1] Kolakowski, Leszek. *Religion, If There Is No God.* Oxford University Press, 1982.

[2] Unamuno, Miguel de. *Tragic Sense of Life.* Dover Publications, 1954.

[3] Sartre, Jean-Paul (1905-1980): französischer Philosoph und Schriftsteller. Begründer des französischen Existentialismus. Angeregt durch die Ideen von Hegel, Husserl und Marx. Sein Werk kam wegen seiner atheistischen Gedanken auf den katholischen Index. 1964 Nobelpreis abgelehnt.

[4] *Alcoholics Anonymous*; 570/418: *„ Willingness, honesty and open-mindedness are the essentials of recovery. But these are indispensable."*

41. Tag / Sein oder nicht sein?

Was für uns wirklich oder unwirklich ist, beruht eher auf praktischen als auf philosophischen Zusammenhängen; das Wirkliche ist das, wonach sich die Leute wirklich sehnen.

- Leszek Kolakowski[1]

WENN BEI A.A. ÜBER DIE SCHWIERIGKEIT gesprochen wird, die einige Leute mit dem Akzeptieren „einer Kraft größer als wir selbst" haben, fällt es mir manchmal schwer, mich mit ihnen zu identifizieren. In anderen Momenten kann ich anscheinend vollkommen verstehen, was sie meinen.

Die meisten von uns hatten in ihrer Saufzeit einen tiefen Glauben: ein blindes Vertrauen auf die Kraft des Alkohols, unsere Probleme zu lösen. Was ist „eine Kraft größer als wir selbst" oder eine „Höhere Kraft" letztendlich? Ist sie nicht das, wohin wir uns wenden, wenn wir in schwierigen Zeiten Hilfe suchen? Und nahm nicht tatsächlich der Alkohol eine Zeitlang, wie kurz das auch gewesen sein mag, diesen Platz in unserem

Leben ein? Der Stoff war unsere höhere Kraft - für viele von uns. Und wir glaubten tatsächlich an ihn - mit erschreckendem Vertrauen: Wie lassen sich sonst die qualvollen Monate am Ende erklären, wo wir uns dem Stoff zuwandten, wie sehr er uns auch geschadet haben mochte, als unser Leugnen uns blind machte und es schon mehr als offensichtlich war, daß er unsere wahre Menschlichkeit zerstörte? Wenn aller Glaube schrecklich ist, dann war unser Vertrauen auf Alkohol mit Sicherheit ein echter Glaube.

Ich kann mich noch erinnern. Als Jugendlicher war ich furchtbar schüchtern. Aber ein Schluck Alkohol erlaubte es mir nicht bloß, mich mit einem Mädchen zu verabreden: Ein paar Schlucke mehr verwandelten meine stolperige Plumpheit sogar in Zauberei auf der Tanzfläche. Wenigstens dachte ich das; doch diese Auffassung war bestenfalls teilweise wahr.

Ein wenig später in meinem Leben, nach dem Examen und dem Eintritt in die Arbeitswelt, half mir ein Schluck, wenn ich neue Leute treffen oder mich einer schwierigen Situation stellen mußte. Und nach der Arbeit halfen mir ein oder zwei weitere Schlucke, mich zu entspannen. Stoff ... mein Wundermittel. Die Werbung von heute liefert einen wirkungsvollen Hinweis auf die Macht meiner höheren Kraft - Alkohol. Wenn man sich die Werbespots im Fernsehen ansieht, die bei Sport-Übertragungen gezeigt werden, könnte man fast denken, daß wir alle Geselligkeit und Freundlichkeit dem Stoff verdanken.

Zumindest für die Alkoholiker unter uns wendete sich bei dieser Methode der Stoff als höhere Kraft natürlich irgendwann mit seiner Vergeltung gegen uns, welche die Schilderung puritanischer Prediger vom Zorn Gottes in den Schatten stellt. Der Stoff beweist das theologische Schlagwort: Was uns rettet, kann auch verdammen. Und genauso verdammte uns auch unsere höhere Kraft, der Alkohol, tatsächlich zur lebendigen Hölle des Alkoholismus.

Aber was geschah dann? Es gibt nur zwei Möglichkeiten, wie es scheint: Da es jedoch zwei verschiedene Ansichten gibt, wie man den Ursprung und somit das Wesen unserer Nüchternheit verstehen kann, scheint immer Verwirrung zu herrschen, wenn wir nüchtern und ernsthaft über unsere Höhere Kraft zu sprechen versuchen.

Für manche von uns war es „der wahre Gott" - eine wirkliche Höhere Kraft - der uns von unserem Alkoholismus errettete. Für andere kam „das Heil", als wir merkten, daß uns keine Kraft vor unserer eigenen Wirklichkeit bewahren konnte und daß wirkliches Leben keine Suche nach Zuflucht, Auswegen oder Hilfe von chemischen Krücken war.

Können diese beiden verschiedenen Ansichten, diese zwei sehr unterschiedlichen Auffassungen von Nüchternheit in Einklang ge bracht werden? Letzten Endes wahrscheinlich nicht; aber müssen wir immer in Grundsätzen denken? Wir scheinen die Neigung zu haben, nach grundlegenden Antworten zu verlangen. A.A. erkennt diese Tendenz und hilft uns, sie zu überwinden, indem es uns lehrt, „nur für vierundzwanzig Stunden" zu leben. Ein weiterer geeigneter Hinweis könnte heißen: „nur eine Wahrheit auf einmal."

Ich glaube, es gibt noch zwei weitere naheliegende Wahrheiten, über die wir uns verständigen können - zwei weitere Erkenntnisse, die unmittelbarer erfolgen und die eine eher praktische Grundlage für unsere Nüchternheit bieten. Sie haben weniger damit zu tun, was unsere Höhere Kraft *ist*, als damit, was eine Kraft *nicht ist*, wenn sie größer als wir selbst ist. Diese Wahrheiten sind an sich einfach - und sogar offensichtlich. Doch das Lebensprogramm von A.A. läßt darauf schließen, daß wir daran erinnert werden und oft darüber nachdenken müssen. Vielleicht ist das der Grund, warum es angebracht erscheint, daß die grundlegende Frage nach der Existenz Gottes niemals im Rahmen von A.A. beantwortet werden kann. Wenn das möglich wäre, würden wir eine wirkungsvolle, beständige Mahnung an die beiden anderen sehr wichtigen Wahrheiten verlieren.

Die erste Wahrheit, mit der gewiß jedes A.A.-Mitglied übereinstimmen wird, heißt: Der Stoff - Alkohol - ist nicht unsere höhere Kraft. Seine Fähigkeit, uns zu retten, ist zerstört. Wir kennen die Kraft des Alkohols über uns, erkennen sie an und akzeptieren sie, aber das unterwirft uns nicht seinem Bann, sondern befreit uns von seiner Herrschaft. Als nüchterne A.A.s verehren wir den Stoff nicht, aber wir haben auch keine Angst davor: Wir brauchen ihn einfach nicht mehr, in jeder Hinsicht. Mit diesem einfachen Wissen zerschmettern wir den Mythos seiner Kraft über uns. Eine Höhere Kraft, die nicht gebraucht wird, ist überhaupt keine Höhere Kraft.

Die zweite Wahrheit, über die wir uns alle einig sind, ist ein bißchen komplizierter: Sie hat gewissermaßen zwei Teile. Unsere Mitgliedschaft bei A.A. beweist eine ganz nüchterne Tatsache: Ich bin nicht meine eigene Höhere Kraft, denn ich brauche tatsächlich eine Wirklichkeit außerhalb von mir selbst - die Gemeinschaft von *Alcoholics Anonymous* - um überhaupt ich selbst sein zu können. Das *Blaue Buch* erinnert uns daran, daß wir gern Gott spielten, als wir noch tranken. „Zu allererst mußten wir aufhören, Gott zu spielen."[2] Das haben natürlich schon viele gesagt. Unmittelbar im folgenden Satz leuchtet jedoch die Genialität von A.A. auf: „Es bewirkte überhaupt nichts."[2]

Wir dachten früher, wir hätten alles im Griff. Die bloße Vorstellung vom „Alkoholiker", wie sie von *Alcoholics Anonymous* vorgebracht wird, zerschlägt diesen Irrtum - der Mythos der Selbstkontrolle. Wie unterscheiden wir uns zumindest von manchen Menschen außerhalb der A.A.-Gemeinschaft? Wir wissen, daß wir nicht Gott sind. Wir haben das Privileg genossen, diese Tatsache beweisen zu dürfen.

In der Lektion, die wir gelernt haben, liegt eine tiefe Wahrheit verborgen: Kraft hat weniger mit Kontrolle zu tun, sondern mehr mit Bedarf. Unsere Höhere Kraft ist also nicht das, was uns beherrscht, sondern das, was wir brauchen. Ein moderner Philosoph hat darauf hingewiesen: „Das Wirkliche ist das, wonach sich die Leute wirklich sehnen." Die elementare Wirklichkeit ist letzten Endes das, wonach sich im Grunde alle Menschen sehnen; und das ist nicht „Alkohol"[3], wie schön er auch destilliert wurde, sondern vielmehr „Geist"[4] - wie auch immer er verstanden wird. Wir brauchen nicht so sehr das Ich, wie ausgedehnt oder verherrlicht es auch sein mag, sondern eine Realität, die irgendwie außerhalb und jenseits vom Ich ist.

Jede Sucht - wie zum Beispiel Alkoholismus - ist Spiritualität ... verkehrte Spiritualität. Unser Problem bei der Trinkerei war kein Mangel an Spiritualität, sondern ihre Perversion, wie C. G. Jung wußte. „Perversion" ist keineswegs ein zu starkes Wort für das Phänomen - die Erfahrung - das zu brauchen, was unser eigenes Dasein zerstört. Der Unterschied zwischen „wahrer" und „falscher" Spiritualität ist ganz einfach: Wird unsere Menschlichkeit durch diesen Bedarf erfüllt oder zerstört?

Wir alle brauchen etwas. Mensch zu sein heißt brauchen. In der Gemeinschaft von *Alcoholics Anonymous* lernen wir durch das A.A.-Programm, unsere Bedürfnisse hinsichtlich dieses Kriteriums zu erkennen und einzuschätzen. In gewissem Sinne entscheiden wir uns für unsere Höhere Kraft immer dann, wenn wir unsere Bedürfnisse zugeben und liebevoll annehmen[5]. Brauchen heißt demnach eine Höhere Kraft haben. Als Menschen können wir uns nicht aussuchen, ob wir eine Höhere Kraft haben wollen oder nicht, sondern nur, was diese Höhere Kraft sein wird. Weil wir menschlich sind, gibt es natürlich sowohl falsche als auch wahre höhere Kräfte. Eine wahre Höhere Kraft für sich in Anspruch zu nehmen[5] bedeutet anzuerkennen, daß wir das brauchen, was wir tatsächlich brauchen.

Die einzelnen Mitglieder von *Alcoholics Anonymous* verstehen ihre Höheren, Kraft unterschiedlich. Das war früher schon so, und das wird auch in Zukunft so bleiben. Die Genialität von A.A. zeigt sich teilweise darin, daß sein Programm zu dieser Verschiedenheit einlädt und ermutigt. Denn als Alkoholiker, wie auch als Menschen, sollten wir unbedingt lernen, daß es falsche höhere Kräfte gibt, und daß wir wissen müssen, wie sie sich erkennen lassen. Das, was hinter dem steckt, was mir der Stoff einbrachte und abnahm, ist ein falscher Gott. Und das, was hinter dem steckt, was mir meine Mitwirkung bei *Alcoholics Anonymous* einbringt und abnimmt, ist eine Höhere Kraft, die meiner Menschlichkeit würdig ist - wie ich Ihn, Sie, oder Es auch immer begreife.

Anmerkungen des Übersetzers:

[1] Kolakowski, Leszek. *Religion, If There Is No God.* Oxford University Press, 1982.

[2] *Alcoholics Anonymous*; 62/72: „First of all, we had to quit playing God. It didn't work." [„Zu allererst mußten wir aufhören, den lieben Gott zu spielen. Es funktionierte nicht."]

[3] *spirits*: Spirituosen, Spiritus, Destillate; alkoholische oder geistige Getränke; *amerikanisch*: Alkohol.

[4] *spirit*: Geist (allgemein), Odem, Lebenshauch, Spiritus (Sanctus) - [13. Jahrhundert: Aus Alt-Französisch *esperit*, vom Lateinischen *spiritus*: Atem, Geist; verwandt mit *spirare*: atmen].

[5] *embrace*: umarmen, in die Arme schließen, erfassen, auffassen, annehmen.

42. Tag / Ein ganz besonderer Wurm

Nietzsche hatte den Schatten entdeckt, die Unterseite der menschlichen Natur, und er hatte sie korrekterweise als eine Seite gesehen, die unentrinnbar in jedem einzelnen Menschen gegenwärtig ist. Aber er verwandelte diese Wahrnehmung in eine Art romantischen Teufelskult; es amüsierte ihn, ein bißchen mit dem Verruchten[1] und Verwegenen zu spielen. Er wäre bereit gewesen, seinen eigenen Teufel zu treffen, wenn dieser Teufel in irgendeiner grandiosen Gestalt erschienen wäre.

Wenn uns der Teufel hingegen in Gestalt unserer kümmerlichsten, armseligsten und gemeinsten Charakterzüge erscheint, finden wir genau das am unerträglichsten. Dostojewski verstand das besser als Nietzsche, und in dem ungeheuren Kapitel aus **Die Brüder Karamasow** *erscheint der Teufel dem Iwan ... nicht in der Aufmachung eines majestätisch glänzenden Luzifers à la Milton[2] oder eines opernhaft pompösen Mephisto[3], sondern eher als eine verblaßte, schäbig-vornehme Person, ein wenig altmodisch und lächerlich mit seinem Schönheitssinn - die perfekte Karikatur von Iwans eigenem ästhetischen Gemüt.*

- William Barrett[4]

DAMALS IN DEN DUNSTIGEN ENTSTEHUNGSTAGEN VON A.A., als die ersten „Einhundert Männer" sich noch „die Alkoholiker-Schwadron der Oxford-Gruppe" nannten, war ein und dieselbe Bezeichnung üblich, wo spätere Generationen von A.A.s zwischen „meine Lebensgeschichte erzählen" und „meinen Fünften Schritt vollziehen" unterscheiden. Dieses Wort hieß *Teilen*[5].

Innerhalb der Oxford-Gruppe unterschieden die Mitglieder zwischen „Teilen, um Zeugnis abzulegen"[6] und „Teilen, um zu beken nen"[7]. Zeugnis ablegen war natürlich das Erzählen der Lebensgeschichte, und bei Bekennen handelte es sich um die weniger öffentliche Tätigkeit, die A.A. im Fünften Schritt seines Programms aufgreift. Doch hinter dem früheren Wortschatz verbirgt sich eine wichtige Lehre: Wie nämlich die beiden Praktiken, das Erzählen der Lebensgeschichte und das Vornehmen des Fünften Schrittes, miteinander zusammenhängen.

Dieses Verhältnis - diese Verbindung - ist wichtig. Denn obwohl die klar ersichtlichen Ziele beider Praktiken auch recht unterschiedlich sind, tragen sie zusätzlich eine weniger augenfällige Frucht. Beide lehren eine wichtige Lektion: die tiefe Wahrheit in der Banalität allen Übels und besonders unseres eigenen Übels.

Ein sehr weiser Mensch, der einen Großteil seines Lebens der Arbeit mit Alkoholikern gewidmet hat, die durch ihr Leugnen in der Klemme saßen, hat einmal bemerkt, daß besonders für den intelligenten Alkoholiker das Problem besteht, „daß er weder das Gefühl hat, er sei ein Wurm; noch meint er, ein ganz besonderer Mensch zu sein; das Hauptproblem des Alkoholikers ist, daß er die Überzeugung hat, ein ganz besonderer Wurm zu sein."

Das klingt nicht nur geistreich, es ist auch tiefgründig. Ein Aspekt des alkoholkranken Größenwahns und vielleicht die perverseste Erscheinung menschlichen Stolzes besteht darin, sich einzubilden, daß man irgendwie fähig sei, einmalig verrucht zu sein. Kein einziger Alkoholiker ist *ohnegleichen*. Wie Bill W. oft bemerkte, sind Alkoholiker „Alles-oder-Nichts-Menschen". Oder wir versuchen und behaupten zumindest, es zu sein, sogar in dem, worin wir unser Übel erkennen.

Nüchternheit - Genesung vom Alkoholismus - bringt es mit sich, daß wir uns wieder der Menschheit anschließen. Für die meisten Alkoholiker ist das keine leichte Aufgabe. Auf Grund dessen, wie uns der Alkohol in Mitleidenschaft zog, waren wir anders. Es nützt nichts, wenn wir das abstreiten. Egal, aus welchem Grund, wahrscheinlich wegen einer Abweichung in unserer Biochemie, hat Alkohol eine andere Wirkung auf Alkoholiker als auf Nicht-Alkoholiker. Das ist einfach die schlichte Wirklichkeit - auch wenn wir Höllenqualen durchleben mußten, bevor wir endlich diese nüchterne, nackte Tatsache akzeptierten.

Gewissermaßen versucht der nasse Alkoholiker, seine Verschiedenheit von Nicht-Alkoholikern zu leugnen. Die trügerische Vermutung, die diesem Versuch zugrunde liegt, scheint auf der Überzeugung zu beruhen, daß „anders" in gewissem Sinne „besser" oder „schlechter" - „mehr" oder „weniger" - bedeutet und nicht einfach nur „anders". Ein Alkoholiker ist einfach ein Mensch, der auf Alkohol anders reagiert als andere Menschen. Diese Tatsache macht Alkoholiker ebensowenig besser oder schlechter, wie es sie größer oder kleiner, klüger oder dümmer, attraktiver oder unscheinbarer macht.

Denn das Problem steckt nicht in der Verschiedenheit, sondern im Vergleich. Gerade als Menschen sind wir verschieden - unterschiedlich in unserem Geschlecht und unserer Sexualität, unserer Größe und unserer Hautfarbe, unseren mathematischen Fähigkeiten, unseren musikalischen Begabungen und unseren körperlichen Merkmalen. Ein Mensch zu sein heißt, eine einmalige Kombination einer virtuell unendlichen Anhäufung angeborener Befähigungen und Gebrechen, von Umwelteinflüssen und Entscheidungen, von uns selbst, von unseren Eltern und von anderen zu sein. Aber unsere Unterschiede als Menschen haben nichts mit unserem Wert als Menschen zu tun. Letztendlich ist jeder von uns einfach ein Mensch: In unserer Menschlichkeit an sich gibt es keine Unterschiede.

Das ist vielleicht die tiefste Lehre des menschlichen Daseins. Wir verbringen unser ganzes Leben damit, sie zu lernen, und manche lernen sie erst im Augenblick des Todes - der endgültige Ausgleichstreffer. Daß wir die Chance bekommen, es früher zu lernen, scheint für uns als Alkoholiker ein Vorteil zu sein. Und durch die Praktiken bei A.A., unsere Geschichten zu erzählen und den Fünften Schritt in die Wege zu leiten, haben wir kräftige Erinnerungshilfen an diese Wahrheit, von der wir am Tiefpunkt erst einen flüchtigen Eindruck bekamen.

Diese Eselsbrücken bewirken folgendes: Manchmal beanstanden außenstehende Besucher oder sogar potentielle Mitglieder, die in die Meetings kommen, daß die Geschichten-Erzähler bei A.A. anscheinend Wettkämpfe austragen, nach dem Motto: „Läßt sich das überbieten?" Wenn ein Sprecher erzählt, er habe zwei Autos demoliert, beschreibt der nächste seelenruhig einen dreifachen Totalschaden - und vielleicht war ein Lastwagen oder ein Zug mit im Spiel. Oder die Folge von Tiefschlägen ging im einzelnen möglicherweise vom verlorenen Arbeitsplatz zur Auflösung der Familie, einer kleinen Gefängnisstrafe wegen Diebstahls, bis hin zu einer längeren Haftstrafe wegen eines Gewaltverbrechens. In einigen Meetings entsteht manchmal eine geradezu perverse Spannung darauf, zu erfahren, was wohl der nächste Sprecher für Ausschreitungen berichtet hätte, wenn die Meetingszeit nicht abgelaufen wäre.

Aber geht es nur darum, den anderen in den Schatten zu stellen? - Ist das bloß ein Aufwärmen von Erinnerungen aus der Saufzeit? Das meine ich nicht. Ich glaube, was da wirklich vor sich geht, wird eigentlich durch das damit zusammenhängende Teilen klar, das bei der Anwendung des Fünften Schrittes von A.A. stattfindet.

Stellen wir uns einen erfahrenen, aber im gewöhnlichen Sinne des Wortes einfachen Zuhörer beim Fünften Schritt von A.A. vor. Ein relativ neues Mitglied kommt zu ihm, um „seinen Fünften Schritt zu machen" und erzählt, wie er in den letzten vier Monaten seiner Saufzeit drei Autos gestohlen hat. Der A.A.-Veteran empfindet einen Hauch von Ehrfurcht bei dieser Beichte, und was darauf folgt, könnte sich etwa so anhören:

- „Was für Autos waren das?"
- „Ach, zwei alte Chevies und ein ziemlich neuer Pontiac."
- „Weißt du, ich habe früher mal einen Fünften Schritt gehört, und der Kerl hatte in den letzten zwei Monaten seiner Sauferei sechs Cadillacs und ein paar Lincolns geknackt und zu Schrott gefahren. Ja, und heute ist er nüchtern; er arbeitet immer noch an seinem Neunten Schritt, schätze ich, aber er trinkt nicht und ist mit seiner Nüchternheit glücklich."

Das ist kein „Läßt sich das überbieten?" Es ist vielmehr ein Einstich in den Ballon des „ganz besonderen Wurmes" mit dem kunstvollen Pfeil der Banalität des Bösen. Die Lehre des Fünften Schrittes von A.A. ist dieselbe, wie die Botschaft, die wir hören, wenn wir den Lebensgeschichten bei A.A. aufmerksam zuhören und uns darin wiederfinden: Wir sind nicht etwas ganz Besonderes, weil wir irgend etwas getan haben. Wenn wir unsere Erfahrung teilen, werden wir vielmehr bei allem, was wir an uns selbst Besonders fanden, merken, daß diese Erfahrung auch von anderen geteilt wird. Teilen ist eine Schutzimpfung gegen das Gefühl, etwas besonderes zu sein.

Das Wort *Teilen*[5] ist durch den modernen Sprachgebrauch abgewertet worden, doch in der Ausdrucksweise, mit der die frühen Mitglieder von *Alcoholics Anonymous* vertraut war, ist es ein leichter Weg[8], sich wieder der Menschheit anzuschließen, weil der Brauch des Teilens die Illusion der Besonderheit durchbricht. Und das ist gleichbedeutend mit Nüchternheit.

Inzwischen bin ich selbst nüchtern und neige heute dazu, die Diskussionsmeetings den Sprechermeetings vorzuziehen - vielleicht, weil mir unsere gemeinschaftlich geteilte Menschlichkeit an diesen Tischen am überzeugendsten erscheint. Doch mitunter, insbesondere auf Reisen, wird meine Nüchternheit auch aufgetankt und aufgebügelt, wenn ich gelegentlich an einem Meeting teilnehme, das einen Sprecher vorstellt.

Erinnerungen an „damals" beabsichtigen vielerlei. Es ist gut für mich, wenn ich mich an die ersten Meetings erinnere, an denen ich teilnahm, als mir die Identifizierung schwerfiel und ich nur allzu leicht ins Vergleichen geriet. Teilweise lernte ich deshalb, mich zu identifizieren, weil die reiche Vielfalt der De tails in den Geschichten, die ich hörte, Vergleiche bald unmöglich machten. Das heißt, ich lernte, daß es beim Zuhören nicht darauf ankommen konnte, etwas als besser oder schlechter zu beurteilen: Da mußte noch etwas anderes sein. Dieses Andere ist das, was ich jetzt habe - Nüchternheit. Es ist gut, daran erinnert zu werden, was ich mit allen anderen A.A.-Mitgliedern gemeinsam habe ... und daran zu denken, daß ich nur durch Teilen dahin gekommen bin.

Anmerkungen des Übersetzers:

[1] *wicked*: 13. Jahrhundert, Dialekt: *wick*, Alt-Englisch *wicca* Zauberer, *wicce* Hexe.

[2] *John Milton* (1608 - 1674): Englischer Poet, berühmt für seinen erhabenen und majestätischen Stil.

[3] *Mephistopheles*: Der Teufel in der mittelalterlichen Mythologie.

[4] Barrett, William. *Irrational Man*. Doubleday, 1958; *The Illusion of Technique*. Anchor Press, 1978.

[5] *Sharing*.

[6] *Sharing for witness*.

[7] *Sharing for confession*.

[8] *royal way* oder *royal road*: idiomatisch für „ein bequemer Weg" oder „ein leichter Weg". Langenscheidts Handwörterbuch.

43. Tag / Warum ich? ... Warum nicht?

Wenige Menschen sind dem Groll stärker zum Opfer gefallen, als wir Alkoholiker. Ärger ist ein gelegentlicher Luxus für ausgeglichenere Menschen, uns hingegen könnte er uneingeschränkt in einem Gefühlsrausch gefangen halten. So ein „Trockenrausch" führt oft geradewegs zur Flasche.[1]

- Bill W.

DAS THEMA GESTERN ABEND WAR ein Gesprächsstoff, der an den Tischen von Diskussionsmeetings bei A.A. ständig auftaucht: Groll[2]. Wir wissen, daß „Groll der Missetäter Nummer Eins"[3] ist, wenn es darum geht, den Alkoholiker betrunken zu machen - das *Blaue Buch* erzählt uns davon. Und wenn wir an der Autorität dieses Buches zweifeln, dann gibt es meist jemanden im Umfeld, der diese Wahrheit überprüft und bewiesen hat - und der von Glück sagen kann, daß er jetzt noch lebt, um darüber zu berichten. Wir wissen auch aus unserer eigenen Erfahrung, daß unterdrückter Ärger für viele von uns in der nassen Zeit zu Saufereien führte. „Wie können sie es wagen, mich so zu behandeln? Denen werde ich es zeigen!" Dieses Schema ist vielleicht nicht immer vorherrschend gewesen, aber die Resonanz dafür ist in vielen von uns stark genug, so daß wir uns mit Leichtigkeit darin wiedererkennen.

Nun, manchmal behandeln „die" mich immer noch so. Die Veränderungen in meiner Art zu denken helfen mir, seit ich versuche, das Zwölf-Schritte-Programm von A.A. zu leben. Die eingebildeten Kränkungen werden weniger und mit den Umgangsformen, die mich in Wut bringen, ist es ebenso. Und das ist eine große Hilfe. Ich arbeite noch an meinem Zehnten und Elften Schritt. Somit komme ich zum Nachdenken über die Charakterfehler und Mängel, die in den Schritten Sechs und Sieben aufgedeckt wurden. Dabei frage ich mich, wie weit ich noch gehen muß, um meinen Hang zum Groll in den Griff zu bekommen.

Manche Verletzungen sind echt, und manchmal wird mir von anderen Menschen ungerechte Behandlung zugemutet. Wenn ich nicht vollkommen bin, dann sind sie es auch nicht. Daher können sie, genau wie ich, Schmerz verursachen; und Schmerz tut weh. Ein ehrliches Lebenskonzept scheint zu erfordern, daß ich diesen Schmerz, diese Verletzung, nicht leugne. Erneut wird mir klar, und ich erinnere mich nur allzu gut, daß Unehrlichkeit und Leugnen auch früher, in meiner nassen Zeit, immer eine Rolle spielten. Ich log mir selbst in die Tasche: „Die können mich alle mal am A§§%& lecken." Und dann goß ich mir meinen schmerzstillenden Dreifachen ein. Das war eines der ersten Dinge, die ich bei A.A. lernte: Mit Unehrlichkeit läßt sich niemals etwas bewirken.

Aber was dann? Wenn sogar berechtigte Entrüstung meine Nüchternheit gefährdet, und wenn das Leugnen der ehrlichen Gefühle eine noch trügerischere Fallgrube ist, bedeutet das dann, daß ich niemals Ärger empfinden darf? Das bezweifele ich, denn A.A. verspricht uns spirituellen Fortschritt und keine spirituelle Vollkommenheit. Es ist menschlich, manchmal ärgerlich zu sein; und schließlich heißt Nüchternheit ganz einfach, wahrhaft menschlich zu sein. Dennoch ...

Als ich gestern abend nach dem Meeting zu Hause war, versuchte ich, diese Verwirrung mit meiner Höheren Kraft zu besprechen. Wie immer bei solchen Unterhaltungen, versuchte ich sowohl zuzuhören als auch zu sprechen. Nachdem ich mir also meine Verwirrung ungefähr so wie hier vorgenommen hatte, kam ich innerlich zur Ruhe und öffnete mein Herz, so gut ich konnte. Was hatte mich eigentlich zu dieser Meditation veranlaßt? - Ein ungeduldiger Wutausbruch wegen eines banalen Mißverständnisses einer Verkäuferin, was dazu führte, daß sie mir Unehrlichkeit vorwarf. Dieser Vorfall nagte an meinem Gewissen. Ein innerer Widerhall fragte hartnäckig: „Warum ich?" Trotz all der krummen Dinger, die ich mir in meiner Saufzeit geleistet hatte, war meine Ehrlichkeit damals nie in Zweifel gezogen worden, und nun war ich endlich trocken und versuchte nüchtern zu leben - warum also jetzt? Warum ich?

Nun, beim Meditieren höre ich immer sehr sorgfältig hin, weil meine

Höhere Kraft meistens flüstert. Doch gestern abend dröhnte die Antwort wie ein Donnerschlag: „Warum nicht?"

Ich nehme an, es ist angemessen und wichtig, meine geistessprühende Antwort auf dieses „Warum nicht?" aufzuschreiben. Wie ich mich erinnere, war sie: „Häh?"

Aber dann, langsam, gequält und andächtig im Gebet, schienen mein Kopf und mein Herz - mein Gehirn und mein Bauch - in Einklang zu kommen. „Warum *ich*?" ... „Warum *nicht*?" „*Warum* ich?" ... „*Warum* nicht?" „Warum *ich*?" ... „*Warum nicht*?" Wie sich die Betonung auch änderte, der Rhythmus blieb derselbe. Und langsam begann ich, einige Dinge zu begreifen.

Ein Gedanke tauchte auf: Wer bin ich eigentlich, daß ich nach dem „Warum" frage? Die Wirklichkeit existiert einfach - sogar die Wirklichkeit von Beleidigung und Ärger. Das Gelassenheitsgebet bringt mir bei, daß meine Aufgabe darin besteht, etwas zu ändern, wenn ich etwas ändern kann, und es zu akzeptieren, wenn ich es nicht kann. Weisheit besteht im Kennen dieses Unterschiedes - nicht im Analysieren seiner Ursachen. Hätte ich mich in dem Moment daran erinnert, als ich mich aufgeregt habe, dann hätte ich möglicherweise besser darauf reagiert.

Warum muß ich die Frage nach dem „Warum" stellen - ja sogar die Forderung, darüber Bescheid zu wissen? Die folgende Frage ist vielleicht gar nicht so dumm, wie sie klingt: warum „warum"? Oder wenigstens könnte mir gerade die Dummheit dieser Frage helfen, mich selbst im rechten Licht zu sehen. Vielleicht hilft mir die Einsicht, daß die Frage nach dem „Warum" manchmal zu Recht gestellt wird. Auf die Frage: „Warum werde ich besoffen?" hieß die Antwort in meiner Saufzeit: „Weil ich Alkohol trinke." Warum trank ich Alkohol eigentlich in dieser Form? Weil ich ein Alkoholiker bin, habe ich inzwischen erfahren. Warum bin ich ein Alkoholiker? ... Warum nicht? Ich beginne einzusehen, daß „Warum-Fragen" in Ordnung sind: Das gereizte „Warum ich?" ist die leidige Frage, die sich meinem Verständnis sogar entziehen muß und die lediglich mit „Warum nicht?" beantwortet werden kann.

Denn der Kern der Antwort auf „Warum ich?" kann eigentlich so lauten: Ich, als Mensch, bin und bin nicht. Ein Mensch zu sein bedeutet, „jemand" zu sein, und daher einerseits nicht nichts und andererseits nicht alles - das heißt nicht „niemand" und nicht „Gott" - zu sein. Das Gefühl von Ärger und die Ereignisse, die dieses Gefühl aufbrausen lassen, spiegeln einfach diese elementare Wahrheit wider.

Verletzungen, Beleidigungen und Ärger sind niemals angenehm - aber sie sind wichtige Ermahnungen an das, was ich bin ... und was ich nicht bin. Wenn ich lerne, daran zu denken, daß die Rückseite von jedem „Warum ich?" ein „Warum nicht?" ist, können mir vielleicht sogar diese schmerzhaften Verletzungen helfen, menschlicher und daher nüchterner zu leben.

Als ich anfing, zu A.A. zu kommen und lernte, was ein Alkoholiker war, da stöhnte ich oft: „Warum ich? ... Warum muß ausgerechnet ich ein Alkoholiker sein?" Unterdessen nahm ich an Meetings teil, ließ immer nur für vierundzwanzig Stunden das erste Glas stehen, lernte mich zu identifizieren, statt mich mit anderen zu vergleichen, und so verlagerte sich mein „Warum ich?" von latentem Groll auf ausdrückliche Dankbarkeit. Es gibt Tausende von Alkoholikern da draußen, die immer noch trinken und sterben: Warum sollte ausgerechnet ich das Glück haben, *Alcoholics Anonymous* und dadurch die Freude am nüchternen Leben zu finden?

Genau wie bei dem anderen „Warum ich" gibt es nur die erneute Antwort „Warum nicht?" Und das zu erkennen bestärkt und vertieft meine Dankbarkeit. Und somit gibt es hier eine weitere Lektion, denke ich: Denn für jedes „Warum ich", das ein Aufschrei aus dem Schmerz ist, gibt es ein anderes „Warum ich", das über die Liebe staunt.

Wenn mich das eine bedrückt, ist es meine Aufgabe, das andere zu finden. Ich bin sicher, eine Zeitlang werden trotz meiner A.A.-Lebensweise weiterhin gelegentlicher Ärger und Anflüge von Groll auftauchen. Aber diese Lebensweise hat mir auch etwas über den Umgang mit solchen Momenten beigebracht. Wenn ich mich dabei ertappe, wie ich, vielleicht sogar berechtigterweise, „Warum?" frage, muß ich mich vor der Möglichkeit in acht nehmen, daß diese Frage das gefährliche „Warum ich?" verdeckt an mich heranträgt. Weisheit besteht im Kennen des Unterschiedes zwischen dem, was ich ändern kann und was nicht - nicht im Analysieren der Gründe für diesen Unterschied - das muß ich mir ins Bewußtsein rufen.

Und wenn ich höre, daß sich dieses „Warum ich?" in mein Denken einschleicht, wird es meiner Gelassenheit helfen, wenn ich nicht nur an sein einleuchtendes Gegenstück - „Warum nicht?" - denke, sondern mich auch daran erinnere, daß es in meinem nüchternen Leben noch andere „Warum-ichs" gibt, für die ich nur dankbar sein kann. Alles in allem bringt mir die Nüchternheit mehr von dem, wofür ich dankbar sein kann, als von dem, worüber ich mich ärgere. Vielleicht ist das die Antwort darauf, warum ich immer „Warum' fragen muß, daß ich diese Eselsbrücke brauche.

Anmerkungen des Übersetzers:
[1] Vgl. *Twelve Steps and Twelve Traditions* (Zwölf Schritte und Zwölf Traditionen): 90/85; *As Bill Sees It* (Wie Bill es sieht); 179: „Few people have been more victimized by resentment than have we alcoholics. ...

Anger, that occasional luxury of more balanced people, could keep us on an emotional jag indefinitely. These „dry benders" often led straight to the bottle."
[2] *resentment*: Groll, Ressentiment; Verstimmung, Unmut, Unwille; Ärger; Bitterkeit; *resent*: übelnehmen, verübeln, sich ärgern [17. Jahrhundert: von Alt-Französisch *ressentir*, aus *re* zurück + *sentir* fühlen, aus Latein *sentire* wahrnehmen, empfinden].
[3] *Alcoholics Anonymous*: 64/74; *As Bill Sees It* (Wie Bill es sieht); 39 und 98: „Resentment is the „number one' offender."

44. Tag / Zeitverschwendung

Langeweile ist das Gefühl, daß alles Zeitverschwendung ist; Gelassenheit ist die Gewißheit, daß nichts Zeitverschwendung ist.

- Thomas Szasz[1]

EINER DER UNTERSCHIEDE zwischen „wie wir waren" und „wie wir jetzt sind", der sich in meinem eigenen Fall deutlich abhebt, hat mit meinem Verhältnis zur Zeit zu tun. Bevor ich das Zwölf-Schritte-Programm von A.A. fand, lebte ich ausschließlich in der Vergangenheit oder in der Zukunft: Meine Gegenwart schwankte wild zwischen purer Langeweile und hektischer Erregung hin und her. Gelassenheit bedeutet für mich, in der Gegenwart zu leben - und zwar ruhig.

Einst schrieb Bill W.: „Der Alkoholiker hat keine Gegenwart." Wie gut er mich kannte. Für einen nassen Alkoholiker wie mich war das Jetzt nie gut genug - es war immer Zeitverschwendung. Meine Aufmerksamkeit konzentrierte sich auf die Vergangenheit, über die ich mich entweder ärgerte oder deren Verlust ich bedauerte. Oder ich projizierte meine Vorstellungen in die Zukunft, fürchtete und bekämpfte sie, oder bildete mir Erfolge ein, hinter denen die unerträgliche Gegenwart verblassen sollte. Niemand kennt das Geheimnis der Zeit, behaupten die Philosophen. Alkoholiker sind anscheinend dazu bestimmt, diese Einsicht zu beweisen.

In dem Begriff „Zeitverschwendung" liegt Ironie verborgen. Wie können wir etwas verschwenden, das nicht existiert - genauer gesagt, wo wir unser Denken abbrechen. Letztendlich ist Zeit ein Vergleich. Und genau darin bestand unser Problem als nasse Alkoholiker: Wir wußten nur, wie man vergleicht ... wir gönnten uns nie, einfach nur zu sein - uns mit unserer einzigen Wirklichkeit zu identifizieren, im Hier und im Jetzt.

Wenn uns der Vergleich gefangen nimmt, wird Zeit überflüssig. Denn genau wie die Langeweile ist der Vergleich niemals erholsam. Der Vergleich beunruhigt; die Langeweile lehnt es ab zu sehen. „Ablehnung"[2] bedeutet „Zurückgießen" - Verwerfung des Gegebenen. Beim Verwerfen des „Jetzt-Taktes[3]" wird durch die Langeweile das Leben selbst abgelehnt. Denn Zeit ist Leben. (Ich hoffe, Herr Luce[4] wird mir diesen Satz verzeihen.) Wir sind der Moment, der unsere Vergangenheit mit unserem gesamten Potential verbindet, wie der Brauch des Geschichten-Erzählens offenbart.

Sich langweilen bedeutet in gewissem Sinn, die eigene Geschichte abzulehnen und sich dadurch selbst zu verwerfen. Kein Wunder, daß Langeweile tödlich ist. Für jemanden, der sich langweilt, vergeht die Zeit schleppend, weil das Leben ein Hemmschuh ist. So ein Leben bleibt ungelebt. Gibt es ein Nicht-Sein, das „nichtiger" ist als ein ungelebtes Leben? Das ungelebte Leben ist kein Paradox - es ist ein Widerspruch. Langeweile ist nicht in erster Linie eine Verschwendung der Zeit, sondern eher eine Absage an das Leben.

Das bringt mich auf *Gelassenheit*. Gelassenheit läßt sich anscheinend am besten als eine Umarmung des Lebens verstehen. Und das Leben in die Arme zu schließen ist das gleiche wie die Zeit in die Arme zu schließen. Solch eine Umarmung kann keine Verschwendung sein. Das Wesen der Gegenwart - der Zeit, des Jetzt - bedingt, daß wir uns entweder ganz oder gar nicht auf sie einlassen. Die Zeit ist keine Prostituierte, sondern eine Geliebte. Das Spiel der Zeit ist nicht käuflich; wir sind die andere Hälfte, die dazugehört. Deshalb ist jeder Augenblick kostbar, und jedes Jetzt ist kein bißchen mehr als jeder andere Augenblick.

Was ist dieses Jetzt, das alles ist, was wir haben? Philosophie und Wissenschaft, Bildende Künste und Dichtung: Jeder Standpunkt suggeriert seine eigene Vision. Meiner Ansicht nach beinhaltet ein einschlägiges Bild eher einen Gegensatz als einen Vergleich - einen Gegensatz zwischen dem *Sein* und dem *Nichts*.

Der nasse Alkoholiker oder der Abhängige, der noch Drogen braucht, der chronisch behinderte Mensch, dem der Lebensweg fehlt, den das Zwölf-Schritte-Programm ermöglicht, hat kein Jetzt und daher nichts. Wie kann man nichts haben? Frage irgendeinen Alkoholiker: Es ist nicht leicht, aber wir haben dieses Paradox zustande gebracht. Und weil Leere stets mit Schmerzen verbunden ist, versuchten wir, dieses Nichts mit Schnaps oder was auch immer zu füllen. Ist die Behauptung übertrieben, daß wir auf Grund eines fehlenden Jetzt, und weil wir nichts hatten, unsere Leere mit Stoff zu füllen versuchten? Wenn dieser Verdacht zutrifft, deckt er den schlimmsten Trugschluß unseres alkoholkranken Daseins auf: Je leerer wir uns fühlten, desto häufiger griffen wir zur Flasche; und je mehr wir zur Flasche griffen, desto leerer fühlten wir uns und umso leerer waren wir tatsächlich.

Die A.A.-Lebensweise ersetzt den Stoff durch Nüchternheit, indem sie das Nichts durch das Heute ersetzt. Was gab mir *Alcoholics Anonymous* zu allererst? Es schenkte mir mein Heute. Ich kann mich noch an diese derart einfachen und weisen Slogans erinnern, die mir als erstes ins Auge fielen und im Ohr blieben: „Immer nur für vierundzwanzig Stunden[4]" und „Das Wichtigste zuerst[5]". Für jemanden, der kein Jetzt hat, sind diese Sprüche eine wertvolle Grundlage und eine feinsinnige Gabe.

Wenn ich mein Jetzt habe, ist das Schlagwort „Zeitverschwendung" an sich sinnlos. Selbst wenn in diesem Moment absolut nichts anderes geschehen würde, so bin ich zumindest nicht am Saufen. Für einen Alkoholiker ist Nicht-Trinken keine Zeitverschwendung. Aber selbstverständlich passiert doch etwas anderes - nämlich mein Leben, das ich von Moment zu Moment im Zwölf-Schritte-Programm lebe. Und weil sich die A.A.-Lebensweise in jedem Augenblick leben läßt, kann kein Moment Verschwendung sein oder dafür gehalten werden.

Als ich ein junger Mann war, kursierte eine etwas obszöne Witz-Frage: „Welches Körperteil einer Frau ist eigentlich ihr „Jetzt'? ... Naja, weil man doch sagt, „ick frage mir, wer ihr jetzt küßt'?" Ich bringe diese Art von Humor mit meinen Saufjahren in Verbindung, mit meinem alkoholkranken Denken. Ich versuche heute, vielleicht zum Teil als Wiedergutmachung für diese pubertäre Entwürdigung von Frauen, mein Gewissen zu erleichtern, indem ich mein eigenes „Jetzt' liebevoll annehme ... und anderen Menschen - ob männlich oder weiblich - im Rahmen von *Alcoholics Anonymous* helfe, ihr „Jetzt' ebenso liebevoll anzunehmen.

Wir alle benötigen das Umarmen: Wir sehnen uns nicht nur danach, zu empfangen, sondern auch zu geben; denn wir können in der Tat das eine nicht ohne das andere haben. In der Umarmung werden auch wir umarmt; und wenn wir umarmt werden, schließen wir den anderen in die Arme. Letztendlich ist die Alternative hinsichtlich meines Lebens klar: Entweder ich schließe mein Jetzt in die Arme, oder ich schließe nichts in die Arme - und wenn ich nichts umarme, umfängt mich das Nichts. Das ist vielleicht die tiefgründigste Lektion, die mir mein Alkoholismus und meine Genesung beigebracht haben. Das Jetzt ist alles, was ich habe: diese vierundzwanzig Stunden, diesen Moment. Im Schoß von A.A. finde ich mein Jetzt und somit entdecke ich Gelassenheit. „Langeweile ist das Gefühl, daß alles Zeitverschwendung ist; Gelassenheit ist die Gewißheit, daß nichts Zeitverschwendung ist."[1]

Wenige Augenblicke, nachdem Bill W. sein spirituelles Erwachen erlebte, fragte der Mitbegründer von A.A. ängstlich seinen Arzt: „Ist das Wirklichkeit? Bin ich noch ganz bei Trost?" Die Antwort von Dr. Silkworth bewahrheitet sich im Leben von jedem von uns: „Was auch immer du jetzt bekommen hast, halte daran fest. Halte daran fest, Junge. Es ist so viel besser als das, was du nur ein paar Stunden zuvor hattest."[7] Das Jetzt ist unendlich besser als nichts. Für die Chance, diese einfache Wahrheit leben zu können, bin ich Dr. Silkworth, Bill W., sowie der Gemeinschaft und dem Programm von *Alcoholics Anonymous* zutiefst dankbar.

Anmerkungen des Übersetzers:

[1] Szasz, Thomas. *The Second Sin*. Anchor Press, 1973.

[2] *refusal*: [14. Jahrhundert: vom Alt-Französisch *refuser*, vom Latein *refundere* zurückgießen, zurückströmen; *re* zurück + *fundere* gießen, verbreiten, strömen; den Grund legen, erbauen, befestigen, sichern].

[3] *time-as-now*.

[4] Luce, Henry Robinson (1898-1967): Verleger, Herausgeber und Gründer der Zeitschriften *Time* (Zeit) und *Life* (Leben). Sein wöchentliches Nachrichtenmagazin *Time* führte neue Wörter und Schriftwendungen in die amerikanische Sprache ein. *Life* (Leben), eine von seiner Frau Clare Boothe begonnene Illustrierte, fand viele Nachahmer. *Time* wurde im Jahre 1923 von Luce und seinem Freund Briton Hadden gegründet. 1930 wurde das Wirtschaftsmagazin *Fortune* von Luce gegründet. 1931 begann seine Radiosendung *March on Time* und 1935 unter dem gleichen Namen eine Serie von Wochenschauen. Beides wurde 1953 aufgegeben. Luce erwarb *Architectural Forum* im Jahre 1932 und begann *Life* ab 1936 als Wochenmagazin herauszugeben. Mit *House and Home* brachte er 1952 eine weitere Zeitschrift auf den Markt. 1964 wurden die Rechte für *Architectural Forum* abgegeben und *House and Home* wurde verkauft. *Life* wurde 1972 aufgegeben, jedoch ab 1978 als Monatszeitschrift wiederaufgenommen. Die erste Ausgabe seiner Sportzeitschrift *Sport Illustrated* erschien 1954.

Henry R. Luce wurde in Dengzhou (jetzt Penglai), China, geboren. Seine Eltern waren presbyterianische Missionare. Er graduierte an der Yale Universität.

Luce, Clare Boothe Luce (1903-1987). Berühmte Politikerin, Diplomatin, Autorin von Theaterstücken. Sie wurde in New York geboren und arbeitete von 1929 bis 1934 als Journalistin und Herausgeberin von Zeitschriften. 1935 heiratete sie Henry R. Luce. Von 1943 bis 1947 war sie Abgeordnete des Repräsentantenhauses für die Republikaner aus Connecticut. Als amerikanische Botschafterin in Italien amtierte sie von 1953 bis 1956. Clare B. Luce war eine der ersten amerikanischen Frauen, welche die Vereinigten Staaten auf höherer diplomatischer Ebene vertraten. Sie wurde 1959 als Botschafterin für Brasilien vorgeschlagen, lehnte diesen Posten jedoch trotz der Befürwortung des Senats ab, nachdem einige Senatoren ihre Qualifikation in Frage gestellt hatten.

Ihre Theaterstücke sind bekannt für scharfe Dialoge und ihren sarkastischen Stil. Ihr erfolgreichstes Stück, *The Woman* (1936), ist eine Satire auf reiche, untätige Frauen in Amerika. Weitere bekannte Stücke sind *Abide with Me* (1935), *Kiss the Boys Good-bye* (1938) und *Margin for Error* (1939). Nach ihrer Bekehrung zum Römischen Katholizismus im Jahre 1946 schrieb sie einige Artikel über religiöse Themen. [„The World Book Encyclopedia", World Book Inc., 1989].

[5] *One day at a time.*

[6] *First Things First.*

[7] Vgl. *Alcoholics Anonymous*: 14/16; *Alcoholics Anonymous Comes of Age* (AA wird mündig): 63/107; *Pass It On*: 123.

45. Tag / Kellers Gesetz

Die Erforschung aller Charakterzüge von Alkoholikern wird zeigen, daß sie entweder mehr oder weniger vorhanden sind.

- Mark Keller[1]

OBWOHL ICH SELBST DAZU NEIGE, beunruhigt es mich mitunter, wenn von nüchternen A.A.-Mitgliedern auf nüchterne Nicht-Mitglieder als „normale Menschen[2]" verwiesen wird. Schließlich sind wir doch alle Menschen, oder? Folglich erkenne ich, daß der Begriff *normale Menschen*[2] nicht die Menschlichkeit der Außenstehenden in Frage stellt, sondern unsere eigene. Zumindest wird dieser Begriff stets mit unbedingter Zurückhaltung ausgesprochen.

Vor einem Vierteljahrhundert durchstöberte ein namhafter Forscher die ganze uferlose wissenschaftliche Literatur über Alkoholismus und Alkoholiker. Als erste Frucht seiner Bemühungen veröffentlichte er „Kellers Gesetz": „Die Erforschung aller Charakterzüge von Alkoholikern wird zeigen, daß sie entweder mehr oder weniger vorhanden sind."[1] Ich glaube, es ist an der Zeit, Kellers Gesetz zu überarbeiten. Heutzutage lassen sich jederzeit ein paar gelehrte Artikel finden, die unfehlbar nachweisen können, daß jedes beliebige Charaktermerkmal bei Alkoholikern nicht *entweder* mehr *oder* weniger, sondern *sowohl* mehr *als auch* weniger vorhanden ist. Die Forschung zeigt, daß der Sexualtrieb bei Alkoholikern sowohl zu stark als auch zu schwach ist, daß sie sowohl abhängige Persönlichkeiten als auch rücksichtslose Individualisten sind, daß sie sowohl ... ist es nötig, damit fortzufahren?

Daher möchte ich „Ernies Folgesatz" zu Kellers Gesetz anregen und vorstellen. In einer Formulierung, die sich besonders wegen ihres mathematischen - und somit wissenschaftlichen - Formats als besonders zugkräftig erweisen könnte, konstatiert Ernies Folgesatz[1]:

„Alkoholiker" = MENSCH

Obwohl das wie ein Zirkelschluß erscheinen mag, möchte ich seinen Sinn zu erklären versuchen. Normale Menschen, normale Leute, die aus Geselligkeit trinken, Nicht-Alkoholiker - das sind alles nur gleichbedeutende Worte für das, was ein bekannter Fachmann auf diesem Gebiet als „Alkoholismus-Praktikanten" bezeichnet. Für alle, die unhöflich oder achtlos fragen, ob er ein Alkoholiker sei, lautet seine Standard-Antwort: „Noch nicht." Leute wie er - normale, aus Geselligkeit trinkende Nicht-Alkoholiker - haben dieselben Charakterfehler und Mängel wie wir. Einfach wegen ihrer menschlichen Unzulänglichkeit brauchen sie die Lebensweise, die das Zwölf-Schritte-Programm von A.A. darstellt, ebenso nötig wie wir. Die fortwährende Ausbreitung des Zwölf-Schritte-Programms unter Nicht-Alkoholikern fördert diese Einsicht, glaube ich.

Aber Alkoholiker sind auch Praktikanten in menschlichem Dasein. Unsere Schwierigkeit besteht nicht darin, daß wir etwas anderes als menschlich sind - daß wir weniger als menschlich oder mehr als menschlich sind, obwohl manch einer von uns versucht hat, das eine oder das andere davon zu sein ... oder sogar beides auf einmal. Unser Problem besteht vielmehr darin, daß wir alle viel zu menschlich sind. Der Alkoholiker ist ein Mensch ohne Trumpf-Farbe, denn Mensch sein heißt zugleich mehr und auch weniger als bloß menschlich zu sein. Ein Alkoholiker ist ein Unding in Großbuchstaben und Kursivschrift, das lernen muß, einfach menschlich zu sein, denn das ist alles, was es gibt. Ein Mensch ist ein Mensch, und kein MENSCH oder *Mensch*.

Der Schnaps schien uns mehr zu versprechen. Er verführte uns zu dem Versuch, in Kursivschrift oder in Großbuchstaben zu leben. Aber so können wir nicht ständig leben, genau wie wir nicht dauernd so schreiben oder sprechen können. Ein Schrei ist kein Gespräch. Kurz bevor sie ausgeht, brennt die defekte Glühbirne am hellsten: Ist das nicht die Geschichte unseres Alkoholismus?

Eine Möglichkeit, unser Dasein als Alkoholiker zu verstehen, ist nach meiner Ansicht, daß wir die Grenzen unserer Menschlichkeit erprobt und sie nicht nur berührt, sondern auch mit voller Wucht dagegen gerannt sind. Und da liegen wir dann, verschrammt und blutig von dieser Begegnung - jedenfalls diejenigen von uns, die das Glück hatten, es bis zu A.A. geschafft zu haben - eine Ermahnung für jeden, der sich die Mühe macht, zu bemerken, daß Menschsein auch bedeutet, Grenzen zu haben. Unsere Lehrjahre beinhalten die Entdeckung unseres Weges zurück von diesen Grenzen ... ungefähr zwölf Schritte zurück.

Für uns als Menschen gibt es keine höhere Würde als menschlich zu sein. Das mag banal klingen - aber ich vermute, das ist die Wahrheit, über die wir gestolpert sind. Wir ignorierten sie oder versuchten, sie zu verleugnen, als wir zwanghaft Alkohol tranken. Der Kern des wahren menschlichen Daseins bringt es mit sich, Grenzen zu haben. Das Konzept „Alkoholiker" selbst bedeutet: einer, der Grenzen ablehnt und sie zu leugnen versucht. Normale Menschen[2] sind so gesehen einfach Menschen, die immer ihre Menschlichkeit akzeptiert haben. Daher können wir vielleicht von ihnen lernen.

Und sie können natürlich auch von uns lernen. Von diesem einen Standpunkt aus gesehen ist die Geschichte von A.A. die Fortsetzung der Geschichte von immer mehr Nicht-Alkoholikern, die mehr und mehr von Alkoholikern lernen. Das ist ihr ganzer Ruhm. Doch Ruhm hat immer seine Schattenseiten, wenn er menschlich ist. Zumindest für einige A.A.s scheint die Geschichte von A.A. auch die Geschichte von Alkoholikern zu sein, die immer weniger von Nicht-Alkoholikern lernen. Die vielen Tribute von Bill W. an Nicht-Alkoholiker und die sorgfältigen Bemühungen von A.A. selbst um die Erhaltung und Verbreitung seiner wahren Geschichte wirken diesem Trend entgegen. Aber ist das nicht ein Holzweg, auf den wir alle manchmal verfallen? In meinem Fall muß die Antwort „Ja" lauten.

Wenn wir die Banalität des menschlichen Daseins erkennen, können wir vor dieser Falle bewahrt werden. Ist diese Wahrheit nicht schließlich eine tiefe und ständige Botschaft von *Alcoholics Anonymous*? Wir sind vor Größenwahn gewarnt. Die A.A.-Lebensweise lehrt uns nicht in erster Linie, normal zu sein, sondern unsere Normalität zu akzeptieren. Manchmal tut uns diese Botschaft weh: Tief in unserem Innern steckt der Wunsch, etwas Besonderes sein - und dafür gehalten zu werden. Daß wir eigentlich irgendwie besonders und nicht einfach nur normal sind, das ist unsere tiefste Verleugnung. Erinnerst du dich an die ersten Worte aus dem Mund von Bill D., dem „A.A. Nummer Drei[3]", als die beiden Gründer von A.A. an ihn herantraten? „Aber ich bin anders!" eiferte er sich. Wie oft höre ich in meinen Gedanken das Echo dieser tödlichen Verleugnung, obwohl ich nüchtern bin?

Und deshalb denke ich, es ist für mich an der Zeit, nicht länger in Begriffen wie *wir* und *die* zu denken. Einmal hörte ich, wie ein Prediger behauptete, das widerlichste Schimpfwort sei *die*[4]. Alles, was mich von der Menschlichkeit abbringt oder gegen irgendeine Form von Menschlichkeit verstößt, zerstört meine eigene Menschlichkeit.

Es gibt viele Ebenen meines Lebens und Denkens, wo diese Wahrheit gebraucht wird. Für meine Nüchternheit ist sie die grundlegendste Notwendigkeit. Wenn normale Menschen[2] - Nicht-Alkoholiker - anders trinken können, bedeutet das nicht, daß sie anders sind. Wir sind alle ganz einfach Menschen; und da es im Leben um nichts anderes geht, wäre es vielleicht ratsam für mich, zu akzeptieren, daß ich mit dabei bin.

90 Tage - 90 Meetings

Ernies Folgesatz revidiert Kellers Gesetz, aber auch das ist nur die halbe Wahrheit. Wie die Formulierung andeutet, ist der Verlauf der Genesung vom Alkoholismus eine viel komplexere und prozeß-orientierte Gleichung:

„Alkoholiker" = MENSCH   ⇐„Alkoholiker" = „Mensch"

Irgendwo werden wir daran erinnert, daß uns die Genesung mehr „spirituellen Fortschritt als spirituelle Vollkommenheit[5]" verspricht - das möchte ich ins Gedächtnis zurückrufen. Und eines Tages werden wir vielleicht sogar die Anführungszeichen los. In der Zwischenzeit tut es gut, wenigstens ein „werdender Mensch" zu sein.

Anmerkungen des Übersetzers:
[1] Keller, Mark. „The Oddities of Alcoholics." *Quarterly Journal of Studies on Alcohol* 33:1147-1148, 1972.
[2] *earthpeople* Erdleute, Erdmenschen, Erdbürger, Erdbewohner; Singular auch: *earthling*. Wird im Jargon amerikanischer A.A.s mitunter für Nicht-Alkoholiker verwendet. In Deutschland fällt in diesem Zusammenhang eher der Ausdruck „normale Menschen", gelegentlich auch „Normies" oder „Stinos" (Stinknormale).
[3] Vgl. *Alcoholics Anonymous*: 182/207; *Alcoholics Anonymous Comes of Age* („AA wird mündig"): 72/119; *Dr. Bob and the good Oldtimers* („Dr. Bob und die guten Oldtimers"): 76/83; *Pass It On*: 153.
[4] Deutscher Volksmund: „Die steht im Stall und du daneben."
[5] Vgl. *Alcoholics Anonymous*: 60/69.

46. Tag / Zurückzahlen

Dankbarkeit ist wie ein Mückenstich: sie juckt, bis man sich kratzt.
- Anonymus

DAS GESTRIGE THEMA WAR „DANKBARKEIT". Als sich die Diskussion entwickelte, wurde ich an etwas erinnert, was ich oft bei *Alcoholics Anonymous* bemerkt habe. Wenn Freunde bei A.A. so etwa vier, fünf oder sechs Jahre nüchtern sind, beginnen sie manchmal darüber zu sprechen, daß ein schleichendes Gefühl auftaucht, sie würden nicht genug in das Programm zurückbringen.

Diese Wahrnehmung ist verständlich. Neulingen, die so etwa im ersten Jahr ihrer Nüchternheit sind, werden von den meisten Gruppen Aufgaben übertragen wie Stühle aufstellen, Aschenbecher hinstellen und Kaffee kochen. Der reizvollste Zauber, bei Meetings zu sprechen, wird gewöhnlich vom zweiten bis zum vierten Jahr erlebt. Meist scheint der

Dialog in Diskussionsmeetings am spannungsreichsten zwischen denjenigen zu fließen, die ihre Einsicht von nur wenigen Monaten der Nüchternheit feilbieten, und denen, die durch jahrzehntelanges Leben auf dem Weg von A.A. weise geworden sind. Gelegenheiten für Arbeit im Zwölften Schritt bieten sich natürlich immer, für manche jedoch seltener als für andere.

Das Mittelfeld - diejenigen, die weder Monate noch Jahrzehnte, sondern Jahre der Nüchternheit zu A.A. mitbringen - ist nüchtern. Immer nur für vierundzwanzig Stunden trinken sie keinen Alkohol, gehen in Meetings und versuchen, die Prinzipien der Zwölf Schritte in all ihren Angelegenheiten anzuwenden. Warum beginnt dann dieses Unbehagen wegen des Zurückgebens? Woher kommt das Gefühl, nicht genug zu tun?

Auf den ersten Blick scheint möglicherweise Dankbarkeit die Quelle dieser Gefühle zu sein. Nachdem wir genügend Klarheit gewonnen haben, um zu erkennen, wieviel Glück wir gehabt haben, verstärkt sich dieses Gefühl, während wir andere, später Hinzugekommene beobachten, die bei A.A. scheitern. „Sie haben noch nicht genug Bereitschaft", reden wir uns ein, erinnern uns an unseren eigenen Trotz, und vielleicht murmeln wir auch ein stilles Gebet, daß sie irgendwie bereit werden, bevor sie an ihrem Alkoholismus sterben. Wenn wir schon eine Weile dabei gewesen sind, haben wir wahrscheinlich ein paar Freunde erlebt, die tatsächlich starben, und wieder fließt die Dankbarkeit für unsere eigene Nüchternheit über. Wir haben so viel geschenkt bekommen. Wie können wir dieser Dankbarkeit je genügend Ausdruck verleihen?

Wieder scheinen das auf den ersten Blick nüchterne Gedanken zu sein. Was könnte gesünder und heilsamer sein als die „Haltung der Dankbarkeit[1]"? Vermutlich nichts; aber manchmal frage ich mich tatsächlich, ob solche Gedanken wirklich Dankbarkeit sind. Denn die Antwort auf die Frage, wie wir unserer Dankbarkeit je genügend Ausdruck verleihen können, ist einfach: Wir können es nicht.

Dankbar ist man schließlich für ein Geschenk. Und ein Geschenk ist etwas, das wir nicht verdient haben, noch können wir es je zurückzahlen. Zurückzahlen ist keine Dankbarkeit. Es ist der - manchmal unglücklicherweise erfolgreiche - Versuch, ein Geschenk in einen Vertragsgegenstand zu verwandeln. Wenn wir ein Gefühl von Schuld haben, dann ist das keine Dankbarkeit. Echte Dankbarkeit enthält ein bloßes Annehmen, das aus wahrer Demut entspringt.

Vielleicht ist das der Grund, warum uns das A.A.-Verständnis daran erinnert, daß Dankbarkeit eine Haltung ist - eine Geste unseres echten Wesens. Mit Sicherheit ist das der Grund, warum Dankbarkeit für unsere Nüchternheit so wichtig ist. Mir fällt ein, wie es früher war, als ich noch naß war. Vielleicht dachte ich, daß ich Geschenke haben wollte, aber in

Wirklichkeit brannte ich auf den Erfolg meiner Manipulationen. Wenn jemand mir irgend etwas gab, war das mindeste, womit ich mich bei dem Spender bedankte, ihm einen Schluck Alkohol anzubieten. Mit jemandem zu trinken war meine Art, „Dankeschön" zu sagen - und für einen Alkoholiker ist das genaugenommen keine Dankbarkeit.

Dankbarkeit ist nicht nur etwas anderes als zurückzahlen: Sie ist das genaue Gegenteil davon. Wahre Dankbarkeit entspringt der Demut, denn mit ihr verbinden sich Erkennen und Akzeptieren der Tatsache, daß uns etwas gegeben werden kann, weil uns etwas fehlt. Aber was ist dann erforderlich, um dankbar zu sein? Wie verstehen wir die Demut, die an der Wurzel der wahren Dankbarkeit ist?

Selbstverachtung kann nicht dabei sein, denn Dankbarkeit setzt voraus, daß wir akzeptieren, gut genug zu sein, um beschenkt zu werden, gut genug, um ein Geschenk zu erhalten. Nicht gut genug, um ein Anrecht auf das Geschenk zu haben, aber gut genug, um es anzunehmen, ohne in Verlegenheit zu geraten. Ein Geschenk beruht nicht auf Gerechtigkeit, und es kann auch keine Ungerechtigkeit sein.

Ebensowenig kann Selbstgefälligkeit der Dankbarkeit zugrunde liegen. Wenn wir gut genug sein müssen, damit das Geschenk, das wir bekommen, keine Ungerechtigkeit darstellt, müssen wir auch schlecht genug sein, damit es einen Mangel, einen Bedarf deckt. Es ist unmöglich, denjenigen etwas zu schenken, die schon alles haben, den Vollkommenen: Unser Geschenk an so einen ist nichts als ein Symbol oder ein Zeichen - bestenfalls. Einer, der alles hat, kann nichts weiter als nichts bekommen, und nur eine Höhere Kraft kann in unserer Nichtigkeit ein „Geschenk" finden. Wir können also gerade deshalb beschenkt werden, weil wir nicht vollkommen sind, weil andere etwas haben, was wir nicht haben.

Vermutlich waren wir während unserer Trinkerei zur Dankbarkeit unfähig, weil wir unfähig waren, Geschenke anzunehmen. Einerseits verabscheuten wir uns selbst so sehr, daß bei jedem Geschenk, das wir nicht „verdienten" oder „ergaunerten", die Ungerechtigkeit auf der Hand zu liegen schien. Und andererseits spielten wir so maßlos Gott, daß wir unsere Bedürfnisse und Mängel verleugneten. Der nasse Alkoholiker bekommt keine Geschenke - außer einem.

Denn trotz des Sumpfes von Selbstverachtung und Selbstgefälligkeit, in dem wir versanken, waren wir irgendwie „begabt". Auf eine, uns allen unerklärliche, Weise wurde uns das Geschenk von *Alcoholics Anonymous* gegeben. A.A. war eine Gabe, denn wir brauchten es in zweierlei Hinsicht: Es fehlte uns - es war mit Sicherheit eine Lebensweise, die wir nicht hatten; und wir erfüllten die Voraussetzungen, es wert zu sein - wir verdienten es nicht, aber wir waren es wert.

Weil A.A. ein Geschenk ist - wir hatten darauf kein Anrecht und hatten es auch nicht verdient, es wurde uns einfach gegeben - deshalb können wir es nie zurückerstatten. Geschenke bringen möglicherweise Verantwortung mit sich; doch sie legen uns keine Verpflichtung auf, sonst sind es keine Geschenke. Also will ich verantwortlich sein, ich kann jedoch nicht verpflichtet werden.

Das dient mir als gesunde Eselsbrücke. Obwohl der Gedanke, daß A.A. ein Geschenk ist, mein Bedürfnis nach Äußerungen der Dankbarkeit nicht besonders befriedigt, hilft er mir, dieses Bedürfnis zu begreifen und somit mich selbst in meiner Nüchternheit besser zu verstehen.

Weil ich nicht wertlos bin, kann ich Geschenke annehmen, ohne das Gefühl zu bekommen, daß dadurch die Gerechtigkeit verletzt wird. Wenn ich gut genug für A.A. bin, dann bin ich gut genug ... Punkt. Und weil ich nicht vollkommen bin, kann ich akzeptieren, daß mir etwas fehlt und daß ich etwas brauche - und daß Dankbarkeit daher eine Einstellung[2] und kein zweckloser, stolzer Versuch der Rückerstattung ist. Die mit Dankbarkeit verbundene Verantwortung beinhaltet kein Zurückzahlen, sondern dankbar sein - das heißt, mir stets bewußt zu sein, daß ich sowohl gut genug bin, um etwas zu bekommen, als auch schlecht genug, um etwas zu brauchen.

Ein Oldtimer[3] stellte mir einmal die Frage: „Was ist bei jedem A.A.-Meeting das Wichtigste?" Mir fiel keine passende Antwort ein, obwohl ich kleinlaut andeutete, daß ich in den Gesprächen nach dem Meeting beim Kaffee meine Identifizierung am wirksamsten vertiefen und manchmal einige Antworten auf nachklingende Fragen finden konnte.

„Gute Einsicht", antwortete er. „Doch was hältst du von folgender Idee: Das Wichtigste bei jedem A.A.-Meeting ist für dich der Augenblick, wo du hereinkommst? Es geht nicht darum, was du hier tust, sondern um die Tatsache, daß du hier bist. Daß du einfach bloß hier bist und aufhörst, darüber nachzudenken, das ist für dich das größte Geschenk von A.A. Und ich vermute auch, daß du hier bist, ist auch der beste Weg, auf dem du deine Dankbarkeit für dieses Geschenk zeigen kannst."

Gebraucht zu werden scheint manchmal mein tiefstes Bedürfnis zu sein. Bei *Alcoholics Anonymous* lerne ich, daß ich gebraucht werde und wie ich gebraucht werde - nicht, weil ich irgend etwas tue, sondern einfach, weil ich da bin.

Anmerkungen des Übersetzers:
[1] *Attitude of Gratitude.*
[2] *Gratitude is an Attitude.*
[3] *Oldtimer*: alter Hase bei A.A.

90 Tage - 90 Meetings

47. Tag / „Alkoholiker" definieren

Ich habe oft gedacht, die beste Art, den Charakter eines Menschen zu definieren, wäre, den speziellen geistigen oder moralischen Habitus[1] herauszufinden, mit dem er sich, wenn er ihn überkäme, am tiefsten und intensivsten aktiv und lebendig fühlen würde. In solchen Augenblicken spricht eine innere Stimme zu uns und sagt: „Das ist mein wahres Ich."
— William James[2]

VIELE LEUTE QUÄLEN SICH MIT DEM VERSUCH, Alkoholismus zu definieren. Andere propagieren mehr angewandte Versuche, um „den Alkoholiker" klar und eindeutig darzustellen. Solche Versuche sind wahrscheinlich seltener, aber sicher intensiver. Einige dieser Forscher empfinden großen Respekt für den nachweislichen Erfolg von A.A. als ein Programm der Genesung. Manchmal wenden sie sich an uns und bitten um Hilfe für ihre Untersuchungen.

„Erzählt uns, was ihr über Alkoholismus wißt. Dabei interessiert uns besonders, was genau ein Alkoholiker ist. Helft uns, Statistiken und Fragebögen zu erstellen - Listen von charakteristischen Merkmalen, damit wir genau bestimmen können, wer ein Alkoholiker ist und wer nicht." So oder so ähnlich lauten ihre Anfragen meist.

Ich vermute, diese Bemühungen sind zum Scheitern verurteilt. Nichtsdestoweniger versuchen wir zu antworten, denn diejenigen, die darauf drängen, handeln in guter Absicht und wir wissen, daß Aufgeschlossenheit wichtig für unsere Nüchternheit ist. Wir beginnen möglicherweise mit einem sanften Hinweis, daß „A.A." für „*Alcoholics Anonymous*" steht, und nicht für „Apropos Alkoholismus". Um den sarkastischen Stachel dieser Bemerkung zu mildern und wohl nicht ganz ohne eine leichte Selbstironie verweisen wir sie dann auf das *Blaue Buch* und vielleicht besonders auf das zweite und dritte Kapitel, denn letzteres trägt die Überschrift „Mehr über Alkoholismus". Aber wir betonen auch, daß das erste Kapitel dieses Buches „Bills Geschichte" heißt. Und wir legen ihnen dringend ans Herz, den Teil mit den Geschichten nicht zu übersehen, der nach Seite 164/192 beginnt. Zum Schluß erzählen wir ihnen unsere eigenen Geschichten.

Nur die aufgeschlossensten und ehrlichsten Forscher werden sich an diesem Punkt nicht frustriert fühlen. Warum geben wir ihnen keine einfache und klare Antwort auf ihre Frage, wenn wir bei A.A. schon so viel über Alkoholismus und Alkoholiker wissen? Nach fast fünfzigjährigem Bestehen von *Alcoholics Anonymous* müßten wir doch bestimmt den Alkoholiker definieren können: Warum weigern wir uns dann so hartnäckig, das zu tun?

Das ist ein schwieriger Punkt, denn die Antwort heißt nicht, daß wir das als A.A.s verweigern, sondern daß wir als A.A.s den Alkoholiker nicht definieren können. Jeder einzelne von uns kann immer nur *einen einzigen* Alkoholiker beschreiben. Wir können unsere eigene Geschichte erzählen und Identifizierung anregen. „Nutze es und analysiere nicht"[3] entspricht jedoch eher einer Einsicht als einem ausdrücklichen Befehl: Das Konzept *Alkoholiker*, so wie wir diese Gegebenheit bei A.A. verstehen lernen, läßt sich von unserer Seite einfach keinen wissenschaftlichen Methoden unterziehen.

Vergleiche hinken immer. Wer aber die Bedeutung von „Alkoholiker" mit analytisch-wissenschaftlichen Werkzeugen zu erfahren versucht, ähnelt tatsächlich einem Skispringer, der mit Schlittschuhen auf die Schanze geht und einen Weltrekord im Weitsprung aufstellen will. Manche Werkzeuge sind für bestimmte Vorhaben ungeeignet. Der analytische Ansatz in der modernen Wissenschaft ist eine Methode für sich und den Alkoholiker zu verstehen ist ein Vorhaben, das auf einem anderen Blatt steht.

A.A. bietet ein anderes Werkzeug an - ein altehrwürdiges Mittel des Verstehens, das seine eigene Wirkungsweise und seine eigene „Gebrauchsanweisung" vollständig mitliefert: Identifizierung durch „Geschichten erzählen". A.A. zeigt auf, daß man den Alkoholiker verstehen lernt, wenn man sich mit den Geschichten von denjenigen identifiziert, die wissen, daß sie Alkoholiker sind.

Bestimmte Kenntnisse - die vielleicht lieber *Einsichten* genannt werden sollten - resultieren nicht aus objektiver Beobachtung, sondern aus Identifizierung, die wir einem Gefühl der Beteiligung verdanken. Dr. Harry Guntrip[4] hat festgestellt, daß eine Mutter ihr Baby ganz anders „kennt" als ein Kinderarzt. Beide Arten des Wissens sind stichhaltig, und jede von ihnen hat ihren eigenen Geltungsbereich. Mutter und Arzt, beide können voneinander lernen, zum Wohl des Babys, solange keiner der beiden versucht, die Rolle des anderen zu spielen.

Ebenso können Wissenschaft und Wissenschaftler viel über den Alkoholiker aussagen. Aber ob jemand ein Alkoholiker ist, kann jeder Mensch nur für sich selbst entscheiden. Mir scheint, in gewisser Hinsicht wird die Frage „Was ist ein Alkoholiker?" von *Alcoholics Anonymous* beantwortet, indem es im wesentlichen auf folgendes hindeutet: „Jeder könnte genausogut ein Alkoholiker sein, wenn er sich in Bezug auf Alkohol mit dem Denken und Verhalten - insbesondere mit dem Denken - von einem anderen Menschen identifizieren kann, der von sich selber sagt, daß er ein Alkoholiker ist." Wenn mich also jemand als A.A.-Mitglied fragt: „Was ist ein Alkoholiker?", dann antworte ich, indem ich meine Geschichte erzähle, die Geschichte eines einzigen Alkoholikers - und wenn es angebracht erscheint, ermutige ich denjenigen dazu, sich zu identifizieren. *Alcoholics Anonymous* ist weise genug, um zu verstehen, daß kein A.A. bestätigen kann, ob irgendein anderer Mensch ein Alkoholiker ist.

Es ist gut, wenn ich mir das bewußt mache. In meiner Begeisterung, irgendeinem armen Schlucker beim Einsatz im Zwölften Schritt helfen zu wollen, habe ich mich manchmal als aufdringlich erwiesen - und beinahe versucht, ihn zu überzeugen, daß er Alkoholiker ist und deshalb A.A. braucht. Das ist weder für ihn noch für mich noch für A.A. gut. Die Rhetorik kennt ihre Tricks, und gelegentlich ist die Grenze zwischen Überreden und Ermutigen dünn, wenn es um das Identifizieren geht. Doch diese Trennlinie, dieser feine Unterschied, existiert tatsächlich; und wahrscheinlich spürt sie niemand deutlicher als ein Säufer, der sich seinem Tiefpunkt nähert. Und so habe ich in späteren Jahren gelernt, meine eigene Geschichte offen und einfach zu erzählen und dann den Betreffenden zu ermutigen, mich zu begleiten, damit er auch hört, wie andere ihre Geschichten erzählen.

Anmerkungen des Übersetzers:

[1] *Habitus*: Haltung, Äußeres (der ganze *Habitus* eines Menschen = Gesamterscheinung); Anlage (zu Krankheiten); dauernde (körperliche) Beschaffenheit; Gewohnheit [Latein *habitus* Brauch, Gewohnheit, von *habére* haben]. Originaltext: *attitude*.

[2] James, William. *Talks to Teachers on Psychology, and to Students on Some of Life's Ideals.* Dover Publications, 1962; *The Principles of Psychology.* Dover Publications, 1950; *The Varieties of Religious Experience: A Study in Human Nature.* Macmillan Publishing Company, 1961.

[3] *Utilize, don't analyze.*

[4] Guntrip, Harry. Eigentlich *Henry James Samuel Guntrip*, geboren 1901 in London, Psychotherapeut und Dozent an der Universität Leeds ab 1945; *Psychoanalytic Theory, Therapy, and the Self.* Basic Books, New York, 1973.

48. Tag / Persönlichkeitswandel in der Genesung

Wenn Alkoholiker in der Nüchternheit Fortschritte machen, beginnen sie offenbar, sich mehr und mehr in ihrem kognitiven[1] Stil voneinander zu unterscheiden.

- Patricia Kearns Thomsen[2]

GESTERN ABEND SAGTE EIN RELATIV NEUER aus meiner Stammgruppe, daß er eine Zeitlang A.A. gemieden hätte, „weil er keine Gehirnwäsche über sich ergehen lassen wollte" - ungeachtet all der Schwierigkeiten, in denen er steckte. Er hatte noch nicht lange gesprochen, da schweiften meine Gedanken ab, und ich fing an, über etwas nachzudenken, was ich kürzlich gelesen hatte.

Eine forschende Psychologin testete eine Reihe nüchterner Mitglieder von *Alcoholics Anonymous* und versuchte herauszufinden, was eine spezifische persönliche Inventur über die Entwicklung in der Nüchternheit aussagen könnte. Sie hoffte, Gemeinsamkeiten in Bezug auf Lernstil oder habituelle[3] Denkmuster genau bestimmen zu können. Darüber hinaus hatte sie die Hoffnung, Fachleuten helfen zu können, die mit der Behandlung von Alkoholikern zu tun haben, damit sie ihre Patienten besser auf die Anforderungen der lebenslangen Genesung bei A.A. vorbereiten könnten.

Zu Beginn ihrer Untersuchung stellte die Psychologin Patricia Kearns Thomsen die Hypothese auf, daß die A.A.-Mitglieder mit zunehmender Reife in der Nüchternheit immer ähnlicher denken würden. *Alcoholics Anonymous* lehrt schließlich eine Denkweise: Man könnte also durchaus erwarten, daß sich aufgrund der langjährigen Anwendung ihres Programms bestimmte Denkmuster herausbilden und folglich eindeutig in Übereinstimmung mit der Dauer der Nüchternheit zu bringen sind. Aber die Ergebnisse von Thomsens Untersuchung widerlegten ihre Hypothese. Ihre empirischen Daten enthüllten das Gegenteil: Je länger die A.A.-Mitglieder nüchtern waren, desto unterschiedlicher war ihre Art zu denken.

Als ich von Thomsens Untersuchung zum ersten Mal hörte, war ich fasziniert und zugleich entzückt. Fasziniert, weil eine widerlegte Hypothese eine der besten Garantien für eine aufgeschlossene Untersuchung ist. Entzückt, weil so viele gedankenlose Leute die Tendenz haben, A.A. zu beschuldigen, es sei Gehirnwäsche und Auferlegung von Konformität. Meist sind das selbsternannte Experten, die nur von Meinungen abhängen und keine begabten Forscher sind.

Aber eine weitere und noch wichtigere Erkenntnis geht aus dieser Untersuchung hervor. Sie macht mir eine Wahrheit klar, die für meine eigene Nüchternheit wichtig ist. Thomsen bringt Licht in das Dunkel, was genau mit „Wachstum in der Nüchternheit" gemeint ist. Dadurch hilft mir ihre Studie, mein Verständnis des Zweiten Schrittes von A.A. zu vertiefen. Das gilt besonders für den Wortlaut am Ende, über den ich mich früher immer aufregte: „uns unsere geistige Gesundheit wiedergeben"[4].

Als ich anfangs zu A.A. kam und gerade genügend Klarheit gewonnen hatte, um mit dem Verstehen der Zwölf Schritte zu beginnen, hatte ich mehr Schwierigkeiten mit „uns unsere geistige Gesundheit wiedergeben" als mit „einer Kraft, größer als wir selbst" und selbst mit „Gott, wie wir Ihn verstanden"[5]. Als ich auf mein Leben zurückblickte, die Geschichte meiner eigenen alkoholkranken Trinkerei entdeckte und mir ihre Konsequenzen für meine Genesung ansah, fragte ich mich manchmal, ob ich jemals geistig gesund gewesen war. Wie konnte mir etwas zurückgegeben werden, das ich nie gehabt hatte, wie die nüchterne Auswertung meines Lebenslaufes erkennen ließ? Was bedeutete es dann schon, zu glauben, daß mir meine geistige Gesundheit zurückgegeben werden könnte?

Es dauerte lange. Ich trank nicht mehr und ging in Meetings, immer nur für vierundzwanzig Stunden. Nach und nach kam eine Antwort zum Vorschein. Nüchternheit, darunter verstehe ich das Akzeptieren von A.A. als Lebensweg und das Bestreben, im Zwölf-Schritte-Programm zu leben und zu wachsen, und diese Nüchternheit befreite mich und erlaubte mir, daß ich ganz ich selbst sein konnte. Ich war unzufrieden mit mir selbst und weder bereit noch dazu fähig, einfach ich selbst zu sein. Deshalb griff ich zu chemischen Mitteln und besonders zum Alkohol, weil ich bei ihnen Hilfe suchte, um jemand anders als ich selber sein zu können. Das ist vielleicht viel zu stark vereinfacht, aber anscheinend trifft es zu.

Damals merkte ich das natürlich nicht. Ich dachte, daß der Stoff alle Hemmungen vernichten oder den Schmerz ersticken würde, und mir dadurch ermöglichte, wirklich ich selbst zu sein. Genau das ist die grundlegende Irreführung des Alkoholikers: Der Alkohol verspricht genau das, was er zerstört.[6] Jedenfalls sehe ich das jetzt so. Aus meinem „wahren Ich" wurde mehr und mehr ein Mensch, der sich ohne die Hilfe von Alkohol nicht wohlfühlen konnte, lange bevor meine Sauferei ein offenkundiges Problem wurde. Ein völlig hemmungsloses Leben, ohne die Einschränkungen, die wir frei gewählten ethischen Grundsätzen verdanken, ohne gelegentlich Schmerz und Angst zu empfinden, das ist kein menschliches Leben. Mensch zu sein heißt Grenzen zu haben. Mitunter mögen wir diese Grenzen auf die Probe stellen, aber unsere Menschlichkeit wird erst durch Abgrenzungen definiert.

Mir scheint heute, daß ich mich dem Alkohol zuwandte, weil ich mich zu weigern versuchte, diese Realität zu akzeptieren - die Tatsache, daß es mir schlecht ergehen würde, wenn ich die Grenzen verletzte, die meine Menschlichkeit definierten. Als ich mir diese Gewalt antat, verhinderten Psychopharmaka und Alkohol, daß ich mein wahres Ich finden konnte. Statt dessen zerstörten sie mein wahres Ich, indem sie mich von meiner eigenen Wirklichkeit abschnitten. Von der eigenen Wirklichkeit getrennt zu sein, das bedeutet eigentlich „Geisteskrankheit"[7]. Wiederherstellung der „geistigen Gesundheit"[8] bedeutet also nicht notwendigerweise, daß wir die Wirklichkeit je akzeptierten; der Begriff besagt nur, daß unsere eigene Wirklichkeit immer da war.

Was hat das alles eigentlich noch mit Thomsens Untersuchung zu tun? Die Menschen sind verschieden - wunderbar verschieden. Das ist die höchste Blüte unserer Menschlichkeit, das Geschenk, mit dem die Wirklichkeit - unsere Höhere Kraft, wenn du so willst - unsere Einschränkungen vergütet, und zwar, indem sie sich genau diese Grenzen zunutze macht, um uns über uns selbst hinaus zu erheben.

Wer seine Menschlichkeit akzeptiert, wer einfach er selbst ist, wird sich von anderen unterscheiden. Derartige Menschen werden differenzierte Gedanken denken und individuell leben, selbst wenn sie denselben Lebensweg und dieselbe Denkweise aufgreifen, um das zu verwirklichen. Durch das Geschenk der Nüchternheit gibt uns A.A. vor allem unser eigenes Ich - unser „Selbst", so, wie wir wirklich sind: begrenzt und unvollkommen; und gerade deshalb brauchen wir andere Menschen, die ihre eigenen Grenzen und Unvollkommenheiten ebenfalls akzeptieren, wenn sie Wachstum anstreben.

Wer die Grenzen seiner Wirklichkeit akzeptiert, ist kein konformistischer Ja-Sager. Gedankenlose Konformität ist auf Verweigerung von Selbstannahme zurückzuführen, auf Versuche, die Wirklichkeit des Ego zu leugnen. Alle nassen Alkoholiker denken ähnlich; jeder nüchterne Alkoholiker wächst in seiner eigenen Nüchternheit, indem er die A.A.-Lebensweise auf seine eigene, einmalige Art verwirklicht. Aus diesem Grund meint Bill W.: „Durch Ehrlichkeit werden wir nüchtern, doch nur Toleranz kann uns die Nüchternheit erhalten."[9]

Meiner Ansicht nach beweist Thomsens Untersuchung die Tiefe von Bills Einsicht. Wir wissen, wie wahr sie ist, und daran hat sich nichts geändert. Aber es gefällt mir, eine empirische Bestätigung für das zu haben, was ich sowohl in mir selbst als auch um mich herum in der Gemeinschaft von *Alcoholics Anonymous* fühle: Nüchternheit schenkt uns Freiheit - und die Freiheit, so zu sein, wie wir selbst wirklich sind, ist vielleicht die größte aller Freiheiten.

Anmerkungen des Übersetzers:

[1] *cognitive*: kognitiv, erkenntnismäßig, die Erkenntnis betreffend [Latein: *cognitió* Erkenntnis *cognóscere* kennen, erkennen, lernen aus *co-* gemeinsam + *nóscere* wissen].

[2] Thomsen, Patricia Kearns (Nahm nach ihrer Scheidung wieder ihren Mädchennamen, *Kearns*, an). Ihre Studie wurde nie veröffentlicht, findet sich jedoch in „*Psychological Type as an*

Indicator of Recovery Success in Alcoholics Anonymous"; Senior Thesis for the Bachelor of Arts Degree in Psychology; Sacred Heart College, Belmont, North Carolina, U.S.A., 1983. Arbeitet jetzt als Therapeutin in Connecticut, U.S.A.

[3] *habitual*: habituell, gewohnheitsmäßig, geläufig. [Abgeleitet von Latein *habitus* Brauch, Gewohnheit, von *habére* haben].

[4] *Alcoholics Anonymous*: 59/68; *Twelve Steps and Twelve Traditions* (Zwölf Schritte und Zwölf Traditionen); 25/23: „Came to believe that a Power greater than ourselves could restore us to sanity." Vgl. [8].

[5] *Alcoholics Anonymous*: ebenda; *Twelve Steps and Twelve Traditions* (Zwölf Schritte und Zwölf Traditionen); 34/32: „Made a decision to turn our will and our lives over to the care of God *as we understood Him*."

[6] Vgl. <u>Warum wir tranken</u>:

Wir tranken zur **Gesellschaft** und bekamen **Streit**.
Wir tranken zur **Anregung** und fielen in **Abgestumpftheit**.
Wir tranken aus **Freude** und bekamen **Ärger**.
Wir tranken aus **Freundschaft** und schafften uns **Feinde**.
Wir tranken, um **glücklich** zu sein und wurden **unglücklich**.
Wir tranken, um **Schlaf** zu finden und begannen, an **Schlaflosigkeit** zu leiden.
Wir tranken, um **stark** zu sein und wurden **schwach**.
Wir tranken, um uns zu **beruhigen** und begannen zu **zittern**.
Wir tranken, um **tapfer** zu sein und wurden **weich**.
Wir tranken, um **mutig** zu sein und wurden **ängstlich**.
Wir tranken, um **das Leben zu meistern** und luden den **Tod** zu Tisch.
Wir tranken, um Konflikte zu **beseitigen** und sahen, wie sie sich **vervielfältigten**.
Wir tranken, um Probleme zu **bewältigen** und wurden von ihnen **erdrückt**.
Wir tranken, um zu **vergessen** und die Gedanken begannen, uns zu **verfolgen**.
Wir tranken, um uns **himmlisch** zu fühlen und endeten mit **höllischen** Gefühlen.
Wir tranken, um **leichter reden zu können** und begannen zu **lallen**.
Wir tranken, um **fröhlich zu sein** und wurden **betrübt**.
Wir tranken, um **freundlich** zu sein und wurden **unfreundlich**.
Wir tranken, um **lustig** zu sein und wurden **lustlos**.
Wir tranken, um **klarer** denken zu können und wurden **verwirrt**.
Wir tranken, um besser **arbeiten** zu können und wurden **arbeitsunfähig**.
Wir tranken, um uns **zu lösen** und wurden **abhängig**.
Wir tranken für die **Freiheit** und wurden zu **Sklaven**.
Wir tranken **miteinander** und wurden **isoliert**.
Wir tranken, weil es **gesund** sein sollte und wurden **krank**.

[7] *insanity*: Wahnsinn, Irrsinn; Geisteskrankheit.

[8] *sanity*: geistige Gesundheit; gesunder Menschenverstand; gesunde Urteilsfähigkeit; Zurechnungsfähigkeit; auch: *gesunder Lebenswille*. [Latein *sánitás* Gesundheit, *sánus* gesund].

[9] Brief 1943; *As Bill Sees It* („Wie Bill es sieht"): 312.

49. Tag / *Qualität und Quantität*

Qualität ist Quantität geworden: Die Antwort auf alle Fragen nach dem „Wofür?" ist „Mehr!"

- Phillip Rieff[1]

DIE ZUFÄLLIGE BEMERKUNG EINES MANNES, den ich nie zuvor bei A.A. gesehen hatte, ließ mich heute abend aufhorchen. Er war erst seit kurzem trocken. Auf die Frage, ob er sich noch keinen Sponsor gesucht hätte, antwortete der Neuling: „Nein, ich bin noch nicht lange genug dabei, um „rauszukriegen, wer der Nüchternste hier in der Gruppe ist." Ich hoffe, er machte einen Scherz.

„Der Nüchternste in der Gruppe hier": Die Wendung klang sehr merkwürdig in meinen Ohren. Könnte das möglicherweise auf theoretischer Ebene ein sinnvolles Konzept ergeben? Sicherlich, es gibt in jeder Gruppe ein Mitglied, das „am längsten trocken" ist. Und das A.A.-Axiom[2], „Halte dich an die Gewinner"[3] setzt anscheinend Unterschiede in der Qualität der Nüchternheit voraus. Das beweist auch die Unterscheidung zwischen „Trockenheit"[4] und „Nüchternheit"[5]. Es sieht tatsächlich so aus, als ob die Wendung „qualitativ gute Nüchternheit"[6] sogar ausdrücklich die Auffassung unterstützt, daß es Abstufungen in der Nüchternheit gibt.

Weil wir darin wachsen können, scheint Nüchternheit für „mehr" und „weniger" Raum zu lassen. Aber irgendwie hat die Vorstellung „am nüchternsten" keine richtige Resonanz. Wenn es in einem bestimmten Meeting einen Menschen gibt, der am nüchternsten ist, dann muß es auch jemanden geben, der in einer bestimmten Stadt, einem bestimmten Land, einer Nation, auf der ganzen Welt der Nüchternste ist. Was würden wir mit solch einem Menschen tun? Ihn zum König wählen? Ihm einen ausgeben?

Wenn wir alle genau das gleiche Verständnis von Nüchternheit hätten, dann wären wir natürlich nicht auf eine Wahl angewiesen. Sozialwissenschaftler könnten sich Tests zur Messung der Nüchternheit ausdenken, und wer die höchste Punktzahl hat, würde einfach gewinnen. In meiner Vorstellung kann ich schon alle Alkies der Welt in einem Saal versammelt sehen, während sie sich diesem Test unterziehen. Ich kann mir denken, daß der nüchternste Mensch der Welt, falls es ihn gibt, vermutlich nicht anwesend wäre, wenn so etwas je passieren würde. Klar, die Vorstellung des „nüchternsten Menschen" irritiert mich, und sie amüsiert mich natürlich auch. Und dadurch werde ich an zwei wichtige Dinge erinnert, die ich in meiner eigenen Nüchternheit gelernt habe.

An erster Stelle steht vielleicht die wichtigste Lehre: Quantität ist keine Qualität. „Wieviel?" und „Was für eine?" sind zwei verschiedene Fragen. Qualität mit Quantität zu verwechseln und anzunehmen, daß mehr stets besser ist, das hieße, genau wie ein Alkoholiker zu denken. Ist das nicht genau der Fehler, den wir beim Alkohol machten? Wer bezweifelt, daß „mehr" nicht notwendigerweise „besser" ist, sollte sich den nächstbesten nassen Alkoholiker ansehen.

Es gibt also bestimmte Tatsachen, die nicht nach Quantität gemessen und nicht gezählt werden können: Weisheit, Liebe, Nüchternheit ... Sie lassen Raum für Vielseitigkeit der Tiefe und der Reichhaltigkeit. Der Versuch, sie zu messen, verletzt jedoch irgendwie ihre Realität. Diese Empfindung spiegelt meines Erachtens einen Aspekt von dem wider, was wir Menschen schon immer *das Spirituelle* genannt haben. Das ist in der Tat die einfachste und einleuchtendste Erklärung dafür, was in erster Linie gemeint ist, wenn sich A.A. selbst als ein spirituelles Programm darstellt.

Die zweite Ermahnung ist vielleicht weniger deutlich. Nüchternheit ist letzten Endes eine subjektive Beurteilung. Manche Aspekte des nüchternen Lebens und Denkens sind ziemlich offensichtlich und werden daher allgemein akzeptiert: Humor, Demut, Geduld, Toleranz ... Aber genau wie die Nüchternheit lassen sich diese Eigenschaften nicht messen. Ihre Auswirkungen können in der Tat so unterschiedlich sein, daß ich vielleicht viel von einer solchen Qualität sehe, wo jemand anders sehr wenig davon finden mag. Wenn ich Humor als ein wichtiges Element meiner eigenen Nüchternheit einschätze, kann es mir möglicherweise schwerfallen, die Tiefe der Nüchternheit eines anderen Menschen zu würdigen, dem mehr die ruhige Geduld liegt. Was ich humorvoll finde, sieht ein anderer vielleicht nicht so. Worin ein anderer eine Gelegenheit für Geduld sieht, finde ich vielleicht nur Passivität.

Das erinnert mich an Bill W.'s Methode bei der Auswahl seiner Sponsoren. Bill hatte viele, denn er ging folgendermaßen vor: Aufgrund seiner fortwährenden Anwendung der Schritte Sechs, Sieben, Zehn und Elf wählte er eine Eigenschaft aus, deren Heranreifen ihm als nächstes am wünschenswertesten erschien. Wenn sich Bill einen Charakterzug ausgesucht hatte - zum Beispiel Geduld - dann sah er sich nach jemandem um, der diese Tugend ausstrahlte und lebte und bat ihn, sein Sponsor zu werden. Während dieser Beziehung arbeitete Bill hauptsächlich an der Entwicklung dieser Eigenschaft. Er hielt nicht unbedingt daran fest, bis er sein Ziel endgültig erreicht hatte, sondern nur, bis seine weiterführende Anwendung der Schritte erkennen ließ, daß es an der Zeit wäre, an einem anderen Wesenszug zu arbeiten, an der Kehrseite eines anderen Charakterfehlers oder einer Schwäche. Die Prozedur begann dann von neuem, fast ausnahmslos mit einem neuen Sponsor.

Übrigens suchte sich Bill bei seinen ständigen Streifzügen nicht unbedingt immer den geduldigsten, ehrlichsten oder tolerantesten Menschen aus, den er finden konnte. Er hatte eher die Angewohnheit, jemanden auszuwählen, der die betreffende Eigenschaft in einer Weise zeigte, mit der er sich gut identifizieren konnte - jemanden, der die Art von Geduld oder was auch immer zu haben schien, die Bill als nächstes am erstrebenswertesten erschien.

Nüchternheit ist so ergiebig - so voller Wunder, daß wir sie zwar in uns aufnehmen können, aber nie ganz zu fassen bekommen. Das ist vielleicht die tiefste Einsicht, warum Nüchternheit eine völlig subjektive Entscheidung ist. Ich kann immer jemanden ausmachen, der anscheinend eine bessere Nüchternheit als ich hat, besonders, wenn sie sich in einer Eigenschaft äußert, in der mir meine eigene Inventur Mängel bescheinigt. Mitunter merke ich natürlich auch, daß ein anderer nüchterner A.A. an einer Stelle auf dem Weg angelangt ist, wo ich schon durch bin - wieder nur in einem Teilaspekt des nüchternen Lebens. Wenn er mich dazu auffordert, dann ist es meine Pflicht, daß ich versuche, alles Wachstum, das ich erreicht habe, mit diesem Menschen zu teilen.

Aber darüber zu urteilen, wer nun „nüchterner" oder gar „am nüchternsten" ist - hoffentlich bleibt mir das erspart.

Anmerkungen des Übersetzers:
[1] Rieff, Phillip. *The Triumph of the Therapeutic: Uses of Faith After Freud.* Harper and Row, 1968.
[2] *Axiom*: nicht zu beweisender und unbestrittener Grundsatz [Latein *axióma* Prinzip; Griechisch *axioun* für gültig halten, von *axios* wertvoll, gültig].
[3] *Stick with the winners.*
[4] *dryness*: Trockenheit.
[5] *sobriety*: Nüchternheit.
[6] *„quality sobriety"* - eigentlich: „Qualitäts-Nüchternheit".

50. Tag / Anonyme Alkoholiker?

„Alcoholic's Anonymous"[1]
- Titel für den ersten Entwurf des Blauen Buches
Alcoholics Anonymous

OBWOHL ES UNS LEICHT FÄLLT UND VOR ALLEM Spaß macht, über A.A. nachzudenken, stellt sich uns die Frage: Wie spricht man - oder mehr noch, wie schreibt man über „*Alcoholics Anonymous*"?

Das ist sogar ein Problem der Interpunktion. Wann soll man „A.A." schreiben, und wann sollte man „die A.A.s" vorziehen? Ausgangspunkt und Richtlinie sind klar: Alle Verallgemeinerungen über A.A. oder die

A.A.s sind falsch. (Natürlich einschließlich folgender Aussage: Es stimmt nicht, wenn man sagt: „Jedes Mitglied von *Alcoholics Anonymous* hat den Wunsch, mit dem Trinken aufzuhören" - oder doch?)

Aber wie steht es mit „A.A." oder „die A.A." oder „A.A.s"? Was ist da der Unterschied? Im Grunde genommen gibt es keinen. Und viel zu leicht verlieren wir diese einfache Wahrheit aus den Augen. Viele Mitglieder von vielen Gruppierungen, die nichts mit A.A. zu tun haben, können von sich mit gutem Recht behaupten: „Wir sind XYZ." Aber die Fakultät ist nicht die Universität, ebensowenig wie die Studentenschaft oder die Verwaltung oder die Bibliothek. Genaugenommen bilden noch nicht einmal alle Fakultätsangehörigen zusammen die Fakultät. Wenn wir sie verschwinden lassen (natürlich nur in unserer Vorstellung), hätte die Universität im nächsten Jahr trotzdem eine Fakultät. Mit der Zugehörigkeit zu Gruppen verhält es sich wie mit der Zugehörigkeit zu unserer Nachbarschaft: Die Nachbarschaft bleibt Nachbarschaft, selbst wenn alle derzeitigen Bewohner wegziehen. Sogar wenn alle Einwohner ausziehen und keine neuen einziehen würden, wäre New Orleans immer noch New Orleans. Wir leben in etwas; aber wir leben es nicht, weil wir das nicht können.

Alcoholics Anonymous ist anders. Wir leben es und wir leben davon, darin und dadurch, alles auf einer Ebene - das ähnelt eigentlich der Beziehung eines engagierten Fakultätsmitglieds zu seiner Universität oder der Anteilnahme jedes gewissenhaften Fachmannes an seinem Beruf. Aber wie sehr wir uns auch immer mit unserem Beruf oder sogar mit unserer Religionszugehörigkeit identifizieren, sie stellen nicht unsere menschliche Identität dar. Für Mitglieder von A.A. ist auch das anders. Wir sind in anderer Weise Alkoholiker, als wir Baptisten oder Buddhisten, Drukker oder Ärzte, Christ- oder Sozialdemokraten sind. Wenn sich überhaupt eine annähernde Parallele auf dieser grundlegenden Ebene von Sein und Identität ziehen läßt, kann sie vielleicht in rassischen und ethnischen Zugehörigkeiten gefunden werden. Ein A.A. zu sein oder kein A.A. zu sein, ähnelt eher den Unterschieden zwischen Schwarzen und Weißen oder zwischen Arabern und Juden.

Niemand kann für A.A. sprechen, und vielleicht ist es noch unmöglicher, „über" A.A. zu sprechen. Das trifft deshalb zu, weil A.A. mit seinen Mitgliedern in einmaliger Weise identisch ist, und seine Mitglieder sind einzigartig verschieden. Die Fakultät einer Universität oder der Berufsstand der Mediziner existieren unabhängig davon, ob irgendwelche Leute tatsächlich die Kunst der Pädagogik oder den Beruf des Mediziners ausüben. Die Existenz von A.A. wäre unvorstellbar, wenn niemand „den Wunsch, mit dem Trinken aufzuhören" hätte. Seine Mitglieder sind nicht nur A.A.s: Sie *sind* A.A.

Noch deutlicher zeigt sich diese Doppeldeutigkeit in dem ungekürzten Begriff *Alcoholics Anonymous*. Das Problem besteht schon lange. Wie sehr vielen A.A.s bekannt ist, trug die vervielfältigte Ausgabe des *Blauen Buches*, die vorab veröffentlicht wurde, den Titel „Alcoholic's Anonymous"[1]. Ich vermute, das war nicht bloß ein Irrtum, sondern es spiegelt wirklich die Vieldeutigkeit wider, die hinter der Namenswahl für so eine einzigartige Gruppe steckt. Ihre Mitglieder waren nicht deshalb einzigartig, weil sie irgendwelche Erfahrungen mit der Trinkerei hatten, sondern auf Grund der Art und Weise, wie sie dieses neue Dasein konstituierten - wie sie „Mitglieder von" diesem Dingsbums waren, das sie zu beschreiben versuchten.

Erinnern wir uns an den Schauplatz: Die frühen Mitglieder dessen, was wir so leichtfertig *Alcoholics Anonymous* nennen, sahen sich selbst als eine „Gemeinschaft" von anonymen Alkoholikern. Im ersten Satz des Vorwortes zur ersten Ausgabe bezeichneten sie sich selbst als „Wir von *Alcoholics Anonymous* ..."[2]; und als Unterschrift setzten sie unter das Vorwort „*Alcoholics Anonymous*"[3].

Die Überlegung erscheint vielleicht spitzfindig, aber ich erinnere mich manchmal gern an die Frage, die mir einmal gestellt wurde, und die mich nachdenklich macht: „Ist *Alcoholics Anonymous* der Titel oder der Autor dieses Buches?" Die einzige mögliche Antwort heißt: sowohl als auch. Das verleiht A.A. einen einzigartigen Wert für historische Studien: Auf welchen anderen Kreis von Menschen oder welches andere Buch würde diese Antwort zutreffen?

Die Erinnerung an den frühen Titel des *Blauen Buches* wirft natürlich zwangsläufig die Frage nach der Possessiv-Form auf. Sollte man zum Beispiel „das Programm von A.A." oder „das Programm der A.A.s" schreiben? Sowohl die geschichtlich überlieferte Praxis als auch der gesunde Menschenverstand schreiben das letztere vor: Das Programm gehört ausschließlich seinen Mitgliedern. Selbstverständlich erhebt sich sofort auch die Frage: Können die Schritte, die wir unternehmen, und die als Genesungsprogramm empfohlen werden, überhaupt jemandem gehören? Ich versuche, die Zwölf Schritte anzuwenden. Gelegentlich erlaube ich mir sogar den Kommentar, daß jemand „*sein* Programm zu kennen scheint". Aber ich bezweifele, daß wir einen Besitzanspruch behaupten könnten, sei es für uns selbst oder für irgendeinen anderen Menschen.

C. G. Jung[4] bemerkte einmal in Bezug auf das, was er das „Metaphysische" nannte: **„Es gehört einem nicht: Man wird davon besessen."** Meiner Ansicht nach trifft genau das auch auf das Programm von *Alcoholics Anonymous* zu - und mit *Alcoholics Anonymous* selbst ist es wohl genauso.

Gehören wir als Mitglieder zu A.A., oder gehört uns A.A.? Die Frage

90 Tage - 90 Meetings

mag auf den ersten Blick überheblich klingen - zumindest, bis man sich bewußt macht, daß *gehören*[5] auch *zu etwas passen*[6] bedeutet[7]. Dazugehören heißt „einen besonders geeigneten oder angemessenen Platz haben". Wenigstens in einer Hinsicht paßt A.A. genauso gut zu mir, wie ich zu A.A. passe: Mit Sicherheit finde ich bei *Alcoholics Anonymous* einen „besonders geeigneten und angemessenen Platz". Aber mit noch größerer Gewißheit findet auch das Programm von *Alcoholics Anonymous* einen besonders geeigneten oder angemessenen Platz in meinem Herzen. Ich habe sogar den Eindruck, daß es für mich nicht schlecht wäre, wenn ich unter dem Ziel meiner Nüchternheit verstehen würde, daß ich mich ebenso bei A.A. anpasse, wie sich A.A. bei mir anpaßt.

Spiele mit Worten sind „Spiele". Aber manchmal gehen Bedeutungen und Inhalte von Worten verloren, und wir verarmen - eine gewisse Reichhaltigkeit des Verstehens wird uns entzogen. Wir machen uns viel zu schnell damit vertraut und sprechen viel zu gern oberflächlich. Das einzige, was noch schlimmer als das Spiel mit Worten sein kann, ist das Herumbasteln an der Grammatik. Nichtsdestoweniger können uns auch Grammatik und ihr Gebrauch viel zu schnell geläufig werden, und wir erkennen ihre ursprünglich mit einbezogenen Bedeutungen nicht mehr. Es tut aber auch gut, manchmal ein bißchen zu spielen. Das habe ich in diesem Tagebuch öfters getan: einerseits in Anlehnung an viele Denker, die ich verehre; andererseits, weil ich bei meiner Teilnahme an neunzig Meetings in neunzig Tagen auf weitaus mehr Freiraum als auf Arbeit stoße. Vielleicht wachsen wir in der Genesung am stärksten, wenn wir von Natur aus dazu neigen, ernsthafte Menschen zu sein, aber eher spielerisch als verbissen damit umgehen.

Spielen muß nicht unbedingt kindisch sein: Es kann auch kindlich sein. Ich weiß, daß ich in vieler Hinsicht noch ein Kind bin, denn in gewissem Sinne ist mein A.A.-Geburtstag mein wirklicher Geburtstag. Eine der Freuden, die zur Nüchternheit gehören, ist die Fähigkeit, das zu akzeptieren. Eine noch größere Freude kommt von dem Gefühl, daß meine Höhere Kraft das nicht nur akzeptiert, sondern die damit verbundene ironische Intensität genießt.

Anmerkungen des Übersetzers:

[1] *Alcoholic's Anonymous* (wörtlich): Anonymes des Alkolikers (oder: Alkoholiker's Anonymes). Nach der Fotokopie zu urteilen, die der Redaktion des Verlags 12&12 vorliegt, war jedoch die Schreibweise (zumindest bei einem Teil der verbreiteten Schreibmaschinen-Manuskripte) bereits *Alcoholics Anonymous* ohne Apostroph.

[2] *Alcoholics Anonymous*, xiii/XIII „WE, OF Alcoholics Anonymous, are

more than one hundred men and women who have recovered from a seemingly hopeless state of mind and body. ..." („WIR, VON *Alcoholics Anonymous*, sind mehr als einhundert Männer und Frauen, die von einem scheinbar hoffnungslosen Zustand des Gemütes und des Körpers genesen sind.")

[3] *Alcoholics Anonymous*: xiv/XIV.

[4] Jung, Carl Gustav wurde am 26. Juli 1875 in Kesswil in der Schweiz geboren. Er studierte Medizin und praktizierte von 1900 bis 1909 an der psychiatrischen Klinik der Universität Zürich (Burghölzli) und war ebenda Dozent (1905 - 1913). 1933 bis 1942 war er Titularprofessor an der ETH und 1943 Ordentlicher Professor für Psychologie in Basel. Jung gehört mit *Sigmund Freud* und *Alfred Adler* zu den drei Wegbereitern der modernen Tiefenpsychologie. Nach der Trennung von Sigmund Freud (1913) entwickelte er die eigene Schule der Psychologie. C. G. Jung starb am 6. Juni 1961 in Küsnacht.

[5] *belong*.

[6] *fit*.

[7] Vgl. 25. Tag / Meine Lieblingsmeetings.

51. Tag / Der Spiegel der Identifizierung

Du kannst nicht dein eigenes Ohr küssen.
- Altes Russisches Sprichwort

Unsere Geschichten offenbaren in groben Zügen, wie wir waren, was geschah und wie wir jetzt sind.[1]
- Alcoholics Anonymous

DAS HEUTIGE MEETING HATTE DREI REDNER, und das Anhören ihrer Geschichten regte mich wieder an, über ihre Geschichten nachzudenken - über die reichlichen Vorteile, die uns bei A.A. aus unserem Brauch des Geschichtenerzählens erwachsen. Es stellte sich heraus, daß alle drei Redner ziemlich neu im Programm waren: Zwei sprachen zum allers ersten Mal. Jeder von ihnen war ein wenig befangen und hatte einen kleinen Frosch im Hals, als er sich vorstellte und loslegte: „Ich heiße -, und ich bin ein Alkoholiker."

Sich selbst als Alkoholiker zu identifizieren dauert bloß einen Augenblick, aber es ist nur der erste Schritt. Ich habe einige wenige Leute getroffen, die einzig und allein diesen ersten Schritt vollzogen haben, den Ersten Schritt von A.A. Die meisten von ihnen sind inzwischen tot und die übrigen werden es bald sein, fürchte ich.

Sich als Alkoholiker zu identifizieren ist eine schreckliche Angelegenheit. Glücklicherweise ist die reine Identifizierung als Alkoholiker für die meisten von uns bei A.A. nur ein Moment - eine Türschwelle. Was wirklich zählt, ist die Identifizierung mit uns selbst als nüchterne Alkoholiker. Und das ist eine Identität, die naturgemäß zum Wachstum aufruft.

Der Vorgang der Selbsterkenntnis ist etwas Wundervolles. Einerseits wurzelt er in der Entdeckung von Gleichheit: Wir identifizieren uns aufgrund von Ähnlichkeit. Andererseits schließt Identifizierung auch Verschiedenheit mit ein. Wir können uns ändern, weil wir uns nicht nur mit dem identifizieren können, was wir waren und was wir sind, sondern auch mit dem, was wir nicht sind und deshalb werden können.

Jegliche Identifizierung ist mit Widerspiegeln verbunden: Wir erkennen einen Gesichtspunkt unseres eigenen Ichs in einem anderem Menschen wieder. Wir benötigen so eine Identifizierung, denn in gewisser Hinsicht können wir uns selbst nicht direkt erkennen oder auch nur sehen. Das Auge kann sich nicht selbst anblicken: Es kann seine eigene Reflektion nur in einem Spiegel sehen.

Bei A.A. finden drei Arten von Spiegelungen statt. Als ich neu hinzukam, boten mir die Mitglieder mit ihren Geschichten einen Spiegel, wenn sie erzählten, „wie wir waren", und darin entdeckte ich, wer ich war: ein Alkoholiker. Obwohl das mein eigener Erster Schritt war und somit unwiederholbar, kommt es mir so vor, als ob ich ihn immer wieder vollziehe, sooft ich in den Monaten und Jahren danach im Spiegel der Bekenntnisse von später Hinzugekommenen sehe, wie ich selbst einmal war. Unsere Vergangenheit ist immer ein Bestandteil unserer gegenwärtigen Identität.

Aber sie ist nur ein Teil. Was wir sind, erfahren wir bei A.A. nicht nur dadurch, daß wir unsere Vergangenheit liebevoll annehmen, sondern auch, weil wir verstehen lernen, wer und was wir werden können. Wenn wir uns bei unseren Beziehungen zu anderen daran erinnern, daß Identifizierung kein Vergleichen ist, dann akzeptieren wir unsere Identität in der Beziehung zu uns selbst und werden dafür frei, mit dieser Identität reifer zu werden. *Alcoholics Anonymous* ist ein Programm des unendlichen Wachstums: „Wir berufen uns eher auf spirituellen Fortschritt als auf spirituelle Perfektion."[2]

Wachstum kann unangenehm sein, das macht uns der Begriff „Wachstumsschmerzen" bewußt. Veränderung flößt uns Angst ein, denn sie ist mit dem Aufgeben des Vertrauten verbunden und erfordert einen Sprung ins Ungewisse. Wir fragen uns auch - vielleicht besonders als Alkoholiker - ob wir uns überhaupt verändern können. Oft kommen wir erst dann zu A.A., wenn für unsere Fähigkeit zur Veränderung nur noch

Zynismus übrig geblieben ist. Ich weiß, daß mein eigener Weg mit gebrochenen Versprechungen gegenüber mir selbst gepflastert war, als ich ankam. Intuitiv - und meiner Ansicht nach völlig richtig - erfaßte ich die Tatsache, daß ich mich nicht ändern konnte, zumindest, was mein Verhältnis zum Alkohol anbetraf.

In der Nüchternheit erfahren wir dann mehr über die Tiefe und auch das Ausmaß dieser Wahrheit, wie mir scheint. Nicht nur in unserem Verhältnis zum Alkohol, sondern in vielen anderen intimen Bereichen unseres Lebens - zum Beispiel an unseren Schwächen - können wir trotz allem selbst nichts ändern. Aber wir können für Veränderungen offen sein, aufgeschlossen dafür, uns ändern zu lassen, sobald wir anerkennen, daß eine Kraft existiert, die außerhalb von uns wirkt und größer als wir selbst ist. Wenn wir erst einmal gelernt haben, unsere Identität als nüchterne Alkoholiker liebevoll anzunehmen, wirkt zumindest ein Teil dieser höheren Kraft von außerhalb, und sie kommt durch unsere Beziehungen zu anderen nüchternen Alkoholikern in uns zum Tragen. Wir zweifeln vielleicht noch, ob wir uns ändern können, aber wir können sehen, wie andere sich verändern. Aus dieser Spiegelung schöpfen wir dann Hoffnung auf unsere eigene Veränderung und somit auch den Mut, uns dieser Entwicklung offen zu stellen.

Wenn wir den Spiegel der Identifizierung benutzen, um zurückzuschauen, entdecken wir, daß wir verändert worden sind. Jedes nochmalige Erzählen unserer eigenen Geschichte offenbart uns, daß sich unser Leben, wie es einmal war, von unserem Dasein, wie wir heute sind, nun deutlich unterscheidet. Aber was ist mit dem Blick nach vorn? Hoffnung ist keine Hochrechnung. Als ich noch naß war, kannte ich keine Hoffnung; ich phantasierte oder versuchte, die Dinge hinzuschaukeln, und das ist nicht hoffen.

Bei A.A. finde ich Hoffnung - Hoffnung, daß ich mich ändern kann, denn ich sehe, wie sich andere verändern. Nüchterne Alkoholiker, die ihre Geschichten erzählen, enthüllen mir nicht nur, wie ich war und wie ich bin, sondern auch, was ich werden kann, sofern ich meine Identifizierung energisch weiterverfolge. Während des Entzugs vom Alkohol fragte ich in meinem Schmerz zum ersten Mal: „Wie kann ich so sein wie ihr?" Da wurde mir gesagt: „Nimm den ersten Schluck nicht und gehe zu den Meetings, und zwar immer nur für vierundzwanzig Stunden."

Daran habe ich mich gehalten und tue es noch immer. Und es wirkte damals genauso gut wie heute. Doch mittlerweile hat es auch in anderer Form zu wirken begonnen. Als ich in der Nüchternheit mehr und mehr wuchs, stellte ich auf die eine oder andere Weise fortwährend die gleiche

Frage: „Wie kann ich so sein wie ihr?" Das fragte ich nicht bloß in der Hoffnung, irgend etwas nicht tun zu müssen - wie trinken zum Beispiel - sondern ich tat es in der Hoffnung, irgend etwas zu sein - wie zum Beispiel wirklich nüchtern. So habe ich mich im Laufe der Zeit zu ändern versucht - genauer gesagt, für Veränderung offen zu sein - etwa, indem ich mich bemühte, Sinn für Humor zu bekommen, mit mir selbst sowie mit anderen geduldiger zu werden und außerdem einen ganzen Haufen anderer guter Eigenschaften zu entwickeln, die zur wahren Nüchternheit beitragen.

Mit anderen Worten: Ich lerne, daß ich mich ändern kann, und ich bekomme den Mut, mich ändern zu lassen, denn ich sehe die Veränderungen, die bei anderen A.A.-Mitgliedern stattgefunden haben. Zuerst wurden mir diese Veränderungen nur beschrieben: Ich hörte, wie die anderen gewesen waren, aber ich sah nur, wie sie jetzt waren. Doch mit der Zeit konnte ich die Veränderungen bei A.A. selbst miterleben - wie das Wachstum in der Nüchternheit passiert, Woche für Woche, Monat für Monat, Jahr für Jahr. Ich sehe, wie sich andere ändern, und das gibt mir den Mut, bei mir selbst Veränderungen zuzulassen - und das ist eine kostbare Begabung.

Anmerkungen des Übersetzers:
[1] Vgl. *Alcoholics Anonymous*: 58/67.
[2] Vgl. *Alcoholics Anonymous*: 60/69.

52. Tag / Genesend oder geheilt?

Verständnis für den genesenden Alkoholiker
- Buchtitel von Kenneth Anonym[1]

OFT WERDEN BEI A.A. ernste Themen humorvoll und sogar trivial behandelt. Ich sehe darin einen besonderen Wert: Als ich noch naß war, machte ich gewöhnlich aus jeder Mücke einen Elefanten. Es ist uns mit A.A. ernst - Alkoholismus ist eine Frage von Leben und Tod für uns. Aber wir kennen uns selbst auch gut genug, um uns nicht allzu ernst zu nehmen. Schließlich sind wir Alkoholiker.

Die Diskussion heute abend war mit Sicherheit ernsthaft. Sie begann, als Jerry bemerkte: „Anscheinend werde ich manchmal immer noch von meinem verdammten Perfektionismus gequält. Irgend etwas in meinem Inneren scheint darauf zu bestehen, daß ich perfekt sein muß - als Ehemann und Vater, als Arbeiter und Freund. Ich vergesse ständig, daß ich einzig und allein im „Alkoholiker-Sein' perfekt bin."

Nach dem Meeting wurde ich nachdenklich. Als Jugendlicher stellte ich mir die Frage, ob es so etwas geben könnte wie „reinen Dreck". Der Ausdruck trug keinen Widerspruch in sich, wie etwa „eckiger Kreis", aber irgendwie hörte sich das komisch an und ging mir gegen den Strich. „Perfekter Alkoholiker" hat eine ähnliche Wirkung, doch es beunruhigt mich mehr in der Tiefe. Ist es möglich, ein vollkommener Alkoholiker zu sein? Die Frage mag ziemlich dumm erscheinen - und möglicherweise ist sie das sogar - aber vielleicht dient es auch meiner Nüchternheit, wenn ich darüber nachdenke.

Im engsten Sinne des Wortes bedeutet „perfekt"[2]: „durchgeführt"[3]. Wenn etwas durchgeführt ist, dann bleibt nichts mehr daran zu tun. Was perfekt ist, das ist vollendet. Wenn wir das aus dieser Sicht betrachten und „Alkoholismus" im Rahmen der Beziehung eines Menschen zum Alkohol verstehen, sind alle von uns bei A.A. „vollkommene Alkoholiker". Wir sind mit der Alkohol-Trinkerei fertig - unsere Säufer-Karriere ist beendet. Jedenfalls hoffen wir das immer für den jeweiligen Tag.

Da wir von neuem beginnen, und unsere Nüchternheit gewissermaßen eine Wiedergeburt darstellt, können wir natürlich im erweiterten Sinne des Wortes, das heißt als nüchterne Alkoholiker, niemals vollkommen sein. So etwas wie perfekte Nüchternheit gibt es nicht. Nur als nasse Alkoholiker sind wir folglich fertig, vollendet, perfekt. Doch als nüchterne Alkoholiker können wir nichts dergleichen sein. Die Nüchternheit, die A.A. offeriert, umfaßt weit mehr als bloße Abstinenz. Nüchternheit ist ein anderes Wort für menschliches Wachstum. Und wenn ich aufhöre, darüber nachzudenken, wird dieses Wachstum lediglich im und durch den Tod abgeschlossen.

Mitunter entzünden sich leichte Meinungsverschiedenheiten darüber, ob wir nun „genesende" oder „geheilte" Alkoholiker sind - mehr zwischen einzelnen A.A.s als in A.A. selbst. Mir gefallen solche Streitgespräche, denn sie bieten mir endlich einmal die Chance, mich mit Clark Gable[4] identifizieren zu können: „Offen gesagt, meine Liebe, das ist mir verdammt egal."

Was in solchen Diskussionen wirklich untersucht wird, ist in gewisser Weise ein Aspekt der Frage: Sind wir „perfekte Alkoholiker"? Ein angesehener medizinischer Sachverständiger, der unserer Gemeinschaft angehört und auf dem Gebiet der Behandlung arbeitet, sagte einmal: „Nur ein toter Alkoholiker ist ein geheilter Alkoholiker." Und Russ[5] erzählt gelegentlich Geschichten über Alkoholiker, die dachten, sie wären „geheilt", und deshalb loszogen, wieder tranken und ein Auto zu Schrott fuhren ... „und so wurde er ein wirklich geheilter Alkoholiker."

Nach medizinischen Vorstellungen wird unter Genesung von einer

Krankheit unter anderem verstanden, daß der ursprüngliche Zustand vor ihrem Ausbruch wiedererlangt wird. Deshalb ignorieren viele Forscher die Erfahrungen von A.A. in ihrem Elan, wenn sie beweisen wollen, daß der Alkoholiker zum kontrollierten Trinken zurückkehren kann. Die offensichtliche Fruchtlosigkeit solcher Bemühungen[6] zeigt sich natürlich an der einfachen Tatsache, daß der Nicht-Alkoholiker - der sogenannte normale Trinker - sein Trinken nicht bewußt kontrollieren muß. Wer sein Trinken kontrollieren muß, ist in gewisser Weise schon ein vollkommener Alkoholiker. Für diejenigen, die medizinisch denken und gleichzeitig die Annahmen von A.A. akzeptieren, wird sich unsere Behauptung, geheilte Alkoholiker zu sein, vielleicht immer als verwirrend erweisen.

„Genesend" hat also den Vorteil, diese mögliche Verwirrung zu vermeiden und zugleich zu betonen, daß Nüchternheit ein fortdauernder Wachstumsprozeß ist - der „eher spirituellen Fortschritt als spirituelle Vollkommenheit"[7] beinhaltet. Aber der Begriff *genesend* kann ebenfalls hinken und Verwirrung stiften. Für manche Leute beinhaltet er scheinbar, daß wir in jedem Augenblick am Rande einer Sauftour sind. In gewissem Sinne sind wir das auch, doch das können wir vielleicht nur selbst verstehen. Aber mir fällt dabei auch der schwarze Humor einer Erfahrung ein, die ich selbst machte, nachdem ich fünf Jahre bei A.A. war. Ein Berufskollege, der gerade von meiner Mitgliedschaft bei A.A. erfahren hatte (nicht von mir selbst), verfrachtete sorgfältig seinen ziemlich edlen Alkoholvorrat in einen verschlossenen Kasten in seinem Keller, bevor er mich zum Essen einlud - vermutlich, damit mich nicht allein der Anblick oder der bloße Geruch von Alkohol in eine wütende Bestie verwandelt! Der freundliche, großherzige David respektierte meine Nüchternheit, so gut er konnte; aber ich bezweifele eigentlich, daß echter Nüchternheit mit dieser Art von Respekt viel gedient ist.

An dem besagten Abend sprachen wir also über den Unterschied, der zwischen „genesend" und „geheilt" besteht. Und diese Diskussion half mir, mit beiden Begriffen vorsichtig umgehen zu lernen. Ich weiß, daß ich ein Alkoholiker bin und jedesmal, wenn ich ein A.A.-Meeting besuche, erfahre ich mehr darüber, was das bedeutet. Zunächst bedeutet es für mich, daß ich in der Nüchternheit wachsen muß, wenn ich wirklich den Weg von A.A. einschlagen will, der mir schließlich das Leben gerettet hat.

Daher hilft es mir manchmal, wenn ich mich als vollkommener Alkoholiker betrachte. Manchmal spüre ich den Trieb, perfekt zu sein, genau wie Jerry. Die Erinnerung an den Lebensbereich, in dem ich möglicherweise perfekt *bin*, kann mir helfen, den Schmerz dieses Bedürfnisses zu mildern. Sie hilft mir sogar, dieses Bedürfnis - und auch alle anderen

Bedürfnisse - aus dem richtigen Blickwinkel zu sehen: aus der Perspektive der Lebensweise von A.A. Schon seit Sokrates[8] haben die Philosophen gewußt, daß jegliche Perspektive Ironie offenbart.

„Vollkommener Alkoholiker" und „reiner Dreck" sind beides Ausdrücke, die mir gut tun, weil sie mir dazu verhelfen, daß ich manche Worte wirklich höre, mit denen ich sonst vielleicht zu gleichgültig herumwerfen würde. In meiner späten Jugend legte ich viel von der Neigung ab, Luftschlösser zu bauen - aber nicht alles. Im fortlaufenden Heranwachsen meiner Nüchternheit könnte mir eine ähnliche Empfänglichkeit für die Auffassungen hinter bestimmten Ausdrucksweisen helfen, etwas wiederzuerlangen, was mir meine Trinkerei geraubt hatte: eine gewisse Verspieltheit, die eher kindlich als kindisch ist. Meine Höhere Kraft würde das vermutlich gut finden, denn ich muß oft daran erinnert werden, daß eine Aufgabe meiner Nüchternheit darin besteht, mich nicht mehr „so verdammt ernst" zu nehmen, wie es in der „A.A.-Regel Nr. 62"[9] heißt.

Für diesen Hinweis bin ich all den perfekten Alkoholikern dankbar, die *Alcoholics Anonymous* darstellen, egal, ob sie geheilt oder genesen sind. Denn Menschsein heißt für mich, ein Mitglied dieser Gemeinschaft zu sein und ihre Lebensweise zu leben. Das ist echte Genesung für mich - nicht, um Alkohol trinken zu können, sondern Genesung, um menschlich und somit unvollkommen sein zu können.

Anmerkungen des Übersetzers:

[1] Anonym, Kenneth. *Understanding the Recovering Alcoholic*. Alba House Communications, 1974.

[2] *perfect*: perfekt, vollendet, vollkommen, fehlerlos, makellos, ideal, fertig, abgeschlossen; gründlich; gänzlich, vollständig [Latein: *perfectus* aus *perficere* - *per* durch + *facere* tun, machen].

[3] *completed*: vollständig, vollkommen, völlig, ganz, komplett; vollzählig, sämtlich; beendet, fertig, abgeschlossen [Latein: *complétus*, von *complére* auffüllen - *com* intensiv + *plére* füllen].

[4] Gable, Clark. Amerikanischer Filmschauspieler. Geboren 1901 in Cadiz (Ohio), gestorben 1960 in Los Angeles. Meist in der Rolle des „charmanten Draufgängers". Die Anspielung bezieht sich auf den Film „Vom Winde verweht" (1939). Der Film basiert auf einer Novelle von Margaret Mitchell aus dem gleichen Jahr. Die Handlung spielt im amerikanischen Bürgerkrieg während der sechziger Jahre des 19. Jahrhunderts, und das Zitat stammt aus der Szene, als Rhett Butler (Clark Gable) seine Frau Scarlett O'Hara, mit der er noch nicht „im Bett" war, die lange, breite Treppe hochträgt. Sie protestiert ein wenig und er antwortet: „Offen gesagt, meine Liebe, das ist mir verdammt egal." („*Frankly, my dear, I don't give a damn.*") Die Szene wirkte 1939 schockierend, und der Höhepunkt lag auf dem Wort „verdammt" (*damn*), was damals kaum auf einer Leinwand

ausgesprochen wurde, und mit Sicherheit in keinem Falle von einer heldenhaften Figur.
⁵ Russ R., ein A.A. der ersten Tage. Vgl. *Pass It On*: 164ff.
⁶ Vgl. Schmidt, Prof. Dr. Lothar: *Alkoholkrankheit und Alkoholmißbrauch*, 3., überarbeitete und erweiterte Auflage, Kohlhammer (1993), Seite 32 f.; Pendery, M.L., I.M. Maltzman, L.V. West: *Controlled drinking by alcoholics? New findings and a reevaluation of a major affirmative study*. Science 217, 169 (1982).
⁷ Vgl. *Alcoholics Anonymous*: 60/69.
⁸ *Sokrates*: griechischer Philosoph (470-399 v. Chr.).
⁹ Vgl. *Twelve Steps and Twelve Traditions* (Zwölf Schritte und Zwölf Traditionen): 149/143.

53. Tag / Der neueste Al-Anon[1]

Ich bin sehr, sehr sicher, daß der Gott, den ich anbete, ein sehr, sehr aktives Mitglied bei Al-Anon ist.
  - Bemerkung in einem A.A.-Meeting

WENN ES EIN THEMA GIBT, bei dem die Funken sprühen, wenn darüber in einer A.A.-Gruppe diskutiert wird, in der sich die verschiedenen Mitglieder gut kennen - und die Nüchternheit jedes einzelnen vielleicht noch besser - dann ist es das Thema „eher spirituell als religiös". Die Gruppe, die ich in der letzten Zeit immer montags besucht habe, schien aus zwei Lagern zu bestehen: Die eine Hälfte hatte das Gefühl, daß organisierte Religion für sie versagt hatte, als sie noch tranken, und sich auch nicht als Hilfe erwiesen hatte, als sie nüchtern wurden. Die andere Hälfte empfand ihre Nüchternheit als Türschwelle zu erfüllterer Wertschätzung ihrer Höheren Kraft, wie sie ihren Kirchen offenbart wird. Obwohl sich die beiden Standpunkte nicht unbedingt widersprechen, entsteht zwischen diesen verschiedenen Erfahrungen oft ein sehr begeisterter Dialog.

Fred schien es heute abend darauf anzukommen, eine Art Brücke zu bauen, zumindest für einige. „Ich kann nichts dafür, aber ich denke tatsächlich, daß der Gott, den ich anbete, ein sehr, sehr aktives Mitglied von Al-Anon ist." Das beteuerte er vor einem Meeting, an dem auch die Partner und Partnerinnen von denjenigen unter uns teilnahmen, die das Glück hatten, geliebte Menschen bei Al-Anon zu haben. „Oder laßt es mich so ausdrücken: Als ich noch trank, war Gott ungefähr so, wie ich jetzt bin. Er redete nicht gern mit Betrunkenen, weil ihm klar war, wie sinnlos es ist, mit einem nassen Alkoholiker reden zu wollen, der noch nicht bereit ist, aufzugeben. Bei meinen Gebeten konnte er zwischen einem Versprechen und einem Kuhhandel unterscheiden. Der Gott, den ich in organisierter Religion fand - und jetzt noch finde - behandelt mich rauh, aber herzlich: genau wie mein Sponsor, der für mich den Zwölften Schritt unternommen hat. Solange ich nur das wollte, was ich „Liebe' nannte, ging er mir aus dem Weg, ebenso wie meine Frau, nachdem sie Al-Anon gefunden hatte. Nun, Gott sei Dank habe ich gelernt, daß die Liebe meines Sponsors und meiner Frau die wahre Liebe war - und die Liebe meines Gottes war und ist genauso echt."

Mir gefällt Freds Bild. Manchmal haben sogar nüchterne A.A.s seltsame Vorstellungen über Al-Anon. Ich dachte früher immer, daß sich die Al-Anons trafen, um über ihr Problem zu sprechen - wobei ihr Problem ihr Alkoholiker wäre. Heute weiß ich, daß sie sich aus demselben Grund treffen wie wir: wohl schon, um über ihr Problem zu sprechen. Aber ihnen ist klar, daß ihr Problem darin besteht, wie sie nach dem Zwölf-Schritte-Programm leben können, um im Rahmen ihrer eigenen Menschlichkeit zu wachsen. Al-Anons und A.A.s streben das gleiche Ziel an: die Freiheit, ganz sie selbst zu sein.

Natürlich müssen sie das lernen, genau wie wir. Wenn sie anfangs zu Al-Anon kommen, muß ihnen von älteren Mitgliedern beigebracht werden, warum sie eigentlich dort sind - die meisten von ihnen brauchen das anscheinend sogar noch mehr als wir. Ich halte es für fair zu sagen, daß die meisten Al-Anons Hilfe für ihren Alkoholiker suchen, wenn sie das Programm zum ersten Mal angehen: *Sie* wollen ihrem Alkoholiker helfen. Der erste Schritt von Al-Anon ist derselbe wie bei A.A. - Mit rauher und herzlicher Liebe werden sie von den erfahrenen alten Hasen bei Al-Anon an die Bedeutung dieses Schrittes erinnert. Das verhilft ihnen zu der Einsicht, daß sie eigentlich Hilfe für sich selbst suchen und daß ihre Krankheit eben aus ihrem Drang entsteht, lieber selbst helfen zu wollen, als Hilfe zu suchen.

Ich mache mir das bewußt, weil ich meiner Phantasie freien Lauf lassen möchte: Meine Höhere Kraft, die mich so oft aus dem Schlamassel herausgeholt hatte, nur um mich doch wieder trinken zu sehen, kommt frustriert und wie ein nasser Hund bei ihrem ersten Al-Anon-Meeting an. „Ich bin mit meiner Weisheit immer total am Ende", erzählt meine Höhere Kraft in der Gruppe. „Ich denke, meine Liebe sei grenzenlos. Das ist sie wirklich ... schließlich bin ich Gott. Wenn ich endlich aufhören könnte, an diesen lausigen Säufer zu denken, nur für einen Augenblick, dann würde er aufhören zu existieren - einfach sang- und klanglos verschwinden. Bei jedem seiner Schritte habe ich ihn unterstützt, und das tue ich immer noch. Ich habe ihn vor Dingen bewahrt, die ihr - und sogar er selbst - noch nicht einmal glauben würdet! Aber was macht er? Vertraut er mir? Läßt er los und öffnet sich meiner Liebe? Denkste! Er hat meinen Geist vergessen und liebt geistige Getränke über alles. Was mache ich verkehrt? Meine Liebe kann doch nicht unvollkommen sein, oder? Das kann nicht sein. Aber er scheint das zu provozieren - jedesmal, wenn er lieber zur Flasche greift, anstatt loszulassen und zu mir zu kommen."

Die Mitglieder murmeln verständnisvoll. Jeder hat das durchgemacht, obwohl sich die meisten über „die grenzenlose Liebe" nicht ganz so sicher waren. Dann weist einer von ihnen auf den Ersten Schritt hin. „Du bist natürlich Gott, und daher nehme ich an, Du könntest den Alkohol oder auch die Alkoholiker ganz auslöschen. Aber solange Du, lieber Gott, willst, daß es sowohl Alkohol als auch Alkoholiker gibt, bist Du, entschuldige den Ausdruck, vermutlich ebenso ‚machtlos' wie jeder andere hier an diesen Tischen."

Ein anderes Mitglied fällt ein: „Ich habe Dich beobachtet, Gott, als Du hereinkamst. Ich sah, wie Du unsere Schritte gelesen hast; und wenn ich Deine zusammengezogenen Augenbrauen richtig deute, hattest Du weniger Schwierigkeiten mit dem Ersten Schritt als mit dem zweiten. Nun, ich bin zwar selbst nicht gerade fromm, aber vielleicht kann ich das Problem verstehen, das Du mit dem Ausdruck „eine Kraft, größer als wir selbst'[2] haben könntest. Laß Dir von mir sagen, wie ich das im Hinblick auf mich und meinen eigenen Alkoholiker verstehe. Du magst Gott sein, aber Du hast dasselbe Problem wie jeder andere hier im Raum - und manche Leute würden das auch eine Sucht nennen: Du hast es selbst zugegeben, Du liebst Deinen Alkoholiker.

Nun, genaugenommen ist das keine Krankheit im medizinischen Sinne. Wenn das so wäre, könntest Du es sicherlich ganz leicht mit ein paar einfachen Wundern wieder in Ordnung bringen. Aber weil Du die Welt so gemacht hast, wie sie ist, schließt Liebe immer Un-Wohlsein und Krankheit mit ein - denn in gewissem Sinne ist unsere Liebe immer größer als wir selbst. Mir wurde gesagt, Du hättest uns deshalb so geschaffen, damit wir Dich finden können. Jedenfalls sind wir so, und es ist irgendwie nett, zu entdecken, daß Du auch so bist. Ich kann es kaum glauben, daß Gott einen Alkoholiker lieben kann. Aber Du sagst, daß Du das tust, und Dein Hiersein beweist es. Willkommen bei Al-Anon, lieber Gott!"

Sicherlich wurde das Meeting damit nicht abgebrochen, aber mein Vorstellungsvermögen endet hier. Ich bin bestenfalls ein unkonventioneller Gläubiger, doch ich bin ich nicht sicher, welche Vorstellung ich schwieriger finde: „Gott" oder „einen Alkoholiker zu lieben". Wenn ich noch einen letzten Kalauer ablassen darf: Das Meeting konnte schon deshalb nicht an diesem Punkt zu Ende sein, weil das Erzählen der Geschichte Gottes von seiner eigenen Erfahrung, Kraft und Hoffnung im Zusammenhang mit der Liebe zu Alkoholikern sicherlich ein bißchen länger dauerte.

Aber es wird Zeit, das Hirngespinst abzubrechen. Ich selbst heiratete erst, nachdem ich bei A.A. ein wenig nüchtern geworden war. Obwohl sie mich als Säufer nie erlebt hatte, geht meine Frau zu Al-Anon und profitiert davon genau wie ich. Vermutlich geht es mir ebenso wie Fred: Meine Höhere Kraft bleibt auch „ein aktives Mitglied". Ich empfinde tiefe Dankbarkeit für *Alcoholics Anonymous*, und es tut mir manchmal ebenso gut, nicht zu vergessen, daß ich auch Al-Anon viel zu verdanken habe und dafür dankbar sein muß. Manchmal gelingt es uns, zu glauben, daß es Menschen gibt, die uns lieben. Solche Menschen brauchen die Weisheit des Lebensweges auf der Grundlage der Zwölf Schritte mindestens ebenso nötig wie wir selbst - wer auch immer sie sein mögen.

Anmerkungen des Übersetzers:

[1] *Al-Anon* ist eine Gemeinschaft von Familien-Gruppen, die etwa dreizehn Jahre nach der Veröffentlichung des Buches *Alcoholics Anonymous* gegründet wurde. Obwohl sie völlig unabhängig von *Alcoholics Anonymous* organisiert ist, benutzt sie die allgemeinen Prinzipien des A.A.-Programmes als Leitfaden für Ehemänner, Ehefrauen, Angehörige, Freunde und andere, die Alkoholikern nahestehen. *Alateen*, für minderjährige Kinder von Alkoholikern, ist ein Teil von Al-Anon. *Erwachsene Kinder von Alkoholikern* (EKA) - in den U.S.A. *Adult Children of Alcoholics* (ACoA) - ist eine weitere Gemeinschaft von Mitbetroffenen. Hierbei handelt es sich um Erwachsene, die in ihrer Kindheit durch einen oder mehrere Alkholiker geschädigt wurden. EKA und ACoA sind separat von Al-Anon und Alcoholics Anonymous organisiert.

[2] Vgl. *Alcoholics Anonymous*: 59/68.

54. Tag / Zufrieden sein

[Manche Menschen scheinen] nie eine innere Zufriedenheit zu fühlen, wenn sie etwas zustandebringen. Egal, was man versucht, oder wie gut es gelingt, es ist nie genug. ... Für solche Menschen ... verwandelt sich die Wahrnehmung von Unterschieden zwischen ihnen selbst und anderen automatisch in einen Vergleich zwischen gut und schlecht, zwischen besser und schlechter. ... Statt den Unterschied zu schätzen, fühlen sich diese Menschen von ihm bedroht. Daher versuchen sie in ihrem Perfektionismus, „alles" zu sein, anstatt einfach zu sein, wer sie sind. Der Perfektionist muß noch lernen, daß wir erst aufhören müssen, zu versuchen, „alles" zu sein, um dafür frei zu werden, diejenigen zu sein, die wir sind.
- Gershen Kaufman[1]

DIE TEILNAHME AN A.A.-MEETINGS BEDEUTET FÜR MICH neben vielen anderen Dingen, daß ich hin und wieder ganz plötzlich das Gefühl bekomme, jemand anders würde mich besser kennen als ich selbst. Oft scheint die Geschichte eines Redners oder die Bemerkung in einem Diskussionsbeitrag ein Licht auf mein Dasein zu werfen und mein innerstes Wesen ganz klar durchschaubar zu machen. Mittlerweile nenne ich das schon die „Dabidi-Reaktion": „Mein Gott! **D**as **bin d**och **i**ch!"

Aber *Alcoholics Anonymous* ist großzügig. In der Gemeinschaft und nach ihrem Programm zu leben, bedeutet nicht etwa, Erleuchtungen zu horten, und ihr Nutzen beschränkt sich keineswegs nur auf ihre eigene Dienststruktur. Daß ich jetzt mitunter beim Lesen ähnliche Erfahrungen mache, ist eine der Freiheiten, die mir aufgrund meiner Beteiligung bei A.A. geschenkt wurden. Bevor ich bei A.A. war, las ich defensiv und kritisch, und mit dem Zuhören war es ebenso. Ich benutzte mein eigenes Wissen lediglich dazu, um Einsichten, die sich anboten, mit „wenn" und „aber" zu widerlegen[2]. Mit anderen Worten: Bevor ich zu A.A. kam, las ich nie wirklich, und ebensowenig hörte ich zu.

Das Thema, auf das ich zusteuere, ist die erfolgreiche Empfehlung von A.A.: „Identifiziere dich, aber vergleiche nicht."[3] Darüber sprachen wir gestern abend. Aber bevor ich darauf eingehe, bietet sich eine andere Beobachtung als geeignete Eselsbrücke für diese Reise an. Aufgrund dessen, *was* bei A.A. *geschah*, gibt es Unterschiede zwischen dem Dasein, *wie ich war* und *wie ich jetzt bin*. Manche Passagen, die ich lese, genau wie manche Geschichten, die ich höre, sind wahrscheinlich höchst wertvoll, denn sie helfen mir, diesen Unterschied richtig einzuschätzen.

Der als einleitende Meditation zitierte Textabschnitt vermittelt mir dieses Gefühl. Als ich noch trank, war ich solch ein Mensch: ein kranker

Perfektionist, der unfähig war, jemals innere Befriedigung zu finden; was immer ich tat, nie war es genug; und weil ich immer verglich, fühlte ich mich durch alles bedroht, was irgendein anderer tat oder war. Ich versuchte, „alles" zu sein und zerstörte dadurch jegliche Hoffnung, einfach derjenige zu sein, der ich war.

Mit scheint, jene Wesenszüge und jener Lebensstil waren eng mit meiner Flucht in den Alkohol und mein späteres Abrutschen in den Alkoholismus verbunden. Ich bin überzeugt, daß aktiver Alkoholismus in meinem Falle vor allem eine Lebensweise war, die sich durch bestimmte Denkweisen auszeichnete. Wenn das stimmt, dann beschreibt das Zitat diese Art des Lebens und Denkens sehr gut, jedenfalls für mich.

Der Griff zur Flasche signalisierte einen Versuch, innere Zufriedenheit zu finden, zumindest bei mir. Wie auch immer, der warme Glanz, den die Alkoholwerbung verspricht, ist sogar im Idealfall lediglich ein leerer Hohn, eine verzerrte Karikatur jener kostbaren Begabung. In weniger guten Fällen, wenn wir in den Abgrund des Alkoholismus abrutschen, erweist er sich natürlich immer mehr als ein spöttisch falsches Versprechen. Bald sind wir an dem Punkt, wo es egal ist, was oder wieviel wir trinken: Es ist nie genug. Das ist die Definition von Alkoholismus, wie mir scheint.

Ich erinnere mich noch daran, wie ich als Kind einmal Bauchweh hatte und gleichzeitig hungrig war. Eines Tages waren wir in einem Vergnügungspark, und ich überaß mich mit Zuckerwatte, obwohl ich eigentlich etwas Richtiges zum Essen brauchte - ein Würstchen hätte genügt. Das Ergebnis war ein sterbenselender und immer noch sehr hungriger Achtjähriger. Diese Empfindung der Frustration klingt noch in mir nach: das Gefühl, übervoll und trotzdem abgrundtief leer zu sein, sogar als mein Magen den nebulösen, klebrigen Inhalt von sich gab. War dieser Vorfall ein Vorzeichen für meinen späteren Alkoholismus?

Und dann gibt es da noch die Geschichte mit dem Vergleichen. Aufgrund meines Perfektionismus „verwandelte sich" sogar schon in meiner Kindheit „die Wahrnehmung von Unterschieden zwischen mir selbst und anderen automatisch in einen Vergleich zwischen gut und schlecht, zwischen besser und schlechter". Die Unterschiede zu anderen bedrohten mich immer. Ich konnte nur „besser" oder „schlechter" erkennen, egal, worum es ging: bei den Zensuren, den Belobigungen, den Weihnachtsgeschenken, den sportlichen Leistungen, bei der elterlichen Liebe oder bei der Beliebtheit unter den Freunden ... ich könnte endlos fortfahren, aber warum? Ich kann mich auch erinnern, wie wir im Biologieunterricht das Chamäleon durchnahmen. Als Kind war ich davon fasziniert. Angeblich konnten diese kleinen Eidechsen willkürlich ihre Färbung ändern, um sich ihrer Umgebung anzupassen. Meine Faszination von ihnen spiegelte vielleicht eine unbewußte Sehnsucht wider, mich zu verstecken. Sie zeigte meine Angst, niemals gut genug zu sein, wenn man mich wirklich sehen könnte - und die Wurzel dieser Angst saß genau in meiner Unfähigkeit, innere Befriedigung zu erreichen.

Als ich den Alkohol entdeckte, schien er mir endgültig zu erlauben, eine Proteusnatur[4] zu sein. Über viele Jahre - eigentlich, bis ich mit Hilfe von A.A. ein wenig nüchtern war - vergaß ich den Mythos, auf dem dieser Begriff beruht und die Zusammenhänge in dieser Geschichte. Es stimmt zwar, daß Proteus[5] seine Gestalt nach Wunsch in jedes beliebige Wesen verwandeln konnte, doch tat er das nur, wenn er in Ketten gelegt wurde.

Alkohol war der Schmied meiner Ketten. Er versprach mir die Fähigkeit, „alles" zu sein oder den Schmerz zu stillen, nicht „alles" zu sein. Aber seine Versprechungen hielten mich in der Unfähigkeit gefesselt, nicht einfach derjenige sein zu können, der ich war. Bevor ich A.A. fand, lernte ich deshalb nie, „daß wir erst aufhören müssen, zu versuchen, „alles" zu sein, um dafür frei zu werden, diejenigen zu sein, die wir sind".

Ich bin Alkoholiker. Das bedeutet, daß ich keinen Alkohol trinken kann, ohne meine Selbstzerstörung zu riskieren. Ich erfuhr, daß ich ein Alkoholiker war, weil mich *Alcoholics Anonymous* dazu ermutigte, mich zu identifizieren, anstatt mich zu vergleichen. Und wieder stehe ich voller Ehrfurcht vor der einfachen Weisheit von A.A. Der Hang zum Perfektionismus und die Sucht nach Vergleichen gehen Hand in Hand. Und von allen Psychologen erfaßte William James[6] das Wesen dieser Verbindung vielleicht mit der klarsten Intuition - das Fehlen der Selbstachtung, die Verwerfung des eigenen Ichs als nicht gut genug.

James schrieb über diese Verbindung allerdings nicht in dem Buch *Die Vielfalt religiöser Erfahrung*, das die Gründer von A.A. so sehr liebten, sondern er behandelte sie in seinem monumentalen Werk *Die Grundsätze der Psychologie* und in seiner eher populärwissenschaftlichen Abhandlung *Gespräche mit Lehrern*[7]. Soweit wir wissen, warf niemals einer der A.A.-Gründer auch nur einen Blick auf diese beiden Schriften. Mit anderen Worten, die Mitglieder von *Alcoholics Anonymous* gelangten zu dieser Einsicht, die sich William James durch sorgfältige Forschung und tiefgründiges Denken erarbeiten mußte, auf eine Art und Weise, welche der große Philosoph begrüßt und gelobt hätte: durch ihre eigene Erfahrung.

Wir bei A.A. haben einen schrecklichen Preis für unsere Weisheit bezahlt. Doch wenn wir diese Weisheit begreifen, bewahren und benutzen, dann war sie sogar ihren Preis wert. An dieser Stelle haben wir ohnehin keine Wahl, was den Preis anbetrifft; aber in Bezug auf die Weisheit haben wir Entscheidungsfreiheit, wir müssen uns nur daran zurückerinnern.

Kaufmans[1] Worte rufen uns diese Weisheit ins Bewußtsein - diese Art zu leben und zu denken, und nur A.A. gibt mir die Freiheit, solch ein Dasein liebevoll anzunehmen. Daher bin ich auch für diesen Gedanken dankbar. Aber wie immer geht mein tiefster Dank an *Alcoholics Anonymous*. Weil mich A.A. befreit und mir beibringt, mich zu identifizieren, anstatt mich zu vergleichen, bekomme ich die Fähigkeit, bei meiner Lektüre und ebenso beim Zuhören zu entdecken: „Mein Gott! Das bin doch ich!" - Ich lerne den Unterschied und weiß ihn zu schätzen: Wie es mir als nasser Alkoholiker erging, und wie es mir jetzt geht, wo ich nach wachsender Nüchternheit strebe. „Was ist passiert?" - das muß ich mich immer wieder fragen und mich daran erinnern, daß ich ein Mitglied von *Alcoholics Anonymous* wurde, nachdem ich den Preis dafür bezahlt hatte.

Anmerkungen des Übersetzers:

[1] Kaufman, Gershen. *Shame: The Power of Caring*. Shenkman Publishing Company, 1980.

[2] *rebut*: widerlegen, entkräften; wörtlich: *zurück-aber-n*.

[3] *Identify, don't compare*.

[4] *protean being*: Proteusnatur; wandlungsfähiger, wetterwendischer Mensch.

[5] *Proteus*: griechischer Meeresgott, der seine Form willkürlich ändern konnte.

[6] James, William (1842-1910). Amerikanischer Philosoph und Psychologe. Bruder des Schriftstellers *Henry James* (1843 - 1916).

[7] James, William.
Talks to Teachers on Psychology, and to Students on Some of Life's Ideals. Dover Publications, 1962;
The Principles of Psychology. Dover Publications, 1950;
The Varieties of Religious Experience: A Study in Human Nature. Macmillan Publishing Company, 1961.

55. Tag / Ansteckende Genesung

Alkoholismus ist nicht ansteckend, aber die Genesung.
- Kommentar bei einer Fernsehsendung über
Alcoholics Anonymous

VOR UND NACH DEM MEETING HEUTE ABEND erörterten Mitglieder der Gruppe ein kürzlich gesendetes Fernsehporträt über A.A. Alle waren sich einig, daß es geschmackvoll und angemessen gemacht war und A.A. im Rahmen unserer Traditionen zeigte. Ich hatte die Sendung ebenfalls gesehen. Darin fiel eine kurze Bemerkung, die mir nicht aus dem Kopf geht: „Alkoholismus ist nicht ansteckend, aber die Genesung." Diese Aussage verursacht bei mir anscheinend zwiespältige Gefühle.

Wir sollten uns davor hüten, doch gelegentlich spukt das medizinische Modell immer noch bei uns herum. Heutzutage scheint das Gewicht wissenschaftlicher Beweise überwiegend zu der Erkenntnis zu neigen, daß eine körperliche, physiologische Komponente zu unserer Krankheit existiert. Bei diesem Zugeständnis wird mir warm ums Herz, obwohl ich es eigentlich besser wissen müßte.

Ich sollte nicht so dumm sein, denn das Programm von *Alcoholics Anonymous* bewahrheitet das dreifache Wesen unserer Krankheit mehr als genug. Die Aussagen anderer und unsere eigene Erfahrung machen deutlich, daß wir körperlich, intellektuell und spirituell betroffen sind. Obwohl der Grad der verheerenden Wirkungen durch unseren Alkoholismus von einem Bereich zum anderen variiert, sind im Leben von jedem Alkoholiker stets alle drei Bereiche betroffen. Wir haben nur ein Leben. Trotzdem können wir Facetten und Aspekte unseres Seins unterscheiden. Letztendlich sind wir in gewissem Sinne heil und ganz - wenn auch nur dürftig.

Ich bin ein Alkoholiker: Weder mein Gehirn noch meine Hormone, weder mein Körper noch meine Gefühle, weder meine Phantasie noch mein Geist können diese Feststellung treffen. Natürlich gibt es nasses Denken und alkoholkrankes Verhalten, es gibt den Groll und den Größenwahn des Alkoholikers. Aber nur ich allein kann sagen: „Ich bin ein Alkoholiker". Und mein „Ich" ist eine unteilbare Einheit des Körpers, des Denkens, der Gefühle und des Spirituellen.

Und somit habe ich gemischte Gefühle und unterschiedliche Gedanken über die einleuchtende Binsenwahrheit: „Alkoholismus ist nicht ansteckend, aber die Genesung." Auf der einen Seite ist das eine Lehre, die eine wichtige Wahrheit enthält. Auf der anderen Seite kann sie jedoch Tür und Tor für ein gefährliches Mißverständnis öffnen. Weil ich lieber mit dem Positiven aufhöre, möchte ich mit dem Negativen beginnen.

Alkoholismus ist äußerst komplex. Unsere Krankheit verwüstet unser Leben in so vielerlei Hinsicht. Außerdem ist ein Mensch keine Insel, und Alkoholiker werden fast immer unter den merkwürdigsten Umständen geliebt. Deshalb ist unser Leiden in gewissem Sinne ansteckend. Deshalb gibt es Al-Anon[1]. Deshalb spüren Erwachsene Kinder von Alkoholikern[2] in Gruppen die Bande ihrer Seelenverwandtschaft auf, obwohl der einseitige Schwerpunkt dieser Entdeckung wahrscheinlich bezeichnend für eine vorübergehende Mode der heutigen Generation ist. Wenn Genesung vom Alkoholismus eine Lebensweise umfaßt, die durch eine Denkweise charakterisiert wird, dann muß Alkoholismus selbst eine Lebensweise, eine Denkweise sein. Lebensweisen sind genaugenommen nicht ansteckend. Aber sie hinterlassen einen tiefen Eindruck bei denjenigen, die darin verstrickt waren, sogar, wenn das ohne ihr Zutun geschah.

„Alkoholismus ist nicht ansteckend" klingt zwar raffiniert, pfiffig und auf den ersten Blick sogar tiefgründig. Doch ich vermute, wenn das ein Al-Anon Mitglied hört, würde es die Stirn runzeln und anfangen, sich über geeignete Unterschiedungen und notwendige Einschränkungen Gedanken zu machen. Wir Alkoholiker sind in gewissem Sinne Keimträger eines höchst ansteckenden Un-Wohlseins. Für uns mag es schmerzhaft sein, das zuzugeben. Aber zumindest in meiner eigenen Geschichte, in meinen Inventuren im Vierten und im Zehnten Schritt, bei meiner Auseinandersetzung mit weniger angenehmen Aspekten meines eigenen Ichs im Sechsten und Siebten Schritt, oder wenn ich mich im Achten und Neunten Schritt der Wiedergutmachung zuwandte - in all diesen Dingen zeigte sich, daß ich andere geliebte Menschen, verletzt habe, indem ich sie in den Strudel meiner süchtigen, alkoholkranken Lebensweise mit hineinzog. Als körperliche Krankheit ist Alkoholismus vielleicht nicht ansteckend. Aber als Zerrütter der Gelassenheit im Denken und Fühlen sowie in spiritueller Hinsicht, ist Alkoholismus in hohem Maße übertragbar und pathologisch ansteckend. Jeder, der das bezweifelt, sollte einmal Al-Anon besuchen und einfach zuhören.

Wer bezweifelt, daß die Genesung ansteckend ist, sollte das ebenfalls tun. Und das ist natürlich nur ein Teil der positiven Seite unseres Zitates. Schließlich ist es auch gut, uns und anderen bewußt zu machen, daß Alkoholismus weder Lepra, noch Pest, und auch kein Krebs und keine Herpes ist.

Jede Epoche scheint eine Krankheit zu ihrem bildlichen Ausdruck zu machen. Wer wissen will, was eine Generation oder eine Kultur am meisten fürchtete, sollte nicht nur ihre Vorstellung von Sünde, sondern auch ihre Einstellung gegenüber Krankheit studieren. Die Geschichte der Medizin verrät uns mehr über unsere Vorstellungen vom Wesen des Menschseins als die Geschichte der Religion und Philosophie zusammen.

Die paradigmatische[3] Krankheit unserer Ära ist Krebs. Viele Menschen nehmen an, daß die meisten Krebsarten nicht ansteckend sind. Die meisten dieser Leute meiden aber trotz allem Menschen, die Krebs haben oder fühlen sich zumindest in ihrer Gegenwart äußerst unwohl. Die bloße Existenz der Krankheit Krebs stellt einige liebgewonnene Einschätzungen von uns selbst in Frage, an denen wir am liebsten festhalten würden: daß wir alles unter Kontrolle haben; daß „mehr" besser ist. Dieselben Annahmen werden allein schon durch das Phänomen Alkoholismus bedroht.

Otto Normalverbraucher wird somit durch die Floskel „Alkoholismus ist nicht ansteckend" auf eine wichtige Tatsache hingewiesen. Wenn Nicht-Alkoholiker lernen, Alkoholiker nicht zu meiden, zu fürchten und zu stigmatisieren, dann besteht die Möglichkeit, daß sie von uns etwas über sich selbst erfahren können. Dafür spricht zumindest die Praxis vieler Nicht-Alkoholiker, die für solche Lern-Erfahrungen und Entdeckungen aufgeschlossen gewesen sind - angefangen bei Dr. Benjamin Rush[4], William James[5] und seinem Jerry M"Auley[6], die vor der Gründung von A.A. lebten, bis hin zu Dr. Silkworth[7], Dr. Jack[8] und Professor Milton Maxwell[9] und wirklich zahllosen anderen Zeitgenossen in Anlehnung an *Alcoholics Anonymous*. Es ist also gut und hilft uns Alkoholikern ebenso wie den Nicht-Alkoholikern, wenn diese Erkenntnis weitergetragen wird: „Im streng medizinischen Sinne des Wortes ist Alkoholismus nicht ansteckend. Aber die Genesung vom Alkoholismus ist übertragbar."

Der Schwerpunkt fällt jedoch auf den zweiten Satz.

Meist entgeht uns innerhalb von A.A. eine wichtige Erfahrung. Sehr wenige Alkoholiker nehmen an unseren Meetings teil, wenn sie noch trinken. Für Al-Anon ist das wirklich anders. Viele Al-Anon-Meetings bieten nicht nur für die Menschen eine Zuflucht, die Angehörige oder Freunde bei A.A. haben, sondern auch für diejenigen, die einen Menschen lieben, der immer noch zwanghaft trinkt. In einer solchen Umgebung ist es leicht - und wunderschön - zu sehen, in welchem Maße die Genesung ansteckend sein kann.

Natürlich sehen wir ein bißchen davon auch bei A.A. selbst. Nüchternheit ist ansteckend. Denn wir lernen, wachsen und verändern uns in der Tat durch Vorbilder, und deshalb empfehlen die Gemeinschaft und ihr Programm, daß wir uns „an die Gewinner halten"[10]. Echt nüchterne Gelassenheit wirkt immer anziehend: Wann und wo wir sie sehen, wollen wir sie haben und weil wir Alkoholiker sind, brauchen wir sie auch. Daher suchen wir in der Entwicklung nach Vorbildern und Sponsoren, die uns im Wachstum Orientierung geben, selbst wenn wir außerdem von fast jedem anderen, der ebenfalls versucht, an Nüchternheit und Gelassenheit zu wachsen, hier und da etwas lernen können.

Viele Jahrhunderte lang haben Ärzte mehr eine Kunst als eine Wissenschaft ausgeübt. Ein Teil ihrer Kunst bestand darin, in Atmosphären und Auren zu denken. Der ganzheitliche Ansatz faßte bestimmte Umgebungen in ihrem Dasein selbst als gesund oder ungesund auf. Die Atmosphäre einer felsigen Insel förderte die Gesundheit im gleichen Maße wie das Miasma[11] eines feuchten Sumpfes Krankheiten herbeiführte. In der Kolonialzeit kontrollierten unsere Vorfahren die Temperatur, die Luftfeuchtigkeit und besonders die Belüftung in ihren Schlafzimmern so streng wie möglich.

Heute ist uns die Ätiologie[12] von Krankheiten wie Malaria, Lungenentzündung, Arthritis und Verdauungsstörungen genauer bekannt. Aber nur wenige von uns würden freiwillig in der Nähe eines Kernreaktors leben oder in einem mit Asbest gefütterten Büro arbeiten. Die moderne Wissenschaft der Medizin sammelt mehr und mehr exakte Erkenntnisse über das Streßphänomen, und gleichzeitig beginnt der Rückgriff auf Begriffe wie Aura, Umwelt und Atmosphäre immer stärkere Beachtung in der medizinischen Literatur zu finden.

A.A. ist etwas anderes, aber es ist eine Atmosphäre. Ins Meeting der eigenen Stammgruppe zu gehen bedeutet, sich zu Hause zu fühlen - sich zu entspannen und zu genießen, wie man ruhig akzeptieren und akzeptiert werden kann. Wer auf Reisen ist und in einer fremden Stadt ein A.A.-Meeting findet, entdeckt dasselbe Gefühl, denn Nüchternheit erzeugt nicht nur diese Atmosphäre, sondern sie ist sie selbst.

Die einen Medikamente lutschen oder schlucken wir, die anderen werden eingespritzt oder sonst irgendwie gewaltsam unserem Körper zugeführt. *Alcoholics Anonymous* inhalieren wir, oder besser gesagt, absorbieren wir - nicht etwa durch unsere Nase oder unsere Poren, sondern mit unserem ganzen Sein.

Genesung ist ansteckend, weil Nüchternheit - die A.A.-Lebensweise - ansteckend ist. Wer sie kennt, liebt sie mehr als jede andere Erfahrung. Vielleicht ist das der eigentliche Grund, warum „Alkoholismus nicht ansteckend ist, aber die Genesung". Es gibt nichts, das weniger verständlich und weniger liebenswert ist, als ein nasser Alkoholiker; und nichts ist verständlicher und liebenswerter als die Lebensweise, die von denjenigen Menschen gelebt wird, die nüchtern und bei *Alcoholics Anonymous* dabei sind.

Anmerkungen des Übersetzers:
[1] *Al-Anon* ist eine Gemeinschaft von Familien-Gruppen, die etwa dreizehn Jahre nach der Veröffentlichung des Buches *Alcoholics Anonymous* gegründet wurde. Obwohl sie völlig separat von *Alcoholics Anonymous* organisiert ist, benutzt sie

90 Tage - 90 Meetings

die allgemeinen Prinzipien des A.A.-Programms als Leitfaden für Ehemänner, Ehefrauen, Angehörige, Freunde und andere, die Alkoholikern nahestehen. Alateen, für minderjährige Kinder von Alkoholikern, ist ein Teil von Al-Anon.

[2] *Erwachsene Kinder von Alkoholikern* (EKA) - in den U.S.A. *Adult Children of Alcoholics* (ACoA) - ist eine Gemeinschaft von Mitbetroffenen, in der sich Erwachsene treffen, die in ihrer Kindheit durch einen oder mehrere Alkoholiker geschädigt wurden. EKA ist unabhängig von Al-Anon organisiert.

[3] *paradigmatisch*: beispielhaft.

[4] Rush, Dr. Benjamin (1745-1813). Amerikanischer Arzt und prominente Figur des öffentlichen Lebens seiner Zeit. Geboren in Byberry (Pennsylvania); studierte an der *Princeton University* und promovierte als Arzt an der *University of Edinburgh*; praktizierte in Philadelphia und war Professor für Chemie am dortigen *Medical College*; ab 1783 Arzt am *Pennsylvania Hospital*. Setzte sich für Beendigung der Sklaverei und soziale Reformen ein; Mitunterzeichner der *Declaration of Independence* (amerikanische Unabhängigkeitserklärung) und half bei der Gründung der Verfassung von Pennsylvania.

[5] James, William (1842-1910). Amerikanischer Philosoph und Psychologe.

[6] M'Auley, Jerry. Leiter der *Old Jerry M'Auley Water Street Mission* in New York. Er hatte sich zur Aufgabe gemacht, alkoholkranken Menschen zu helfen. In dem Faltblatt der Mission veröffentlichte M'Auley eine Reihe von Gesprächen mit Alkoholikern (um 1900). William James zitiert in Kapitel IX seines Buches *Die Vielfalt religiöser Erfahrung* die Aufzeichnungen eines Alkoholikers namens S. H. Hadley, dessen Bekehrung in M'Auleys Mission der spirituellen Erfahrung von Bill W. ähnelt: „Von diesem Augenblick an bis heute verspürte ich nie wieder einen Wunsch nach Whiskey, und ich habe nie genügend Geld zu Gesicht bekommen, um einen zu kaufen. In dieser Nacht versprach ich Gott, daß ich mein ganzes Leben lang für ihn arbeiten würde, wenn er den Appetit auf Schnaps von mir nehmen würde. Er hat das Seine getan, und ich habe versucht, das meine zu tun." Vgl.: James, William. *The Varieties of Religious Experience: A Study in Human Nature*. Macmillan Publishing Company, 1985; Lecture 9 „Conversion" 169 ff.

[7] Silkworth, Dr. med. William Duncan. Psychiater und Spezialist für Alkoholismus. Behandelte Bill W. Langjähriger Helfer und Fürsprecher von A.A. Der „freundliche kleine Doktor" behandelte zu Lebzeiten mehr als 40.000 Alkoholiker. Schrieb „Meinung des Arztes" als Einführung zu dem Buch *Alcoholics Anonymous*, Artikel im *Grapevine*, *Alcoholism as a manifestation of allergy*, Med. Rec. 145, 249 (1937). - Vgl.: *Alcoholics Anonymous Comes of Age* („AA wird mündig"): 13/36, 52/92, 62 ff./105 ff; *Dr. Bob and the Good Oldtimers* („Dr. Bob und die Guten Oldtimer"): 68 f./74 f.; *Pass It On*: 99 ff., 119 ff., 143, 154, 165, 184 f., 191, 200 f., 233, 318, 388; *The Language of the Heart*: 60, 104 f., 117, 142, 156, 196 ff., 278 f., 282 ff., 297.

[8] Norris, Dr. med. John L. (Spitzname „Dr. Jack"). Medizinischer Betreuer bei der Eastman Kodak Company - einer der Pioniere bei der Einführung von A.A. in die Industrie und 27 Jahre lang selbstloser und hingebungsvoller Vertrauter von A.A. Juli 1955 Redner beim Treffen von A.A. in St. Louis zum 20. Jahres-

tag. Im April 1962 zum *Chairman* des *General Service Boards* gewählt (Erster Vorsitzender des Dienst-Ausschusses). Legt sein Amt im April 1978 nieder und wird *Trustee Emeritus* (Treuhänder im Ruhestand). Am 13. Januar 1989 verstorben.- Vgl. *Alcoholics Anonymous Comes of Age* („AA wird mündig"): 5/21, 208/298; *Pass It On*: 268 ff., 297, 301, 358, 370, 371, 376, 395 ff., 400; *The Language of the Heart*: 194, 334 f., 340; *Grapevine* Februar 1996: 24/25.

[9] Maxwell, Dr. phil. Milton. Im April 1978 als Nachfolger für Dr. John L. Norris zum *Chairman* des *General Serivve Boards* gewählt (Erster Vorsitzender des Dienst-Ausschusses). Juli 1982 *Trustee Emeritus* (Treuhänder im Ruhestand). Am 28. Oktober 1988 verstorben. [„The Time of Our Lines". *Grapevine* Februar 1996: 24/25].

[10] *Stick to the winners.*

[11] *Miasma*: Luft als Krankheitsherd; Gifthauch; verseuchte Atmosphäre [Griechisch: *miainein* defilieren, einen Engpaß durchziehen, vorbeimarschieren].

[12] *Ätiologie*: Lehre von den Ursachen; *ätiologisch*: begründend [Griechisch: *aitia*: Grund].

56. Tag / Inventur und Punkte-Wertung

... Wenn „erklären" auch „Inventur machen bedeutet", dann ist der Akt des Nach-Erzählens doppelt gerechtfertigt.

- Paul Ricoeur[1]

Eine Inventur ist keine Punkte-Wertung.

- Anonymus

DIE SPRECHERIN IM MEETING HEUTE ABEND löste eine Leidenschaft von mir aus, der ich verfallen bin, nachdem ich nüchtern wurde: das Spielen mit den verschiedenen Bedeutungen einfacher Worte. Peggy erwähnte, daß sie ihre Geschichte nicht „berichten", sondern „nacherzählen"[2] würde, weil ihr dieser Begriff half, sich daran zu erinnern, was für eine Geschichte das war.

Peggys Sprachgebrauch von „nacherzählen" beeindruckte mich, denn ich glaube, er wirft Licht auf die Verbindung zwischen zwei Übungen, die Mitgliedern von *Alcoholics Anonymous* sehr vertraut sind: Inventur machen und Geschichten erzählen. Kürzlich fand ich einen Hinweis auf diese Verbindung in einer Quelle, die nichts mit A.A. zu tun hat - bei dem französischen Philosophen Paul Ricoeur[1]. Er untersuchte das Verhältnis zwischen Quantifikation[3] und narrativem[4] Stil in der historischen Exposition und schloß auf eine essentielle Beziehung zwischen *nachzählen*[5] im Sinne von „erneut zählen" und *nach-erzählen*[2], nämlich „einen Bericht durch Aufzählung von Einzelheiten zum Ausdruck bringen". Bei A.A. tun wir beides.

Auf die Frage, wie A.A. wirkt, heißt die beste Antwort, die im *Blauen Buch* und seinem berühmten Fünften Kapitel mehr erzählt als beschrieben wird: „durch Erzählen von Geschichten." „Selten haben wir ... gesehen. Unsere Geschichten zeigen ... Hier sind die Schritte, die wir unternahmen ..."

Handlung[6] ist narrativ[4] - das Nacherzählen der eigenen Erlebnisse, was die Geschichte durch detailliertes Berichten der Details zum Ausdruck bringt. Geschichten haben Bedeutungen, weil sie Zusammenhänge vermitteln. Mit Zusammenhang sind nicht nur die äußeren Umstände gemeint, sondern auch die innere Beziehung der Vorkommnisse und Ereignisse, von denen die Geschichte selbst handelt. Ereignisse sind kein Rohmaterial für Geschichten, so als ob der Erzähler unzusammenhängende Ereignisse künstlich verbindet, um eine Geschichte zu konstruieren, die Bedeutung hat. Im Gegenteil, die Geschichte und ihre Bedeutung sind zuerst da: Jede Begebenheit ist in ihrer Entstehung ein Teil von mindestens einer Geschichte, und jeder Vorfall wird nur durch die Geschichten definiert, deren Teil er ist.

Ich will versuchen, das zu erläutern, obwohl das in angemessener Weise nur möglich wäre, wenn ich meine ganze Geschichte erzählen würde. Trotzdem, nur zur Verdeutlichung: Aus Ärger über einen abgelehnten Liebesantrag zog ich einmal los und betrank mich. Ich rammte eine Straßenbahn mit meinem Auto und hatte einen Totalschaden. Dieser Vorfall brachte mich dazu, mein erstes A.A.-Meeting zu besuchen. Der Unfall ist eine Begebenheit in meinem Liebesleben, in meinem Säuferleben und in meinem Genesungsleben - ganz zu schweigen von meinem Autofahrerleben in einem Staatenbund und meiner fortdauernden Beziehung zur Polizei einer bestimmten Gemeinde. Dasselbe Ereignis gehört auch zu den Geschichten des Straßenbahnfahrers und der Helfer des Rettungsdienstes, die mich aus dem Wrack herauszogen. Es ist außerdem ein Teil der Geschichte des Polizeibeamten, der mich nicht belangte und der zu mir sagte „Ich trinke manchmal auch ein paar zuviel." Jahre später traf ich ihn wieder - bei einem A.A.-Meeting, wo er meinen Fall als untergeordnete Episode in seiner eigenen Geschichte erzählte.

Zeitungen und zufällige Unterhaltungen informieren uns über Ereignisse. Den Geschichten zuzuhören und wirklich auf sie zu hören, das lernen wir nur in wahrer und tiefer Liebe - oder in einem Umfeld wie bei *Alcoholics Anonymous*. Als wir noch tranken, versuchten wir gewissermaßen, im falschen Film zu leben - in einer Handlung, die in Wirklichkeit nicht unsere eigene war. Zumindest ist das eine Botschaft, die ich heraushöre, wenn ich mir die echten, zutreffenden Geschichten anhöre, die in den Meetings von *Alcoholics Anonymous* erzählt werden.

Aber wie erfahre ich die Geschichte, die Handlung, die echt ist, weil sie wirklich auf mich zutrifft - meine Lebensgeschichte? Ich glaube, ihre Entdeckung wird mir durch die Zwölf Schritte ermöglicht. Die Vorstellungen von „machtlos" und „unkontrollierbar" können schrecklich beängstigend sein. Trotz allem ist der Erste Schritt von A.A. die frische Brise, die uns einsehen läßt, daß es erstens eine Geschichte gibt, in die unsere Sauferei und unser Verhalten eingebettet sind und zweitens, welchen Punkt wir im Verlauf dieser Geschichte erreicht haben.

Die nächsten beiden A.A.-Schritte schenken uns dann die Möglichkeit der Weiterentwicklung unserer Geschichte - Wiedererlangen der geistigen Gesundheit - und sie zeigen, wie die Grundzüge dieser Entwicklung entstehen könnten: Vertrauen auf eine Kraft, die größer ist als wir selbst. Danach werden wir angeregt, unsere Geschichte tiefer zu verstehen, die Handlung, zu der wir gehören: Zuerst machen wir unsere eigene Inventur, und dann teilen wir sie mit. Das sind die Schritte Vier und Fünf.

Ich bin kein Geschäftsmann. Bevor ich zu A.A. kam, hatte ich nur als Lagergehilfe in einem Supermarkt mit „Inventur" Bekanntschaft gemacht. Viermal im Jahr arbeiteten wir die Nacht durch und zählten Dosen oder was auch immer. Ich machte gern Inventur: Wir bekamen ein bißchen mehr Stundenlohn, und die Gänge waren nicht von Kunden bevölkert, die in der Obst-Abteilung nach Tomaten und beim Dosengemüse nach Kürbissen suchten. Auch das Zählen machte mir Spaß. Ich weiß nicht, warum, aber es erzeugte ein Gefühl der Erfüllung. Ich kann mich erinnern, wie ich immer dachte: „Jetzt wissen wir Bescheid", wenn ich in der Dunkelheit auf dem Fahrrad heimfuhr. Ich hatte keine Ahnung, worüber wir Bescheid wußten, aber ich hatte das Gefühl, daß es wichtig war, und ich hatte dazu beigetragen.

Unsere Inventur bei A.A. ist eigentlich etwas anderes; und trotzdem ist sie im Grunde das gleiche. Ich bewundere die Weisheit unserer Gründer. Sie wählten genau den richtigen Ausdrucks *Inventur*. Unsere Inventur bei A.A. ist deshalb anders, weil wir uns nicht auf das Zählen konzentrieren. Doch die tiefere Bedeutung dieser Inventur ist für unser Wachstum wesentlich: Wir schreiben zweierlei auf: Was da ist, und auch, was nicht da ist. Inventur machen bedeutet, beide Seiten zu überprüfen: Soll und Haben, Guthaben und Schulden, wer und was wir sind, und wer und was wir nicht sind. „Überprüfung des Gewissens" wäre nicht die richtige Bezeichnung für den erforderlichen Prozeß gewesen: Das suggeriert die Tendenz, sich auf das Negative zu konzentrieren. „Inventur" läuft darauf hinaus, das zu überprüfen, was man hat, um zu bestimmen, was man braucht.

Nachdem wir unsere Inventur gemacht und mitgeteilt haben, wenden wir uns unseren Bedürfnissen zu. Das sind die Schritte Sechs und Sieben im A.A.-Programm. Wir lenken unsere Aufmerksamkeit auf das, was wir nachordern[7] müssen, wenn wir voll und ganz menschlich werden wollen. Diese Nachbestellung ist natürlich nicht mit dem Ausfüllen von Formularen und Listen verbunden, sondern bedeutet buchstäblich ein Neu-ordnen auf Grund der Einsicht, daß eine gewisse Ordnung in unserem Leben notwendig ist. „Das Wichtigste zuerst"[8]. Aber A.A. lehrt uns auch, daß wir uns dieser Neuordnung eher aufgeschlossen stellen sollen, als sie zu stark selbst in die Hand nehmen zu wollen. Was Verantwortung anbelangt, läßt unser Lebenslauf als Alkoholiker in jeder Hinsicht sehr viel zu wünschen übrig. Erst müssen wir lernen, loszulassen, sogar die Bedürfnisse, die unsere Inventur aufgedeckt hat. Deshalb wird uns empfohlen, Bereitschaft zu entwickeln und demütig zu bitten: Wir zählen, was in den Regalen ist und was fehlt, aber wir maßen es uns nicht an, sie selbst neu aufzufüllen.

Die Schritte Acht und Neun beginnen uns zu zeigen, wie wir neu geordnet und wieder aufgefüllt werden können. Wir machen eine breiter angelegte, aber auch spezifischere Inventur: spezifischer insofern, weil sie sich auf unsere Beziehungen zu anderen Menschen konzentriert; und breiter angelegt, da sie verschiedene Ebenen der Zeit überbrückt und unsere Gegenwart mit der Vergangenheit (Achter Schritt) und der nahen Zukunft (Neunter Schritt) verbindet. Das ist der Punkt, an dem sich Inventur und Erzählung treffen: Wir erzählen nach, um nachzuzählen, genau wie wir nach-ordern und neu-ordnen, um den Zusammenhang zu berichten[9] - noch so ein Ausdruck mit zwei Bedeutungen, die in Wechselbeziehung stehen. Unsere Geschichten berichten unsere Beziehungen.

All das trägt natürlich Früchte, und zwar im Zehnten Schritt, in dem die Verbindung zwischen dem Fortfahren der persönlichen Inventur-Aufnahme und dem Erzählen unserer weitergehenden Geschichte klar und deutlich dargestellt wird. Wieder beruht das Nacherzählen auf dem Nachzählen unserer Vorräte. Doch wir können sie nur deshalb nachzählen und weiter persönliche Inventur machen, weil wir durch die Nacherzählung mit unserer Geschichte in Berührung kommen und dadurch wissen, was und wie wir nachzählen können.

Eine Inventur ist keine Punkte-Wertung. Manchmal gerate ich tatsächlich in die Versuchung, zu denken, einer der grundlegendsten Unterschiede zwischen einem nassen und einem nüchternen Alkoholiker besteht darin - wie ich aus meiner eigenen Erfahrung weiß - daß der nasse Alkoholiker dazu neigt, Punkte zu sammeln; der nüchterne Alkoholiker macht Inventur.

Ich lernte den Unterschied zwischen Punkte-Wertung und Inventur dadurch, daß ich meine Geschichte in Meetings von *Alcoholics Anonymous* erzählte. Punkte sammeln bedeutet zählen; mein Lebensbericht hingegen ist eine Nacherzählung.

Um ehrlich zu sein, die alte Gewohnheit des Punktesammelns kommt bei mir manchmal wieder zum Vorschein. Von Zeit zu Zeit verschließe ich mich in meiner eigenen kleinen Welt und betreibe Nabelschau mit meiner vermeintlichen Nüchternheit. Dann kann ich sicherlich nicht wissen, ob ich Inventur mache oder eher Punkte zähle. Aber sobald ich in einem A.A.-Meeting mit dem Erzählen der Geschichte beginne, die sich aus dieser Selbstprüfung ergibt, können es mir die anderen sagen - sie können die Wesensart von dem erkennen, was ich erzähle.

Ursache und Wirkung; nachzählen und nacherzählen; neu-ordnen und neu-ordern; das Be-richten von Beziehungen: Anscheinend habe ich mich heute hoffnungslos in Wortspiele verheddert, und Wortspiele sind die Spielzeuge eines Kindskopfes. Aber in der Nüchternheit bin ich ein Kind. Jeder neue Aspekt, den ich vom Zwölf-Schritte-Programm von A.A. erhasche, löst bei mir die gleiche Freude aus, die ein Kind empfindet, wenn es eine neue Farbe, eine neue Form oder einen neuen Lichtstrahl entdeckt, der vom Fenster zum Gitter des Kinderbettchens tanzt. Von mir aus können die Psychologen daraus machen, was sie wollen: In der Nüchternheit wiedergeboren werden heißt, zum Leben wiedergeboren werden. Und wenn ich deshalb wie ein Kleinkind lernen muß, dann will ich es diesmal wenigstens genießen.

Anmerkungen des Übersetzers:

[1] *Ricoeur, Paul.* Geboren 1913, französischer Philosoph und Historiker; Schüler von K. Jaspers und G. Marcel (religiöser Existentialismus). 1948-1956 Professor an der Universität Straßburg. Seitdem Professor für Philosophie und Geschichte in Paris (Nanterre) und Chicago. *Time and Narrative.* University of Chicago Press, 1984.

[2] *recount*: nacherzählen; aufzählen; erzählen [Alt-Französisch *reconter*, *re* wieder + *conter* erzählen; Latein *computáre* berechnen, kalkulieren].

[3] *Quantifikation*: Umwandlung von Qualität in Quantität.

[4] *narrativ*: erzählend; *Narration* Erzählung; *Narrator* unsichtbarer Sprecher im Hintergrund [Latein: *narrare*: erzählen].

[5] *re-count*: nachzählen, erneut zählen.

[6] *story*: Geschichte, Erzählung, Handlung, Bericht, Story [13. Jahrhundert: Anglo-Französisch *estorie*; Latein *historia* Geschichte; Griechisch *historein* erzählen, *histór* Richter].

[7] *re-order* (Vieldeutigkeit im Englischen): neu ordnen, wieder in Ordnung bringen, nachbestellen.

⁸ *First Things First.*
⁹ *relate* (im Englischen sehr vieldeutig): berichten, erzählen, in Zusammenhang bringen, verbinden, sich beziehen, Bezug haben, verwandt sein [16. Jahrhundert Latein *relátus* zurück gebracht, von *referre* zurücktragen, aus *re-* zurück + *ferre* tragen].

57. Tag / Gedanken zur Mystik

Der Bann des Alkohols, der über der Menschheit liegt, beruht zweifellos auf seiner Kraft, die mystischen Fähigkeiten der menschlichen Natur zu stimulieren. ... Nüchternheit vermindert, unterscheidet deutlich und sagt nein; Trunkenheit erweitert, vereinigt und sagt ja. Sie ist tatsächlich der große Erreger der Ja-Funktion im Menschen. ... Das betrunkene Bewußtsein ist ein kleines Stück des mystischen Bewußtseins, und unsere Gesamteinstellung dazu muß ihren Platz in unserer Ansicht von dem größeren Gesamtbild finden.

- William James[1]

WENN DIESE WORTE AUS DEM ZUSAMMENHANG HERAUSGERISSEN WERDEN, könnte man sich möglicherweise wundern, warum William James von Bill W. mit dem Tribut „einer der Gründer von *Alcoholics Anonymous*" bedacht wurde.

James behandelt hier die Mystik. Wie immer trachtet er danach, „so viel wie möglich für die Philister zu interpretieren, weil sie es sonst verachten und mit Entschiedenheit verwerfen würden". Gibt es für einen Menschen mit so schwarzem Humor wie James einen besseren Weg, anderen die Augen zu öffnen und Vorurteile zu erschüttern, als auf diese Verwandtschaft zu verweisen? - Die meisten seiner Zuhörer verabscheuten den Mystizismus, während sie so taten, als ob sie ihn verehrten, und die gleichen Zuhörer vergötterten die Trunkenheit, und gleichzeitig heuchelten sie Abscheu.

Trotzdem haben die Worte von James auch etwas Positives an sich. Rationale Analyse zerlegt und bezwingt; Mystizismus verbindet und vereinigt. Je rationaler wir denken, desto mehr sehnt sich ein anderer Teil unseres wahren Ichs danach, den Fesseln des reinen Rationalismus zu entfliehen. Als wir tranken, suchten manche von uns diesen Ausweg im Alkohol. Nüchternheit beruht auf Ehrlichkeit und ganz besonders darauf, daß wir unsere eigene Wirklichkeit aufrichtig akzeptieren. Deshalb können wir es uns nicht leisten, dieses Bedürfnis zu leugnen. So wichtig

Verminderung und Unterscheidung auch sein mögen, unsere Menschlichkeit erfordert ebenfalls, daß wir uns erweitern und vereinigen. Es ist ganz wesentlich, daß wir oft genug nein sagen, doch es gehört genauso zum menschlichen Leben, daß wir Wege finden, um ja sagen zu können. Die Frage ist nur, wie wir diesen notwendigen Aspekt des menschlichen Daseins ausdrücken.

Zwei unumstrittene Grundsätze von A.A. zeigen uns den Weg: „Identifiziere dich, und vergleiche nicht"[2] und „Benutze es, und analysiere nicht"[3]. Beide Mottos weisen mich darauf hin, daß ich bei *Alcoholics Anonymous* eine Arena finde, in der ich mehr meine bejahende als meine verneinende Wirkungsweise üben kann. Zum Identifizieren gehört die Anteilnahme, wodurch Ich-Selbst und Anders-als-Ich-Selbst deutlich gezeigt und in einem Akt des Verstehens vereinigt werden, der mehr als bloßes Kennen ist. Durch die Ermahnung, es zu benutzen, werden wir natürlich dazu angeregt, einen pragmatischen Wahrheitstest anzuwenden: Bestimmte Wirklichkeitsformen lernen wir nicht durch Nachdenken kennen, sondern nur, wenn wir sie in unserem Leben ausprobieren.

William James und C. G. Jung[4] erfaßten intuitiv genau dieselbe Verbindung zwischen dem Gebrauch von Alkohol und dem Streben nach - uns fehlt ein besseres Wort - Spiritualität. Das fasziniert mich auch. Jung interpretierte Alkoholismus als den Kampf von *spiritus contra spiritum*[5] - dem Konflikt zwischen geistigen Getränken und Heiligem Geist. James sah in der Trunkenheit „den großen Erreger der Ja-Funktion im Menschen", der die Bestätigung ermöglicht. Über unser Bedürfnis nach Bestätigung ist in der letzten Zeit viel geschrieben worden. Als Menschen müssen wir jedoch auch von unserer Seite her bejahen. Eines unserer tiefsten Bedürfnisse besteht darin, zur Realität „Ja" zu sagen, das heißt zur ganzen Wirklichkeit.

Sowohl James als auch Jung erkannten, daß Wirklichkeit mehr als das rein Rationale umfaßt. Meist wird die Neuentdeckung dieser alten Weisheit Sigmund Freud[6] zugeschrieben. Der aber weigerte sich, dies zu bestätigen. Das Ziel seiner Therapie besteht darin, das Unbewußte bewußt zu machen: Das Unbewußte an sich kann eigentlich nur dunkel und bedrohlich sein, und sich darauf einzulassen heißt, Selbstzerstörung zu riskieren - Zerstörung des beherrschenden Ego - und das war für Freud kein erstrebenswertes Ziel. James und Jung waren aufgeschlossener und nahmen die Wirklichkeit des „Selbst" in seiner eigentlichen Tiefe hin. Heilen - was vollständig machen bedeutet - umfaßt für sie das Finden der eigenen Ganzheit durch Akzeptieren und Bekräftigen dessen, was größer und tiefer ist als das Ich. Daher ist es auch kein Wunder, daß Freudianisches Denken lediglich einige lächerliche Kleinigkeiten zu unserem Verständnis vom Alkoholismus beigetragen hat, während die Einsichten von James und Jung ausdrücklich in der Gemeinschaft und dem Programm von *Alcoholics Anonymous* Früchte tragen.

Ich will für einen Moment wild drauflos denken und mich grausam ausdrücken. Könnte es sein, daß unsere Aufgabe als Menschen Selbstzerstörung ist? Sind wir geboren, um uns selbst zu zerstören? Gregory Bateson[7] hat behauptet, die Vorstellung vom „Ich" ist an sich schon eine „falsche Erwägung" - Systemtheorie und Kybernetik[8] verraten diesen Fehler, indem sie darlegen: „Sein' bedeutet, ein Teil von einer größeren Ganzheit zu sein.

Dieselbe Einsicht - nur altmodischer ausgedrückt - scheint meiner Ansicht nach allen großen religiösen Traditionen der Menschheit zugrunde zu liegen. Das eigene Ich muß überwunden werden, wenn wir unser wahres Ich finden wollen. Eine angeborene Triebkraft, das Leben selbst, treibt uns und zieht uns an, und so machen wir uns auf den Weg, um das Ich zu zerstören - um irgendwie mit dem Nicht-Ich zu verschmelzen. Die Frage ist nicht, ob wir dieses Problem angehen, sondern wie wir das tun - die Aufgabe, die wir „Liebe" nennen.

Trunkenheit erreicht das: Wer würde leugnen, daß sie selbstzerstörerisch ist? Mystizismus nähert sich diesem Ziel, das behaupten jedenfalls diejenigen, die ihn, wie William James, anwenden und erforschen. Wäre es zuviel, zu behaupten, daß wir bei A.A. finden, was wir im Alkohol suchten? Bill W. war nicht dieser Ansicht. Hier sind seine Worte, die er an einen Schüler von C.G. Jung schrieb:

Ich bin der Ansicht, daß Alkoholiker stärker als andere Menschen den Wunsch verspüren, zu erfahren, wer sie sind, worum es im Leben geht und ob sie einen göttlichen Ursprung und ein vorbestimmtes Schicksal haben und in einem System kosmischer Gerechtigkeit und Liebe leben. Bewußt oder unbewußt wird diese Suche zweifellos durch die neurotischen Qualen angespornt, die ihrer Trinkerei vorausgegangen sind und sie begleitet haben. Viele von uns machten in den frühen Stadien die Erfahrung, einen kurzen Einblick in das Absolute und ein verstärktes Empfinden der Identifizierung mit dem Kosmos zu verspüren. Ich bin dankbar, daß diese Gefühle beim Alkoholiker im allgemeinen markanter als bei durchschnittlichen Trinkern festgestellt werden.

A.A. ... sehr viel mehr von dem finden, was sie ahnten und fühlten, als sie noch im Dunkeln herumtappten und ihren Weg zu Gott im Alkohol suchten. A.A. hat sich diesen Vorteil natürlich zunutze gemacht....[9]

Bin ich reif genug geworden, um diese Einsicht zu akzeptieren? Kann ich sie bestätigen und ihre Wahrheit an mir selbst entdecken, in meinem Leben, in der fortlaufenden Zerstörung des Ichs, die zum Loslassen meiner Egozentrik dazugehört? Bedeutet diese Bejahung wahres Wachstum, wenn ich sie akzeptiert habe? Werde ich dem Anspruch gerecht, der für mich als A.A.-Mitglied nur in dieser Form gelten kann: „Wir berufen uns eher auf spirituellen Fortschritt als auf spirituelle Perfektion"?[10]

Als ich noch naß war, hätte ich mit verächtlichem Spott über den Heiligen Apostel Paulus[11] lästern können: „Nicht mehr ich lebe, sondern der Alkohol lebt in mir." Und jetzt, wo ich nüchtern bin, könnte ich da nicht ohne Verachtung und Spott sagen: „Soweit ich aber jetzt noch in dieser Welt lebe, lebe ich in dem Glauben an etwas, das größer ist als ich selbst"? Wer kann das bestreiten, wenn ich die Gemeinschaft und das Programm von *Alcoholics Anonymous* als diese Realität ansehe? Selbst wenn ich mich entscheiden sollte, sie anders zu verstehen - könnte irgendein Mensch wagen, das abzustreiten, wenn er mich auch in meiner nassen Zeit kannte?

Egozentrik ist die Wurzel unserer Schwierigkeiten[12]. Wenn unser Ich sterben muß, damit wir es überwinden können, dann habe ich - als ich *Alcoholics Anonymous* fand - nicht nur einen erfüllteren Weg des menschlichen Lebens entdeckt, sondern auch eine erfülltere Art des Sterbens, oder nicht?

Anmerkungen des Übersetzers:

[1] James, William. *Talks to Teachers on Psychology, and to Students on Some of Life's Ideals.* Dover Publications, 1962; *The Principles of Psychology.* Dover Publications, 1950; *The Varieties of Religious Experience: A Study in Human Nature.* Macmillan Publishing Company, 1961.

[2] *Identify, don't compare.*

[3] *Utilize, don't analyze.*

[4] Jung, Carl Gustav (1875-1961), Schweizer Psychiater und Schriftsteller.

[5] *spiritus contra spiritum* (Lateinisch): Geist gegen Weingeist.

[6] Freud, Sigmund (1856-1939), Arzt, Psychiater und Schriftsteller. Gilt als Begründer der Psychoanalyse.

[7] Bateson, Gregory. *Steps to an Ecology of Mind.* Ballantine Books, 1972.

[8] *Kybernetik*: Regelungstechnik [Griechisch: Steuermannskunst, von *kubernétés* Steuermann, *kubernan* steuern, kontrollieren].

[9] Brief 1960. Vgl. *As Bill Sees It* (Wie Bill es sieht): 323.

[10] Vgl. *Alcoholics Anonymous*: 60/69.

[11] *Paulus*, vor seiner Bekehrung *Saulus*. Apostel und bedeutendster Missionar der Urchristen. Vermutlich starb er um 64 n. Chr. als Märtyrer in Rom. Durch eine Begegnung mit dem auferstandenen Jesus bei Damas-

kus um 33/34 n. Chr. kam er zum Glauben. Er wandte sich gegen rassische und kulturelle Diskriminierung und war Verkünder eines gesetzesfreien Evangeliums. (Römer 10,4: „Christus ist des Gesetzes Ende!") Christentum gründet unüberholbar in der Person und in der Gestalt Christi. Von daher heißt Christsein in paulinischer Schau, daß der betreffende Mensch umgestaltet wird in Christus, Neuwerdung in IHM. Der Christ ist einer, der das Schwergewicht seines Lebens in Christus hinüberverlegt hat und der aus der Gewißheit lebt: „Jesus ist der Herr!" Die eigene Daseinsgestalt des Christen müßte zu einer Funktion der Christusgestalt werden. „Ich bin mit Christus gekreuzigt worden; *nicht mehr ich lebe, sondern Christus lebt in mir.* Soweit ich aber jetzt noch in dieser Welt lebe, lebe ich in dem Glauben an den Sohn Gottes, der mich geliebt und sich für mich hingegeben hat." (Brief an die Galater, 2:20). Darauf bezieht sich die Anspielung von Ernie K. - Vgl. auch *Twelve Steps and Twelve Traditions* („Zwölf Schritte und Zwölf Traditionen") 75/71: „Aus mir selbst bin ich nichts, der Vater ist es, der die Werke tut."; *Johannes* 14,10: „Die Worte, die ich euch sage, habe ich nicht aus mir selbst. Der *Vater*, der in mir bleibt, vollbringt seine Werke."

[12] Vgl. *Alcoholics Anonymous*: 62/71.

58. Tag / Schon wieder Gefallsucht

Wann immer wir uns darum kümmern, was andere von uns denken, haben wir diesen anderen gewissermaßen die Macht gegeben, unser Selbstgefühl zu beeinträchtigen. ... Machthungrige Menschen wollen in Beziehungen zu anderen immer die Oberhand gewinnen und darüber hinaus in jeder zwischenmenschlichen Beziehung die Beherrschung behalten.

- Gershen Kaufman[1]

„GEFALLSUCHT" IST EIN EWIGES DISKUSSIONSTHEMA. Als wir tranken, zeigten viele von uns die Neigung, zu Fußabtretern zu werden. Das lag entweder an unserer Unsicherheit, die dazu führte, daß wir uns von vornherein mit Alkohol volldröhnten, oder an unserem Selbsthaß, der durch das verschwommene Bewußtsein erzeugt wurde, daß wir unsere Trinkerei nicht im Griff hatten. Wir dachten, wir würden Wert darauf legen, was andere Leute von uns hielten, aber in Wirklichkeit hatten wir panische Angst, ihr Mißfallen könnte uns ruinieren.

Als wir bei *Alcoholics Anonymous* ankamen, wurde uns eine ganz grundlegende Wahrheit beigebracht: Selbstachtung kommt nicht von außen, sondern von innen. Wir lernten, uns selbst zu achten - nicht für heroische Taten oder weil wir eine grandiose Figur abgaben, sondern weil wir Alkoholiker waren, die es fertig brachten, mit Hilfe von A.A. immer nur für einen Tag den ersten Schluck nicht zu trinken. So manch einer von uns fragte sich, mit welchen Augen wohl die anderen, zum Beispiel alte Saufkumpane, unsere Abstinenz sehen würden? Von älteren Mitgliedern erhielten wir einen zweifachen Leitfaden. Zunächst wurden wir darauf hingewiesen, daß Bekannte, die sich darüber lustig machten oder etwas dagegen hatten, wahrscheinlich keine richtigen Freunde waren. Jeder echte Freund würde sich über unsere neuerrungene Gesundheit mitfreuen und die damit verbundene Änderung unseres Verhaltens unterstützen. Bei meiner eigenen Erfahrung mit dem Neunten A.A.-Schritt stellte sich heraus, wie wahr dieser Rat ist.

Als zweites wurde uns eingeschärft, daß es überhaupt keine Rolle spielte, was andere dachten. Wenn ich tatsächlich keinen Alkohol mehr trank, immer nur für vierundzwanzig Stunden, würde ich mit der Zeit eine Selbstachtung gewinnen, die viel wertvoller wäre als all die Wertschätzung, die mir andere Menschen entgegenbringen könnten. Als ich damals noch naß war, gab mir ein Psychiater zu verstehen, daß ich wie ein fallendes Blatt lebte - ich änderte die Richtung, sowie irgendwer auch nur den kleinsten Furz ließ. A.A. war für mich die Entdeckung eines Rettungsankers - oder eines Kompasses. Ich richtete mich nicht mehr nach mir selbst, sondern nach dem Programm. Die Zwölf Schritte skizzierten meine Reise, und ich lernte, meine Fortschritte an ihrem festgelegten Maßstab zu messen. Was andere von mir dachten, wurde nicht unwichtig, nur zweitrangig - es gehörte zu der Lebensweise der anderen, an der sie ihrerseits festhielten, und ich strebte danach, mich damit zu identifizieren.

Doch mitunter, wenn das Thema „Beeinträchtigung meiner Gefühle durch die Meinung anderer" zur Diskussion steht, wird die frühere Denkweise wieder vergegenwärtigt - sogar in mir selbst - eine Art des Denkens, die sich nicht besonders gut mit dem Verständnis von Nüchternheit verträgt, wie es von A.A. empfohlen wird. Das eigensinnige Teufelchen kommt wieder zum Vorschein. Wir wollen behaupten, daß es uns überhaupt nichts angeht, was andere denken, solange wir nüchtern bleiben. Und wir warnen einander davor, anderen Menschen die Macht zu geben, unser Selbstgefühl zu beeinträchtigen.

Meistens kommen solche Warnungen gut an. Die Ängste vor den Meinungen anderer äußern sich häufig in Anzeichen von nassem Denken[2]. Die lebendige Weisheit, die in den meisten A.A.-Meetings zu Hause ist, scheint das beinahe instinktiv ins rechte Licht zu rücken. Weil wir sehr wohl wissen, daß „Groll der Missetäter Nummer eins"[3] ist, der einen Alkoholiker zu einem Rückfall und zur Flasche verleiten kann, werden von den Gruppen schon die ersten Knospen von Groll mit liebevoller Wachsamkeit aufgedeckt und ausgemerzt. Das ist eine heilsame Übung, denn Groll wurzelt oft in Projektionen[4]: Wir unterstellen anderen Menschen abwegige Gedanken und schändliche Absichten, mit denen wir als Alkoholiker selbst überaus gut vertraut sind. Die Offenheit in den Meetings fördert unsere gesunde Nüchternheit und somit unsere Gesundheit insgesamt.

Doch es scheint auch die Gefahr zu bestehen, daß wir in unserem Lobgesang auf die Selbstbestimmung zu weit gehen können. Wenn wir völlig unter unserer eigenen Regie stehen, was haben wir dann in einem Meeting von *Alcoholics Anonymous* zu suchen? Wenn wir uns nicht darum kümmern, was andere über uns denken, warum hängen wir dann in den Meetings wie versessen an den Lippen nüchterner Mitglieder, wenn sie ihre Gedanken über das äußern, was in unseren Geschichten zur Sprache gebracht wurde? Wenn wir Selbstbestimmung zu unserem Ziel erklären, was wurde dann aus der Entscheidung, die wir im Dritten Schritt von A.A. fällten - und die ich persönlich jeden Tag erneut treffe? Mir scheint, *Alcoholics Anonymous* lehrt nicht, daß wir die Gedanken anderer fröhlich ignorieren sollen, sondern daß wir nur ein bißchen sorgfältiger als in unserer nassen Zeit die Leute aussuchen, deren Gedanken uns für unser Selbstgefühl etwas ausmachen.

Weil das mit Alkohol zu tun hat, geht es um Macht. Ich glaube, Kaufman[1] hat recht. Machthungrige Menschen sind zurückweisend. Das ist für sie bezeichnend. Sie geben anderen Menschen keinerlei Möglichkeit, auf ihr Selbstgefühl Einfluß zu nehmen. Auf alle Fälle sollten wir uns hüten, Unabhängigkeit zu beanspruchen. Aber das ist keine Unabhängigkeit, das ist Arroganz. Und Stolz „führt die Prozession der Sieben Todsünden an"[5] - daran werden wir in *Zwölf Schritte und Zwölf Traditionen* erinnert.

Alkoholismus hat im wesentlichen mit Macht und Herrschaft zu tun - mit der Forderung, die Oberaufsicht zu führen, besonders in unserem eigenen Leben. Mir scheint, wir geben diese Forderung auf, oder wenigstens geben wir zu, daß wir bei ihrer Durchsetzung vollkommen gescheitert sind, wenn wir das erste Mal in einem A.A.-Meeting auftauchen und, wie schüchtern auch immer, eingestehen, daß wir Alkoholiker sind. Nach meinem Verständnis haben wir überhaupt nichts im Griff, schon gar nicht unsere Gefühle. Außerdem bin ich Alkoholiker: Wenn ich also meine, ich könnte meine Gefühle vielleicht schon wieder beherrschen, werde ich daher mit ziemlicher Sicherheit versuchen, sie durch kontrolliertes Trinken zu regulieren. Weil ich lange genug bei A.A. bin und die Ergebnisse solcher Bemühungen schon oft bei anderen gesehen habe, möchte ich mich lieber nicht so schnell auf dieses Glatteis begeben. Jeder Versuch, Macht und Kontrolle über den Einfluß der äußeren Realität auf mein Selbstgefühl zurückzugewinnen, ist vermutlich sehr riskant für mich. Jede Bemühung, diese Macht an mich zu reißen, um meine Gefühle zu beherrschen, wird wahrscheinlich zu der Haltung führen, die vor A.A. meine Lieblings-Pose war: Da lag ich in einem schweißnassen Bett, griff nach einer Flasche und fragte mich, ob sie noch voll genug war, um mich so lange über Wasser zu halten, bis ich mich gut genug fühlte, um Nachschub zu holen, damit ich mich wieder wohlfühlen konnte. So viel zu meinen eigensinnigen Bemühungen, die Macht über meine Gefühle zu bewahren.

In meinem Dritten Schritt gebe ich den Anspruch auf Macht und Kontrolle über mein Selbstgefühl auf. Ich übergebe diese Macht meiner Höheren Kraft. In diesem Fall wird meine Höhere Kraft oder ihre Wirkung vor allem durch meine A.A.-Gruppe dargestellt, und ganz besonders durch meinen Sponsor, und darüber hinaus durch alle anderen Menschen, bei denen ich die A.A.-Lebensweise erkenne, ob sie nun zufällig Alkoholiker sind oder auch nicht. Was solche Leute denken, bedeutet mir sehr viel und hat einen Einfluß darauf, wie ich mich fühle - und ich bin dankbar für diese Orientierung. Es wäre ausgesprochen dumm von mir, ihnen das als Aufdringlichkeit zu verübeln und mich vor der Macht zu fürchten, die ihnen das geben könnte. Wie könnten mein winziger Kopf und meine abgestumpften Gefühle je die Tiefe der Weisheit von A.A. ausloten? Andere Menschen kennen die Tiefen und leben die Weisheit vielleicht tiefer, und sicherlich anders. Warum sollte ich aus unangebrachter Angst vor Kapitulation oder unangenehmen Gefühlen riskieren, mir ihre Erfahrung, Kraft und Hoffnung entgehen zu lassen? Wenn es mir unangenehm ist, was die Menschen denken, die ich achte, dann wird es höchste Zeit, daß ich mich mit meinem Programm an die Arbeit mache. Dann war die Ermahnung für mich notwendig, sogar auf Kosten „schlechter Gefühle", damit ich mich nicht schon bald noch viel, viel schlechter fühle.

„Was andere von mir denken" bringt mich auf die falsche Fährte[6]: Die Art, in der dieser Ansatz menschliche Beziehungen objektiviert, ist falsch. A.A. weist auf die Möglichkeit hin, mich zu identifizieren und bringt mich dadurch auf den richtigen Weg. Manchmal sind andere für mich keine „anderen'. Die Menschen, mit denen ich mich aufgrund der A.A.-Lebensweise identifiziere, sind ein Teil meiner Nüchternheit. Was sie von mir denken, entspricht daher ihrer Meinung über meine Nüchternheit und dem damit verbundenen Wachstumsprozeß und zeigt, wie sie daran teilnehmen. Wenn das eine Übergabe der Macht bedeutet, ist es zugleich ein Sieg der Gelassenheit.

90 Tage - 90 Meetings

Ich gestehe, daß ich größenwahnsinnig genug bin, um bei diesem Thema die Worte von Dr. Silkworth anzubringen, die er zu Bill W. sprach: „Halte daran fest, Junge. Es ist so viel besser als das, was du zuvor hattest!"[7] Was ich hatte, war der Alkohol, mit all seinen leeren Versprechungen von Beherrschung. Was ich jetzt habe, ist die A.A.-Lebensweise, die durch andere Menschen in all ihrer Fülle an mich herangetragen wird. Und ich bekomme nur dann etwas davon ab, wenn die Gedanken dieser Menschen für mein Selbstgefühl mindestens ebenso viel ausmachen wie früher der Schnaps. So sehe ich das wenigstens.

Anmerkungen des Übersetzers:

[1] Kaufman, Gershen. *Shame: The Power of Caring.* Shenkman Publishing Company, 1980.

[2] *stinking thinking* (wörtlich): stinkiges Denken.

[3] Vgl. *Alcoholics Anonymous* S. 64/74; *As Bill Sees It* (Wie Bill es sieht) 39, 98.

[4] Projektion: Die eigenen Fehler auf andere projizieren, d.h. den Splitter im Auge des anderen, aber nicht den Balken im eigenen Auge sehen.

[5] Vgl. *Twelve Steps and Twelve Traditions* (Zwölf Schritte und Zwölf Traditionen): 48/46.

[6] *red herring* (Idiomatischer Ausdruck): Ablenkungsmanöver, falsche Spur; z.B. *draw a red herring across the path*: a) eine falsche Spur zurücklassen, b) ein Ablenkungsmanöver durchführen.

[7] Vgl. *Alcoholics Anonymous*: 14/16; *Alcoholics Anonymous Comes of Age* (AA wird mündig): 63/107; *Pass It On*: 123.

59. Tag / Ein ehrlicher Wunsch

Die einzige Voraussetzung für die A.A.-Mitgliedschaft ist der Wunsch[1], mit dem Trinken aufzuhören.[2]

- Die Dritte Tradition

ZUR ZEIT DER URSPRÜNGLICHEN ABFASSUNG und Veröffentlichung der Zwölf Traditionen von A.A. begann die dritte dieser Richtlinien folgendermaßen: „Die einzige Voraussetzung für die Mitgliedschaft bei A.A. ist ein ehrlicher Wunsch, mit dem Trinken aufzuhören."[3] Ich kann mich erinnern, wie ich meinen ersten Sponsor fragte: „Warum ließ A.A. in seiner Aussage über die Voraussetzung für die Mitgliedschaft das Wort *ehrlich* wegfallen?" Noch heute klingt mir Phils Antwort in den Ohren und ermahnt mich an den intellektuellen und spirituellen Zustand, zu dem ich durch meinen Alkoholismus verarmt war. „Ich weiß es nicht genau, Ernie, aber vielleicht deshalb, weil sie vorhersahen, daß du eines Tages daherkommen würdest."

Obwohl ich jetzt bei dieser Erinnerung lachen muß, versetzte mir die Antwort damals einen tiefen Stich. Tatsächlich spüre ich den Schmerz auch in der Erinnerung noch scharf genug und kann mir die Bemerkung als heilsamen Ansporn hinter die Ohren schreiben, um nicht zu vergessen, wie es „damals" war. Meine Trinkerei hatte mein Leben so sehr durcheinander gebracht, und ich bezweifle, ob mir irgend jemand noch irgend etwas Ehrliches zutraute. Im Grunde war ich gar nicht so unehrlich: Der Alkohol ist der große Betrüger; ein Alkoholiker ist eigentlich mehr jemand, der getäuscht wird, als jemand, der unehrlich ist.

Ein Neuer, der andauernd Rückfälle baute, ließ in dem Meeting heute abend noch eine andere Erinnerung in mir aufsteigen. Die Dritte Tradition spricht von „einem Wunsch, mit dem Trinken aufzuhören". Meine Geschichte umfaßt achtzehn Monate, in denen ich bei *Alcoholics Anonymous* nur so herumhing, bevor ich schließlich der Gemeinschaft beitrat und ihr Programm aufgriff. Ich besuchte die Meetings, aber ich kam meist ein bißchen später und ging dafür etwas früher nach Hause. Ich hörte zu, aber ich verglich, anstatt mich zu identifizieren. Weil mir der Unterschied nicht klar war, verstand ich mich nicht so sehr als Mitglied, sondern mehr als Besucher von *Alcoholics Anonymous*. Im nachhinein finde ich es nicht gerade überraschend, daß jemand nicht mit dem Trinken aufhört, wenn er noch nicht einmal diesen Unterschied erkennen kann. Wer A.A. nicht kennt, findet es vielleicht erstaunlich, warum ich in den Meetings willkommen geheißen und von den echten Mitgliedern trotz allem als Mitglied behandelt wurde.

Ich lernte in diesen ersten Monaten wahrscheinlich nicht viel, aber an ein Gespräch kann ich mich noch entsinnen. Es fand während des Meetings neben der Kaffeemaschine statt, weil ich zu nervös war, um einen ganzen Redebeitrag lang stillzusitzen. Jimmy war mir nachgegangen. Er tat so, als ob er sich frischen Kaffee holen wollte, aber ich vermute, in Wirklichkeit wollte er verhindern, daß ich den Tisch mit den Erfrischungen umstieß. Es war nicht zu übersehen, daß ich betrunken war, und als mir das klar wurde, murmelte ich etwas wie: „A.A. scheint bei mir nicht zu wirken."

Eigentlich hatte ich erwartet, die übliche alte Leier zu hören, die mir die anderen schon so oft zugeworfen hatten: „Es wirkt bei dir, wenn du dafür arbeitest." Aber Jimmy sagte einen Moment lang gar nichts. Er schien sich voll und ganz darauf zu konzentrieren, genau die richtige Menge Zucker in seinen Pappbecher zu rühren. Schließlich blickte er auf und sagte in einem ernsten und beinahe rätselhaften Ton: „Ja, weißt du, Ernie, die einzige Voraussetzung ist „der Wunsch, mit dem Trinken aufzuhören'. Es könnte sein, daß dein Problem darin besteht, daß du einzig und allein den Wunsch hast, nicht mehr in Schwierigkeiten zu kommen."

Das traf genau ins Schwarze. Denn in meinem Fall und zu diesem Zeitpunkt hatte Jimmy völlig recht. Ich war noch nicht dazu bereit, mit dem Trinken aufzuhören. Ich ging hauptsächlich deshalb zu A.A., weil ich hoffte, irgendeine Möglichkeit zu finden, die Schwierigkeiten zu reduzieren, die mir meine Trinkerei zunehmend verursachte. Es wäre schön, wenn ich berichten könnte, daß dieser Abend einen Wendepunkt in meinem Leben markierte und mir Jimmys Bemerkung zu der Bereitschaft verhalf, sofort mit dem Trinken aufzuhören. Wahrscheinlich half mir die Einsicht im Laufe der Zeit dennoch, aber damals mußte ich erst einmal noch mehr Schwierigkeiten durchmachen.

Immer, wenn ich das Glück habe, eine Erörterung der Dritten A.A.-Tradition mit anzuhören, weckt das dann hilfreiche Erinnerungen in mir, „wie es damals war". Manchen von uns fiel der Anfang bei A.A. wirklich schwer. Oder wäre es richtiger zu sagen, daß es manchen von uns schwer fiel, zu A.A. kommen? Aber wem fiel das schon leicht, wenn man es genau betrachtet?

Wie schwer es mir doch fiel, zu entdecken und zu lernen, daß ich es mir bloß zu wünschen brauchte, mit dem Trinken aufhören zu können. Lange Zeit war mein Wunsch verkrüppelt. Die Dritte Tradition heißt nicht: „Die einzige Voraussetzung für die A.A.-Mitgliedschaft ist der Wunsch zu trinken, ohne in Schwierigkeiten zu geraten." Als ich das endlich gelernt hatte, verfiel ich sogar beinahe noch auf den dummen Versuch, meinen „Wunsch, mit dem Trinken aufzuhören" auf „Ehrlichkeit" zu überprüfen. Als ich zu A.A. kam, war ich noch gar nicht fähig, ehrlich zu sein. Alle Ehrlichkeit, die ich besitze, lernte ich bei *Alcoholics Anonymous*. Ehrlichkeit war das erste Geschenk, das A.A. mir gab. Wie hätte ich etwas mitbringen können, was ich überhaupt nicht hatte?

Hinter der Formulierung für die Voraussetzung der Mitgliedschaft bei A.A. steckt außerdem noch ein bißchen mehr an feinsinniger Weisheit. Der Wunsch, mit dem Trinken aufzuhören, ist nicht dasselbe wie die Forderung, mit dem Trinken aufzuhören. Nasse Alkoholiker haben keine Wünsche. Das kann ich aufgrund meiner eigenen Erfahrung mit gutem Gewissen sagen. Suchtdruck, ja; Forderungen, sicherlich; Erwartungen und gute Vorsätze, na, was denn sonst? Aber nasse Alkoholiker kennen Wünsche ebenso wenig wie Hoffnung: Wie oft erscheint das Wort *hoffnungslos* in der Beschreibung unseres Zustandes im *Blauen Buch*[4]!

Hinter dem Wort *Wunsch*[1] in der Dritten Tradition von A.A. steckt also gewissermaßen ein Trick. Ein echter „Wunsch" bringt bereits den Ansatz des Loslassens mit sich - im Gegensatz zu „Suchtdruck", „Forderung", „Erwartung" oder „Vorsatz". Bevor wir hoffen können, müssen wir lernen, wie man wünscht; wahre Hoffnung gibt es erst, wenn wir kapituliert haben, und nur, wenn wir wirklich loslassen.

Bei großen A.A.-Meetings lerne ich viel, wenn ich beobachte, wie die alten Hasen zuhören. Die Gespräche sind meist kurz, aber sie haben oft System. Der alte Hase, der Nüchternheit aus Erfahrung kennt, hört genau heraus, ob der Neue Wünsche und Hoffnungen oder Forderungen und Vorsätze ausdrückt. Wenn das erste zutrifft, fördert der A.A.-Veteran den Wunsch und hält der Hoffnung Zusagen entgegen. Vielleicht erzählt er einen Teil seiner eigenen Geschichte, um aufzuzeigen, wie sich die Versprechen von A.A. erfüllen. Im zweiten Fall rät er hinsichtlich der Forderungen und Erwartungen zur Vorsicht. Wieder greift er auf die eigene Geschichte zurück und verdeutlicht die Hoffnungslosigkeit von Forderungen, die Unkontrollierbarkeit von Plänen.

Jedesmal, wenn ich Zeuge von solchen Gesprächen werde und besonders, wenn ich das Glück habe, selbst daran teilnehmen zu dürfen, denke ich wieder an die feinsinnige, tiefgründige Weisheit, die hinter der Erklärung zur Voraussetzung für die Mitgliedschaft bei A.A. steckt. Und aus Dankbarkeit dafür, daß ich sie letztendlich erfüllen konnte und heute nüchtern bin, versuche ich, das alles durch meine eigene Geschichte weiterzugeben.

Anmerkungen des Übersetzers:

[1] *desire*: Wunsch, Verlangen, Begehren, Bitte, Lust, Begierde.

[2] Vgl. *Alcoholics Anonymous*: 564/408; *Twelve Steps and Twelve Traditions* (Zwölf Schritte und Zwölf Traditionen): 139/133.

[3] Vgl. Grapevine August 1946 (*The Language of The Heart*: 37).

[4] Vgl. *Alcoholics Anonymous*: xiii/XIII, xvi/XVII, xxiii/XXV, ixxx/XXXIV, 6/7, 10/11, 14/17, 17/21, 20/24, 25/30, 26/32, 42/49, 43/50, 44/51, 92/107, 94/109, 113/132, 153/179.

60. Tag / Kontrolliertes Trinken

Im tiefsten Sinne ist der Wille vielleicht nicht gleichbedeutend mit Anmaßung und Herrschaft, sondern mit Liebe und Nachsicht; nicht mit dem Machtwillen, sondern mit dem Willen zum Gebet.
- William Barrett[1]

MIT DER ZEIT beginnen mir zwei Dinge hinsichtlich der Nicht-A.A.-Literatur aufzufallen. Dabei denke ich eigentlich mehr an den Bereich, der Alkoholismus als Erscheinungsform der menschlichen Persönlichkeit behandelt, und nicht an technische Abhandlungen über Themen wie Alkohol-Metabolismus[2] oder die Biochemie der Äthanol-Absorption[3].

Ich möchte meine beiden Beobachtungen mit der Bemerkung einleiten, daß ich das Gelesene zuerst in zwei Klassen einteile. Die erste Rubrik bilden diejenigen Untersuchungen, die an Alkoholismus herangehen, als ob er in erster Linie in Reagenzgläsern und im Zellgewebe existiert. Sie können nützliche Kenntnisse über Alkohol vermitteln, aber ihre Aussagen erheben selten den Anspruch, von praktischem Wert für den Alkoholiker zu sein. Die zweite Rubrik besteht aus denjenigen Untersuchungen, die zumindest stillschweigend auf der humanistischen Beobachtung aufbauen, daß Alkoholismus speziell bei Alkoholikern auftritt - bei Menschen in ihrer gesamten Komplexität. Sie konzentrieren sich direkt auf den Alkoholiker und nicht so sehr auf Alkohol und Alkoholismus. Bei meinen Beobachtungen geht es um die Literatur in dieser zweiten Rubrik.

Der erste Punkt hat mit der Beachtung und Haltung zu tun, die diese Literatur gegenüber der Gemeinschaft und dem Programm von *Alcoholics Anonymous* zeigt. Etwa bis Anfang der siebziger Jahre bestand die Tendenz, A.A. zu ignorieren oder nur am Rande zu erwähnen. A.A. wurde mit relativ wenigen Ausnahmen von den Autoren, die darauf hinwiesen, entweder so dargestellt, als ob seine Gemeinschaft und sein Programm ein möglicher Lückenbüßer für die immer weniger werdenden Leute wären, die Religion noch ernst nahmen, oder sie schilderten es als eine Krücke zur Friedensstiftung für Abtrünnige, die sozial und psychisch so stark verarmt oder verkommen waren, daß eine Genesung leider unmöglich war.

Heute [in den achtziger Jahren] erscheinen nur noch sehr wenige Artikel mit diesem Tenor. *Alcoholics Anonymous* ist „wissenschaftlich anerkannt" worden, wenn man das so sagen darf. Angeführt von sensiblen Humanisten wie Gregory Bateson[4] gehen Sozialwissenschaftler immer respektvoller auf A.A. zu und untersuchen mit Aufgeschlossenheit seine nachweislichen Ergebnisse. Viele ihrer Auswertungen bringen uns vielleicht zum Schmunzeln, aber die meisten lassen Einsicht vermuten - und fast alle legen eine intellektuelle Ehrlichkeit an den Tag, von der jeder entzückt sein wird, der sich ernsthaft mit der Geschichte wissenschaftlicher Forschung über Alkoholismus beschäftigt.

Übrigens befürworten nicht alle dieser Studien das, was sie bei A.A. finden, mit Begeisterung. Doch selbst die Gegner und Kritiker, die aufgrund ihres Denksystems bei A.A. „Starrheit", „Dogmatismus" und „Ideologie" entdecken, zeigen zumindest Respekt. Wenn sie von anderen Wissenschaftlern kritisch untersucht werden, können ihre Interpretationen im allgemeinen mit der Beschreibung des Elefanten durch die Blinden[5] verglichen werden. Doch das Vorhandensein einer ernsthaften Diskussion auf akademischer Ebene ist an sich schon grundsätzlich wichtig, wenigstens in der engen Welt der wissenschaftlichen Forschung. Vielleicht könnte A.A. mit der Betriebsfürsorge[6] fruchtbarer zusammenarbeiten. Vielleicht kann sorgfältigeres Bedenken des Unterschiedes zwischen Behandlung und Genesung, zwischen akuter Krisenintervention und einer chronischen Lebensweise manchen noch Leidenden helfen, Nüchternheit zu finden. In ihrer Geschichte erwies sich die A.A.-Gemeinschaft selbst als außerordentlich aufgeschlossen, wenn tatsächlich etwas bewirkt werden konnte. Mit anderen Worten, anscheinend beginnen sich das wissenschaftliche Ideal der distanzierten Objektivität und das A.A.-Vermächtnis der Verantwortlichkeit auf demselben Boden zu treffen, und darüber bin ich froh.

An der zweiten Front gibt es keine so guten Neuigkeiten, zumindest nicht auf den ersten Blick. Es gibt ein anderes Verständnis von Genesung, dem A.A. seit den ersten Anfängen seiner Geschichte stets mutig begegnet ist: der sturen Annahme, daß „wahre Genesung" für den Alkoholiker die Wiedererlangung der Fähigkeit, ungefährdet trinken zu können, mit sich bringt und das Ziel der Behandlung „kontrolliertes Trinken" sein sollte. Derartige Bestrebungen haben sich nicht vermindert, obwohl ihre Befürworter inzwischen wenigstens öfter und ausdrücklicher darauf hinweisen, daß kontrolliertes Trinken nur für bestimmte Alkoholiker ein angemessenes Ziel sein kann.[7]

Aber ich habe etwas anderes in dieser Literatur bemerkt, soweit sie „ausgereift" ist, wenn man das so sagen darf. Autoren, die sich für kontrolliertes Trinken einsetzen, zeigen mit der Zeit immer deutlicher auf, was sie unter Kontrolle verstehen, und zwar aufgrund ihrer eigenen Ehrlichkeit, die bis auf eine wohlbekannte Ausnahme sehr eindrucksvoll und nicht zu bestreiten ist. Und wie sieht das wohl aus? - Das literarische Porträt vom „erfolgreichen kontrollierten Trinker" beginnt mehr und mehr der Beschreibung des „nassen Alkoholikers" von Dr. Silkworth[8] (und A.A.) zu ähneln: ein Mensch, der vom Denken an seinen Alkoholkonsum besessen ist.

Mit anderen Worten, ein Licht fängt an zu dämmern, und zwar aus einer völlig unvorhergesehenen Richtung. Dieser Standpunkt ist vielleicht zu oberflächlich, aber er hat trotzdem seine Berechtigung: Ein nasser Alkoholiker ist genaugenommen ein Mensch, der sein Trinken kontrollieren muß. Im *Blauen Buch* ist zumindest die erste Hälfte der Definition des Alkoholikers mit Besessenheit verbunden, und die Literatur über kontrolliertes Trinken enthüllt immer deutlicher, daß der Erfolg bei derartigen Bemühungen direkt proportional zu der Zeit und Energie ist, die darauf verwendet wird, ans Trinken zu denken. Vermutlich würden die meisten nüchternen Alkoholiker zustimmen, daß die Frage von Erfolg oder Mißerfolg der Anstrengungen, das eigene Trinken zu kontrollieren, letztendlich irrelevant ist. Und genau das ist der Unterschied zwischen einem Alkoholiker und einem Nicht-Alkoholiker: Der Nicht-Alkoholiker braucht sein Trinken nicht zu kontrollieren. Das begreifen wir Alkoholiker vielleicht genauso wenig, wie die meisten Nicht-Alkoholiker nur schwer verstehen können, warum wir es kontrollieren müssen und dabei scheitern ... aber meiner Ansicht nach ist das eben einfach so, wie es ist.

Was ich lange vermutete, und was für meine Gefühle jetzt auch von der Literatur über kontrolliertes Trinken bestätigt wird, ist folgendes: Wer sich aussuchen kann, ob er sein Trinken kontrollieren oder sich dafür entscheiden will, immer nur für vierundzwanzig Stunden nicht zu trinken, wird das Letztere zweifellos vorziehen. In diesem Punkt wären sich Nicht-Alkoholiker mit Mitgliedern von A.A. sicherlich einig. Wer würde schon Besessenheit wählen?[9] Nach meiner Erfahrung trifft das nur auf eine Gruppe zu: die Menschen, die von der Idee und dem Ideal der Beherrschung bereits besessen sind - diejenigen, die derartige Literatur produzieren.

Präzise Kontrolle ist die äußerste Besessenheit, sagen die Philosophen - der „Wille zur Macht", den Friedrich Nietzsche[10] in seinen Werken so vorzüglich schilderte und der von zeitgenössischen Kommentatoren wie William Barrett[1] und Dr. Leslie Farber[11] so scharfsinnig analysiert wurde. Bei genauerer Durchsicht der Literatur über kontrolliertes Trinken stelle ich fest, daß ich eher angestaubte Philosophie als die Ergebnisse sorgfältiger Forschung lese.

Selten wird mir nachgesagt, ich sei ein mitleidiger Mensch, aber wenn ich Leute sehe, die der Idee des kontrollierten Trinkens verfallen sind, blutet mir das Herz. Denn der Wille zur Macht ist die schlimmste Sucht: Es ist die Sucht nach der Sucht, wie Farber es so treffend formulierte.

„Anonyme kontrollierte Trinker" gibt es schon - eigentlich heißt das A.A. Aber wenn irgend jemand da draußen unbedingt eine Selbsthilfegruppe für gegenseitige Unterstützung von Kontrollvorstellungs-Abhängigen anfangen möchte, hätte ich ein paar Namen vorzuschlagen: „Teufelskreis Hilferufe im Zwölften Schritt" - wer hätte da die „Oberherrschaft"? Und - vielleicht der absolute Name für das Bestreben selbst - „Götter GmbH & Co. KG".

Anmerkungen des Übersetzers:

[1] Barrett, William. *Irrational Man*. Doubleday, 1958; *The Illusion of Technique*. Anchor Press, 1978.

[2] *Metabolismus*: biologischer Stoffabbau.

[3] *Äthanol*: Äthylalkohol (trinkbarer Alkohol), chemische Formel: C_2H_5OH. *Absorption*: Aufsaugung, Energieabgabe, Beanspruchung.

[4] Bateson, Gregory. *Steps to an Ecology of Mind*. Ballantine Books, 1972.

[5] berühmtes Gleichnis von Buddha: Mehrere blinde Männer beschreiben einen Elefanten. Einer betastet den Rüssel, einer das Ohr, einer den Fuß, einer den Schwanz, und so beschreibt jeder etwas anderes. Dabei merken sie nicht, daß sie alle das gleiche Tier untersuchen.

[6] *Employee Assistance Program (EAP)* [Arbeitnehmer Hilfs-Programm]: Diese Programme werden im allgemeinen von der Betriebsleitung eingerichtet, obwohl sie ursprünglich von der Gewerkschaft initiiert wurden und ihre Betreuung dem Betriebsrat unterliegt. Ziel dieser Programme ist nicht ausschließlich Alkohol- und Drogenproblematik, doch bleibt das ihr Hauptschwerpunkt. Der Grundgedanke ist, einzugreifen, wenn jemand ein Alkohol- oder Drogenproblem hat, aber nicht bereit ist, aus eigener Initiative Hilfe zu suchen. Die Lohntüte ist ein kraftvolles Werkzeug der Überredungskunst. Im Idealfall erklärt sich der Arbeitnehmer bereit, Hilfe zu akzeptieren, und sein Arbeitsplatz wird ihm garantiert, solange er trocken oder clean bleibt. Es besteht die Zusage, daß niemand bestraft wird, der sich helfen läßt.

[7] „... So ergaben Nachuntersuchungen ..., daß von 20 Patienten, die angeblich wieder kontrolliertes Trinken gelernt hatten, nach 10 Jahren 4 an Alkoholfolgen gestorben waren, und einer Selbstmord begangen hatte; 8 hatten ihr exzessives Trinken fortgesetzt und waren sozial abgestiegen; 6 lebten nach wiederholten Rückfällen und Entziehungskuren alkoholabstinent und einer trank kontrolliert. Dieser aber war kein Alkoholkranker. Diskussionen über die Wiedererlangung kontrollierten Trinkens haben lediglich akademischen Wert und sollten aufgrund der vorliegenden Erfahrungen in der beratenden und therapeutischen Arbeit vermie-

den werden." [Schmidt, Prof. Dr. Lothar. *Alkoholkrankheit und Alkoholmißbrauch*, 3., überarbeitete und erweiterte Auflage, Kohlhammer (1993); S. 32]. - Vgl. auch *Pendery, M.L., I.M. Maltzman, L.V. West*: „Controlled drinking by alcoholics? New findings and a reevaluation of a major affirmative study." Science 217, 169 (1982).

[8] Silkworth, Dr. William Duncan. *Alcoholism as manifestation of allergy*. Med. Rec. 145, 249 (1937).

[9] „Da wir uns keiner Fluggesellschaft anvertrauen würden, die garantiert, daß die meisten Maschinen abstürzen, so sollten wir keinem Alkoholkranken kontrolliertes Trinken zumuten, da ebenfalls die meisten „abstürzen'." [Schmidt, Prof. Dr. Lothar. *Alkoholkrankheit und Alkoholmißbrauch*, 3., überarbeitete und erweiterte Auflage, Kohlhammer (1993); S. 32].

[10] Nietzsche, Friedrich Wilhelm (1844-1900). Deutscher Philosoph, bekannt für sein Konzept vom Übermenschen und Ablehnung traditioneller christlicher Werte.

[11] Farber, Leslie. *Lying, Despair, Jealousy, Envy, Sex, Suicide, Drugs and the Good Life*. Basic Books, 1976.

61. Tag / Keller und Oberstübchen

Mir fällt auf, daß diejenigen, bei denen nichts im Keller ist, auch nicht viel im Oberstübchen haben.
 - William Manchester[1], als er über John F. Kennedy befragt wurde

WER EIN NÜCHTERNER ALKOHOLIKER IST, muß einmal ein Säufer gewesen sein. Ich habe noch kein A.A.-Mitglied getroffen, dem es leicht gefallen war, seinen Alkoholismus zu entdecken. Wie wir wissen, gibt es bei A.A. „keine Gebühren oder Beiträge für die Mitgliedschaft". Wir verstehen diesen Satz aus unserer „Präambel" so, daß wir unsere Gebühren schon bezahlt haben, bevor wir zu A.A. fanden. In der Tat kamen viele von uns, weil sie jene Gebühren nicht mehr bezahlen konnten - in geistiger und spiritueller Hinsicht ebenso wie im körperlichen und finanziellen Sinne.

Ein nüchterner Alkoholiker zu sein bedeutet also, ein Säufer gewesen zu sein. Und als Betrunkene taten wir Dinge und handelten in einer Weise, daß allein die Erinnerung daran schmerzhaft ist. Eine ganze Hälfte des A.A.-Programms, und zwar die mittleren sechs Schritte von Vier bis Neun, wurde anscheinend dafür vorgesehen, uns bei der Auseinandersetzung mit dieser Wirklichkeit zu helfen. Und das nicht nur, um uns ihr zu stellen, sondern auch, um sie zu transzendieren[2]. Daraus ergibt sich nicht nur, daß wir einfach etwas im üblichen Sinne überwinden, sondern transzendieren bedeutet, daß wir über etwas hinauswachsen. Weil wir machtlos sind, können wir von nichts Besitz ergreifen. Wir wissen, daß unsere Lebensweise keine Kontrolle mit sich bringt, sondern Loslassen. Aber wie lassen wir das los, was ein Teil von uns bleibt, weil es zu unserer Geschichte gehört?

Die Antwort von A.A. ist klar und präzise. Erst machen wir unsere Inventur und dann teilen wir sie mit. Wir werden bereit, uns zu ändern, und dann bitten wir darum, verändert zu werden. Wir denken darüber nach, wie wir den Schaden wiedergutmachen könnten, den wir verursacht haben, und im Anschluß handeln wir entsprechend. Bestenfalls bringen wir etwas in Ordnung oder bessern es aus: Wir können nichts ungeschehen machen. Über unsere Verletzungen oder die der anderen können wir vielleicht hinauswachsen, aber wir können sie nicht ausradieren. Jede Wirklichkeit, die es einmal gab, existiert in gewissem Sinne für immer.

Und was kommt nach dem Neunten Schritt? Die einfachste, offensichtlichste und richtigste Antwort heißt: der Zehnte Schritt. In gewisser Weise faßt er die vorangegangenen sechs Schritte noch einmal zusammen. Durch die Anwendung des Zehnten Schrittes werden wir weiter auf die Vergangenheit und das Wachstum, in dem wir immer noch begriffen sind, aufmerksam gemacht.

Mir gefällt die Beobachtung von William Manchester[1], der ein guter Historiker ist und die Wahrheit nicht scheut.

Seine Umschreibung erinnert auch daran, daß jede Geschichte wie ein Haus ist - und unsere gesamte geschichtliche Vergangenheit ist eine Geschichte. A.A. lehrt uns, daß unser Leben nur als Geschichte einen Sinn ergibt. Aus diesem Grund kann uns dieses Bild auch etwas über uns selbst beibringen. Wenn das so ist, was meinen wir dann mit unserem „Keller" und unserem „Oberstübchen"?

Meiner Ansicht nach benötigen wir beides, Keller und Dachböden, weil wir die Dinge lieber wegräumen, als sie wegzuwerfen. Manche Dinge verstecken wir nicht so sehr deshalb im Keller, weil sie häßlich sind, sondern eher, weil sie unpassend geworden sind. Wir können keinen geeigneten Platz mehr für sie finden. Selbst bildliche Keller enthalten also mehr als Leichen: Sie enthalten all die Dinge, die wir aus dem einen oder anderen Grund nicht wegwerfen können. Diese Tatsachen sind da, und im allgemeinen erinnern wir uns daran, daß sie da sind, nur befindet sich diese Erinnerung nicht im Vordergrund unseres Bewußtseins. Wir erinnern uns nur an sie, wenn wir sie brauchen ... oder wenn der Keller langsam überläuft, und die Dinge, die wir dort einzuschließen versuchen, wieder ans Tageslicht kommen.

In tatsächlichen Häusern sieht es auf dem Dachboden oft so ähnlich wie im Keller aus. Das Bild eines Dachbodens bezieht jedoch „oben" mit ein. Der bildliche Vergleich hinkt ein wenig, aber seine Bedeutung ist klar. Genau wie ein gut ausgestattetes Haus hat ein vollwertiger Mensch nicht nur unterschwellige Erinnerungen, sondern auch etwas im „Oberstübchen". Wäre das A.A.-Programm ohne die oft zitierten Schritte denkbar, in denen es um „Hausputz" geht? Das ist im wesentlichen der Witz bei Manchesters Bonmot.

Viele Nicht-Alkoholiker sind schwer im Nachteil, wenn sie unserem Zwölf-Schritte-Programm zu folgen versuchen. Ihnen fehlt das Drama der Sauferei, und deshalb neigen sogar - oder vielleicht besonders - die spirituell Veranlagten unter ihnen dazu, vom Dritten Schritt[3] direkt zum Elften Schritt[4] überzugehen. Beides sind gute Übungen, aber ihre Ergebnisse bleiben anscheinend eine leere Hülle der Spiritualität, wenn die Einsichten und Erfahrungen der empfohlenen Schritte Vier bis Zehn fehlen, und diese Lücke eben nicht füllen. Eine derartige Spiritualität scheint weder Göttlichkeit noch Menschlichkeit zu besitzen, wenn der Keller leer ist.

Als Alkoholiker, insbesondere wenn wir uns von *Alcoholics Anonymous* leiten lassen, ist es unwahrscheinlich, daß wir diesen Fehler machen. Jedesmal, wenn wir unsere Geschichte erzählen, verbinden wir unser Oberstübchen mit unserem Keller und erinnern uns nicht nur daran, daß wir beides haben, sondern auch, in welcher Beziehung sie zueinander stehen sollten. Wir haben eifrig daran gearbeitet, Tabuthemen anzuhäufen, besonders, als wir tranken. Mitunter zögerten wir und versuchten voller Gewissensbisse, dieses Unheil außer Sichtweite zu bringen und in den Keller zu stopfen. Dann lehnten wir uns gegen die Tür, begutachteten den scheinbaren Erfolg unserer Verleugnung und tranken noch einen Schluck darauf. Als unser Keller zu voll wurde und den ständig zunehmenden Schutt unseres alkoholkranken Daseins nicht mehr fassen konnte, hatten einige von uns das Glück, den Wunsch zu verspüren, der Sammelei ein Ende zu setzen - sie hegten den Wunsch, mit dem Trinken aufzuhören. Die wirklich Glücklichen unter uns fanden dann *Alcoholics Anonymous*, oder sie wurden von A.A. gefunden.

Die Tür unseres überfüllten Kellers wurde von A.A. weder fest verschlossen noch mit einem heftigen Ruck aufgerissen. Die Gemeinschaft und ihr Programm führten uns eher allmählich an die Inventur heran - immer nur für vierundzwanzig Stunden - und zeigte uns den Weg beim Aussortieren des Gerümpels in unserem Keller. A.A. half uns, der Wirklichkeit mutig zu begegnen: Es führte uns zur Gelassenheit, wenn wir

Dingen gegenüberstanden, die wir nicht ändern konnten, schenkte uns Mut, die Dinge zu ändern, die wir ändern konnten und wies uns besonders auf die Weisheit hin, die uns das eine vom anderen unterscheiden ließ. Mit anderen Worten, *Alcoholics Anonymous* ermöglichte uns, unser Oberstübchen so zu benutzen, daß unser Keller in Ordnung kam.

Natürlich läßt ein voller Keller nicht unbedingt auf einen vollen Dachboden schließen - nicht innerhalb von A.A. An diesem Punkt ist Manchesters Metapher[5] möglicherweise problematisch. Wenn Dachboden *oben* andeutet, was besagt dann oben? Das Bild legt nahe, daß es wichtig ist, ein „Oben" zu besitzen und zu benutzen. Aber wie soll ich das verstehen: mein „Dachboden", mein „Oben"?

Zwei Möglichkeiten bieten sich an, und sie scheinen sich eher zu ergänzen, als sich zu widersprechen. Erstens meint Manchester mit Oberstübchen offensichtlich *Kopf*. Weil unsere Denkweise ein Aspekt unserer Genesung ist, erlaubt uns das Programm von A.A., unser Oberstübchen zu finden und zu benutzen. Ein Gesichtspunkt des Tiefpunkts ist die schreckliche Befürchtung, daß wir einzig und allein aus „Keller" bestehen. Das Gebäude meines Lebens, das ich zu A.A. mitbrachte, hatte, wenn überhaupt, nur sehr wenig Platz zum Leben übrig. A.A. half mir gewissermaßen, mein Heim zu finden, das unter meinem „Sperrmüll" versteckt war, und zwar, indem es mich zuerst befreite und mir dann half, das zu finden und zu benutzen, was ich in meiner nassen Zeit mißbraucht und zerstört hatte: meinen Kopf.

Nur war mein Kopf nicht das einzige, was ich verlegt oder gar verloren hatte. Bei uns sind Körper, Kopf und unser spirituelles Wesen erkrankt, wie uns das *Blaue Buch* sagt. Für mich bedeutet deshalb „oben" in übertragenem Sinne auch das, was über mir ist: eine Kraft, die größer ist als ich selbst oder von mir aus auch Gott, wie ich ihn verstehe.

Diese Auslegung tut Manchesters Metapher nicht weh, auch wenn sie nicht in seiner Absicht lag. „Religion ist das gelebte Eingeständnis des Versagens"[6], darin stimmen die Einsichten der Psychologie, der Philosophie und ebenso der Theologie überein. Wenn das so ist, dann definieren sich Keller und Dachboden gegenseitig. Man kann das eine nicht ohne das andere haben. Gewöhnlich nähern wir uns dieser Einsicht nur aus einer Richtung: Was in unserem Oberstübchen ist, bestimmt darüber, was in unserem Keller ist. Aber die Umkehrung dieser Einsicht ist vielleicht genauso richtig: Wird nicht auch durch den Inhalt unseres Kellers definiert, was in unserem Oberstübchen ist? Mein Keller und mein Oberstübchen stehen miteinander in Beziehung, genau wie die Schritte von A.A., und das ist weitere Überlegungen wert.

90 Tage - 90 Meetings

Anmerkungen des Übersetzers:

[1] Manchester, William; Zeitkritiker, Schriftsteller, Mitglied des Pen-Clubs. Geboren 1922 in Attleboro, Massachusetts.

[2] *transzendieren*: überschreiten [Latein *tránscendere* hinüberklettern; aus *trans* hinüber + *scandere* klettern].

[3] *Alcoholics Anonymous*; 59/68: „3. Trafen eine Entscheidung, unseren Willen und unser Leben der Sorge Gottes, *wie wir Ihn verstanden*, zu übertragen."

[4] *Alcoholics Anonymous*; 59/69: „11. Suchten durch Gebet und Meditation unsere bewußte Verbindung mit Gott, *wie wir Ihn verstanden*, zu vertiefen und beteten nur um die Erkenntnis Seines Willens für uns und die Kraft, dies auszuführen."

[5] *metaphor*: Metapher, bildlicher Ausdruck, Umschreibung [Griechisch: *metaphora* von *metapherein* aus *meta* über + *pherein* tragen].

[6] Kolakowski, Leszek. *Religion, If There Is No God*. Oxford University Press, 1982. Vgl. 40. Tag / Ein Versager sein.

62. Tag / Alkoholismus - eine Allergie?[1]

Ein Mensch manifestiert sein eigenes Wesen durch die besondere Art, auf die er andere Menschen braucht.

- Roberto Mangabeira Unger[2]

NICHT GERADE NEU ist eine Auffassung, die auf dem Gebiet der Alkoholismusforschung immer wieder aufzutauchen scheint: Alkoholismus als Allergie[3]. Diejenigen, die den Ansatz von A.A. nachvollziehen können, werden über diese Masche der Interpretation nicht überrascht sein, doch vielleicht entdecken sie darin nicht so sehr eine Bestätigung der Intuition von A.A., als vielmehr eine Aufforderung, noch einmal eingehender darüber nachzudenken, welche Folgen das Dasein als Alkoholiker nach sich zieht.

Zunächst sollten wir uns darüber klar sein, daß der Begriff *Allergie* hier in einem sehr weiten Sinne gebraucht wird. Alkohol ist nicht dasselbe wie Pollen. Medizinische Metaphern[4] können gefährlich sein, das wußte Bill W., der Mitbegründer von A.A., nur allzu gut. Er selbst bezeichnete unseren Zustand deshalb immer lieber als ein Gebrechen[5], statt als ein Leiden[6]. Dennoch ist das Krankheits-Konzept beim Alkoholismus erfolgreich gewesen, parallel zum Erfolg von A.A., obwohl es stärker von Dr. E. M. Jellinek[7] und dem Nationalen Beirat für Alkoholismus[8] durchgesetzt wurde als von A.A. selbst.

Wir erinnern uns, daß im *Blauen Buch* von A.A. mehr Dr. Silkworths Beitrag in „Die Meinung des Arztes"[9] von der Vorstellung einer Allergie durchzogen ist als die Kapitel, die von den ersten „hundert Männern und Frauen"[10] erarbeitet wurden. Es empfiehlt sich, stets daran zu denken, daß A.A. für *Alcoholics Anonymous* steht, und nicht für „Apropos Alkoholismus". A.A. ist eine Gemeinschaft *von* Alkoholikern, die ein Programm *für* Alkoholiker anbietet: Es gibt nicht vor, die Ursachen des Alkoholismus wissenschaftlich zu untersuchen. Als im dritten Kapitel nach einer Metapher gesucht wurde, entschied man sich bei der Erörterung für den Ausdruck „eine Leidenschaft, halsbrecherisch auf die Straße zu laufen" und nicht etwa für, sagen wir mal, Erdbeeren als Verbildlichung für das „absurde und unverständliche" Verhalten des Alkoholikers.[11] Anscheinend waren die frühen A.A.-Mitglieder bei dem Wort *Allergie* ebenso vorsichtig wie bei dem Begriff *Sucht*[12].

Und wenn die in letzter Zeit aufkommenden Erkenntnisse stichhaltig sind, dann war das ein Glück. Denn inzwischen scheint vieles dafür zu sprechen, daß Alkoholiker keine besondere Allergie gegen Alkohol haben[13], sondern daß ihnen ein allergie-ähnlicher Schutz fehlt, den andere Menschen, Nicht-Alkoholiker, gewöhnlich besitzen. Wie alle Entdeckungen der modernen Wissenschaft kann diese Auffassung natürlich verfeinert, revidiert und sogar verworfen werden. Doch weil sie herausfordernd ist, verdient sie es auch, überprüft zu werden.

Nach dieser Theorie haben „normale Menschen" - Nicht-Alkoholiker - in ihrem Metabolismus[14] und Zellgewebe einen eingebauten Schutz gegen übermäßigen Genuß von Alkohol, dagegen, so viel zu trinken, daß es ihren Körper zerstören würde. Geselligkeits-Trinker werden ohnmächtig, oder es wird ihnen übel, wenn ihr Alkoholkonsum eine bestimmte Menge übersteigt. In jedem Fall ist dieses Abwehrsystem als Selbstschutz ausgelöst worden, um weitere Aufnahme von Alkohol zu verhindern. Selbst in A.A.-Meetings habe ich nie die Geschichte gehört, daß jemand weiter getrunken hätte, während er sich übergab oder ohnmächtig war. Obwohl diese Körperreaktion genaugenommen keine Allergie ist, hat sie dennoch die Funktion, zu verhindern, daß dem Körper weiter Alkohol zugeführt wird. Nicht-Alkoholiker haben eine eingebaute physiologische Schranke hinsichtlich der Alkoholmenge, die sie zu sich nehmen können.

Bei Alkoholikern ist das nicht der Fall. Die Theorie läßt darauf schließen, daß Alkoholismus mit dem Fehlen dieses physiologischen, allergieähnlichen Schutzes zu tun hat. Daran liegt es vermutlich, daß Alkoholiker eine so hohe Alkohol-Toleranz haben. Unser Stoffwechsel und unsere Auslöser von Zell-Reaktionen funktionieren fast überhaupt nicht;

manche von uns können sie im Laufe der Zeit sogar völlig außer Kraft setzen, wie es scheint. Nach dieser Auffassung ist es keineswegs unsere Alkohol-Toleranz, die letztlich zusammenbricht. Nachdem der natürliche Schutzmechanismus vollständig zerstört wurde, beginnt vielmehr der Alkohol bei der Einnahme sofort die Zentren anzugreifen, für deren Schutz jene Mechanismen bestimmt waren. Mit anderen Worten, wir sind nicht Alkoholiker, weil wir etwas haben, sondern weil uns etwas fehlt.

Die weitere Erprobung und Erforschung dieser Theorie überlasse ich gern den Physiologen[15]. Was mich interessiert, ist ihr philosophischer Denkanstoß.

Eigentlich fehlt uns etwas - wir sind, was wir sind, weil wir Mängel haben - und das kommt mir wie der Kern der Wahrheit des alkoholkranken Zustandes vor, denn das ist der Kern der Wirklichkeit des menschlichen Daseins. Der genesende Alkoholiker ist sich dessen immer sehr bewußt, was er ist - nämlich ein Alkoholiker - doch ein Alkoholiker ist eigentlich jemand, der etwas nicht tun kann: er kann nicht gefahrlos Alkohol trinken. Wissen und Akzeptieren der Wirklichkeit des eigenen Mangels gehört demnach zur Genesung dazu. Nur wenn er das akzeptiert, wird der Alkoholiker von der Tyrannei dieser Wirklichkeit befreit.

Ich möchte hier noch aus einer anderen Richtung betrachten, was aus dem Mangel folgt. Weil uns etwas fehlt, brauchen wir etwas. Und wir brauchen nicht so sehr das, was uns fehlt, sondern vielmehr eine andere und sozusagen höhere Ganzheit. Wissen, daß einem etwas fehlt, heißt wahrnehmen, daß man etwas braucht; den Mangel akzeptieren bedeutet, zuzugeben, daß man etwas braucht, ohne notleidend zu werden. Unser Problem als nasse Alkoholiker bestand nicht darin, daß wir etwas brauchten, sondern daß wir etwas forderten. Die Bedürftigkeit verzehrte uns, und wir verzehrten alles in Sichtweite, was unserer Meinung nach den quälenden Hunger sättigen könnte ... Alkohol, vielleicht andere Drogen, Geld, alle möglichen Dinge - und sicherlich andere Menschen. Und in diesem verrückten Konsumrausch zerstörten wir nicht nur das, was wir konsumierten, sondern wir verzehrten uns selbst - unser ureigenstes Ich - denn Bedürftigkeit ist kein Bedürfnis, und durch Forderungen werden unsere natürlichen Bedürfnisse eher zerstört als erfüllt.

In der Genesung wissen wir, daß uns etwas fehlt, und wir akzeptieren, daß wir etwas brauchen. Und wenn das Fordern aus Bedürftigkeit durch das Akzeptieren der Bedürfnisse ersetzt wird, dann merken wir, daß wir fähig werden, eine höhere Ganzheit zu finden, die unsere Verletzungen heilen kann, eine Kraft, größer als wir selbst, die uns unsere geistige Gesundheit wiedergeben kann.

Ich vermute, daß Studien zum Alkoholismus bestenfalls flüchtige Blicke vom Alkoholiker selbst erhaschen können. Wenn wir Porträts statt Skizzen und lebendige Bilder anstelle von detaillierten Diagrammen suchen, sollten wir lieber das *Blaue Buch* erforschen und zwar am besten, indem wir in A.A.-Meetings gehen. Aber Entwürfe und Diagramme sind auch interessant, und flüchtige Blicke sind immer irgendwie verführerisch. In bestimmten Stimmungen kann ein kurzer Blick mehr enthüllen als ein genaues Hinsehen. Daher kann gerade das Fehlen von Information über den Alkoholiker in Studien zum Alkoholismus zu nüchternen Gedanken mindestens anregen - Gedanken, die ein neues Licht auf die Tiefe und den Reichtum der Weisheit des Programms und der Gemeinschaft von *Alcoholics Anonymous* werfen.

Anmerkungen des Übersetzers:

[1] *Allergie*: [Griechisch *allos* anders, fremd + *ergon* Aktivität, Reaktion - eigentlich etwa: Fremdeinwirkung]. - I.) Im Sinne einer Überempfindlichkeit gesteigerte Immunreaktion des Organismus auf körperfremde Substanzen, die Allergene. Die Allergie basiert auf einer Antigen-Antikörper-Reaktion (Reagine), die im Gewebe und im Blut gebildet werden. [Meyers Großes Universal Lexikon. Bibliographisches Institut Mannheim; 1983.] - II.) In weitem Sinne auch: Überempfindlichkeit, Widerwille.

[2] Unger, Roberto Mangabeira. *Knowledge and Politics*. Free Press, 1975.

[3] Vgl. Silkworth, Dr. William Duncan; *Alcoholism as a manifestation of allergy*, Med. Rec. 145, 249 (1937); Randolph, T.G.; *The mechanism of chronic Alcoholism*, J. lab. clin. Med. 36, 178 (1950).

[4] *Metapher*: Bild, Umschreibung; [Griechisch: *metaphora* von *metapherein* übertragen].

[5] *malady*: Gebrechen, Übel, Krankheit; [13. Jahrhundert aus Alt-Französisch, vom Vulgär-Latein *male habitus* in schlechter Verfassung, von Latein *male* schlecht + *habitus* Zustand von *habére* haben].

[6] *disease*: Leiden, Krankheit; [14. Jahrhundert aus Alt-Französisch *desaise* aus *des-* Un- + *aise* Behagen, vom Latein *adjacens* benachbart].

[7] Jellinek, Elvin Morton. Psychopathologe und Fachmann für Alkoholismus. Geboren am 15. August 1890 in New York City, verstorben ebenda im Oktober 1963. *Alcohol addiction and chronic Alcoholism*. Yale University Press, New Haven 1942. *The Disease Concept of Alcoholism*. Hillhouse Press, New Haven 1960.

[8] *National Council on Alcoholism (N.C.A.)*: Nationaler Beirat zum Alkoholismus in den USA.

[9] *Alcoholics Anonymous*: xxiiiff./xxv ff.
[10] *Alcoholics Anonymous*: xiii/xiii.
[11] *Alcoholics Anonymous*; 37/44: „a passion ... for jay-walking".
[12] *addiction*: Hingabe; Sucht, Süchtigkeit, Abhängigkeit [Latein *addícere* zusagen, zusprechen; *ad-* zu + *dícere* sagen].
[13] Die Allergietheorie wurde ernsthaft überprüft, indem Tieren Alkohol gegeben wurde, um festzustellen, ob sie Antikörper gegenüber Alkohol entwickeln können und damit allergische Reaktionen produzieren. [Loiseleur, J., M. Lévy; *La spécificité des anticorps consécutif à l'injection directe de molécules organiques de faible poids moléculaire*, Ann. Inst. Pasteur 73, 116 (1947) und Loiseleur, J., M. Sauvage; *Sur la spécifité d'anticorps de l'alcool éthylique*, C. R. Soc. Biol. 142, 597 (1948)].
In sorgfältigen Studien ließen sich weder Antikörperbildungen noch allergische Reaktionen bei Tieren und Menschen nachweisen.
[Haggard, H.W.; *Critique of the concept of the allergic nature of alcoholic addiction*, Quart. J. Stud. Alc. 5, 233 (1944).
Robinson, M.W., W.L. Voegtlin, M.L; *Investigation of an allergic factor in alcohol addiction*, Quart. J. Stud. Alc. 13, 196 (1952)]
Heute wird von Fachleuten angenommen, daß der Kontrollverlust und damit der Verlust, wieder kontrolliert trinken zu können, mit dem Belohnungssystem im Hirn im Zusammenspiel mit Neurotransmittern, den Endorphinen und den sogenannten Opiatrezeptoren zu tun hat. [Schmidt, Prof. Dr. Lothar. *Alkoholkrankheit und Alkoholmißbrauch*, 3., überarbeitete und erweiterte Auflage, Kohlhammer 1993].
[14] *Metabolismus*: biologischer Stoffabbau.
[15] *Physiologe*: Erforscher der Lebensvorgänge.

63. Tag / Nüchternheit und Imitation

Wir werden uns dessen bewußt, was wir sind, indem wir andere imitieren - das Bewußtsein dessen, was andere sind, geht voraus - der Sinn für das Ich wächst durch den Sinn für Muster.

- William James [1]

EIN GROSSTEIL DER MODERNEN PSYCHOLOGIE ist wahrscheinlich viel zu subtil. Das läßt sich zum Teil durch den Hunger nach Überraschungen und die Gier nach Neuem begründen, aber die tiefere Ursache liegt in der Natur des Professionalismus an sich. Der Fachmann kann seinen Sachverstand am leichtesten durchsetzen, wenn er behauptet, Zugang zu Dingen zu haben, die normalerweise nicht sichtbar sind. Mit anderen Worten, Fachleute blühen durch Geheimnisse auf.

Diese Beobachtung soll keine Verurteilung darstellen. Wenige Menschen würden den Nutzen der Röntgentechnologie abstreiten, um ein vertrautes und bezeichnendes Beispiel zu wählen. Wir brauchen Experten, und wenn sie uns helfen, menschlicher zu leben, haben sie ein Anrecht darauf, ihren Lebensunterhalt zu verdienen und von uns dafür geachtet zu werden.

Wie dem auch sei, praktisch gleichzeitig mit Röntgens[2] Entdeckung der X-Strahlen erschien Freuds[3] Doktrin von der Macht des Unbewußten, die ebenso folgenschwer war. Jede der beiden Entdeckungen markiert einen Wendepunkt: die von Röntgen in der medizinischen Praxis, die von Freud in der psychologischen Theorie. Es gibt jedoch einige Unterschiede. Um das zu verdeutlichen, wollen wir zunächst einmal davon ausgehen, daß ein „Unbewußtes" ebenso selbstverständlich zu uns gehört wie ein Schienbein. Anscheinend ist die Körpermedizin nicht dem Irrtum verfallen, alles nur mit Röntgenstrahlen zu untersuchen. Viele Beschwerden, mit denen wir zum Arzt gehen, erfordern keinen Besuch beim Radiologen.

Es bleibt unklar, ob die psychologische Gedankenwelt die entsprechende Falle vermieden hat, obwohl uns dabei als Patienten die gleiche Schuld trifft wie die Psychologen und Psychiater, die uns behandeln. Je mehr Bildung wir haben oder zu haben glauben, desto mehr neigen wir anscheinend auch heute dazu, die Richtigkeit der angebotenen psychologischen Erkenntnisse danach zu beurteilen, wie tief sie uns mit unseren unbewußten Prozessen in Berührung zu bringen scheinen.

An dieser Stelle soll nicht die Geschichte der psychologischen Lehre in Amerika behandelt werden. Es scheint jedoch durchaus der passende Ort für die Bemerkung zu sein, daß Alkoholikern weder durch die Freudsche Tiefenanalyse noch mit der Verhaltenstherapie viel geholfen wurde. Dafür gibt es klare und überzeugende Beweise. Aber wie wurde Alkoholikern dann geholfen? Offensichtlich durch *Alcoholics Anonymous*. Gibt es also bei *Alcoholics Anonymous* eine Psychologie, die stillschweigend mit inbegriffen ist?

Ich glaube, daß es sogar eine offene und ausdrückliche Psychologie bei *Alcoholics Anonymous* gibt: die Psychologie von William James. Das Gedankengut von James ist heutzutage nicht populär. Ein Grund für sein Verebben ist wohl seine äußerst starke Aversion gegen jegliche Form von Mystifizierung und sein Beharren auf der Popularisierung seiner Psychologie, seinem ständigen Bestreben, sie in Begriffen darzustellen, die für Laien verständlich sind. Das „Aha" der Erkenntnis, mit dem der

90 Tage - 90 Meetings

„gewöhnliche Mensch" zustimmte, hielt James für den endgültigen Test, um sowohl sein philosophisches als auch sein psychologisches Denken auf die Probe zu stellen. In einer Zeit des politischen Populismus[4] war James ein intellektueller Populist, der fest davon überzeugt war, daß gewöhnliche Menschen tatsächlich denken.

Das psychologische Gedankengut von William James enthüllt unglaubliche Reichtümer. Jedoch wird eine Idee, die ich persönlich hervorragend finde, im allgemeinen übersehen. Vor einiger Zeit entdeckte ich diese Einsicht wieder, die von Psychologen meist vergessen wird: die Rolle von Imitation und Nachbildung in unserem Lernprozeß der Menschwerdung.

„Nachbildung" bedeutet, sich ein Beispiel zu nehmen, um wenigstens so ähnlich zu werden: Nachahmung ist gezielte Imitation. Wir können am besten lernen, wenn wir etwas tun, aber normalerweise muß das Sehen dem Tun vorausgehen.

Ich möchte hier eine sehr einfache Hypothese über die klassische Empfehlung von A.A. aufstellen. Dem Alkoholiker, der noch leidet, wird vorgeschlagen: „Trinke nicht und geh zu den Meetings." Wenn der Alkoholiker nicht trinkt, lernt er, „wie man nicht trinkt", indem er es tut. Aber erst durch die Meetingsbesuche, durch die Teilnahme an Zusammenkünften von *Alcoholics Anonymous*, sieht der Alkoholiker, „wie es gelingt" - wie man mit Abstinenz erfolgreich sein kann, sogar ohne große Mühe, und wie man im Leben Erfolg haben kann, indem man versucht, dem Beispiel und Vorbild zu folgen, wozu ein weiterer kluger Rat von A.A. anregt: „Identifiziere dich, und vergleiche nicht."[5]

Imitation ist die erste und vielleicht auch die stärkste Form und Motivation des menschlichen Lernens, und die Ermutigung zu Imitation und folgerichtigem Nacheifern ist das Kernstück von *Alcoholics Anonymous*. Wie kann das Teilen von Erfahrung, Kraft und Hoffnung anderen zur Genesung vom Alkoholismus verhelfen, könnte man fragen? Die einfache Antwort heißt: „Geh zu Meetings und schaue dich um." Komplexe Antworten sind ebenfalls verfügbar. Man könnte die Dynamik der „Identifizierung" analysieren oder die Theorie „kognitiver Veränderung" untersuchen, die sich aus der Praxis des „Geschichtenerzählens" ergibt. Oder man könnte sich mit vielen Worten über all das auslassen, was solch einfache Worte wie *teilen* und *hoffen* beinhalten. Aber mir scheint, letzten Endes laufen all diese Weitschweifigkeiten des geschulten, komplizierten Intellekts auf das Folgende hinaus:

Wir werden uns dessen bewußt, was wir sind, indem wir andere imitieren - das Bewußtsein dessen, was andere sind, geht voraus - der Sinn für das Ich wächst durch den Sinn für Muster.

Bei *Alcoholics Anonymous* sind wir Imitatoren: Wir imitieren nüchterne Alkoholiker, weil wir uns wünschen, ihr nüchternes Leben nachzubilden. In unserer kommerziell blasierten Kultur hat Imitation die Bedeutung von zweitklassig erlangt. Es gibt jedoch eine Tatsache, die uns nicht ganz fremd ist, und an die wir uns im Zusammenhang mit unkommerziellen Gegebenheiten wie Nüchternheit erinnern sollten: Imitation von Nüchternheit führt keineswegs zu imitierter Nüchternheit - im Gegenteil, sie erzeugt vielmehr die echte Sache.

Anmerkungen des Übersetzers:

[1] James, William. *Talks to Teachers on Psychology, and to Students on Some of Life's Ideals.* Dover Publications, 1962; *The Principles of Psychology.* Dover Publications, 1950; *The Varieties of Religious Experience: A Study in Human Nature.* Macmillan Publishing Company, 1961.

[2] Röntgen, Wilhelm Konrad (1845-1923), deutscher Physiker, der 1895 die X-Strahlen entdeckte.

[3] Freud, Sigmund (1856-1939), Arzt, Psychiater und Schriftsteller. Gilt als Begründer der Psychoanalyse.

[4] *Populismus*: Geht in der amerikanischen Geschichte auf die Gründung der „Volkspartei" (*People's Party*) zurück, die sich 1892 auf der Grundlage von landwirtschaftlichen Interessen bildete, um sich am Wahlkampf für die Präsidentschaft zu beteiligen. Die Bewegung löste sich nach der Wahl im Jahre 1904 nach und nach auf. Seither steht der Begriff für alle Bewegungen und Theorien, die sich an die Interessen „des kleinen Mannes" wenden; entsprechend auch *Popularphilosophie*: allgemeinverständliches Weltbild.

[5] *Identify, don't compare.*

64. Tag / Anders Sein

Worte sind bekanntlich die mächtigste Droge, die von der Menschheit benutzt wird.

- Rudyard Kipling[1]

ALS WIR ZWANGHAFT ALKOHOL TRANKEN und leugneten, daß wir alkoholkranke Trinker waren, insbesondere in den letzten Stadien, begingen wir ein scheußliches Verbrechen an unserer Sprache. „Sich amüsieren" wurde gleichbedeutend mit „ausrasten". Mit „ein paar Gläschen" meinten wir niemals zwei.

In der Genesung werden wir wieder klar, und das geschieht auch mit vielen dieser sprachlichen Perversionen: Sowohl unsere Sprache als auch unsere Gedanken werden präziser. Aber manch ein Kater klingt länger nach als ein anderer. Die Sprache hat eine spirituelle Qualität, zumindest in folgender Hinsicht: Sie gehört zu den Gegebenheiten, die zu allererst degenerieren, wenn wir mit dem alkoholkranken Trinken beginnen, und die zu allerletzt wiederbelebt werden, wenn wir anfangen, Nüchternheit zu entwickeln. Bestimmte Worte mißbrauchten wir während unserer Trinkerei so sehr, daß wir ihren Gebrauch in der Nüchternheit noch lange meiden, selbst wo sie angebracht wären. Die Worte, an die ich denke, sind *einmalig* und *anders*.

Hinter jedem Gedanken, daß wir einmalig und anders sind, wittern wir sofort Ablehnung, und das ist an sich schon eine Form von Verleugnung wie mir scheint. Selbst wenn wir uns mit jeder Geschichte identifizieren, die wir bei *Alcoholics Anonymous* hören, gibt es dann für irgendeinen von uns auch nur eine einzige Geschichte, die der eigenen bis ins letzte Detail gleicht? Kein anderer kann dieses „Ich" sein, und aus diesem Grund kann kein anderer den einmaligen Anspruch auf die Realität erheben, die meine eigene Existenz ist.

Darüber hinaus vermute ich, daß Alkoholmißbrauch und Flucht in die Drogen den Versuch signalisieren und bezwecken, die Einmaligkeit zu leugnen. Wir versuchten, uns anzupassen; oder wir tranken Alkohol, um unsere eigene Wirklichkeit zu steigern oder ihr zu entfliehen. Manchmal war diese Wirklichkeit nicht angenehm; aber es war unsere Wirklichkeit - ein Teil von dem, was und wer nur wir allein waren.

Identifizieren ist nicht dasselbe wie verschmelzen - sich in solch einer Weise vereinigen, daß die individuelle Identität zerstört wird. Wir können uns nur identifizieren, weil wir unterschiedlich sind - das wird mit der Begrüßung bei A.A. bekräftigt, denn es spiegelt sich darin wider: „Ich heiße - - -, ich bin Alkoholiker." Unsere Einmaligkeit zu leugnen hieße also, unsere Fähigkeit zu zerstören, uns im Sinne von A.A. zu identifizieren.

Mit dem Wort „Unterschiedlichkeit" ist es so ähnlich. Ich glaube, es gibt zwei Gründe, warum wir uns davor hüten, zu behaupten, daß wir anders seien. Erstens scheint diese Behauptung das ursprüngliche, alkoholkranke Leugnen zu wiederholen - den Gedanken „Aber bei mir ist es anders", der in unserer Gemeinschaft zum ersten Mal von Bill D. gemurmelt wurde, der dann schließlich A.A. Nummer Drei wurde. Der Anspruch auf Unterschiedlichkeit erinnert uns an den Vorwand, den wir praktisch alle irgendwann einzuschmuggeln versuchten - die Behauptung, daß ich zwar wie ein Alkoholiker trinke und wie ein Alkoholiker lebe, daß ich aber kein Alkoholiker bin.

Wie dem auch sei, ich glaube, daß es noch einen zweiten Grund für unsere Vorsicht vor Unterschieden in der Nüchternheit gibt. Als wir tranken, verglichen wir ständig: Wir bewerteten jeden Unterschied, den wir feststellten. „Anders" bedeutete nie bloß anders - in unserem alkoholkranken Kopf brachten wir immer „besser" oder „schlechter" damit in Verbindung. „Identifiziere dich, und vergleiche nicht."[2] - Diese A.A.-Maxime richtet sich unter anderem auf jenen Wesenszug unserer Alkoholiker-Persönlichkeit. Die Praxis von A.A. stellt klar, daß es nicht der bloße Hinweis auf Unterschiede, sondern das Vergleichen ist, was uns in Schwierigkeiten bringt. Wie könnten wir uns Sponsoren oder Meetings aussuchen, wenn wir nicht differenzieren würden? Wie könnten wir dann der Anregung folgen und „uns an die Gewinner halten"[3]?

Wie mir scheint, lernen wir bei *Alcoholics Anonymous*, nicht mehr im Sinne von „besser *als* er oder ich oder das" abzuwägen, sondern statt dessen „besser *für* mich, in diesem Moment" zu denken. In gewissem Sinne vergleichen wir immer noch; aber wir lassen uns nicht auf einen Vergleich ein, der hauptsächlich den Kontrast zum Gegenstand hat, sondern eher die Unterschiede berücksichtigt, die zum Wachsen ermutigen. Wenn wir eher nach Fortschritt als nach Vollkommenheit streben, werden wir dazu fähig, auf Unterschiede einzugehen, ohne zu vergleichen. Was wir bei A.A. lernen, ist meiner Ansicht nach nicht, daß wir nicht verschieden sind oder daß es gleichgültig ist, wenn man anders ist, sondern daß uns der Unterschied selbst nicht besser und nicht schlechter macht.

Ich glaube, A.A. lehrt uns auch, wie und wann unsere Unterschiede etwas ausmachen. Die Tatsache, daß ich mich als weißer Mann von Schwarzen in der Hautfarbe und von Frauen in zahllosen Details abhebe, bedeutet keineswegs, daß ich mich als Alkoholiker von ihnen unterscheide. Ich kann und konnte aus der Erfahrung, Kraft und Hoffnung von Schwarzen, Lateinamerikanern, Schweden, von Körperbehinderten und emotional Gestörten, von unzähligen einmaligen Ausdrucksformen unserer gemeinsamen alkoholkranken Behinderung lernen. Was unser Dasein als Alkoholiker anbetrifft, machen diese Unterschiede nichts aus - deshalb sind das keine echten Unterschiede für uns, und ich als Alkoholiker unterscheide mich von niemandem, den ich in einem Meeting von *Alcoholics Anonymous* treffe.

Aber als individueller Mensch geht es mir anders. Als Weißer erdulde ich weniger kulturelle Unterdrückung als die meisten Schwarzen, die ich innerhalb und außerhalb von *Alcoholics Anonymous* kenne. Als graduierter Akademiker habe ich andere Berufsmöglichkeiten - bessere und schlechtere - als viele Leute mit einer nicht so konventionellen Erziehung, ob Alkoholiker oder nicht. Die gesellschaftlichen Anlässe, bei denen von mir erwartet wird, daß ich trinke, sind für mich als alkoholkranker Mann anders und auf mich wird in anderer Weise Druck ausgeübt, als es Alkoholikerinnen erleben. Ich mag auch Klassik lieber als Rock und bevorzuge kleine Gruppen gegenüber großen Versammlungen. Fußball sehe ich mir lieber im Fernsehen an, als zum Spiel hinzugehen, und ich mag geräucherten Fisch zum Frühstück und Karamelcreme zum Nachtisch beim Abendessen. Keine dieser Vorlieben machen mich im Gegensatz zu anderen zu einem besseren oder schlechteren Menschen, aber sie machen mich zu mir selbst. Und die Freiheit, ich selbst zu sein ist eines der größten Geschenke der Nüchternheit und von A.A.

Alcoholics Anonymous hat mir beigebracht, wozu Unterschiede nützlich sind. Wenn du heute an meinem Interesse für klassische Musik Anteil nimmst, werde ich deine Leidenschaft für Filme von Clint Eastwood[4] zumindest erfahren. Oder wenn du dich mit mir gemeinsam für Dustin Hoffman[5] und Woody Allen[6] begeistern kannst, will ich gerne versuchen, von deiner Liebe zur Rock-Musik zu lernen. Wenn ich erst einmal in dir erkenne, daß wir etwas gemeinsam haben, dann will ich mehr mit dir teilen, und gleichzeitig öffne ich mich mehr für das, was du mir mitteilen willst. Bei *Alcoholics Anonymous* lernte ich das nicht nur in die Tat umzusetzen, sondern auch, wie es gemacht wird.

A.A. läßt uns durch unseren Alkoholismus aufgeschlossener für unsere menschlichen Gemeinsamkeiten werden. Bei *Alcoholics Anonymous* lernen wir den tiefen Sinn der Parole „das Wichtigste zuerst"[7]. Wenn wir beide Alkoholiker sind, dann hast du etwas, was du mir geben kannst, und ich habe etwas, was ich dir geben kann, und es spielt keine Rolle, welche Unterschiede es geben mag. Wenn du deine Einmaligkeit mit mir teilen willst, kann sie zu meiner einmaligen Persönlichkeit beitragen. Deine Unterschiede können mich bereichern, wenn ich sie auf der Grundlage unserer gemeinsamen Menschlichkeit wahrnehme, denn ich fühle mich von Unterschieden nicht mehr bedroht.

Anmerkungen des Übersetzers:
[1] Kipling, Rudyard. Englischer Schriftsteller. Geboren am 30. Dezember 1865 in Bombay, verstorben am 18. Januar 1936 in London. Veröffentlichte 1894 das Buch „Im Dschungel", das unter dem späteren Titel „Das Dschungelbuch" berühmt wurde.
[2] *Identify, don't compare.*
[3] *Stick with the winners*: Halte dich an die Gewinner.
[4] Eastwood, Clint; Schauspieler, Regisseur; geboren am 31.5.1930 in San Franzisco.
[5] Hoffman, Dustin Lee; Schauspieler; geboren am 8.8.1937 in Los Angeles.
[6] Allen, Woody (Allen Steward Konigsberg); Schauspieler, Filmemacher, Autor; geboren am 1.12.1935 in New York City.
[7] *First Things First.*

65. Tag / 100 Meetings in 20 Tagen

Diejenigen, die zählen, auf die kommt es nicht an; diejenigen, auf die es ankommt, die zählen nicht.

- Pearl Mesta zugeschrieben[1]

HEUTE GESCHAH ETWAS, das mich aufhorchen ließ: Welch ein Stumpfsinn läßt sich doch mit der Phrase „neunzig Meetings in neunzig Tagen" in Verbindung bringen! Das Kunstwerk, das wir Nüchternheit nennen, läßt sich nicht in Zahlen darstellen. Ich kann mich nicht erinnern, als Neuer neunzig Meetings in neunzig Tagen besucht zu haben. Doch heute abend fiel mir die Zeit ein, als ich, soviel ich weiß, etwa hundert Meetings in ungefähr zwanzig Tagen aufsuchte. Die genaue Anzahl kenne ich nicht, weil ich nicht gezählt habe. Aber um die Erinnerung an jene Zeit wieder wachzurufen, will ich die Geschichte nacherzählen, die ich heute erfuhr.

Der Neue in unserer Gruppe, der laufend Rückfälle baut, ließ sich heute abend wieder einmal blicken. Er wurde mit einer Kombination von Besorgnis, Aufgebrachtheit, Liebe und Empfehlungen aufgenommen, wie das in solchen Fällen bei A.A. üblich ist.

Wer in ein Meeting von *Alcoholics Anonymous* hineinmarschiert, das er einigermaßen regelmäßig besucht hat und sich dazu bekennt, daß er wieder getrunken hat, der braucht mehr als reine Unverfrorenheit. Es erfordert eine Art Mut, doch darüber hinaus sind Verzweiflung und Demut nötig. Jedes nüchterne Mitglied, das hierbei zugegen ist, nimmt das wahr. Und so versucht anscheinend jeder mit seinem Diskussionsbeitrag, diese drei guten Eigenschaften in dem Rückfälligen anzuregen.

Mit einer ruhigen Fassade versicherte Robert der Gruppe, daß „es diesmal anders wäre", denn er hätte „beschlossen, zu neunzig Meetings in neunzig Tagen zu gehen". Angespornt von unserem Gruppenältesten gab Robert zu, daß er nicht sicher war, ob viel von denen lernen könnte, „die einfach nur zu A.A. kamen und mit dem Trinken aufhörten, gleich so auf einen Schlag". Ich überlegte, was das eigentlich heißen sollte, „die einfach nur zu A.A. kamen"?

Viele von uns tranken nach ihrem ersten A.A.-Meeting nie wieder Alkohol. Ich gehöre nicht dazu. Manchmal frage ich mich, was schwieriger war: in A.A.-Meetings zu gehen, als ich in Wirklichkeit nicht akzeptierte, daß ich ein Alkoholiker war, oder zu diesen Meetings zurückzukehren, nachdem ich wieder einmal bewiesen hatte, daß ich einer war. Dazu fällt mir ein, daß ich in beiden Situationen von Angst erfüllt war. Im ersten Fall, weil ich vielleicht wirklich ein Alkoholiker sein könnte; im zweiten Fall, daß ich - falls ich ein Alkoholiker war - vielleicht meine einzige Chance, nüchtern zu werden, durch meine vorherigen Kinkerlitzchen bei A.A. verspielt haben könnte.

Wenn man bedenkt, wie besoffen ich damals immer war, ist es wohl kaum verwunderlich, daß ich mich an keine klare, endgültige Trennungslinie zwischen diesen beiden Erfahrungen erinnern kann. Ich weiß nicht genau, wann das letzte Meeting war, wo ich „mit den Gedanken herumspielte" oder das erste, wo ich „dazugehörte". Ich weiß nur, daß es irgendwann während einer dreiwöchigen Zeitspanne geschah, die in meiner Erinnerung gewissermaßen sowohl die verzweifeltste als auch die hoffnungsvollste Periode in meinem alkoholkranken Leben war. Die Geschichte jener zwanzig bis dreißig Tage ist sehr einfach, hauptsächlich deshalb, weil ich seinerzeit unter dem Einfluß von beidem, Alkohol und A.A., letztendlich sehr einfach wurde.

Während des Entzugs, von dem ich hoffe, bete und glaube, daß es mein letzter war, kannte ich nur drei Gedanken: Ich wollte das nicht noch einmal durchmachen, und vielleicht konnte ich das auch gar nicht; es gab nur einen einzigen Weg, dieses „noch einmal" zu umgehen, und zwar mit der Sauferei aufzuhören; und die Tatsache, daß ich mir diese beiden Dinge immer wieder sagen mußte, schien zu beweisen, daß ich nicht wußte, wie ich aufhören könnte und es vielleicht auch gar nicht konnte. Es hat keinen Sinn zu versuchen, die Gefühle zu beschreiben, die bei diesen Gedanken mit eingeschlossen waren. Ich hatte bei A.A. die Empfehlung gehört: „Trinke nicht und gehe zu Meetings". Ich wollte - brauchte - während meines Entzugs natürlich einen Schluck Alkohol. Aber irgendwie kam ich auf die Idee, daß das, was ich noch nötiger brauchte, ein Meeting war.

Ich kann mich nicht erinnern, gegen diesen Gedanken angekämpft oder argumentiert zu haben. Ich fragte mich nicht, wie oder warum ein Meeting „etwas bewirken" würde. Ich erinnere mich, daß ich mich irgendwie danach sehnte, mit anderen Alkoholikern an einem Tisch zu sitzen, und diese Sehnsucht war stärker als der Brand auf einen Schluck Alkohol. Der Wecker zeigte 6:45 Uhr an diesem Morgen, und mir fiel ein, daß es um 7:30 Uhr ein „Augen-auf" Meeting gab. Ich war nie dort gewesen, aber ich erinnerte mich, davon gehört zu haben, und der Treffpunkt war in der Nähe.

Ich ging tatsächlich in dieses Meeting; und ich saß da und hörte zu. Es war eine recht starke Gruppe, und anschließend eilten die Mitglieder alle direkt zur Arbeit. Nach dem Meeting hatte ich immer noch Durst - auf Alkohol, aber auch auf mehr A.A. Es gab um 10:00 Uhr in der Nähe ein Meeting, das wußte ich. Ich nahm an, daß es hauptsächlich von Hausfrauen besucht wurde, aber ich wußte, daß ich ein Meeting brauchte. Also ging ich hin. Ich war zwar nicht der einzige Mann, der anwesend war, aber ich war wieder der einzige Teilnehmer, der in den vergangenen vierundzwanzig Stunden getrunken hatte. Und wieder saß ich da und hörte zu, und jemand erwähnte ein Mittags-Meeting. Ich ging hin, saß da und hörte zu. Nach diesem Meeting empfahl mir jemand Kaffee und ein Sandwich - auf dem Weg in ein Spätnachmittags-Meeting.

Im Laufe des Tages hatte ich mich - mit der Straßenbahn, der U-Bahn und dem Bus - ein ganzes Stück von zu Hause entfernt. Jetzt reihte ich mich also in die Menschenmenge im Berufsverkehr ein, kehrte in die Nähe meiner Wohnung zurück und nahm an einem Meeting teil, das mir besser vertraut war. Als ich an diesem Abend nach etwa fünfzehn Stunden und fünf Meetings wieder nach Hause in meine Wohnung kam, wünschte ich mir immer noch einen Schluck Alkohol. Aber vom Herumziehen war ich müde genug, und vielleicht hatte ich auch genug gehört, so daß ich die letzten Stunden des Tages ohne einen einzigen Schluck überstand. Ich konnte sogar ein bißchen schlafen.

Ich wachte am nächsten Morgen auf und hatte immer noch ein Verlangen nach Alkohol. Eigentlich vermißte ich A.A. nicht so sehr, aber wo sollte ich sonst hingehen? Die Auswahl schien mir klar vor Augen, als ich die Eingangstreppe hinunterging: der Getränkeladen oder ein A.A.-Meeting.

Am Vortag hatten mir mehrere A.A.s von anderen Gruppen in der Gegend erzählt, die sich zur gleichen Zeit trafen. Ich vermutete, daß sie gemischte Gefühle hatten, was die Hoffnung anbetraf, daß ich wiederkommen würde, aber ich hoffte, daß sie damit andeuten wollten, ich solle bei A.A. bleiben, selbst wenn es mir zur Zeit offensichtlich unangenehm war, bei ihnen zu sein. Also zog ich wieder los und staunte über die Weisheit meiner Höheren Kraft, die mich in eine Großstadt geführt hatte, in der es täglich fast einhundert Meetings gab, praktisch zu jeder Tageszeit.

Wie war der zweite Tag? Praktisch eine genaue Kopie des ersten: Ich ging hin, saß da, hörte zu. Erst am dritten Tag legte sich mein Zittern so weit, daß ich es wagte, mich der Kaffeekanne zu nähern. Und irgendwann während der zweiten Woche in dieser Routine riskierte ich endlich, nachdem ich aufgerufen wurde, etwas mehr zu sagen, als nur „Ich heiße Ernie und bin ein Alkoholiker". Es war ein komischer Augenblick, als ich in diesem Diskussionsmeeting den Satz „Ich bin fertig" anders aussprach, als es die Einheimischen gewohnt waren. Ich vermutete, sie lachten, weil das, was sie mich sagen hörten, vielleicht schon allzu offensichtlich war. Ich weiß nicht warum, aber in dieser Zeit schien es mir wichtiger zu sein, ein Meeting zu besuchen, als meine Wäsche zu waschen. Ich bin nicht sicher, ob ich in diesem speziellen Fall meine verdrehte Auslegung von „das Wichtigste zuerst"[2] bereue.

Ich kann mich weder daran erinnern, wie viele Tage ich so weitermachte, noch wie viele Meetings ich besuchte. Hin und wieder nahmen mich andere Alkoholiker nach einem Meeting ins Schlepptau und redeten stundenlang mit mir bei einem Sandwich oder einem Becher Eiskrem. Soweit ich mich erinnere, war das Wichtigste, was ich dabei lernte, kein Erdbeer-Sorbet als Dessert nach rumänischem Pastrami[3] zu bestellen - abgesehen von dem Satz, „Trink' den ersten Schluck nicht und komm' wieder ins Meeting". Ich kann mich beim besten Willen an keine Einzelheiten mehr erinnern, worüber damals gesprochen wurde, obwohl mir Worte wie „immer mit der Ruhe"[4], „das Wichtigste zuerst"[2] und „immer nur für vierundzwanzig Stunden"[5] verschwommen in Erinnerung geblieben sind. Das war vielleicht das Wichtigste, was geschah, daß ich sie letztendlich auf irgendeiner Ebene hörte.

Ich weiß also wirklich nicht, was geschah, noch wie lange es dauerte, oder wann genau es geschah. Aber nach einigen Tagen erkannte ich zu irgendeinem Zeitpunkt mehr oder weniger plötzlich, daß ich keinen Alkohol mehr brauchte. An diesem Punkt war ich schon vorher, dachte ich, und ich weiß noch, daß mich diese Erkenntnis hauptsächlich beängstigte. Sicher, mir war völlig klar, daß jetzt nicht der richtige Zeitpunkt war, um mit meiner Meetingsroutine aufzuhören. Also machte ich weiter, und inzwischen tat ich mehr als nur hinzugehen, dazusitzen und zuzuhören. Ich fing an, die A.A.-Literatur zu lesen, und ich begann sogar mit dem Versuch, in den Schritten zu arbeiten. Ich glaube, mit der Zeit begann ich auf die eine oder andere Weise, das meiste von dem zu tun, was an sich die meisten A.A.s taten und auch heute tun - nüchtern werden, nüchtern bleiben.

Diese Dinge sind zwar wichtig, doch trotzdem sind sie nicht das Allerwichtigste, wenn ich mich an diese Geschichte recht entsinne. Ich glaube zwar nicht an Zauberei, aber irgendwie gibt es eine Art von Magie bei *Alcoholics Anonymous*. Ich werde vielleicht nie dahinter kommen, aber ich weiß, daß ich es erlebt habe. Dieser Zauber läßt sich kaum in Worte fassen, doch folgendes kommt den Tatsachen am nächsten: Wenn ich in Meetings gehe und dasitze und intensiv genug zuhöre, werde ich irgendwie verwandelt. Das weiß ich, denn es ist geschehen.

Andere haben es anders gemacht. Wieder andere werden es wieder anders tun. Aber wenn solche Menschen wie Robert wiederkommen, die rückfälligen Neuen, die noch auf der einen oder anderen Ebene mit sich selbst ringen, ob sie nun ein Alkoholiker sind oder nicht, dann kehren meine Erinnerungen wieder zurück. Ich weiß nicht, wie es funktionierte, aber irgendwie bewirkte es etwas. Ich weiß nicht, welche Rolle Leute wie Robert dabei spielen, aber was es auch sein mag, ich bin ihnen dafür dankbar.

Anmerkungen des Übersetzers:
[1] *Pearl Mesta*. Legendäre Gastronomin in Washington D.C., die als Expertin in Umgangsformen gilt. Die Aussage wurde mündlich überliefert und beantwortet eine Frage, in welchem Abstand zum Ehrengast die verschiedenen Würdenträger sitzen sollten.
[2] *First Things First*
[3] *Pastrami*: stark geräuchertes Rindfleisch, meist von einem Schulterstück [Jiddisch; aus dem Rumänischen *pastramà*, von *pastrà* konservieren].
[4] *Easy Does It.*
[5] *One Day At A Time.*

66. Tag / Aussicht auf Zeit

Ich vermute, daß weder das Wesen noch das Pensum unserer Arbeit für die Häufigkeit und Heftigkeit unserer Zusammenbrüche verantwortlich ist, sondern ihre Ursachen liegen vielmehr in diesen absurden Gefühlen der Eile und des Zeitmangels, in dieser Atemlosigkeit und Anspannung, dieser Angst um die Hauptrolle und diesem übertriebenen Eifer nach Ergebnissen, diesem Mangel an innerer Harmonie und Leichtigkeit, die uns bei unserer Arbeit so oft begleiten....

- William James[1]

MANCHMAL BESCHWEREN SICH LEUTE über den gelegentlichen Gebrauch von vulgärer und oft sogar nur scheinbar vulgärer Sprache von einigen Leuten bei A.A.-Meetings. Ich möchte mich hier nicht auf diese Diskussion einlassen, sondern nur anmerken, daß Robert Thomson, Bill W.s Biograph, meiner Ansicht nach in seiner Beschreibung der frühen Tage von A.A. eine allzu oft übersehene Voraussetzung erfaßt hat:

Aber es gab einen gesunden Anlaß für die derbe Unverblümtheit ihrer Reden. Es war fast so, als ob manche Männer bewußt Schimpfwörter in einem Satz benutzten, weil sie wußten, daß sie dann im nächsten Satz Worte wie Liebe, Zärtlichkeit, Demut und sogar Gelassenheit gebrauchen konnten - Dinge, die sie gerade erst als grundlegend menschlich zu verstehen begannen, denn ihre Trinkerei hatte sie davon abgehalten, auch nur darüber nachzudenken.[2]

Als ich noch nicht lange bei A.A. war, besuchte ich manchmal ein „Männer-Meeting", das wahrscheinlich von einer Gruppe von Hafenarbeitern begonnen worden war. Aber zu dieser Zeit wurde es hauptsächlich von Akademikern bevölkert. Viele Schimpfwörter flogen bei diesem Meeting herum. Doch für mich war das anstößigste Wort, das mir während und ganz besonders nach den Meetings in den Ohren dröhnte, das Wort „Zeit". Und ich vermute, vielen anderen ging es in den ersten Monaten und Jahren ihrer Nüchternheit genauso.

Wie könnte es anders sein, wenn wir neu bei A.A. sind? Eine unserer ersten Wahrnehmungen ist, wieviel Zeit wir mit und durch die Sauferei verloren haben. Wir hatten unser Leben vergeudet. Überrascht es da, wenn wir das Bedürfnis fühlen, die verlorene Zeit aufzuholen?

Natürlich gibt es beim Alkoholiker immer sowohl eine anziehende als auch eine treibende Kraft. Von der Nüchternheit der A.A.s, die wir treffen, fühlen wir uns angezogen. Und weil wir Alkoholiker sind, wollen wir sie sofort. Allmähliche Zufriedenstellung war nie die Stärke irgendeines Alkoholikers. Manche von uns haben sich vielleicht eingeredet, daß sie die Qualität überprüften oder intelligente Verbraucher waren, wenn sie sorgfältig den Alkoholgehalt von dem Schnaps prüften, den sie kauften. Aber ich zumindest überzeugte mich in Wirklichkeit nur, daß ich mich mit der größtmöglichen Wirksamkeit besaufen konnte.

In der Nüchternheit fühlen wir uns durch Gelassenheit ebenso stark angezogen wie vom totalen Vergessen, als wir noch tranken. Bei den meisten von uns war das Leben wenigstens teilweise ein Scherbenhaufen, als wir zu A.A. kamen. Plötzlich befinden wir uns mitten unter glücklichen, fröhlichen, friedlichen Menschen. Nachdem wir den Unterschied zwischen „bloßer Trockenheit" und „wahrer Nüchternheit" gelernt haben, sehnen wir uns nach dieser Nüchternheit. Also fangen wir an, dafür zu arbeiten. Zuerst benutzen wir die Schritte eher fordernd als hoffnungsvoll, denn wir bringen für unsere Suche nach Nüchternheit eben einen echten Mangel an Gelassenheit mit. Charakteristisch für unsere ersten Bemühungen um Nüchternheit sind meist „diese absurden Gefühlen der Eile und des Zeitmangels, diese Atemlosigkeit und Anspannung, diese Angst um die Hauptrolle und dieser übertriebene Eifer nach Ergebnissen, dieser Mangel an innerer Harmonie und Leichtigkeit", oder etwa nicht? Mit anderen Worten, unsere Bemühungen selbst hintertreiben unseren Versuch.

Weisere, ältere Mitglieder ermahnen uns mit einem Wort, das uns wie ein Fluch vorkommt: „Zeit". Manche deuten sogar an, daß es ebenso lange dauert, bei A.A. nüchtern zu werden, wie wir brauchten, um zu A.A. zu kommen. Wir wollen gegen diese Auffassung rebellieren. Das erscheint uns unfair, und tief im Innern ärgern wir uns vielleicht sogar schon über den Verdacht, daß „die Dinge nun eben einmal so liegen".

Die alten Römer hatten ein Motto: *festina lente* - „Eile mit Weile". Obwohl es kein A.A.-Grundsatz ist, hat es sich für meine Nüchternheit als nützlich erwiesen. Bei *Alcoholics Anonymous* entdecke ich, daß mein Verhältnis zur Zeit in vielerlei Hinsicht der Eckstein meiner Nüchternheit ist. Jedesmal, wenn ich an meine Geschichte denke oder sie wiedererzähle, erinnert sie mich daran, daß mein Leben Kontinuität hat - daß etwas Wertvolles nicht an einem einzigen Tag gebaut werden kann.

Alkoholkrankes Trinken zerstört unser Verhältnis zur Zeit. Vielleicht ist das die tiefste Ursache, warum der Mißbrauch bewußtseinsverändernder Mittel unsere Menschlichkeit so sehr zerstört: Unsere Menschlichkeit ist gewissermaßen unser Verhältnis zur Zeit. Der Alkoholiker scheint zu versuchen, nur in der Vergangenheit oder Zukunft zu leben, aber der nasse Alkoholiker hat weder Vergangenheit noch Zukunft. Die Zukunft fehlt ihm nicht nur, weil der Alkohol das Ich zerstört, sondern auch, weil jeglicher Drogenmißbrauch die Fähigkeit beeinträchtigt, verbindliche Entscheidungen zu fällen und sich mit dem, was kommen soll, konstruktiv auseinanderzusetzen. „Sich den eigenen Vorrat sichern" schafft wohl den schmalspurigsten Horizont der Welt. Keine Vergangenheit hat der Alkoholiker, weil alle Bemühungen, die Vergangenheit wiederzuerlangen, etwas noch einmal zurückzubekommen, vergeblich und zum Scheitern verurteilt sind. C.S. Lewis schrieb dazu:

Dieses Jucken in den Fingern, etwas noch einmal haben zu wollen, als wäre das Leben ein Film, der zweimal abgespult oder sogar wieder zurückgespult werden könnte ... war das möglicherweise die Wurzel allen Übels? Nein; das sagt man bekanntlich von der Liebe zum Geld.

Aber das Geld selbst - vielleicht schätzt man es hauptsächlich als Schutz vor dem Schicksal, als Sicherheit, um etwas noch einmal haben zu können, als Mittel, um das Ablaufen des Filmes aufzuhalten.[3]

Oder, frei nach Kierkegaard[4]: Das Leben muß vorwärts gelebt werden, selbst wenn es nur rückwärts verstanden werden kann.

Ich kann mich an die Bemerkung eines Psychiaters erinnern, der meinte, daß der Psychotiker von seiner Vergangenheit abgespalten ist, der Neurotiker von ihr überwältigt wird, während der normale oder gesunde Mensch auf der Wirklichkeit seiner Vergangenheit aufbauen kann. Darin zu schwelgen ist kein aufbauen. Als Alkoholiker beginnen wir erst dann auf unserer Vergangenheit aufzubauen, wenn wir bei A.A. ankommen und unsere Geschichte entdecken. A.A. gibt uns beides, unsere Vergangenheit und unsere Zukunft, und zwar indem es uns unser Jetzt gibt - den heutigen Tag, diese vierundzwanzig Stunden.

Die Zeit ist demnach kein Fluch, sondern eine Aussicht, die nur erfüllt werden kann, wenn wir mit Weile eilen - nur, wenn wir akzeptieren, daß Nüchternheit nur langsam kommen kann, gerade weil es sich dabei um den Stoff der Wirklichkeit handelt, den wir uns am meisten wünschen (und so schnell wie möglich haben wollen). Der Paß zur Nüchternheit ist am bestem mit einem zielstrebigen Spaziergang zu durchqueren, Schritt für Schritt. Wenn wir zu rennen versuchen, werden wir mit ziemlicher Sicherheit stolpern.

„Zeit", das versuche ich mir heute klarzumachen, erinnert mich an die nüchternen Wahrheiten, die Wahrheit über meine eigene Nüchternheit. Heute denke ich glücklicherweise des öfteren selbst an diese Mahnung, und andere müssen mich nicht mehr so oft daran erinnern. Vielleicht ist das die Folge davon, daß ich „diese absurden Gefühlen der Eile und des Zeitmangels, diese Atemlosigkeit und Anspannung, diese Angst um die Hauptrolle und diesen übertriebenen Eifer nach Ergebnissen" loslassen muß - mit Hilfe von A.A.

Anmerkungen des Übersetzers:

[1] James, William. *Talks to Teachers on Psychology, and to Students on Some of Life's Ideals.*

[2] Thomson, Robert. *Bill W.* Harper & Row, 1975.

[3] Lewis, C.S. *Perelandra.* Macmillan, 1968.

[4] Kierkegaard, Sören (1813 - 1855). *Die Reinheit des Herzens*, Kaiser, München 1926.

67. Tag / Frei werden

*Es gibt viele Interessen, die niemals durch Negationen untersagt werden können. ... Spinoza[1] schrieb vor langer Zeit in seiner **Ethik**, daß der Mensch alles, was er aufgrund der Vorstellung meiden kann, daß es schlecht ist, auch aufgrund der Vorstellung umgehen kann, daß etwas anderes gut ist. Wer gewohnheitsmäßig nach negativen Vorstellungen handelt, der Vorstellung vom Schlechten, den nennt Spinoza einen Sklaven. Wer gewohnheitsmäßig nach der Vorstellung des Guten handelt, den bezeichnet er als einen freien Menschen.*

- William James [2]

MANCHMAL MACHT ES MIR SORGEN, daß es außerhalb von A.A. so viele Leute gibt - einschließlich der vielen Freunde, die unsere Gemeinschaft bewundern und respektieren - die über A.A.-Mitglieder denken, ihr wichtigstes Anliegen ist, keinen Alkohol zu trinken. In gewisser

Hinsicht stimmt das natürlich. Aber es ist nicht die ganze Wahrheit. Wie oft hören wir das Wort *nüchtern* als Synonym[3] für trocken? Doch der Weg der Negation ist nicht der unsere. Wir sind - im Sinne von Spinoza - freie Menschen und keine Sklaven. Wir erlangen diesen Status anscheinend durch einen allmählichen Wachstumsprozeß - eine Entwicklung vom Trinken über die Trockenheit in die Nüchternheit und weiter zur Gelassenheit. Spinozas Auffassung vom „freien Menschen" und vom „Sklaven" hilft mir, das Wesen dieses Prozesses zu verstehen - „wahre Nüchternheit", wie diese natürliche Kraft von A.A. verstanden wird.

Wer würde abstreiten, daß wir zuerst als Sklaven des Alkohols zu A.A. kommen? Wir suchen Hilfe, um die Fesseln abzuwerfen, mit denen uns der Alkohol festgehalten hat. Wir haben uns als unfähig erwiesen, diesen Ketten aus eigener Kraft zu entkommen.

Doch echte Freiheit wird niemals verliehen, niemals gegeben. Kein Mensch „befreit" jemals einen Sklaven. Aufgrund ihres eigenen Wesens und der Natur der Menschlichkeit muß Freiheit erworben werden. Andere können vielleicht Hindernisse aus dem Weg räumen, aber nur wir selbst können unsere Freiheit erlangen. Das erfordert vielleicht nur ein Akzeptieren; aber es muß *unser* Akzeptieren sein, wenn es *unsere* Freiheit sein soll. Wir müssen sie in die Hand nehmen, auch wenn das nur durch unser Akzeptieren geschieht. Alle theologischen Lehren bekennen sich dazu, daß Gott selbst die Menschen in dieser Weise behandelt, und A.A. will weder behaupten noch vortäuschen, es anders zu tun.

Denn wenn wir zu A.A. kommen, bleiben wir zuerst Sklaven. Trockenheit - den Korken in die Flasche stecken - ist der Weg der Negation. Jemand, der aus Furcht vor Trunkenheit und ihren Konsequenzen, aus Angst vor dem Alkohol mit dem Trinken aufhört, bleibt in gewisser Hinsicht noch ein Sklave des Alkohols. Keinen Alkohol zu trinken, um Trunkenheit zu vermeiden, heißt immer noch nach „der negativen Vorstellung, der Vorstellung vom Schlechten" zu handeln. Wenn überhaupt, werden vermutlich nur wenige von uns während ihrer ersten Monate bei A.A. freie Menschen. Was durch unsere Beteiligung bei A.A. in dieser Anfangsphase erreicht wird, ist ein aufkeimendes Verständnis des Wesens unserer Versklavung durch Alkohol. Das Wichtigste, was wir vielleicht lernen, ist die Wahrheit, die Spinoza und James vorschwebte: Letztendlich gibt es keine Freiheit von, sondern nur für etwas.

Wenn wir erst einmal trocken sind, erfahren wir diese Wahrheit dadurch, daß wir wahre Nüchternheit sehen. Sklaven müssen zunächst das Wesen der Freiheit verstehen, bevor sie Freiheit anstreben können. Außerdem müssen sie sich irgendwie mit der Freiheit identifizieren, bevor sie frei werden können. Nachdem wir trocken sind, werden wir fähig,

Nüchternheit anzustreben. Säufer wollen nicht nüchtern sein; bestenfalls wollen sie nicht betrunken sein. Dem nassen Alkoholiker ist es unmöglich, das Wesen wahrer Nüchternheit zu kennen, ebenso wie ein Analphabet nicht Shakespeare[4] lesen und kein Sex-Süchtiger die Liebe verstehen kann. Wer süchtig ist, versteht weder die Sucht noch die Freiheit.

Diejenigen, die von den Fesseln des zwanghaften Trinkens befreit sind, werden durch die Teilnahme bei A.A. befähigt, den Ketten des alkoholkranken Denkens zu entwachsen. Obwohl wir in der Nüchternheit das Trinken von Alkohol weiterhin meiden, tun wir das weniger, weil Trunkenheit „schlecht" für uns ist, sondern weil Nüchternheit so „gut" für uns ist. Wir leben nicht, weil das Leben die einzige Alternative zum Tod ist, sondern weil das Leben selbst gut ist - nicht vollkommen, aber gut. Somit werden wir freie Menschen.

Anmerkungen des Übersetzers:

[1] Spinoza, Baruch (1632 - 1677). Niederländischer Philosoph. Seine Theorie beschreibt Gott als einmalige Wirklichkeit, die sich in einer unendlichen Zahl von Eigenschaften äußert, von denen wir zumindest die Grundgedanken und den Umfang kennen.

[2] James, William. *The Principles of Psychology*. Dover Publications, 1950.

[3] *Synonym*: Wort mit gleicher oder ähnlicher Bedeutung.

[4] Shakespeare, William (1546 - 1616); Englischer Dramatiker.

68. Tag / Und es höret nimmer auf

Versuchten, diese Prinzipien in all unseren Angelegenheiten anzuwenden.

- aus dem Zwölften Schritt[1]

DIE LETZTEN WORTE DER ZWÖLF SCHRITTE sind „ein echter Hammer", wie Ed als Anreißer der Diskussion gestern abend meinte. „Vielleicht bedeutet das, daß ich ein bißchen „gesunder' werde, denn soweit ich mich erinnere, habe ich anscheinend im Laufe der Jahre mit jedem Satz in den Schritten so ähnlich gekämpft. Aber gerade jetzt, hier und heute, ist es das „Anwenden dieser Prinzipien in all unseren Angelegenheiten', was mir unmöglich und hoffnungslos vorkommt. Je härter ich es versuche, desto „zurücker' falle ich. Aber ich bin schon zu lange bei A.A., um jetzt abzuhauen. Ich möchte also die Gruppe um Hilfe bitten. Wie versteht ihr diesen dritten Teil des Zwölften Schrittes, und wie lebt ihr das aus?"

John und Tom, die beiden Gruppenältesten, lächelten. „Was macht dir besonders zu schaffen, Ed?" fragte Tom.

Ed sprudelte mit seiner Ungeduld und rechthaberischen Wut über die „Dummheit" anderer Leute heraus - alles wegen eines unbedeutenden Vorfalls in einer Warteschlange im Supermarkt. „Ich stand also dort", sagte Ed schließlich, „und zwar vor weniger als einer Stunde: Ich war auf dem Weg in ein Meeting und dachte, ich wäre nüchtern. Aber was gleichzeitig in meinem Kopf vorging, war wie bei einem wütenden Besoffenen, und so benahm ich mich auch, oder zumindest wie der egozentrische Alkie, der ich war, bevor ich A.A. fand. Weil mir das klar wurde, bin ich heute abend wohl mit ziemlich eingeklemmtem Schwanz hereingeschlichen. Das war schlimmer als am Anfang, als ich noch stink-besoffen war. Ihr sagt mir immer: „Es wird besser." Und ich weiß aus eigener Erfahrung, daß es stimmt. Aber wann und wie hört dieses Kopfkino auf? Wann lerne ich endlich, wie ich diese Prinzipien in all meinen Angelegenheiten anwenden kann?"

„Du hast schon damit angefangen, Ed", meinte John. „Ich glaube, du hast gesagt, ,vor einer Stunde'. Als du noch naß warst, wo wärst du dann nach einer Stunde gewesen, und was hättest du damals nach so einem Vorfall gemacht oder gedacht? Das Anwenden dieser Prinzipien in all unseren Angelegenheiten heißt für mich vor allem, zu merken, wann sie gebraucht werden.

Es ist wahrscheinlich überflüssig, dich - und mich selbst - daran zu erinnern, daß wir „eher nach spirituellem Fortschritt als nach spiritueller Vollkommenheit streben"[2]. Ich möchte nur noch einmal darauf hinweisen, daß dein Zitat zwar die letzten acht Worte des Zwölften Schrittes sind, aber nicht der Schluß von „Wie es wirkt"[3], so, wie wir diesen Teil aus dem Fünften Kapitel im *Blauen Buch* lesen. Außerdem lesen wir auch „Wie es wirkt", und nicht nur die Zwölf Schritte, und das hat seinen Grund, denke ich - vielleicht genau den gleichen Grund, warum wir auch so oft diese Ermahnung hören müssen: „Fortschritt und nicht Vollkommenheit"."

Andere in der Gruppe gaben ähnliche Hinweise. Und am Ende des Meetings schien Ed zufrieden zu sein. Es ist befreiend, sich daran zu erinnern, daß wir „eher nach Fortschritt als nach Vollkommenheit streben". Zu merken, daß uns unsere Lebensweise erlaubt, die Dinge in einem anderen Licht zu sehen, ist ein Beweis für unsere Befreiung: Nüchtern nehmen wir mehr von der Wirklichkeit wahr, auch wenn die Einsicht manchmal erst hinterher kommt. Die Wirklichkeit zu erkennen - insbesondere unsere eigene Realität - ist eine große Gabe.

Aber ist das wirklich schon alles? „Fortschritt statt Vollkommenheit"

90 Tage - 90 Meetings

und eine neue „Lebensweise", die uns ermöglicht, unsere eigene Wirklichkeit einzusehen - das sind großartige Geschenke. Erringen wir damit all den Reichtum, den die Aufforderung von A.A. mit sich bringt, diese Prinzipien in all unseren Angelegenheiten anzuwenden?

In gewisser Weise tatsächlich. Vieles deutet darauf hin, daß wir das Gute nur kennenlernen, wenn wir das Schlechte erfahren und daran beteiligt sind. Ein Philosoph drückte es so aus: Spiritualität „kann uns tatsächlich beibringen, was Scheitern heißt. Und hinter dieser Lehre verbirgt sich die Voraussetzung, daß alle Menschen auf Erden Versager sind." Das folgende Zitat drückt es noch tiefgründiger aus:

Gemäß der Bibel [der Geschichte vom Paradies im Ersten Buch Mose] und ebenso nach Freud, bildet die Fähigkeit zu Schuld und Scham die Grundlage der Menschheit, wie wir sie kennen. Schuld und Scham sind nicht nur intellektuelle Vorgänge, sondern beinhalten vielmehr ein tieferes Hinterfragen des eigenen Status innerhalb der kosmischen Ordnung. Dieses Hinterfragen entspringt nicht so sehr einer Angst vor Rache, sondern einem Gefühl der Ehrfurcht davor, daß man mit einer Weltharmonie in einer Weise verbunden ist, die es möglich macht, sie zu stören. Die tiefere Angst resultiert nicht aus der Übertretung eines Gesetzes, sondern eines Tabus - was bedeutet, daß man gewagt hat, zu handeln, als ob man Gott wäre ... und die eigene Fähigkeit entdeckte, es tatsächlich zu tun."[4]

Meiner Ansicht nach bemerken und entdecken wir nur, wer wir sind, indem wir bemerken und entdecken, wer wir nicht sind. Es ist eine kostbare „Gnade", unsere „Sünden" als „Sünden" erkennen zu können. Gerade weil wir „diese Prinzipien" nicht vollkommen „in all unseren Angelegenheiten anwenden [und es nur versuchen] können", werden wir daran erinnert, wer und was wir sind: Alkoholiker, die Fortschritte machen. Bei manchen Sachen sind Versuch und Fortschritt genug.

Als wir tranken, schlossen wir diese Wahrnehmung aus. In meinen nassen Jahren war ich nie an etwas schuld: Wenn ich zu einem dieser Symptome, in denen ich inzwischen meine Charakterfehler und Schwächen erkenne, eine Stellungnahme abgab, was selten genug vorkam, dann gab ich immer anderen Leuten, dem Ort oder den Umständen die Schuld. Genau diese Neigung machte Ed heute abend zu schaffen. Er war unglücklich, weil er frustriert war. Der Alkoholiker in ihm - wie der Alkoholiker in jedem von uns - schob deshalb die Schuld für sein Unwohlsein auf die Dummheit anderer, anstatt nachzusehen, ob die Ursache für das Unglück nicht vielleicht eher seine - oder unsere - Neigung war, die Oberhand zu behalten.

Jemand behauptete einmal folgendes: Sucht ist „der zweifache Glaube, also die doppelte Gewißheit, daß immer dann, wenn „etwas mit mir nicht stimmt', irgend etwas außerhalb von mir die Ursache dafür ist, und daß auch etwas, das außerhalb von mir ist, dieses Problem „in Ordnung bringen' kann." Alkoholismus ist zumindest in diesem Sinne eine Sucht. Für mich schaffen die Schlußworte des Zwölften Schrittes von A.A. einen hilfreichen Spiegel, der mich zu den Schritten Vier bis Sieben zurückführt. Mit anderen Worten, das A.A.-Programm „endet", indem es nie aufhört: Es zeigt uns vielmehr den Weg zurück zu einer Aufarbeitung der Schritte und einem stabileren Ausbau des Fundaments, das wir auf unserer letzten Reise durch sie hindurch gelegt haben.

Anmerkungen des Übersetzers:

[1] Vgl. *Alcoholics Anonymous*: 60/69; *Twelve Steps and Twelve Traditions* (Zwölf Schritte und Zwölf Traditionen); 106/101: „... tried ... to practice these principles in all our affairs."

[2] Vgl. *Alcoholics Anonymous*: 60/69.

[3] Vgl. *Alcoholics Anonymous*: 58/67.

[4] Kolakowski, Leszek. *Religion, If There Is No God*, 193/194. Oxford University Press, 1982.

69. Tag / Regel Numero 62

Nimm dich doch selbst nicht so verdammt wichtig.[1]

- A.A.-Regel Nr. 62

WIR ALLE KENNEN DIE GESCHICHTE auf den Seiten 160 und 161 in *AA wird mündig*[2].

Ich bezweifle, ob viele Mitglieder von *Alcoholics Anonymous* geneigt wären - wenn überhaupt - eine ähnlich extravagante Werbeaktion zu unternehmen. Zum einen soll uns diese Geschichte ermahnen und warnen. Das ist der Grund, warum Bill sie bis in das kleinste Detail wiedergab. Aber, wie meistens in Bills Geschichten, ist darin noch ein weiterer Sinn verborgen, eine tiefe und dennoch einfache Warnung. „Nimm dich doch selbst nicht so verdammt wichtig,"°(1/2) hat mit mehr als nur mit Überorganisation zu tun.

Ich denke wohl hauptsächlich an diejenigen von uns, die auf dem breiten Feld des „Alkoholismus" arbeiten. Meiner Ansicht nach kennen und leben wir im allgemeinen nach folgenden Klischees: Die Spezialität von A.A. ist nicht der Alkoholismus, sondern der Alkoholiker; *Alcoholics Anonymous* ist nicht in erster Linie eine Art der Behandlung, sondern eher ein Genesungsprogramm. Wir machen uns diese Binsenwahrheiten bewußt, weil uns das hilft, ehrlich zu bleiben und damit sowohl zu unserem persönlichen Programm als auch zu unserer fachlichen Wirksamkeit beiträgt. Aber es hilft ebenfalls, uns an die Wahrheit und Aufrichtigkeit zu ermahnen, die durch die berühmte A.A.-Regel Nummer 62 aufgezeigt wird.

Weil ich meine eigene fortlaufende Genesung als eine Art erstaunliches Wunder betrachte, bleibt mir nichts weiter übrig, als sie ernst zu nehmen. Manchmal kann es jedoch passieren, daß ich durcheinander bringe, was Genesung und was nur mein schnödes altes Ego ist. Meine Erfahrung, Kraft und Hoffnung sind zum Beispiel nicht das einzige an Erfahrung, Kraft und Hoffnung, was in den Meetings von *Alcoholics Anonymous*, die ich besuche, zur Verfügung steht. Doch wenn eines meiner Lieblingsthemen zur Diskussion steht oder besonders, wenn ein Neuer anwesend ist, neige ich viel zu oft dazu, mit einer Totengräbermiene und einer Art Betonung zu sprechen, die zu verstehen geben: „Es hat sich was geschissen." Das hat es sich wohl auch - aber nicht in dem von mir beabsichtigten Sinn.

Es ist gut für mich, sowohl die intellektuellen als auch die spirituellen Dimensionen meiner Neigung zur Ernsthaftigkeit zu überprüfen. Gerade als „Geisteswissenschaftler" sollte ich mir dessen bewußt sein, daß meiner persönlichen Erfahrung mit Alkoholismus und Genesung bei meiner Erforschung der genetischen oder neurobiologischen Theorie kaum eine wissenschaftliche Bedeutung zukommen kann. Die subjektive Empfindsamkeit für meine eigene Erfahrung kann schlüssige Forschungsziele ebenso stark behindern, wie sie dazu beitragen kann - wenn sie überhaupt eine Rolle spielt. Hinsichtlich der Bedeutung von persönlicher Erfahrung kann ein diszipliniertes Bewußtsein bestenfalls dabei helfen, sich gegen Verirrungen in allzu leichtfertige oder allzu stürmische Verallgemeinerungen zu schützen. Anderenfalls kann uns ein undiszipliniertes Selbstbewußtsein gegen die Nützlichkeit neuer Einsichten und neuer Ansätze blind machen. Das *Blaue Buch* spricht in einem anderen Zusammenhang von „.... Egozentrik! Das, meinen wir, ist die Wurzel unserer Schwierigkeiten."[3]

Im Bereich der Behandlung verhält es sich ähnlich. Es gibt verschiedene Wege zur Genesung, und die von A.A. empfohlene Lebensweise ist alles andere als eine Zwangsjacke. Und selbstverständlich ist Behandlung keine Genesung. Behandlung versucht vielmehr, in jedem einzelnen Fall eine Brücke zu bauen, über die ein individueller Mensch die Reise zur Genesung antreten kann. Wenn wir das wissen, mit welcher Berechtigung können wir dann die eigene Genesung als Modell für andere benutzen, wenn auch noch so vorbehaltlos? Diese Herangehensweise kann wohl mitunter mehr oder weniger angebracht sein, aber jeder

Fall muß individuell ausgewertet werden, und zwar nach Rücksprache mit denjenigen, die in den entsprechenden Behandlungsformen ausgebildet sind - das müßte ich eigentlich wissen. Vielleicht muß ich mir öfter klarmachen, daß Sachverstand für Methoden der Behandlung - der Akzent liegt hier auf dem Plural (Methoden) - wahrscheinlich eher bei denen zu finden ist, die nicht in einem speziellen Genesungsprogramm arbeiten.

Aber all dieses „intellektuelle" Wissen geht natürlich am Kern der Sache vorbei. So nützlich und heilsam sich die A.A.-Regel Nummer 62 verstandesmäßig auch bewahrheitet, ihr eigentlicher Gewinn liegt im spirituellen Bereich. Wie lautet diese Passage, die das erste Licht in meine Verleugnung brachte, daß es mir wie Schuppen von den Augen fiel?

Dies ist das Wie und Warum des Ganzen. Zuerst mußten wir aufhören, Gott zu spielen. Das bewirkte überhaupt nichts.[4]

„Gott spielen" ist nicht so sehr intellektuelle Dummheit - obwohl es das sicherlich ist - sondern vielmehr spiritueller Selbstmord. Das ist die grundlegende Bedeutung der A.A.-Regel Nummer 62, glaube ich. Sich selbst zu ernst zu nehmen heißt, mehr vorzugeben und zu beanspruchen, als man ist - ein begrenzter Mensch, der durch die Zwiespältigkeit eingeschränkt und definiert ist, die unser Menschsein mit sich bringt. Ernsthaftigkeit birgt die Tendenz zur Intoleranz gegenüber Vieldeutigkeit, dem Markenzeichen unserer Menschlichkeit.

Intoleranz gegenüber Ambiguität[5] kennzeichnet daher den Versuch, unsere Menschlichkeit zu leugnen. Und jeder Versuch, unsere Menschlichkeit zu leugnen, beinhaltet auch die Verleugnung des Alkoholismus. Wenn wir als Alkoholiker irgendeinen Vorteil haben, dann diesen: Wir wissen, daß wir nur Menschen sind und akzeptieren deshalb bereitwilliger die Ambiguität und Begrenzung, die allen Menschen zu eigen ist. Wenn es also irgendeine Fähigkeit gibt, die für unser Denken und Handeln bezeichnend sein sollte, kann es nur der Charakterzug sein, den die Regel Nummer 62 von *Alcoholics Anonymous* als verbindlich vorschreibt: „Nimm dich doch selbst nicht so verdammt wichtig.°(1/2)" - Das gilt vor allem für die Bereiche, die mit Alkohol zu tun haben.

Ich erinnere mich natürlich „ernsthaft" daran - hoffe aber trotzdem, daß ich mich damit nicht „so verdammt wichtig" nehme. Wieder leben wir hier als Alkoholiker in Paradoxie[6] und Ambiguität[5]. Wir müssen ernst statt feierlich, aber auch ernst statt leichtfertig sein. Wie wir aus unserer eigenen Erfahrung gelernt haben, kann zuviel des Guten immer gefährlich sein. Unser Alkoholismus dient als Symbol und ist eine ständige Ermahnung an unsere allgemeine menschliche Schwäche, den Begriff „genug" nicht zu kapieren.

90 Tage - 90 Meetings

Was die Ernsthaftigkeit anbetrifft, ist demnach auch hier das geeignete Ziel, „ernst genug" zu sein. Ernst genug, um das Phänomen des Alkoholismus und die Möglichkeiten der Behandlung zu respektieren, aber nicht so ausschließlich ernsthaft, daß wir übersehen, daß Alkoholismus nicht in Reagenzgläsern, sondern bei Alkoholikern vorkommt, daß Behandlung nicht Genesung ist und daß daher Behandlung im Gegensatz zu Genesung Methoden erfordern kann, die meiner eigenen Erfahrung fremd sind. Mit anderen Worten, ich muß mich dem ursprünglichen Erfinder der Regel Nummer 62 mit gesundem Lachen anschließen - und über meinen eigenen Ernst immer dann lachen, wenn ich so verdammt wichtigtuerisch werde.

Anmerkungen des Übersetzers:

[1] *Don't take yourself too damned seriously.* - A.A. rule #62. Vgl. *Twelve Steps and Twelve Traditions* (Zwölf Schritte und Zwölf Traditionen): 149/143.

[2] *Alcoholics Anonymous Comes of Age* pp. 103 & 104.

[3] Vgl. *Alcoholics Anonymous*; 62/71: „Selfishness - self-centeredness! That, we think, is the root of our troubles.".

[4] Vgl. *Alcoholics Anonymous*; 62/72: „This is the how and why of it. First of all, we had to quit playing God. It didn't work."

[5] *ambiguity*: Ambiguität - Zweideutigkeit, Vieldeutigkeit, Doppelsinn; Unklarheit [Latein: *ambigere* = (sich) herumtreiben; *ambi* = beide + *agere* = treiben, betreiben, tätig sein].

[6] *paradox*: Paradoxie - Widerstreit zweier gleich richtig erscheinender Auffassungen. [spätes Latein: *paradoxum*, Griechisch *paradoxos*, aus *para* nebeneinander + *doxa* Meinung].

70. Tag / Traurigkeit erleben

Glaube mir, das Traurigste unter der Sonne ist eine Seele, die nicht traurig sein kann.

- Komtesse de Gasparin[1]

HEUTE ABEND FIEL MIR DAS ZUHÖREN BEIM MEETING SCHWER. Die Beiträge waren gut, aber mit meinem Kopf hatte ich Schwierigkeiten zu folgen, weil meine Gefühle woanders waren.

Bei A.A. teilen wir viele Gefühle. Doch ein Gefühl wird anscheinend selten erwähnt: die Traurigkeit.[2]

Manchmal bin ich traurig, obwohl ich keinen Alkohol trinke und - hoffentlich - nüchtern bin. Das Gefühl von Traurigkeit ist in vielerlei Hinsicht eine neue Erfahrung für mich. Als Gemütsbewegung und als Gefühl ist Traurigkeit schwerfällig. Als ich noch naß war, gab es keine schwerfälligen Gefühle. Entweder explodierten die Emotionen, wie etwa Freude oder Zorn, oder sie verschwanden bald mit Hilfe von Alkohol. Ein betrunkener Alkoholiker hat keine Zeit für wirkliche Gefühle. Nasse Alkoholiker denken vielleicht, daß sie fühlen, aber aufgrund meiner eigenen Erfahrung muß ich mich fragen, ob ich Gefühle hatte - als ich naß war - oder umgekehrt, ob mich die Gefühle hatten.

Bevor ich nüchtern wurde, erlebte ich Schwärmerei, aber keine Freude; momentanes Vergnügen, doch nie Glück; Wut und Zorn, aber keine Trauer[3]; mürrisches Selbstmitleid, doch niemals Traurigkeit[2]. Zwischen diesen Dingen scheint ein ebenso gewaltiger Unterschied zu klaffen, wie zwischen ohnmächtig umfallen und einschlafen.

Traurigkeit ist eine Gemütsbewegung, die dem Gefühl entspringt, daß etwas Gutes nicht vorhanden ist. Wie kann man etwas fühlen, das nicht vorhanden ist? Möglicherweise sträubt sich die strikte Logik, aber Herz und Bauch wissen, wie sich das anfühlt. Kennst du das, im Dunkeln einen vertrauten Treppenflur hinunterzugehen, und während du die Stufen zählst und erwartest, deinen Fuß endlich wieder sicher aufsetzen zu können, merkst du plötzlich, daß da noch kein Fußboden ist? Das ist gewissermaßen das Gefühl von „nicht vorhanden sein".

Ein Beispiel, das A.A.-Mitgliedern besser vertraut ist, stammt aus der Zeit, als wir gerade erst dazugekommen waren. Soweit ich mich erinnern kann, ist das Anfangsstadium der Ernüchterung damit verbunden, daß wir den Unterschied zwischen unserer eigenen Trockenheit und der Nüchternheit der anderen wahrnehmen. Wir sind nicht sicher, was diese anderen - die „Gewinner" - haben, aber wir spüren, daß es bei uns nicht vorhanden ist. Zwar sind wir dankbar für unsere Trockenheit, doch wir erleben Traurigkeit, weil wir nicht nüchtern sind.

Wenn Traurigkeit jedoch eine Gemütsbewegung ist, die wir empfinden, weil etwas Gutes nicht vorhanden ist, wie kann dann ein Mensch, der nüchtern ist, traurig sein? Das liegt daran, daß Nüchternheit zwar ein großartiges Gut ist, aber nicht das einzige. Da uns Nüchternheit erlaubt, Dinge zu sehen und auch zu fühlen, die wir unter dem Einfluß von Alkohol nicht einmal bemerkten, geschweige denn wirklich erlebten, frage ich mich tatsächlich, ob es zu viel wäre, zu behaupten, daß Traurigkeit ein Erkennungszeichen der Nüchternheit selbst sein kann?

Traurigkeit unterscheidet sich von Ärger, Trauer[3] und Depression, obwohl sie oft mit diesen Dingen verwechselt wird. Ärger zielt darauf hin, etwas Falsches wieder richtigzustellen: Er ist für den Alkoholiker gefährlich, weil er das Recht auf Beherrschung beansprucht. Traurigkeit

90 Tage - 90 Meetings

hat nichts mit Kontrolle zu tun. Trauer empfinden wir über einen Verlust; Traurigkeit setzt nicht unbedingt voraus, daß das nicht vorhandene Gut je besessen wurde - meist war das tatsächlich nicht der Fall, denn Traurigkeit hat die Tendenz, sich um Dinge zu kümmern, die man nicht besitzen kann. Depression entsteht aus frustriertem Zorn oder signalisiert ungesund lange anhaltende Trauer. Traurigkeit geht nicht so leicht in Depression über, wenn sie verlängert wird, sondern eher, wenn sie ausschließlich ist: Das heißt, wenn in allem, was ich wahrnehme, anscheinend überhaupt nichts Gutes mehr vorhanden ist. Im Gegensatz zu verärgerter Depression schätzt echte Traurigkeit das Vorhandensein und auch die Möglichkeit des Guten richtig ein. Ich bin nicht deshalb traurig, weil mich „alle Welt im Stich läßt", sondern weil etwas Gutes, das ich möglicherweise besitzen könnte, nicht unter den Gütern ist, die ich hege und pflege.

Natürlich hat Sentimentalität ebenso wenig mit Traurigkeit zu tun. Zur Sentimentalität gehören unangemessene Gefühlsreaktionen: Rührselige, abgeschmackte und somit schwache und oberflächliche Gefühle werden kultiviert, statt es der Wirklichkeit zu überlassen, die Tiefen unserer Menschlichkeit zu berühren. Sentimentalität ist ein klassisches Kennzeichen des nassen Alkoholikers, denn sie entsteht aus der Angst vor echten Gefühlen. Jemand, der nur unter dem Einfluß von Alkohol fühlen kann, hat keine echten Gefühle. Das ist vielleicht der Grund, warum genesende Alkoholiker anscheinend besonders gut zwischen Sentimentalität, die eigentlich ein falsches Gefühl ist, und der Traurigkeit, die echt menschlich ist, unterscheiden können.

In meiner gelegentlichen Traurigkeit entdecke ich sowohl eine Bedrohung als auch eine Verheißung.

Die Bedrohung besteht darin, daß ich mich im Schmerz meinem vertrauten Schmerzmittel, dem Alkohol, zuwenden könnte. Damals wirkte das bei mir - wenn auch nur auf Kosten verminderter Menschlichkeit. Jetzt weiß ich, daß es nicht einmal mehr wirkt; und selbst wenn es wirken würde - schließlich habe ich eine Lebensweise gewählt, die mehr Wert auf volle Menschlichkeit legt als auf den falschen Trost, der durch chemische Mittel erreichbar ist.

Viele von uns gaben sich mit weniger zufrieden, als wir noch tranken, weil wir kaum wußten, daß es mehr gab - oder weil wir meinten, daß wir nichts Besseres verdient hätten und uns deshalb von diesem Mehr an menschlicher Fülle und Erfüllung abgeschnitten fühlten. Traurigkeit bedeutet, daran erinnert zu werden, daß ich - wie die gesamte Wirklichkeit - zu mehr fähig bin. *Fähig*[4]: Das ist eine Herausforderung, aber kein Suchtdruck. *Mehr*: nicht etwa mehr Alkohol, der die Wirklichkeit immer nur noch mehr verzerrte, sondern mehr Wirklichkeit in all ihrer ungetrübten Vielfältigkeit.

Die Verheißung meiner traurigen Momente liegt also in dem Bewußtsein, daß ich sie nur deshalb erleben kann, weil ich - jetzt - auch freudige Augenblicke erleben kann. Traurigkeit ist eine Erfahrung und keine Lebensweise. Oder wenigstens kann sie das sein, wenn ich mir verinnerliche, daß der Weg, den ich mir ausgesucht habe - die Lebensweise von A.A. - für Traurigkeit ebenso wie für Freude aufgeschlossen ist und weder etwas auferlegt noch etwas ausschließt.

Obwohl sie durch die Erfahrung hervorgerufen wird, daß etwas Gutes nicht vorhanden ist, kann Traurigkeit selbst etwas Gutes sein, wenn sie uns auf die Fülle der Gefühle aufmerksam macht, welche die Nüchternheit denjenigen eröffnet, die sie wirklich hegen.

Anmerkungen des Übersetzers:
[1] Gasparin, Komtesse de. Ehefrau des französischen Agrarwissenschaftlers und Schriftstellers Adrien Compte de Gasparin (1783-1862). [Grand Larousse Universel. Libraire Larousse, Paris 1989].
[2] *sadness*: Traurigkeit.
[3] *grief*: Gram, Trauer, Kummer, Leid, Schmerz.
[4] *capable*: fähig, tüchtig, imstande, geeignet, tauglich [spätes Latein: *capábilis* zur Einnahme befähigt; Latein: *capere* nehmen].

71. Tag / Die Wirklichkeit der Vergangenheit

Wir sind die Vergangenheit von morgen.
- Mary Webb [1]

DIE GESCHICHTE, DIE VON DER REDNERIN ERZÄHLT WURDE, die im Mittelpunkt des heutigen Abends stand, warf trotz ihrer Kürze und Einfachheit eine tiefe Frage auf: Was ist „die Vergangenheit"?

Zeit ist natürlich das größtmögliche philosophische Rätsel. Jeder weiß, was Zeit ist, aber niemand hat sie je erklären können. Weil so viele Menschen über die Gegenwart beunruhigt sind oder nicht in ihr leben wollen, versetzen sie sich gedanklich in die Zukunft. Diese Denkweise war für viele von uns charakteristisch, als wir tranken. Bei A.A. lernten wir mit beginnender Nüchternheit bald, „immer nur für vierundzwanzig Stunden" zu leben.

Doch wie läßt sich dieses Prinzip auf unsere Vergangenheit anwenden? Der heutige Tag ist gewissermaßen der Endpunkt meiner Geschichte bis jetzt. Wer und was ich heute bin, ist hauptsächlich ein Produkt meiner Vergangenheit. Der Grundsatz „Immer nur für vierundzwanzig Stunden" schneidet mich demnach nicht von meiner Vergangenheit ab und verschließt auch nicht die Tür zu ihr.

Meine Geschichte ist meine Vergangenheit - oder wenigstens enthält meine Geschichte so viel davon und verbindet mich insoweit mit ihr, wie heute für mich ausschlaggebend ist. Aus allen Zwölf-Schritte-Programmen sammeln wir die Erfahrung, daß ein Teil der Arbeit am täglichen Wachstum darin besteht, mehr über unsere ganze Geschichte zu lernen, indem wir eben den heutigen Stein zu unserer Mosaikstruktur hinzufügen. Wir kennen unsere Geschichte nie vollkommen. Das liegt hauptsächlich daran, daß wir darin leben und aus diesem Blickwinkel unsere Geschichte nie vollständig überblicken können. Wenn das, was ich gestern getan habe, Einfluß darauf hat, was für ein Mensch ich heute bin, dann trifft ebenfalls zu, daß meine heutige Lebensweise das wahre Wesen an den Tag bringt, das sowohl meinem Tun als auch meinem Dasein von gestern zugrunde lag.

Die Geschichte der heutigen Sprecherin unterstreicht in ihrer Einfachheit, wie wichtig solche Gedanken für meine Nüchternheit sind. Sally berichtete, daß sie vor ein paar Monaten ihre Lektüre der A.A.-Literatur unterbrochen und nicht mehr an Meetings teilgenommen hätte. Diese Gewohnheiten wären langsam langweilig geworden, bemerkte sie sarkastisch. Außerdem „nahmen sie zuviel von meiner wertvollen Zeit in Anspruch". Dann fuhr Sally mit ihrer Geschichte fort:

Nun, seither habe ich ein bißchen über Zeit, ein bißchen mehr über Wert und vor allem viel über mich selbst gelernt. Als ich von diesem Programm abgeschnitten war, stellte ich fest, daß ich nicht nur weniger tat, sondern auch alles weniger gut tat.

Zuerst fiel mir das nicht einmal auf, aber die Veränderungen, die durch die „zusätzliche Zeit" in meinem Leben bewirkt wurden, verwandelten mich in eine gekränkte - und kränkende - Schrulle. Es wurde schwierig, mit mir zu leben und zu arbeiten. Schätzungsweise wäre es ehrlicher zu sagen, „schwieriger als vorher". Jedenfalls kam ich bald dahinter, daß ich diejenigen verletzte, die ich liebte, und damit tat ich mir selbst weh. Und wißt ihr, was passiert, wenn eine Alkoholikerin verletzt ist? Ich will hier für niemand anders sprechen, aber ich fange an - fing an - ans Saufen zu denken.

Oh, ich wollte mich nicht besaufen! Ich war niemals so eine richtige Säuferin - eine von denen, die tranken, um sich zu besaufen. Mein Trinkschema sah so aus, daß ich lediglich trank, um mich gut zu fühlen - es endete immer nur damit, daß ich umfiel, lange bevor ich je an das gute Gefühl herankam.

Nun, irgendwie ertappte ich mich dabei, wie ich ans Saufen dachte. Also rief ich Patty an, meine Sponsorin. Sie hätte mich in den Meetings vermißt, wollte mich aber nicht „bedrängen", sagte mir Patty. Ich hätte in der letzten Zeit anscheinend so viel zu tun gehabt und wäre auch immer kurz angebunden gewesen, bemerkte sie. Deshalb hätte sie sich auch schon gefragt, woher ich überhaupt die Zeit für A.A. nahm.

„Na, Sally?" fragte Patty so süß wie nie. „Wie geht's denn so? Findest du da draußen endlich, was du hier drinnen nicht finden konntest? Wie gesagt, ich habe dich in den Meetings schon vermißt. Aber natürlich kommt „das Wichtigste zuerst'[2]!"

Es erübrigt sich, zu erwähnen, daß Pattys Sarkasmus einen wunden Punkt bei mir berührte. Mein Schmerz und Leid wurden so überwältigend, daß ich es ihr sagte, und auch, daß ich mich an diesem Tag schon bei dem Gedanken ertappt hatte, meine Kränkungen im Alkohol zu ertränken. „Was soll ich denn bloß tun, Patty?" Ich platzte mit dieser einfachen Frage ehrlicher heraus, als ich eigentlich beabsichtigt hatte.

Vielleicht hätte ich schon eher erwähnen sollen, daß sich dieses Gespräch mit Patty gerade erst heute morgen abspielte. Als Antwort legte sie mir nahe, in ein Meeting zu gehen. Sie erzählte mir von diesem hier und daß unsere Gruppe noch eine Rednerin bräuchte, um das Sprecher-Meeting wie geplant durchzuführen. Also: Hier bin ich, und das ist meine Geschichte. Es ist schön, wieder dabei zu sein, und jetzt bin ich jedenfalls ziemlich sicher, daß ich für den Rest des Tages nicht trinken werde. Meiner Ansicht nach habe ich etwas über das Motto „das Wichtigste zuerst"[2] gelernt. Ich danke euch, daß ihr hier seid und mir zuhört - und daß ihr mir diese Lektion durch euer eigenes glückliches und nüchternes Beispiel beigebracht habt."

Sallys Geschichte über ihre jüngste Vergangenheit enthüllt ein Stück Vergangenheit von uns allen. Heute paßt das Kapitel ihres mehrmonatigen „Urlaubs" von A.A. in ihre umfassendere Lebensgeschichte als positive und nützliche Lernerfahrung. Vielleicht ist es die Phase, in der sie tatsächlich lernte, welcher Stellenwert der Beteiligung bei A.A. in ihrem nüchternen Leben zukommt. Doch stellen wir uns einmal ein alternatives Ergebnis vor. Nehmen wir einmal an, Sally hätte heute morgen statt zum Telefon zur Flasche gegriffen - und statt in einem A.A.-Meeting ihre Geschichte zu erzählen, hätte sie heute abend unter Alkoholeinfluß einen Verkehrsunfall gehabt, der sie zum Krüppel gemacht hätte. Wie würde dann dieser mehrmonatige Urlaub, das Intervall zwischen dem Abbrechen der Meetingsbesuche und der Erfahrung des Hilferufes heute morgen, interpretiert werden?

Unter dieser Voraussetzung würde die Zeit - vielleicht besonders für

90 Tage - 90 Meetings

Sally selbst – als ein einziger langer und tragischer Abrutscher erscheinen. Es gibt nichts Positives an einer Phase, die in einem Rausch gipfelt. Das gilt für jeden Alkoholiker. Die Bedeutung von Sallys Urlaub würde sich also ändern. Heute morgen, als Sally nach dem Telefon und nicht nach der Flasche griff, bestimmte sie das Wesen ihrer jüngsten Vergangenheit und machte es zu einer Lernerfahrung statt zum Vorspiel einer Tragödie. Das heißt also, was man heute tut, kann und wird sowohl das Wesen als auch die Bedeutung der eigenen Vergangenheit mindestens ebenso viel beeinflussen, wie die Vergangenheit das Wesen und die Bedeutung dessen formt, wer und was wir heute sind und tun.

Die Macht über unsere Vergangenheit ist natürlich immer begrenzt. Nichts, was ich heute denke oder tue, kann den tatsächlichen Schmerz ungeschehen machen, den ich den Menschen zufügte, die mich liebten, als ich noch trank. Aber ich kann in diesen vierundzwanzig Stunden so leben und handeln, daß diese von mir geliebten Menschen den Schmerz, den sie erlitten haben, verstehen und deshalb anders interpretieren können – und das ändert tatsächlich etwas.

Shakespeare[3] meinte, daß die Vergangenheit ein Prolog sei – etwas, daß sich vor dem Hauptteil einer dramatischen Geschichte ereignet. Für mich als Alkoholiker bewahrheitet sich das in gewissem Sinne: Wenn ich nüchtern bin, steht es mir frei, diese vierundzwanzig Stunden meiner eigenen Geschichte nüchtern zu erleben – auf meiner Vergangenheit aufzubauen, ohne von ihr überwältigt zu werden. Wenn ich nüchtern werde, fängt das Drama meiner Nüchternheit gerade erst an. Doch ich finde, als Alkoholiker, der versucht, nüchtern zu leben, habe ich eigentlich allen Grund, der Auffassung zu widersprechen, daß die Vergangenheit als bloßer „Prolog" verstanden werden kann. Die heutige Nüchternheit kann die Bedeutung – und somit das Wesen – mancher Ereignisse in der Vergangenheit verändern. Die Vorfälle selbst lassen sich nicht ändern, aber solange ich lebe, bleibt die Tür zwischen meiner Vergangenheit und meiner Gegenwart offen.

Anmerkungen des Übersetzers:
[1] Webb, Mary. *Precious Bane*. The Modern Library, 1938. *Peter Ustinov* sagte einmal: „Jetzt sind die guten alten Zeiten, an die wir in zwanzig Jahren zurückdenken."
[2] *First Things First*.
[3] Shakespeare, William (1546 - 1616); Englischer Dramatiker.

72. Tag / *Einfachheit und Komplexität*

Einfachheit im Charakter ist das natürliche Ergebnis gründlichen Denkens.

- William Hazlitt[1]

BEI FAST JEDER A.A.-GRUPPE TAUCHT regelmäßig eines der einfachsten Programm-Schlagworte als Diskussionsthema auf: „Dies ist ein einfaches Programm."[2] Obwohl dieser Grundsatz im großen und ganzen akzeptiert wird, eröffnet seine Bedeutung anscheinend ein weites Feld für Interpretationen.

Meistens versuche ich es zu vermeiden, über A.A.-Sprichwörter nachzudenken. Sprichwörter sollten wir uns eher zunutze machen, als sie zu analysieren. Aber ein Hinweis, eine Unterscheidung, die heute abend geäußert wurde, durchbrach meine Abwehr. Jimmy fragte ganz einfach: „Was ist das Gegenteil von einfach[3]?"

Anscheinend gibt es zwei mögliche Antworten, und der Unterschied zwischen beiden wirft meines Erachtens nicht nur ein Licht auf die Einfachheit von A.A., sondern auch auf jegliche Einfachheit, die wir besitzen können. Denn so ähnlich die beiden Wörter auch klingen mögen, „komplex" und „kompliziert" haben sehr unterschiedliche Bedeutungen. „Einfach"[3] wird bei A.A. normalerweise so verstanden, daß es eher „unkompliziert" als „nicht komplex" bedeutet. Um den ganzen Bedeutungsreichtum von Einfachheit zu verstehen, ist es daher hilfreich, den Unterschied zwischen „komplex" und „kompliziert" zu untersuchen.

„Komplex"[4] wird von zwei lateinischen Wörtern abgeleitet, die dem Wort die Bedeutung „miteinander verwoben oder verflochten" geben. Das Komplexe ist daher etwas, das im wesentlichen aus Einzelteilen zusammengesetzt ist.

„Kompliziert"[5] stammt auch aus dem Lateinischen, aber seine Ursprünge bedeuten „zusammengefaltet; verfeinert, schwierig oder verwickelt". „Kompliziert sein" läßt demnach auf eine künstlich herbeigeführte Kombination schließen.

Diese sprachliche Unterscheidung enthält eine wichtige und notwendige Ermahnung, auch wenn das vielleicht im Zusammenhang mit alltäglicher Nüchternheit auf den ersten Blick von sehr weit hergeholt zu sein scheint. „Einfachheit" kann nicht zum Verleugnen der Wirklichkeit herangezogen werden. Nüchternheit ist nicht kompliziert, genau wie A.A., aber sie ist komplex. *Wir* sind schließlich komplex: Wesen, die weder mehr noch weniger als bloß menschlich sind, weil wir sowohl mehr als auch weniger als bloß menschlich sind.[6] Unsere Schwierigkeiten können tatsächlich so verstanden werden, daß Komplexität fälschlicherweise für Komplikation gehalten wird.

Ich will versuchen, das Ganze ein bißchen zu konkretisieren. A.A. regt schließlich *Zwölf* Schritte zur Nüchternheit an, und nicht nur einen einzigen. Wenn „einfach"³ dasselbe wie „nicht komplex" wäre, würde A.A. nur einen einzigen Schritt vorschreiben: „Trink nicht". Gäbe es keine Komplexität, würde das sogar den damit verbundenen Nebensatz ausschließen, „... und geh' in Meetings". A.A. setzt Einfachheit nicht mit dem Fehlen von Komplexität gleich und betrachtet Nüchternheit als etwas, das aus mehr als einer einzigen Sache besteht. Ein klarer Beweis dafür findet sich vielleicht in der Tatsache, daß denjenigen, die sich am meisten nach Komplikationen zu sehnen scheinen, mit einem höchst einfachen Nachsatz geraten wird: „Trink einfach nicht und geh' in die Meetings. - Der Rest kommt mit der Zeit."

Oder nimm die Geschichten, die wir in unseren Meetings erzählen. Sie umfassen drei wesentliche Elemente: „Wie wir waren, was geschah und wie wir heute sind." Auch wenn sie nur kurz behandelt werden, keines von ihnen wird in einer echten A.A.-Geschichte jemals ausgelassen. Warum? Weil Alkoholismus - und die Genesung davon - komplexe Phänomene sind. Außerdem wissen wir, ein Alkoholiker zu sein bedeutet, „körperlich, geistig und spirituell" betroffen zu sein. Das deutet sowohl darauf hin, daß wir komplexe Wesen sind, als auch darauf, daß Alkoholismus eine komplexe Realität ist.

Aber „Komplexität" ist keine „Komplikation". Als wir tranken, lagen unsere Schwierigkeiten nicht an unserer Komplexität, die wir ja sogar zu leugnen versuchten, sondern an unserer Neigung, die Dinge kompliziert zu machen, was unserer Verleugnung diente.

Wir leugneten die Komplexität zum Beispiel dadurch, daß wir im Alkohol eine einzige Lösung für all unsere Probleme suchten - und wir behaupteten sogar, sie gefunden zu haben. Wenn unser Team gewann, tranken wir. Wenn unser Team verlor, tranken wir. Wenn es zu heiß war, tranken wir. Wenn es zu kalt wurde, tranken wir. Wir tranken zum Feiern und wir tranken zum Trost. Wir suchten im Alkohol keine einfache Lösung, sondern eine einzige Lösung. Und „einzig"⁷ und „einfach"³ sind nicht ein und dasselbe, sonst hätten wir nie A.A. gebraucht.

Unsere Suche nach dem „Einzigen" machte unser Leben kompliziert. Weil wir komplexe Wesen sind, gibt es für uns keine einseitigen⁷ Lösungen. Wenn wir lernten, Unterschiede zu machen, war das vermutlich ein Zeichen für unsere zunehmende Reife. Vater war nicht Mutter; der Lehrer war nicht die Familie; das Klassenzimmer war nicht der Spielplatz; Wünsche sind keine Bedürfnisse. Rückblickend erkenne ich, daß ich diese

Komplexität nicht immer mit Dankbarkeit würdigte. Des öfteren machte ich die Wirklichkeit tatsächlich komplizierter, als sie war - und zwar genaugenommen dadurch, daß ich versuchte, Lehrer zu Eltern, Freunde zu Familienangehörigen und Wünsche zu Bedürfnissen zu machen. Und wenn sich die Wirklichkeit widersetzte, machte ich mich selbst kompliziert. Unter Preisgabe meiner persönlichen Integrität nahm ich unterschiedliche und oft gekünstelte Rollen an - wurde zu Hause Mammis Liebling, der Maulheld auf dem Spielplatz, der Lieblingsschüler des Lehrers in der Schule, der lockere Vogel bei Verabredungen, der Clown auf Parties, das Arbeitstier im Beruf ... doch es erübrigt sich, hier fortzufahren.

Als ich wegen meines Alkoholismus in stationärer Behandlung war, bemerkte ein scharfsichtiger Gesprächstherapeut: „Ernie, wenn du je in einer Fernsehsendung wärest und der Moderator würde sagen: „Würde der echte Ernie bitte aufstehen', dann wüßtest du wirklich nicht, was du tun solltest, oder?" Heute lächele ich über diese Erinnerung, aber diese allzu wahre Beobachtung traf damals den Nagel auf den Kopf. Damit wurde meine Komplikation berührt - die Verweigerung meiner echten Komplexität, die durch meine einseitig-zielstrebige Suche nach der Bestätigung anderer Menschen erzeugt wurde.

Die Dinge „einfach auf sich beruhen zu lassen"[8] bedeutet nicht unbedingt, immer nur ein und dasselbe zu tun. Das habe ich bei A.A. gelernt. Das spiegelt ebenfalls den Unterschied zwischen Komplikation und Komplexität wider. Wenn ich versuche, mehrere Dinge gleichzeitig zu tun, mehr als einen Tag auf einmal zu leben, dann wird alles kompliziert, die Einfachheit verschwindet, und mein Programm fällt auseinander.

Aber es so einfach wie möglich zu lassen - immer nur eins nach dem anderen zu tun, im Rahmen von zwölf Stunden - das ist komplex. Jetzt im Moment schreibe ich gerade: Das ist eine komplexe Aufgabe, aber es macht mir Spaß. In Kürze werde ich an einer akademischen Zusammenkunft teilnehmen, um über ein ganz anderes und auch sehr komplexes Thema zu diskutieren; und das wird mir wahrscheinlich ebenfalls Freude machen. Damals, als ich noch getrunken habe, endeten meine literarischen Bemühungen oft mit Frustration, weil ich gleichzeitig plante, was ich im nächsten Meeting sagen würde, und meine Beteiligung und Freude an Meetings wurden geschmälert, weil ich die Zeit damit verbrachte, zu überlegen, was ich schreiben sollte. Weil ich nicht wußte, wie ich es mir so einfach wie möglich machen konnte, ertrank ich in meinen selbstgeschaffenen Komplikationen - oder genauer gesagt, in dem Schnaps, den ich becherte, um diese Komplikationen erträglicher zu machen.

„So einfach wie möglich" bedeutet für mich heute keineswegs, daß ich nur schreibe, oder nur lehre, oder nur koche und immer nur ein und dasselbe tue. Mein Leben ist komplex, aber es ist nicht kompliziert, denn mit der Hilfe von A.A. lerne ich, es „so einfach wie möglich" zu lassen. Komplexität bedeutet zum Beispiel, daß ich in meinen Bemühungen um Nüchternheit viele verschiedene Wege suche, um sie zu erhalten und wachsen zu lassen. Ich besuche Meetings und arbeite in den Schritten. Ich lese die Literatur und setze mich im Zwölften Schritt ein. In den Meetings leere ich manchmal Aschenbecher aus, oder ich stelle Stühle auf oder koche Kaffee, und ich spreche und höre zu. Und mit Hilfe meiner Höheren Kraft lasse ich natürlich auch das erste Glas stehen und trinke im Rahmen von vierundzwanzig Stunden keinen Alkohol.

Was den Unterschied zwischen Komplikation und Komplexität angeht, gibt es bei A.A. viel Humor. Ich bin sicher, jeder hat von dem rückfälligen Freund gehört, der in eine Bar kam, zwei Kurze bestellte und dann sorgsam nur den zweiten trank. (Das war natürlich ein dreifacher). So „ließ er das erste Glas stehen". In Wirklichkeit ist das natürlich nicht so witzig; ein nasser Alkoholiker ist niemals witzig. Aber die Anekdote zeigt, wohin uns unsere Tendenz zum Komplizieren führen kann, wenn wir die Komplexität unserer abwegigen Krankheit immer wieder vergessen.

Ich denke, ich würde ebenfalls in die Gefahr geraten, wieder zu trinken, wenn ich jemals auf den Holzweg der Verwechslung von „einfach"[3] mit „einzeln"[7] zurückfallen würde. Wenn ich die ganze Zeit immer nur ein und dasselbe tun würde, käme ich bald dahin zurück, ständig wieder das eine zu tun, was mich hier hergeführt hat: Alkohol zu trinken. Die Komplexität des Lebens zu akzeptieren, ja, die Freude daran, erlaubt mir, es „so einfach wie möglich sein zu lassen".

Unterscheidungen sind nur die elementarsten Anfänge der Philosophie, und die Herkunft der Wörter hilft uns bei der Erhaltung unserer Nüchternheit kaum mehr als Wortspiele. Ich weiß nicht, warum, aber wenn ich mir bewußt mache, daß es einen Unterschied zwischen „einseitig"[7] und „einfach"[3] gibt, und daß „Komplexität" tatsächlich das genaue Gegenteil von „kompliziert" ist - dann scheinen mir diese Gedanken manchmal bei meinem gegenwärtigen Wachstum zu helfen. Auf jeden Fall helfen mir diese Überlegungen, die Dinge wirklich so einfach zu lassen, wie sie sind und dabei der Mensch zu bleiben, der ich bin.

Anmerkungen des Übersetzers:
[1] Hazlitt, William. Englischer Essayist und Zeitkritiker. 1778 in London geboren, verstorben 1830 ebenda.
[2] *This is a simple program.* (Variante: *This is a simple program for complicated people.* - „Dies ist ein einfaches Programm für komplizierte Leute.")

³ *simple*: einfach, simpel, leicht, schlicht, unkompliziert; einfältig, simpel, naiv, leichtgläubig; geringfügig; rein, glatt; Heilkraut, Heilpflanze.
⁴ *complex*: komplex, zusammengesetzt; verwickelt. [Im 17. Jahrhundert aus dem Lateinischen *complexus*, aus *complecti* umschlingen, verflechten; *com-* zusammen + *plectere* flechten].
⁵ *complicated*: kompliziert. [Im 17. Jahrhundert aus dem Lateinischen *complicáre* zusammenfalten; *com-* zusammen + *plicáre* falten].
⁶ Vgl. 45. Tag / Kellers Gesetz.
⁷ *single*: einzig, einzeln, einseitig, einfach, einstufig; allein, einsam; für sich (lebend), alleinstehend, ledig, unverheiratet; einmalig; ungeteilt, aufrichtig.
⁸ *Keeping it simple* - Variante: K.I.S.S. = *Keep It Simple Stupid* „Stell' dich einfach dumm".

73. Tag / Urteile fällen

Ich bin nicht okay, du bist nicht okay; aber das ist ganz okay.
  - Vorschlag für einen Buchtitel

EIN GEMEINSAMER NENNER DER LEBENSGESCHICHTEN, und wohl noch häufiger ein Thema der Diskussionen bei A.A., ist „Gefallsucht". Die meisten Mitglieder können auf ausgiebige Erfahrungen in dieser Praktik zurückblicken - ein Werdegang der Selbstverleugnung in dem Versuch, die Anerkennung anderer zu gewinnen. Der nüchterne Verstand merkt die Ironie solcher Bemühungen deutlich: Wir bezahlen den Preis und bekommen nichts dafür. Jemand, der anderen zu gefallen sucht, scheitert zwangsläufig, und zwar auf Kosten der Zerstörung seines echten eigenen Wesens.

Die meisten Erwähnungen von Gefallsucht verbinden zwei gemeinsame Saiten - „Saiten" - denn sie klingen im Grunde genommen gut mit der Erfahrung aller Anwesenden und Beteiligten zusammen. Die erste betrifft den Selbsthaß des nassen Alkoholikers. Auf einer gewissen Ebene fürchteten wir uns in unserer nassen Zeit vor uns selbst und verabscheuten unser eigenes Wesen, als wir zwanghaft tranken. Eigene Anerkennung fehlte uns völlig, und daher war unsere krankhafte Sehnsucht nach Bestätigung beinahe ebenso stark wie der Saufdruck. Je sicherer wir im tiefsten Innern spürten, daß da irgend etwas mit uns nicht stimmte, umso vergeblicher bemühten wir uns, nach außen ein Bild zu projizieren, als ob alles völlig okay sei. Da wir befürchteten, in Wirklichkeit keine guten Menschen zu sein, hatten wir es dringend nötig, von anderen als „gute Menschen" akzeptiert zu werden. Dabei kam natürlich nie etwas heraus: Selbst wenn es uns gelang, ein bißchen Anerkennung zu gewinnen, genügte das unserem grenzenlosen Bedürfnis nie.

Das zweite Motiv dreht sich um die Weiterführung dieses Bestrebens nach dem Kater, dieses Bedürfnis nach Beifall anderer in der Nüchternheit. Bei A.A. erreichen wir wenigstens erste Anflüge von Selbstachtung - von gesundem Selbstwertgefühl. Aber wir bleiben Alkoholiker. Da wir uns unsere gegenwärtige Behinderung bewußt machen, ebenso wie unser Versagen in der Vergangenheit, was noch schmerzlicher ist, ertappen wir uns manchmal dabei, wie wir wieder in unser altes Verhaltensmuster der Gefallsucht abrutschen und wieder unser Selbstwertgefühl in unserem Tun aus der Bestätigung anderer zu ziehen versuchen.

Natürlich hilft uns die A.A.-Lebensweise. Sie schafft ein gesünderes Verhältnis zu unseren Charakterfehlern und Schwächen. Sie lehrt uns, eher nach spirituellem Fortschritt als nach spiritueller Vollkommenheit zu suchen[1] - und darin Befriedigung zu finden. Mit dem Hinweis „das Wichtigste zuerst"[2] und der Verankerung in einem Umfeld, das uns anerkennt, schwächt A.A. die Neigung zur Selbstzerstörung, die unseren Bemühungen anhaftet, wenn wir anderen Leuten gefallen wollen. Dieses zweite Motiv endet fast ausnahmslos in einer Melodie von erfreulicher Freiheit.

URTEILEN. Die religiöse Tradition, in der ich erzogen wurde, warnte davor: „Richtet nicht, auf daß ihr nicht gerichtet werdet."[3] Soweit ich mich erinnern kann, sagte mir jedoch nie einer, daß diese Lebensregel sowohl psychologische als auch theologische Gültigkeit besaß. Ich erwähne das nicht, um meine Erziehung anzugreifen, sondern um anzudeuten, wie früh in meinem Leben Anzeichen von alkoholkrankem Denken zu erkennen sind.

Es geschah folgendes: Als Mitglied einer ethnischen und religiösen Minderheit in meiner Nachbarschaft wurde ich dazu erzogen, darauf zu achten, was andere Leute von meinem Benehmen denken würden. Als ich älter wurde - „reifer" kann ich nicht behaupten - verschwand die Ghetto-Mentalität, und dennoch erschuf ich ihr Gefängnis von neuem. Lange bevor meine Sauferei zum Problem wurde, machte ich zum Beispiel nach Parties immer Inventuren, die im echten Gegensatz zur Denkweise von A.A. standen - ich überdachte die Ereignisse nicht so sehr unter dem Gesichtspunkt, wie ich mich verhalten hatte, sondern mehr, um festzustellen, wie andere über mich dachten und möglicherweise über mich sprachen. Hatte ich zu viel geredet, oder zu wenig? War ich vollkommen passend gekleidet und mein Benehmen absolut tadellos? Es erübrigt sich wohl zu bemerken: Selten entsprach ich diesen Maßstäben - und somit fühlte ich mich verurteilt.

Das war schmerzlich, aber die vom Alkohol aufgeheizte Arroganz lieferte mir bald eine Verteidigung. Ich kam zu folgendem Schluß: Wenn ich es schon nicht ganz und gar vermeiden konnte, verurteilt zu werden, dann könnte ich wenigstens den Einfluß solcher Urteile abschwächen, indem ich mich selbst zum Richter machte. Ich weiß noch, wie ich das für eine Möglichkeit hielt, das Blickfeld zu bestimmen: Statt mich zu fragen, ob meine Schuhe gut genug poliert waren, konnte ich mich zum Beispiel darauf konzentrieren, festzustellen, ob die Schuhe der anderen glänzten oder nicht. Statt mich nach einer Unterhaltung zu fragen, ob ich mich nicht vielleicht durch irgendeine dumme Bemerkung selbst zum Narren gemacht hatte, fing ich an, die blöden Ideen von anderen aufzuzählen.

Ob das Überschreiten der Trennlinie zwischen „Verurteilt werden" und „Verurteilen" etwas damit zu tun hatte, daß ich im Begriff war, die Grenze zum unkontrollierten, alkoholkranken Trinken zu passieren, überlasse ich den Psychologen - oder den Theologen. Chronologisch scheinen die beiden Veränderungen bei mir tatsächlich zusammenzuhängen. Heute ist mir die Verbindung zwischen der Konzentration auf Beurteilung und dem Dasein eines Alkoholikers klar: Beides hat mit Freiheit zu tun.

GEFALLSUCHT. Das hat natürlich auch mit Freiheit zu tun - mit unserer Freiheit, so zu sein, wie wir wirklich sind. Alle religiösen und spirituellen Traditionen lehren das gleiche: Urteile über Menschen zu fällen ist ein göttliches Vorrecht. Sogar in unserem weltlichen Regierungssystem bleibt diese Aura den Richtern, Gerichten und letzten Endes nur unserer Verfassung selbst vorbehalten: Man wird nicht von einem Menschen verurteilt, sondern durch das „Gesetz" - durch eine Kraft, die über dem einzelnen Menschen steht. Über andere zu urteilen ist gewissermaßen der Anspruch, Gott zu sein.

Dieses Gott-spielen ist aber immer äußerst ironisch - und wie die Gründer von A.A. ganz klar erkannten, ist das eine Ironie, die durch das Phänomen des Alkoholismus sowohl ausgelebt als auch verhöhnt wird. Diejenigen, die Gott spielen, verlieren jegliche Gott-Ähnlichkeit, die für sie als Menschen richtig und angemessen wäre. Deshalb „mußten wir zu allererst aufhören, Gott zu spielen."[4] Nur wenn wir diesen falschen Anspruch aufgeben, können wir unser echtes Wesen wiedergewinnen. Genau wie uns das Gott-spielen entmenschlicht, belastet uns das Fällen von Urteilen über andere mit dem Gefühl und der Tatsache, selbst verurteilt zu werden - und das nicht einmal von einem gnädigen Gott oder einem gerechten Gesetz. Das ist eben die Ironie dabei.

Das ist, glaube ich, die heimtückische Falle, die nicht nur in unserer Neigung, Urteile über andere zu fällen, sondern auch in unserem krankhaften Bedürfnis, anderen zu gefallen, mit inbegriffen ist. Das Begehren,

90 Tage - 90 Meetings

andere zufriedenzustellen, läuft auf den Wunsch hinaus, selbst zufriedengestellt zu werden.

Wir werden nur dann frei von Beurteilungen, frei von unserer Neigung zur Gefallsucht, wenn wir die Freiheit akzeptieren und anpacken, daß wir nicht urteilen müssen, wie auch die Freiheit, daß uns die anderen keinen Gefallen tun müssen. Obwohl wir andere Menschen brauchen, um wirklich so sein zu können, wie wir sind, beruht unsere Beziehung zu anderen im Rahmen dieser Notwendigkeit weder auf urteilen noch auf gefallen.

Das beste und konkreteste Beispiel dafür ist natürlich unser Verhältnis zu anderen Alkoholikern innerhalb der Gemeinschaft von A.A. Bei mir war es so, daß es mir gerade deshalb erst möglich wurde, A.A. beizutreten und soviel Freiheit aus meiner Beteiligung bei A.A. zu gewinnen, weil *Alcoholics Anonymous* eben so einmalig frei von den überaus unmenschlichen Absichten ist, zu urteilen und zu gefallen. Seitdem ich bei A.A. gelernt habe, daß es andere Wege gibt, sich anderen Menschen gegenüber zu verhalten, als sie zu beurteilen oder von ihnen beurteilt zu werden, als anderen Gefallen zu tun oder von ihnen Gefallen zu bekommen, werde ich - jeden Tag - glücklicher und fähiger, solche Beziehungen sogar außerhalb von A.A. aufzubauen. Für einen eingefleischten Gefall-Süchtigen, für einen, dessen Leben früher von Urteilen und Verurteilungen beherrscht wurde, ist das ein Geschenk.

Anmerkungen des Übersetzers:
[1] Vgl. *Alcoholics Anonymous*: 60/69.
[2] *First Things First*.
[3] Vgl. Bergpredigt (Matthäus VII).
[4] Vgl. *Alcoholics Anonymous*: 62/72.

74. Tag / Feigheit und Mut

Ein Elend kommt selten allein, aber die Feigheit liebt die Geselligkeit sogar noch mehr.
- John Douglas Mullen[1]

MEIN VORHABEN, NEUNZIG MEETINGS IN NEUNZIG TAGEN ZU BESUCHEN, versetzte einige Leute, die ich kenne, in Erstaunen. Nicht etwa, weil sie denken, daß ich es nicht nötig hätte, sondern vielmehr, weil sie wissen, daß ich sehr menschenscheu bin und große Gruppen meistens meide. Obwohl ich nicht gerade ein Einzelgänger und auch nicht schüchtern bin, ziehe ich einfach kleinere Begegnungen im vertrauten Kreise vor.

Der Gedanke, „Geselligkeit zu lieben", war für mich fremd, bevor ich A.A. entdeckte. Er bleibt es auch jetzt noch, außer bei A.A. Manchmal habe ich mich darüber gewundert und mich gefragt, wie sich das ergab und was es bedeutet. Der Gedanke von John Douglas Mullen wirkte Wunder und brachte etwas Licht in dieses Dunkel. Er hilft mir zu verstehen, warum mir diese neunzig Tage soviel Freude machen.

Mullens Beobachtung wirft jedoch ein Problem auf: Nicht nur die Feigheit, sondern auch der Mut liebt die Geselligkeit. Die Stärke von Mullens Einsicht findet sich im Wie und Warum. Während Mut und Feigheit Geselligkeit aus sehr verschiedenen Gründen lieben, kennen Feigheit und Elend ein gemeinsames Motiv: Furcht - die Angst davor, so zu sein, wie wir wirklich sind.

A.A. macht uns klar, daß wir uns dem gefürchteten Ego stellen müssen, wenn wir jemals unser wahres Ich finden wollen. Kurz vor seinem Tiefpunkt fürchtet sich der Alkoholiker am meisten davor, daß er ein Alkoholiker sein könnte. Was geschieht bei A.A., wenn dieser Angst die Stirn geboten wird? Alkoholiker, die akzeptieren, daß sie Alkoholiker sind, fangen an, sich völlig in die Menschen zu verwandeln, die sie wirklich sind. Befreit von ihrer Angst gewinnen sie den Mut zu *sein*.

Aber was bedeutet es, „von Angst befreit" zu sein? In diesem Fall werden wir nicht deshalb von Angst befreit, weil wir die Wirklichkeit besiegen und über sie triumphieren, sondern weil wir uns der Realität stellen und sie akzeptieren. Der Wirklichkeit muß die Stirn geboten werden, denn in seinem Elend ist der nasse Alkoholiker feiger als alles andere. In der Armseligkeit der späten Stadien meiner Krankheit war ich mehr feige als elend, sonst hätte ich nicht weitergetrunken. *Feigheit* wird als „übermäßige Angst" definiert, als „Fehlen von Mut". Und *Mut* bedeutet „eine Haltung, sich den Dingen zu stellen, die als gefährlich, schwierig oder schmerzhaft erkannt wurden und mit ihnen umzugehen, statt sich ihnen zu entziehen".

Eine Möglichkeit, meinen Werdegang als Alkoholiker zu verstehen, bietet der Gesichtspunkt, daß die nasse Phase von ständig anwachsender Feigheit charakterisiert wird, während seine Genesungsphase immer stärkere Anwendung von Mut mit sich bringt. Als ich das erste Mal zu reinem Alkohol griff, statt „nur ein Gläschen in Ehren" zu trinken, geschah das aus übermäßiger Angst. Obwohl ich in dem Zweck dieser Übung eine Möglichkeit sah, mit meinem Unbehagen in bestimmten gesellschaftlichen Situationen umzugehen, machte das Wesen des Alkohols diesen „Umgang" eher zu einem Rückzug.

Und so machte ich meine Fortschritte: Aus ein paar Gläschen mit den Kollegen wurden Drei-Martini-Mittagspausen, in denen ich der Anspannung entfliehen wollte, die durch meine Arbeit verursacht wurde; was anfangs ein paar Drinks als Zaubermittel der Verführung waren, härtete mich später so sehr ab, daß ich nicht nur gegen die Fehlschläge, sondern auch gegen die Freuden der Liebe gefeit war und dabei in eine Leidenschaft versetzt wurde, in der die Liebe selbst unrealistisch und unangebracht erschien; das Glas Wein zur Entspannung vor dem Schlafengehen wurde zum Nuckeln an der Flasche, bis ich endlich wegsackte.

Ich kann mich noch dunkel erinnern, daß ich irgendwo bei all diesen Ausschreitungen merkte, was vorging - daß der Alkohol zum Fluchtmittel geworden war. Aber je mehr ich trank, desto mehr pflegte ich jeden zu bekämpfen, der mich der Feigheit beschuldigte. Ich versuchte sogar, mich selbst davon zu überzeugen, daß Trinken Bewältigung war. Doch mit der Zeit fiel es sogar mir schwer, das zu glauben. Und deshalb vermied ich, daß diese dünne Illusion in Frage gestellt wurde, indem ich nicht mehr so oft mit Leuten verkehrte, die *in gleicher Weise* wie ich tranken, sondern mehr mit Leuten, die *aus dem gleichen Grund* wie ich tranken.

Der Arbeitsdruck und die Paradoxie der Liebe können gefährlich, schwierig oder schmerzhaft sein. Diese Dinge können jedoch auch Erfüllung, Freude und Heilung bringen. Aber ich weigerte mich, dieses Risiko zu tragen. Da ich alles oder nichts wollte, hatte ich schließlich keins von beiden. Eines der tiefsten Geheimnisse des menschlichen Lebens besteht anscheinend darin, daß wir letztendlich immer gerade zu dem hinlaufen und genau nach dem greifen, dem wir eigentlich zu entfliehen versuchten. Und so brachte mich meine Trinkerei mit der Zeit zum Alkoholismus - ein ständiger Druck, der schlimmer ist als jede andere Arbeit, eine Paradoxie, die schmerzhafter ist als jede andere Liebe.

Der Moment, in dem man die Wahrheit über Alkoholismus (über „meine" Trinkerei) entdeckt, und zwar die Tatsache, daß der Alkoholkonsum ganz und gar zur eigenen Arbeit und zur eigenen Liebe geworden ist: Genau das ist der Augenblick der Wahrheit. Die Feigheit gebietet mir, ihm zu entkommen, ihn zu leugnen, seine Wirklichkeit sogar vor mir selbst zurückzuweisen, meistens durch den Versuch, auch das im Alkohol zu ertränken. Für eine Weile waren viele von uns mit dieser Feigheit erfolgreich.

Aber Feigheit hat einen Fehler: Je mehr man sich in Fluchtversuche verwickelt, desto tiefer muß man verstehen, wovor man zu fliehen versucht. Aus diesem Verständnis heraus kann sich zumindest ein Keim des Mutes entwickeln.

Denn im Gegensatz zur Feigheit liebt der Mut Geselligkeit, weil er die allgegenwärtige Gefahr der Selbsttäuschung erkennt und akzeptiert. Daher sucht der Mut nach Begleitern, die ihm helfen werden, der Gefahr zu begegnen, anstatt zu versuchen, vor ihr zu fliehen. Feigheit sucht Begleitung zur Unterstützung der Selbsttäuschung, und deshalb strebt sie nach Gesellschaft von Feiglingen. Der Mut hofft, durch Vermeidung der Selbsttäuschung das Ich zu finden, und daher sucht er sich die Aufrichtigkeit als Begleiter aus.

Als alternativer Name für die Gemeinschaft und das Programm von A.A. paßt „Gesellschaft für Ehrlichkeit" wirklich prächtig. Wir brauchen - ich brauche - sowohl Einsicht als auch Mut. Nur durch eine Kombination von Einsicht und Mut kann ich mein ach-so-gefürchtetes Ich finden und ihm ins Auge schauen. Doch genau wie Einsicht und Mut ist das gefürchtete Ich keine Gegebenheit, die sich ein für alle Mal in Beton einbetten läßt und keine dauerhafte Errungenschaft, die in Granit gemeißelt werden kann. Der Augenblick, in dem ich zugab, daß ich „dem Alkohol gegenüber machtlos war - und [mein Leben] unkontrollierbar geworden war"[2], diente nur als Vorlage und war tatsächlich nur der Erste Schritt auf meiner Reise in die volle Menschlichkeit.

Während ich wachse, kommen weitere Ängste zum Vorschein - alte Ängste, die vorher mit Alkohol vertuscht worden waren; neue Ängste entstanden durch die Konfrontation mit meinen Grenzen gegenüber dem grenzenlosen Horizont, der jetzt plötzlich erscheint. Erneutes Heranwachsen erfordert sogar noch mehr Einsicht und Mut als Wiedergeburt.

Und das Himmlische an der „Begleitung" von A.A. ist, daß es mir beides bietet. Die Zwölf Schritte sind eine Übung in Einsicht und Mut. Sie zu praktizieren bedeutet, sich selbst kennenzulernen, eben weil uns ihre Anwendung den Mut gibt, den diese Kenntnis und diese Praxis erfordern. Einsicht kann ermutigen, und Mut kann die Tür zu neuen und tieferen Einsichten öffnen - aber nur, wenn beides gleichzeitig angewandt wird.

Meine Pilgerschaft durch neunzig Meetings in neunzig Tagen neigt sich langsam dem Ende zu und bietet mir allmählich die Einsicht, mein ach-so-gefürchtetes Ich kennenzulernen. Sie schenkt mir letztendlich den Mut, mich mit diesem Verständnis auseinanderzusetzen, damit ich derjenige sein kann, der ich wirklich bin.

Anmerkungen des Übersetzers:
[1] Mullen, John Douglas. *Kierkegaard's Philosophy: Self-Deception and Cowardice in the Present Age.* New American Library, 1981.
[2] Vgl. *Alcoholics Anonymous*: 59/68.

75. Tag / Ein einfaches Programm

Psychologische Heilung geschieht nicht dadurch, daß der Patient psychologische Theorie erlernt! Die bedeutsamen Veränderungen setzen tiefer an, auch wenn sich unsere intellektuellen Ansichten daraufhin ändern können. Der Patient entwickelt neue Gefühle in Bezug auf die Welt, sich selbst und andere Menschen, und infolgedessen wird er die Dinge in einem anderen Licht sehen.

- William Barrett [1]

Schließlich ist Nüchternheit nur ein Anfang. Das Problem, herauszufinden, wer wir sind, wo wir sind und wo wir als nächstes hingehen, ist etwas, daß früher oder später jedem begegnen muß.

- Bill W. [2]

VIELLEICHT GERADE WEIL ICH DIESES TAGEBUCH FÜHRE, möchte ich mir heute morgen über zwei Grundgedanken von A.A. den Kopf zerbrechen, die eigentlich auf den ersten Blick vor solchen Bemühungen zu warnen scheinen. *Alcoholics Anonymous* stellt sich selbst als „einfaches Programm"[3] dar, und uns wird geraten: „Mache es dir zunutze und analysiere nicht"[4].

Gelegentlich treffe ich Leute bei A.A., die in einem von zwei Extremen zu leben scheinen. Einige wenige werden vom Denken über ihr Denken so stark gefangen genommen, daß sie jedesmal zusammenzucken, wenn sie daran erinnert werden, daß A.A. „ein einfaches Programm" ist. Ein paar andere scheinen zu denken, daß der Grundsatz „Mache es dir zunutze und analysiere nicht" einer der Zwölf Schritte ist - daß „Trink nicht und geh in Meetings" alles ist, worum es bei *Alcoholics Anonymous* geht, und daß sogar der Besuch von Diskussionsmeetings oder das Lesen des Buches *Zwölf Schritte und Zwölf Traditionen* eine Art Abweichung von der althergebrachten reinen Nüchternheit sind.

Diejenigen, die ich getroffen habe, und die nach einem dieser beiden Extreme lebten, kommen mir nicht wie Gewinner vor. Ich kann und will mich mit ihrer Nüchternheit nicht identifizieren, weil dabei anscheinend etwas fehlt, das ich bei der großen Mehrheit der A.A.-Mitglieder anziehend finde, deren Leben zwischen den beiden Extremen abläuft. Aber manchmal hinterfrage ich diesen breiten Mittelweg. Wie finden wir das Gleichgewicht zwischen dem einen Extrem, es uns so einfach zu machen, daß wir hirnlos werden, und dem anderen, uns in die nächste Flasche hinein zu analysieren?

Gleichgewicht bezieht Spannung mit ein. Nicht alle Spannungen sind schlecht. Gleichgewicht und Spannung sind sogar wichtige Bestandteile unserer Menschlichkeit und unserer Nüchternheit, weil sie auf den Widerstand gegen die Neigung hinauslaufen, uns in Extreme zu stürzen. Bill W. wurde nie müde, uns daran zu erinnern, daß der Alkoholiker dazu neigt, ein „Alles-oder-Nichts-Mensch" zu sein.[5] Nüchternheit und uns selbst finden wir nur, wenn wir dieser Tendenz widerstehen. Wie es aussieht, läßt sich die A.A.-Lebensweise wirklich gut als eine Art Mittelweg im Leben verstehen - um unsere eigene menschliche Erfüllung zu finden, ohne in eins der Extreme zu verfallen, die in unserer nassen Lebensphase mit Alkohol in Verbindung standen.

Ich will versuchen, das aus einer anderen Richtung anzugehen. A.A. ist eine Lebensweise für denkende Menschen. Das Problem des nassen Alkoholikers beruht nicht auf der Tatsache, daß er denkt, sondern auf der Art, *wie* er denkt. Das *Blaue Buch* behauptet nicht, das Problem des Trinkers sei sein Kopf, sondern vielmehr „das Hauptproblem des Alkoholikers konzentriert sich auf seinen Kopf, und nicht so sehr auf seinen Körper"[6].

Deshalb beinhaltet die A.A.-Lebensweise eine Denkweise. Es gibt verschiedene Arten zu denken. A.A. führt uns gewissermaßen zu der Art zu denken, die eher heilend als zerstörerisch ist, und zwar, indem es zu verstehen gibt, daß die erste Regel dieser Denkweise darin besteht, es sich persönlich „so einfach wie möglich"[7] und „eher zunutze zu machen, als zu analysieren"[8].

Ein Philosoph bemerkte einmal, daß „echtes Denken erst an dem Punkt beginnt, wo wir begriffen haben, daß analytischer Verstand der hartnäckigste Feind wahren Denkens ist". Das heißt, es gibt eine tiefe Verbindung zwischen Denken und Einfachheit. Das ist deshalb wahr, weil Denken mehr nach dem *Ganzen* sucht, als in *Teile* zu analysieren. Jedes Ganze ist in gewissem Sinne einfach, denn als Ganzes ist es eins.[9]

An die A.A.-Lebensweise als Ganzes heranzugehen, läßt einem die Freiheit, sie anzunehmen oder sie abzulehnen - aber nicht, sich einzelne Gesichtspunkte beliebig herauszusuchen. Das kommt der Wahrheit am nächsten, die sinngemäß in der Aussage steckt, daß unser Programm einfach ist: Es ist so beschaffen, daß wir es nur als ein Ganzes akzeptieren können. Jeder Versuch, das zu leugnen, es zu analysieren und es in Einzelteile zu zerstückeln, zeigt eine Ablehnung der A.A.-Lebensweise. Als solche hat sie keine Einzelteile. Teilstücke zu sehen hieße, die Lebensweise zu verkennen.

Sprecher, die mich an die Einfachheit von A.A. erinnern, rufen mich einfach zum Denken in der A.A.-Weise zurück.

Was ist die A.A.-Denkweise? Zu allererst ist es die Denkweise, die ich bei der Anwendung des Zwölf-Schritte-Programms von A.A. lerne. Das

Lesen der A.A.-Literatur und die Teilnahme an A.A.-Meetings tragen natürlich auch dazu bei. Aber ein *Weg* wird nur *unterwegs* erlernt. Deshalb konzentrierte ich mich bei diesem Neunzig/Neunzig besonders aufmerksam auf den Sechsten, Siebten, Zehnten und Elften Schritt in meinem persönlichen Programm.

Was ist also die A.A.-Denkweise? Geschichten erzählen und anhören ist letzten Endes eine Denkweise. Das mag vielleicht zu einfach erscheinen. Aber es erinnert mich an eine meiner Lieblingsgeschichten, eine klassische Geschichte, die - obwohl sie keine A.A.-Geschichte ist - gut die scheinbare Problematik erfaßt und löst, die wir allzu gerne hinter der Einfachheit vermuten, wenn es uns nicht gelingt, auf die A.A.-Weise zu denken.

Diese Erzählung ist uns in ihrer biblischen Version am meisten vertraut, obwohl sie in vielen Motiven verschiedener Traditionen der Weisheit erscheint. Sie ist nämlich eine der wenigen Geschichten im Alten Testament, die Jesus von Nazareth direkt zitierte. Die Geschichte erzählt von einem syrischen General, Naëman[10], der den Propheten Elias[11] aufsuchte, um von seiner Lepra geheilt zu werden. Es fällt mir leichter, mich mit Naëman zu identifizieren, wenn ich daran denke, daß Lepra im Altertum eine ebenso stigmatisierte Krankheit war wie heutzutage Alkoholismus. Elias sagte, der Hauptmann solle im Fluß Jordan baden, aber Naëman wurde wegen der Einfachheit dieses Vorschlags ärgerlich und weigerte sich, ihm zu folgen. Er rüstete verärgert zum Aufbruch und beklagte sich, daß er eine so weite Reise zurückgelegt hätte, um einen so einfachen Rat zu bekommen, zumal es dort, wo er herkam, viel größere und sauberere Flüsse gab.

Als Naëman voller Groll abmarschierte, bewegten ihn seine Diener dazu, den Rat auszuprobieren, denn sie hatten die Reise offensichtlich ebenfalls umsonst gemacht. Sie wiesen auf folgendes hin: „Wenn der Prophet dir etwas Schwieriges vorgeschlagen hätte, was kein anderer Mann tun könnte, hättest du es doch schließlich getan. Warum probierst du diesen einfachen Rat nicht wenigstens aus?" Sicherlich ist jedem klar, was passierte: Naëman befolgte den Rat und wurde schließlich geheilt.

Meiner Ansicht nach hat diese Geschichte mit der Art von Einfachheit zu tun, über die wir hier reden und die wir bei A.A. erfahren. Obwohl mit einem nüchternen Leben sehr viel Komplexität verbunden sein kann, und obwohl wir immer aufgefordert sind, die Tiefe der Weisheit auszuloten, die im A.A.-Programm mit eingeschlossen ist, sind es die einfachen Dinge, wie der Verzicht auf den ersten Schluck und Teilnahme an Meetings, die uns nüchtern machen und halten und die es uns ermöglichen, mit den komplexen Dingen umzugehen, wo und wann das notwendig ist.

Ich bin fest davon überzeugt, daß ich glücklich wie ein Idiot gewesen wäre, wenn man mir bei A.A. am Anfang gesagt hätte, daß es genau 69,741 Gramm Alkohol sind, die einen Rausch verursachen. Ich wäre losgerast, hätte mir einen Chemiekasten, eine Waage und einen Laptop gekauft und den ganzen Klimbim in alle Kneipen mitgeschleppt, die ich unsicher machte. Das hätte zu meiner komplizierten Intelligenz gepaßt.

Aber als sie mir sagten, daß es der erste Schluck ist, der den Alkoholiker betrunken macht - nun, sogar ich bin in der Lage, mit den Fingern bis eins zu zählen. Das war überhaupt keine Herausforderung, und innerlich war ich beinahe aufgebracht darüber. Aber zu meiner Überraschung hat A.A. bei mir gewirkt, solange ich mich gerade an diese einfache Wahrheit erinnert habe. Es hat natürlich eine Weile gedauert. Zuerst hörte ich den Geschichten in den A.A.-Meetings zu, als ob ich soziologische Forschung betreiben würde. Mit Zählen und Kalkulieren bekämpfte ich die Langeweile, die in Wirklichkeit meine Ablehnung zeigte: Autowracks, Haftzeiten, verlorene Arbeitsplätze, zerrüttete Ehen, einfach alles, was man sich vorstellen kann. Während der ersten sechs Monate, in denen ich bei A.A. herumhing, sammelte ich mehr Daten, als ein ganzes Regal wissenschaftlicher Zeitschriften fassen könnte. Wahrscheinlich hätte ich sie tatsächlich veröffentlichen können, abgesehen davon, daß ich keinen zusammenhängenden Satz schreiben konnte, weil ich noch trank. Ich kann mich noch erinnern, was mir die „Gelehrten" bei A.A. sagten, wenn ich ihnen meine Erkenntnisse gelegentlich mitteilte: „Identifiziere dich, und vergleiche nicht."[12] Dieser Rat war so einfach, daß ich natürlich fragen mußte: „Wie?" - „Komm einfach immer wieder und versuche es", sagten sie mir. Und mit der Zeit gelang es mir.

Aus diesem Grund nehme ich an, daß für mich ein „einfaches Programm" und eine „Denkweise" sehr gut zueinander passen und sich keineswegs widersprechen. Weil ich menschlich bin, ist es unvermeidbar und notwendig, daß ich denke. Die wirkliche Frage und das einzige Problem ist, wie ich denke. Wenn ich mir die Einfachheit von A.A. bewußt mache, hilft mir das dabei, auf dem richtigen Weg zu bleiben. Daher verstehe ich die Eselsbrücken „so einfach wie möglich" und „Mache es dir zunutze und analysiere nicht"(8) keineswegs als Denkverbot, sondern als Orientierung für die Denkweise, die meine Bestrebungen in der A.A.-Lebensweise zum Erfolg führen kann.

Anmerkungen des Übersetzers:
[1] Barrett, William. *Irrational Man*. Doubleday, 1958; *The Illusion of Technique*. Anchor Press, 1978.

² Vgl. *Alcoholics Anonymous*: XV/XVI, 19/23; *As Bill Sees It* („Wie Bill es sieht"): 8, 305.

³ Vgl. *Alcoholics Anonymous*; 58/67: „... give themselves to this simple program" („... sich in dieses einfache Programm einbringen, ..."); außerdem: XXVII/XXXI, 14/16, 25/30, 46/54, 47/55, 50/58, 57/65, 62/72, 130/152; *As Bill Sees It* („Wie Bill es sieht"): 18, 149, 162; *The Language of the Heart*: 303 ff., „Let's Keep It Simple - But How?" (*Grapevine Juli 1960*).

⁴ *Utilize, don't analyze.*

⁵ Vgl. *Twelve Steps and Twelve Traditions* („Zwölf Schritte und Zwölf Traditionen"): 161/154; *Twelve Concepts for World Service* („Die Zwölf Konzepte"): 42/104; *As Bill Sees It* („Wie Bill es sieht"): 6, 59, 135, 214, 308; *Alcoholics Anonymous Comes of Age* („AA wird mündig"): 53/94; *The Language of the Heart*: 266, 271.

⁶ Vgl. *Alcoholics Anonymous*: 23/27 f.

⁷ *Keep It Simple.*

⁸ *Utilize rather than Analyze.* - Ein entsprechender Al-Anon-Slogan sagt: *Analyse ist Paralyse* (Analysieren lähmt).

⁹ „Die meisten der fundamentalen Ideen der Wissenschaft sind im Grunde einfach und können in der Regel in einer leicht verständlichen Sprache ausgedrückt werden." *Albert Einstein.*

¹⁰ *Naëman*, der Feldhauptmann des Königs von Aram. Vgl. 2. Könige 5.

¹¹ *Elias* (="Mein Gott ist Jahwe"), alttestamentlicher Prophet, um 870 v. Chr., stand mit *Elisa (Elisäus)*, seinem Schüler, als Bindeglied zwischen den frühisraelitischen Prophetenbruderschaften und den späteren Schriftpropheten, gewann im Spätjudentum als Vorläufer des Messias besondere Bedeutung. [„Das moderne Lexikon". Bertelsmann Lexikon Verlag, Gütersloh 1970].

¹² *Identify, don't compare.*

76. Tag / Ehrlichkeit und Toleranz

Der Mensch, der sich einbildet, Gott zu sein, mag sich dessen selbst nicht bewußt sein, aber er fängt sehr bald an, sich so zu verhalten, daß es für andere offensichtlich genug wird. Ein kleines Symptom ist zum Beispiel die Weigerung, anderen Menschen zuzuhören und Anwesende nur dann zu tolerieren, wenn sie sagen, was er hören möchte.

- W. H. Auden[1]

DR. BOB ERINNERTE BILL W. IMMER WIEDER DARAN: „Durch Ehrlichkeit werden wir nüchtern, doch nur Toleranz kann uns die Nüchternheit erhalten."[2]

Wenn wir zum ersten Mal zu A.A. kommen, ist das für die meisten von uns ein großes Glück. In ganz kurzer Zeit entdecken wir einige Gruppen, in denen wir uns besonders zu Hause fühlen. Bald kennen wir einige Lieblings-Meetings: Die Geschichten, die dort erzählt werden, scheinen zu der Identifizierung einzuladen, die unser Wachstum in der Nüchternheit ermöglicht. Die Toleranz, die dank Bill, Dr. Bob und vielen anderen A.A. zu eigen ist, bietet uns allen das Geschenk der Vielfalt.

Eine Lehre aus meinen neunzig Meetings in neunzig Tagen scheint folgendes zu sein: Wenn es beliebte Meetings gibt, muß es auch unbeliebte Meetings geben. Auf der einen Seite ist das völlig in Ordnung. Ich kann mich ebenso wenig in allen A.A.-Meetings zu Hause fühlen, wie ich alle Seiten eines Buches auf einen einzigen Blick erfassen oder an vielen Orten gleichzeitig sein kann. Doch auf der anderen Seite erscheint es mir bei der Teilnahme an neunzig Meetings in neunzig Tagen als ein wichtiges Ziel, nicht nur an Quantität, sondern auch in der Qualität über die Grenzen meiner üblichen Meetings-Routine hinauszuwachsen.

Wenn ich beschließe, an einem beliebigen Meeting teilzunehmen, muß ich zwangsläufig auch Meetings auswählen, die ich nicht besuche. An manchen Tagen lege ich mich schnell auf ein bestimmtes, mir vertrautes Meeting fest. Für den Rest des Tages sehe ich meiner Teilnahme mit Wonne entgegen. Doch wenn ich an anderen Tagen im Kontaktverzeichnis blättere, springt mir nicht so ein Meeting ins Auge. Wenn das der Fall ist, bin ich oft den ganzen Tag innerlich gereizt und sehe die Liste häufig noch einmal durch, in der Hoffnung, ein „gutes Meeting" zu finden, das ich übersehen habe.

Vor langer Zeit wurde mir gesagt: „Ein gutes Meeting ist ein Meeting, in dem du nicht trinkst." Bin ich über die Grenzen dieser Auffassung hinausgewachsen, oder vergesse ich eine wichtige Wahrheit?

Ich frage mich selbst, ob das nicht einfach nur menschlich ist, wenn ich eine Umgebung finden möchte, in der ich mich wohl fühle. Die Erinnerung, daß ich früher dasselbe Argument benutzte, um meine Sauferei zu verteidigen, läutet wie eine Alarmglocke im Bewußtsein. Also, ich bleibe auch weiterhin ein Alkoholiker, der rationale Erklärungen sucht. Wenn die Entwicklung der Nüchternheit auf Identifizierung beruht, wäre es dann nicht am gescheitesten, die Meetings auszuwählen, in denen einem das Identifizieren leichtfällt? Das klingt eigentlich ganz gut - es hört sich sogar recht intelligent an. Wieder bimmelt eine Warnglocke: Meine Intelligenz hat mich nicht nüchtern gemacht.

Audens Worte, die er im Andenken an Dag Hammarskjöld[3] zu Papier brachte, fordern ein tieferes Verständnis von mir. Könnte es sein, daß ich versuche, Meetings zu finden, in denen niemand etwas Herausforderndes sagt, das mir vielleicht nicht paßt? Mein Kopf scheint sogar im trok-

90 Tage - 90 Meetings

kenen Zustand mit Schubladen übersät zu sein, voller Kategorien, die anscheinend nicht auf echter Nüchternheit beruhen. Wer bin ich letztendlich? Steht es mir zu, ein Meeting als „zu spirituell" oder „zu psychologisch" abzuurteilen oder andere Meetings zu umgehen, weil dort „zu viel über Drogen geredet wird" oder „zu viele" (oder „zu wenige") Neue oder einsame Herzen oder alte Hasen kommen?

Die Notwendigkeit, sich zu identifizieren, ist und bleibt in der Nüchternheit ein konstantes Anliegen. Wenn meine Nüchternheit nämlich wachsen soll, muß ich mich immer stärker identifizieren. „Durch Ehrlichkeit werden wir nüchtern, doch nur Toleranz kann uns die Nüchternheit erhalten." Toleranz schließt Unterschiedlichkeit mit ein. Einvernehmen ist nicht dasselbe wie Identifizierung. Letztere vertieft sich, wenn wir die Geschichten von vielen sehr verschiedenen Menschen hören, die auf ihrer realen Ebene alle gleich sind, wie die Erfahrung von A.A. aufzeigt. Im ersten Schock der Selbsterkenntnis begegnet uns die Identifizierung vielleicht mit der stärksten Intensität: In dem Augenblick, wo uns plötzlich ein Licht aufgeht und wir entdecken, daß wir im Grunde dasselbe sind wie jeder andere Alkoholiker auch: nämlich ein Alkoholiker.

Wenn ich das je vergesse, wenn ich es je aus den Augen verliere, befinde ich mich in Schwierigkeiten. Daher muß ich arbeiten, um es im Blick zu behalten. Der beste Weg, daran zu arbeiten, wird vielleicht gerade jetzt deutlich: Ich vermute, ich sollte während der restlichen neunzig Meetings in diesen neunzig Tagen mindestens ein- oder zweimal wöchentlich in Gruppen gehen, die mir bei meinem ersten Besuch zu intellektuell oder was auch immer vorkamen.

Das *Blaue Buch* benutzt nicht oft die schillernde Kursivschrift - an folgender Stelle ist es aber doch der Fall: *„Bereitschaft, Ehrlichkeit und Aufgeschlossenheit sind das Wesentlichste bei der Genesung. Nur sie sind unentbehrlich."*[4] Diese Attribute sind „unentbehrlich", und sie sind „das Wesentlichste bei der Genesung", denn ohne sie ist es unmöglich, sich zu identifizieren. Noch immer scheine ich mich der Identifizierung viel zu leicht zu widersetzen und sie zu verweigern. Und trotzdem ist es eben diese Identifizierung, die mich heilt - die meinen Alkoholismus heilt, weil sie meine Menschlichkeit ganz macht.

Oft rede ich über Wachstum und Fortschritt und denke darüber nach: Nüchternheit und Genesung sind niemals endende, permanente Prozesse des Wachstums und Fortschritts, wie wir alle wissen. Aber diese Prozesse gehen genauso weiter, wie sie anfingen: durch Identifizierung. Dabei muß sich diese auch entfalten und wachsen. Das kann sie aber nur, wenn ich es zulasse - nur, wenn ich ihr Wachstum aus tiefstem Herzen anstrebe und ermögliche. Eine Möglichkeit, dies zu tun, zu der mich dieses „Neunzig/Neunzig" zu ermutigen scheint, ist wohl die Teilnahme an unterschiedlichen Meetings.

Die kursiv gedruckte Mußvorschrift des *Blauen Buches* spukt mir noch im Kopf herum: *„Bereitschaft, Ehrlichkeit und Aufgeschlossenheit sind das Wesentlichste bei der Genesung. Nur sie sind unentbehrlich."* Das ist eine heilsame Ermahnung. Darüber nachzudenken hilft mir, mich an etwas anderes zu erinnern, das für meine Genesung sehr wichtig ist: Ich wachse in der Nüchternheit, wenn meine Identifizierung mit anderen Menschen wächst - nicht nur in die Breite, sondern auch in die Tiefe - insbesondere mit allen anderen nüchternen Alkoholikern. Vielleicht ist das die Grundlage der Weisheit, die unsere beiden Gründer so gut kannten: „Durch Ehrlichkeit werden wir nüchtern, doch nur Toleranz kann uns die Nüchternheit erhalten."

Anmerkungen des Übersetzers:

[1] Auden, Wystan Hugh (1907-1973). In York/England geborener Dichter und Poet, bekannt für die Vielfalt seiner Formen. Schrieb Balladen, Blues, Limericks, Sonette, Nonsens Verse, Oratorien, freie Verse, Librettos für Opern (u.a. auch für Stravinsky) und Theaterstücke. Studierte in Oxford. Immigrierte 1939 in die USA. Er widmete seine Arbeit ab 1940 dem Christentum und der Psychoanalyse und sah darin die Lösung der Zivilisationsprobleme. Wurde 1946 eingebürgert. Kehrte 1972 nach Oxford zurück, wo er ein Jahr später verstarb.

[2] Brief 1943; *As Bill Sees It* („Wie Bill es sieht"): 312.

[3] Hammarskjöld, Dag. Schwedischer Politiker und Diplomat. Geboren am 29. Juli 1905 in Jonköping (Südschweden), am 18. September 1961 bei einem Flugzeugabsturz im Kongo tödlich verunglückt. Seit 1945 mit diplomatischen Aufgaben betraut, 1951 Stellvertreter des Außenministers, seit 1953 Generalsekretär der UNO; posthum mit dem Friedensnobelpreis 1961 ausgezeichnet. [„Das moderne Lexikon". Bertelsmann Lexikon Verlag, Gütersloh 1970].

[4] *Alcoholics Anonymous*: 570/418: *„Willingness, honesty and openmindedness are the essentials of recovery. But these are indispensable."*

77. Tag / Nebenleistungen

Wenn ein Mann ein Mädchen wegen ihres Geldes liebt, wer wird ihn dann einen Liebhaber nennen? ... Das Gute ist eine Sache; die Belohnung eine andere. ... Wenn also jemand das Gute um der Belohnung willen anstrebt, strebt er nicht nach einem Ding, sondern nach zweien. Und das ist Wankelmütigkeit.

- Sören Kierkegaard[1]

DIE DISKUSSION IM MEETING HEUTE ABEND DREHTE SICH um den sekundären Nutzen - die Vorteile, die sich unweigerlich aus der Nüchternheit zu ergeben scheinen. Mel meinte, vielleicht wären wir besser dran, wenn es überhaupt keine gäbe.

Das erwies sich als ein herausfordernder Gedanke. Erst einmal ist es beinahe unvorstellbar, daß aus Nüchternheit kein Nutzen entspringt. Nüchtern werden wir fähig, zu arbeiten und zu lieben; und uns ist allen beigebracht worden, daß sowohl Liebe als auch Arbeit aus sich selbst heraus lohnend sind und belohnt werden. Die Nüchternheit erlaubt uns, all die Güter in unserem Umfeld zu empfangen, die wir durch unsere Trinkerei ausschlossen und ablehnten: angefangen bei einem klaren Kopf und einem ruhigen Magen beim Erwachen am Morgen bis hin zu den Schönheiten der Natur und der Kunst, den einfachen Freuden entspannter Meditation oder aktiver Gymnastik. Ohne ihre sekundären Wohltaten, die nicht mit Gold aufzuwiegen sind, wäre unsere Nüchternheit undenkbar.

Das Problem ist, daß der sekundäre Gewinn mit dem eigentlichen Ziel verwechselt werden kann. Das sehen wir oft an den Neuen und wahrscheinlich auch viel zu oft an uns selbst. Walter kommentierte, daß Nüchternheit selbst das Endziel ist, wenn sie vollständig und richtig verstanden wird, wie sie von der Gemeinschaft und dem Programm von *Alcoholics Anonymous* dargestellt wird.

Norman bemerkte dazu, daß er sich da nicht so sicher sei: anscheinend sei es sinnvoll, gelegentlich zu fragen: „Wofür bin ich eigentlich nüchtern geworden?" Doch bald war man sich in der Diskussion darüber einig, daß es nur eine einzige endgültige Antwort auf diese Frage gibt, nämlich: „Für die Nüchternheit mit allem, was dazugehört." Den größten Wert legen wir auf das Spirituelle, und das ist schließlich kein Nebengewinn. Ein weiterer Teilnehmer witterte „Blasphemie"[2] hinter der Behauptung, Nüchternheit sei ein Ziel an sich. Augustinus[3] hob hervor, daß „unsere Herzen rastlos sind, bis sie in Dir ruhen." - und sein „Du" konnte einzig und allein eine persönliche Höhere Kraft sein, „Gott, *wie wir Ihn verstehen"*. Aus der Nüchternheit einen Gott zu machen erscheint auf den ersten Blick wie Abgötterei. Doch der spirituelle Haus-Philosoph der Gruppe wies darauf hin, daß es sich bei Abgötterei im Grunde genommen darum dreht, „das Relative zum Absoluten erheben zu wollen", während Blasphemie den Versuch bezeichnet, „das Absolute zu relativieren". Nüchternheit als das Ziel selbst zu akzeptieren bedeutet weder das eine noch das andere.

Nach diesem kurzen Höhenflug kehrte die Gruppe schnell zur Erde zurück. Helen behauptete, es ginge hier vor allem darum, zu lernen - oder besser noch, zu akzeptieren - daß Nüchternheit an sich der Lohn ist. Wir gelangten zu keiner endgültigen Lösung, aber wir fühlten uns alle bereichert. So ist das halt immer, wenn in einem A.A.-Meeting (wie üblich) wesentliche philosophische Themen erörtert werden.

Ich habe einen ätzenden Alptraum. Irgendeine böse Macht fordert, daß ich entweder Alkohol trinke oder meinen Gott verleugne. Wer diese Vorstellung - genau wie ich - absolut lächerlich findet, der wird es wohl kaum als Blasphemie oder Abgötterei ansehen, wenn Nüchternheit das Ziel selbst ist. Das Leben kann uns zwar vor schwierige und manchmal sogar unmögliche Entscheidungen stellen, aber die Nüchternheit kann das nicht. Denn sie ist nicht nur Leben, sie ist noch viel mehr. Ihr klares Konzept heißt: „So leben, wie es meine Höhere Kraft von mir verlangt."

Wie mir scheint, läuft das Problem des Selbstbetrugs nicht darauf hinaus, daß wir Nüchternheit mit Gott verwechseln, sondern daß wir Nüchternheit mit allem möglichen verwechseln, was nichts mit Gott zu tun hat. Diese Tendenz ist bei denjenigen, die nicht Gott sind, allzu häufig. Ein großer religiöser Lehrer nannte das „dem *Mammon* dienen". Weil wir nicht Gott sind, verwechseln wir Nüchternheit mit dem, was nicht Gott ist.

Die Mystiker sagen, daß wir von Gott umgeben sind. Jeder Dummkopf kann sehen, daß wir auch von Nicht-Gott überflutet sind: von Wohlstand, körperlicher Schönheit, Gesundheit, Ehre, Karriere und Komfort aller Art. All das ist gut, aber es ist nicht Gott.

Wir haben weder Theologen noch Mystiker in unserer Gruppe, aber Fred machte einen interessanten Vorschlag, wie man zwischen echter Nüchternheit und völlig zweitrangigen Vorteilen unterscheiden könne. Je mehr ich von dem ersten habe, desto mehr haben auch andere davon, und zwar einfach, weil ich es habe. Mit eher materiellen Dingen ist es anders: Je mehr jemand hat, um so weniger haben andere Menschen - zumindest empfinden sie das so. Nur das, was in irgendeiner Form unbegrenzt ist, wird eher vermehrt als vermindert, wenn die Beteiligung wächst. Fred wies darauf hin, daß Nüchternheit diesen Test besteht.

Aber wie viele von uns können sagen, daß sie nüchtern wurden, um nüchtern zu sein? Ich würde bei dieser Prüfung durchfallen. Bestenfalls wollte ich nüchtern werden, um keine Schmerzen mehr zu haben. Und selbst das erwies sich als falsche Hoffnung. Ich mußte während meiner Nüchternheit lernen, daß Freiheit von Schmerzen leider nicht so nebenbei herausspringt. Was Verletzungen anbetrifft, erlaubt mir die Nüchternheit höchstens, den Schmerz zu fühlen, den ich mit Alkohol zu betäubten versuchte, als ich noch trank.

Bin ich nun von meiner Nüchternheit enttäuscht? Wohl kaum. Ich konnte mich in der Tat mit Floyd identifizieren, als er der Gruppe erzählte, wie dankbar er war, daß ihm die Nüchternheit keine Nebenverdienste wie Karriere, Ruhm, nicht einmal einen regulären Job, eine liebevolle Familie oder makellose körperliche Gesundheit gebracht hätte. „Dankbar?" fragten einige und dachten dabei an den unlängst vorgenommenen Luftröhrenschnitt, durch den Floyd sprach. Wenn Floyd spricht, hört jeder aus unserer Gruppe aufmerksam zu - nicht wegen der Sprachbehinderung, die durch die Operation bedingt ist, sondern weil wir sicher sind, daß wir das haben wollen, was Floyd hat, auch wenn nur wenig Glück oder weltliche Güter dazu gehören. Ich denke, jeder einzelne in der Gruppe nimmt Floyds Nüchternheit als Maßstab, und wir nehmen stets Ermutigung und Inspiration zum Wachsen aus diesen Begegnungen mit nach hause.

„Ja, dankbar", sagte Floyd. „Wenn mir all diese Dinge durch die Nüchternheit gebracht worden wären, hätte ich vielleicht gedacht, das alles *wäre* Nüchternheit. Und wo wäre ich dann gelandet, als ich sie verlor? Was hätte ich getan? Ich werde euch sagen, was Floyd, der alte Alkoholiker, mit ziemlicher Sicherheit getan hätte: Er wäre losgezogen und hätte sich vollaufen lassen. Meine Höhere Kraft war sehr gut zu mir: Sie ließ nicht zu, daß ich durcheinanderbrachte, was meine Nüchternheit ist und was nicht. Was ihr als Nebengewinn bezeichnet, hätte mir einfach nur den Kopf verdreht. Es macht mich glücklich, wenn ich diejenigen von euch sehe, die dieses Problem nicht haben, und ich bin dankbar dafür, wie einige von euch ihre sekundären Vorteile nutzen, um Floyd zu helfen. Aber Floyd selbst ist ohne sie besser dran, denn wie krank er manchmal auch sein mag, seine größte Krankheit ist sein Alkoholismus. Und deshalb bin ich dankbar, daß ich noch nicht einmal die Gelegenheit bekam, darüber in Verwirrung zu geraten, worum es bei meiner Genesung - meiner Nüchternheit - geht."

Klingt es sehr krank, wenn ich zugebe, daß ich mich vor Floyds Nüchternheit beinahe fürchtete? Seine Genesung strahlt ein Licht aus, das fast blendet. Aber sein allgegenwärtiges Beispiel verhilft zumindest einer

Gruppe dazu, zwischen sekundären Vorteilen und Nüchternheit immer bewußt zu unterscheiden.

Vielleicht ist das der Grund, warum wirklich ständig Neue in unsere Gruppe strömen. Vielleicht ist das ebenfalls der Grund, warum eine Reihe von ihnen nicht bei uns bleibt, zumindest nicht beim ersten Anlauf. Bei A.A. gibt es keinen „leichteren, sanfteren Weg"[4]. Wir alle wissen das. Aber vielleicht sind nicht alle, die es mit A.A. versuchen, gleich für Floyds Botschaft bereit, selbst, wenn sie willens sind, sich auf den Weg zur Nüchternheit zu begeben. Ich nehme immer an den Menschen Anteil, die A.A. nicht gleich beim ersten Anlauf „mitkriegen" und später in unsere Gruppe zurückkehren, nachdem sie anderswo hinsichtlich der Nüchternheit auf den Geschmack gekommen sind.

Diejenigen von uns, die sekundären Nutzen aus der Nüchternheit ziehen konnten, täten meiner Ansicht nach gut daran, diesen Segen auch zu würdigen. „Die Methode unserer Öffentlichkeitsarbeit basiert auf Anziehungskraft statt auf Werbung"[5]. Und wenn das stimmt, dann ist es anscheinend ebenso gut für uns, zu erkennen, daß nur unsere Nüchternheit selbst die endgültige Anziehung sein kann. Für einen rationalen Menschen, der in erster Linie Wohlstand, körperliche Gesundheit, Liebe oder eine erfolgreiche Karriere anstrebt, wäre es wohl kaum ratsam, die Suche nach diesen Dingen ausgerechnet bei A.A. zu beginnen. Wenn wir das erste Mal zu A.A. kommen, denken wir natürlich nur selten sehr rational - zum Glück!

Anmerkungen des Übersetzers:

[1] Kierkegaard, Sören (1813 - 1855). *Die Reinheit des Herzens*, Kaiser, München 1926.

[2] *Blasphemie*: (Gottes-) Lästerung [Griechisch: *blasphémein* aus *blapsis* übel + *phémé* sprechen].

[3] Augustinus, Aurelius, Kirchenlehrer, Heiliger, geboren 354 in Thagaste (Nordafrika), gestorben am 28. August 430 in Hippo; Rhetor in Karthago, Rom und Mailand, wo er von *Ambrosius* und seiner christlichen Mutter *Monika* zum Christentum bekehrt und 387 getauft wurde, nachdem er zuvor den Manichäismus und die innerliche Skepsis überwunden hatte. 388 Rückkehr nach Nordafrika; 395 Bischof von Hippo. Hauptwerke: „Bekenntnisse" (Autobiographie); „Über die Dreieinigkeit"; „Vom Gottesstaat"; „Enchiridion". Philosophische Leistung: Eindringliche Analyse der Geistigkeit der Seele, die er als Abbild des dreieinigen Gottes in engster Beziehung zu diesem sieht. Seine Definition für Glauben: „Für wahr halten, was man nicht sieht." Als Theologe richtungsweisend für die Trinitäts- und Gnadenlehre (Kampf gegen Pelagius); Ge-

schichtsschreibung aus religiöser Sicht. Einfluß auf die christliche Theologie bis in die Gegenwart. Eins seiner vielzitierten Worte: „Gott ist nicht im Himmel, sondern der Himmel ist da, wo Gott ist." [*Das moderne Lexikon*. Bertelsmann Lexikon-Verlag, Gütersloh 1970].

[4] *Alcoholics Anonymous*; 58/67: „We thought we could find an easier, softer way. But we could not."

[5] Vgl. Elfte Tradition; *Alcoholics Anonymous*: 564/410.

78. Tag / Verwirrung und Unehrlichkeit

Ein allgemeines Charakteristikum der Innenwelt von Alkoholikern ist Verwirrung[1]. ... Häufig ziehen Fachleute den voreiligen Schluß, daß die gesamte Erfahrung des Alkoholikers einfach aus dem Verteidigungsmechanismus des Leugnens[2] besteht.

Oft ist der Alkoholiker nicht fähig, eine definitive, solide und unwiderlegbare Wechselbeziehung zwischen seinen Lebensproblemen und dem Alkoholkonsum herzustellen. Das verursacht Verwirrung. Letztendlich wurde doch dem Alkoholiker durch seine Vorgeschichte beigebracht, daß Alkohol ein Freund, ein Tröster, eine Unterstützung und eine Hilfe sein kann. Die frühen positiven Erfahrungen haben noch „Glanz" und Verlockung. Oft sieht der Alkoholiker andere Menschen, die öfter und mehr trinken können und kein „Behandlungszentrum" brauchen. Dem Alkoholiker fällt es schwer, zwischen Mißbrauch und Krankheit zu unterscheiden.

— Dr. Joseph Emmanuel[3]

ES GIBT EINEN UNTERSCHIED zwischen Verwirrung[1] und Verleugnung[2]. Vielleicht liegt es an der Begeisterung über die neu gefundene Nüchternheit, daß dieser Unterschied von Neuen bei A.A. oft ignoriert wird. Bedenklicher hingegen erscheint das Versäumnis vieler Fachleute aus dem Kreis der Nicht-Alkoholiker, die A.A. wohlwollend gegenüberstehen und diesen Unterschied trotzdem nicht verstehen.

Wir täten gut daran, diesen Unterschied für uns selbst zu klären, denn „wir sind verantwortlich" im Rahmen von A.A., und viele Fachleute zeigen aufgrund der nachgewiesenen Erfolge von A.A. Aufgeschlossenheit und wollen von unserer Erfahrung, Kraft und Hoffnung lernen.

Dieser Gedankengang wurde ausgelöst, als ich vor kurzem eine Untersuchung von Dr. Emmanuel las. Hinzu kam, daß ich gestern abend im Meeting einer neuen Freundin zuhörte, die zum ersten Mal ihre Geschichte erzählte. Pats Lebensgeschichte beschrieb deutlich sowohl die Verwirrung als auch das Leugnen, aber sie nannte beides immer wieder „Verleugnung". Ich fand das vor allem deshalb interessant, weil ich tagsüber mein Exemplar eines inoffiziellen, privat veröffentlichten Index-Registers mit dem Titel „Wo steht was?" durchgesehen hatte. Dabei hatte ich festgestellt, daß „verwirrt"[4] und „Verwirrung"[1] sowohl im *Blauen Buch* als auch in *Zwölf Schritte und Zwölf Traditionen* vorkommen. Auf „leugnen"[5] oder „Verleugnung"[2] gab es jedoch keinerlei Hinweise. Außerdem würde ich aus dem Stegreif schätzen, daß ich in den Diskussionsmeetings, an denen ich in den letzten neunzig Tagen teilnahm, mindestens dreimal so oft „Verwirrung" gehört habe wie „Verleugnung". Dabei wurden beide Begriffe beinahe ohne Ausnahme in ihrer korrekten Bedeutung benutzt. Warum scheinen dann besonders Neue und Nicht-Alkoholiker Verwirrung mit Verleugnung zu verwechseln?

Als ich Pats Geschichte hörte, half mir das, einen möglichen Grund dafür zu verstehen: Mit Recht legen wir soviel Gewicht auf Ehrlichkeit, daß diejenigen, die mit der A.A.-Lebensweise noch nicht so stark vertraut und erfahren sind, dazu neigen, Aufrichtigkeit als das ganze Geheimnis unserer Genesung anzusehen. Wir wissen es natürlich besser. Wer die A.A.-Lebensweise lebt, entdeckt bald, daß es keine „ganzen Geschichten" gibt, außer in gewissem Sinne unsere eigenen.

Die meisten von uns sind sowohl in Verwirrung als auch in Verleugnung verstrickt, wenn sie bei A.A. gerade erst angekommen sind. Leugnen ist mit Selbsttäuschung verbunden: Es ist eine Form von Unehrlichkeit, und es zeigt unseren Versuch, vor uns selbst zu fliehen - vor dem alkoholkranken Ich, das wir zu sein fürchten. Der Tiefpunkt bezeichnet meist eine spaltbreite Öffnung oder sogar den völligen Zusammenbruch der Verleugnung, was ausreicht, daß wir aus ihr ausbrechen können und fähig werden, uns mit einigen A.A.-Mitgliedern zu identifizieren. Diese Identifizierung, die von Herzen und aus dem Bauch kommt, erweist sich als das Flußmittel, das die Verleugnung zum Schmelzen bringt.

Aber Identifizieren hat noch einen anderen Aspekt - das verstehende Erkennen der Identität. Herz und Bauch sind mit Kopf und Geist verbunden, aber sie sind nicht dasselbe. Letztendlich ist Verleugnung, trotz aller Gedankenakrobatik, die wir bei ihrer Anwendung veranstalten, eine grundlegend existentielle Erfahrung, die aus dem Bauch kommt. Deshalb ist eher Identifizierung als Erziehung erforderlich, um sie zu durchbrechen. Der Kopf kann im Dienste der Verleugnung des Herzens Einbildungen vorgaukeln, und unsere kognitive Wahrnehmung ist verwirrt.

Verwirrung ist nicht dasselbe wie Selbsttäuschung. Ein Grund, warum sich so viele von uns so sehr danebenfühlten, als wir unser erstes A.A.-Meeting besuchten, war unsere Verwirrung darüber, was nun eigentlich ein Alkoholiker ist.

90 Tage - 90 Meetings

Aber auch zu Beginn unserer Teilnahme bei A.A. wirkt der kognitive Aspekt der Identifikation. Wir fühlen nicht nur, sondern wir lernen auch, wenn wir den Geschichten bei A.A. zuhören und uns mit den Erzählern identifizieren. Selbst die Unterscheidung zwischen Lernen und Fühlen erfaßt natürlich lange nicht den Reichtum der Identifikationen, die uns in die Nüchternheit hineinführen: Genauer gesagt, wir lernen gleichzeitig mit unserem Verstand und unserem Herzen. Es gibt nur ein einziges Wort, das den Prozeß, der sowohl die Verwirrung wie auch Ablehnung auflöst, in all seiner Fülle hinreichend erfaßt: *Identifizierung*.

Eine germanische Unterscheidung, die bei Kierkegaard[6] stillschweigend mit inbegriffen ist, verdeutlicht meiner Meinung nach Dr. Emmanuels Einsicht: „Ehrlichkeit des Herzens" ist nicht dasselbe wie „Ehrlichkeit vom Kopf her". Leugnen bedeutet, daß die Ehrlichkeit des Herzens fehlt; Verwirrung zeigt, daß wir vom Kopf her nicht ehrlich sind. Und für die Leute, die mit Alkoholikern arbeiten, ist es ebenso gefährlich, die eine Art der Ehrlichkeit - oder ihr Fehlen - mit der anderen zu verwechseln, wie es für einen Chirurgen wäre, ein Organ mit einem anderen zu verwechseln.

Die meisten Fachleute, die auf dem Gebiet der Behandlung von Alkoholismus arbeiten, treffen beim Umgang mit ihren Patienten mindestens genauso oft auf Verwirrung, wie sie es mit Verleugnung zu tun haben. Kopf-Ehrlichkeit läßt sich nicht in letzter Konsequenz von Herz-Ehrlichkeit trennen. Doch vielleicht könnten manche Fachleute besondere Fähigkeiten bei der Arbeit mit der ersteren entwickeln, während die meisten A.A.-Sprecher Meister darin sind, die letztere zu vermitteln und sie sehr geschickt ans Licht bringen können.

Niemals sagen wir bei A.A. zu jemandem: „Du bist ein Alkoholiker." Wir teilen unsere Erfahrung, Kraft und Hoffnung - und dann legen wir folgendes nahe: „Wenn Sie sich dafür entschieden haben, daß Sie das haben wollen, was wir besitzen ... dann sind Sie bereit, gewisse Schritte zu unternehmen."[7] Das *Blaue Buch* fängt nicht mit einer streng wissenschaftlichen Diagnose[8], sondern mit einer Geschichte an.

Ob sie selbst Alkoholiker sind oder nicht: Fachleute, die im Rahmen ihrer professionellen Möglichkeiten handeln, haben nicht das, was wir bei A.A. haben - einen Zusammenhang, der auf Identifizieren beruht. Aufgrund der Tatsache, daß sie Fachleute sind, erfahren ihre Patienten eine Kluft, die eine Identifizierung eher verhindert als fördert. Fachleute können und müssen deshalb sagen, was wir weder sagen können noch zu sagen wagen: „Du bist ein Alkoholiker." Und sie haben sowohl die Pflicht als auch das Recht, streng wissenschaftliche Kriterien[9] bei der Erstellung ihrer Diagnosen zu benutzen.

Fachleute sind im allgemeinen sehr klug und ebenso gut unterrichtet. Ob Alkoholiker oder Nicht-Alkoholiker, werden sie eben darum bei A.A.-Mitgliedern eher nach dem Wissen suchen, das ihnen helfen kann, Alkoholiker zu diagnostizieren und sich nicht so sehr mit ihnen identifizieren. Sie und ihre Patienten können von unserer Kopf-Ehrlichkeit lernen, obwohl sie sich mit unserer Herz-Ehrlichkeit nicht selbst identifizieren können.

Auf diese Art etwas zur Genesung beitragen zu können, ist für mich sowohl ein wundervoller Nebenertrag der Nüchternheit als auch nur eine von vielen Möglichkeiten, meine Dankbarkeit zum Ausdruck zu bringen, ganz besonders gegenüber all den Fachleuten, die mich am Leben erhalten haben, bis ich A.A. fand. Ich glaube, es ist auch eine richtige Umsetzung unseres A.A.-Dienst-Mottos: „Wir sind verantwortlich"[10]. Denn aufgrund des Erfolges von A.A. gehört das für meine Begriffe zu unserer sekundären Verantwortung dazu: Wir sind nicht nur dafür verantwortlich, da zu sein, wenn uns ein Alkoholiker selbst um Hilfe bittet, sondern wir müssen auch gewährleisten, daß zumindest die Kopf-Ehrlichkeit, die wir vermitteln können, für jeden zugänglich ist, an den sich ein leidender Alkoholiker wenden könnte, wenn er um Hilfe ruft.

Anmerkungen des Übersetzers:

[1] *confusion*: Verwirrung, Durcheinander, Unordnung, Wirrwarr; Aufruhr, Lärm; Bestürzung; Verworrenheit; geistige Verwirrung; Verwechselung [Latein: *confúsus* verwirrt, *confundere* vermischen, *con-* zusammen- + *fundere* gießen].

[2] *denial*: [Ist kein Fluß in Ägypten!] Ablehnung, Verweigerung, Versagung; Absage, abschlägige Antwort; Verneinung, Leugnen, Ableugnung, Verleugnung; Dementi; *psychologischer Abwehrmechanismus*; Vgl. [5].

[3] Emmanuel, Dr. Joseph. Zeitgenössischer Psychologe und ehemaliger Professor der *Wright State University* in Dayton, Ohio.

[4] *confused*: verwirrt, konfus, wirr, verlegen, bestürzt; undeutlich, verworren. Vgl. [1].

[5] *deny*: abstreiten, bestreiten, in Abrede stellen, dementieren, leugnen, ableugnen, verneinen; zurückweisen; verleugnen; nicht anerkennen; ablehnen; abweisen; (jemandem etwas) abschlagen, verweigern, versagen [13. Jahrhundert: Alt-Französisch *denier*, Latein *dénegáre*; *de-* weg- + *negáre* verneinen].

[6] Kierkegaard, Sören (1813 - 1855). *Die Reinheit des Herzens*, Kaiser, München 1926.

[7] *Alcoholics Anonymous*: 58/67.

90 Tage - 90 Meetings

[8] *DSM-III diagnosis*: Diagnostic and Statistical Manual of Mental Disorders; d.h. streng wissenschaftliche Diagnose.
[9] *DSM-III criteria*: Kriterien, die im DSM-III Manual festgelegt sind; d.h. streng wissenschaftliche Kriterien.
[10] Die Drei Vermächtnisse von A.A.: Einigkeit, Genesung, Dienst - sie wurden beim Treffen zum 20. Jahrestag in St. Louis im Juli 1955 den Ältesten von A.A. und der Gemeinschaft übergeben. Erklärung zum 30. Jahrestag in Toronto, Ontario, Canada im Juli 1965: *„Ich bin verantwortlich. Wenn irgend jemand irgendwo um Hilfe ruft, möchte ich, daß die Hand von A.A. da ist, denn: Ich bin verantwortlich."* [Alcoholics Anonymous Comes of Age („AA wird mündig"): vii ff./7 f].

79. Tag / Gewählter Glaube

„Glaube" ist keine intellektuelle Einsicht, die du bekommst, sondern eine Entscheidung, die du in eigener Sache fällst.
- John Douglas Mullen[1]

DIE PARADOXIE DER SPIRITUALITÄT, die immer wieder in A.A.-Meetings entsteht (so auch gestern), scheint folgende zu sein: Einerseits kann man die A.A.-Lebensweise nicht ohne Spiritualität leben. Andererseits kann kaum ein Alkoholiker das Spirituelle, wie es meist dargestellt wird, in sich aufnehmen, ohne sich zu betrinken. Wie kann die Hinnahme, ein nüchterner Alkoholiker zu sein, wachsen, ohne daß dabei dieses Akzeptieren in den Anspruch umgewandelt wird, etwas Besonderes zu sein?

Sofern es überhaupt eine Antwort auf ein Paradox[2] geben kann, ist die Antwort eher in unserem A.A.-Selbstbewußtsein als in unserer A.A.-Literatur zu finden. Unsere Literatur, besonders das *Blaue Buch* und *„Zwölf Schritte und Zwölf Traditionen"*, sind natürlich kein schlechter Ausgangspunkt. Ein moderner Philosoph hat die Beobachtung geäußert, daß der wichtigste Beitrag des religiösen Denkers Kierkegaard[3] darin bestand, den religiösen Glauben zu einer schwierigen Entscheidung zu machen, und daß der wichtigste Beitrag des atheistischen Denkers Sartre[4] war, den atheistischen Unglauben zu einer schwierigen Entscheidung zu machen, und beides sollte genau das sein. Ich denke, viele werden zustimmen, daß ihre erste Lektüre des *Blauen Buches* oder ihr erster Besuch bei einem A.A.-Meeting eine ähnliche Wirkung hatte: Es machte sowohl das Weitertrinken als auch die als Nüchternheit beschriebene Spiritualität zu einer sehr schwierigen, wenn nicht gar unmöglichen Entscheidung.

Aber irgendwie fällten wir diese Entscheidung und fällen sie immer wieder. Viele schieben sie eine Zeitlang auf - einige so lange wie möglich. Viele andere verbringen Jahre oder sogar Jahrzehnte mit dem Versuch, einen Kompromiß zu finden - um die Entscheidung irgendwie zu umgehen. Einige sterben, ohne sie zu fällen: Vielleicht sind sie allein die Glücklichen, wenn sie trocken sterben. Zumindest denken das diejenigen, die sich erfolgreich entziehen.

Ein Paradox des Menschseins ist, daß unser Sein zwar eine „sowohl-als-auch" Angelegenheit ist, unser Haben hingegen nur „entweder-oder" sein kann. Selten wird das deutlicher als an unserem Glauben. In der Hinsicht, in der wir einen Glauben haben, müssen wir wählen. Aber in dem Sinne, in dem wir gläubig sind, müssen wir paradox bleiben, ohne Umschweife oder Kompromisse.

Zumindest bei A.A. ist das Spirituelle ein Paradox. Unser eigener Jargon hebt das durch unseren vielsagenden Anspruch hervor, daß wir eher nach einem spirituellen[5] als nach einem religiösen[6] Programm leben. Wenn dieser Anspruch einfach nur eine offensichtliche Wahrheit wäre, warum haben dann so viele von Grund auf religiöse Denker - darunter Buddhisten, Christen und Juden - in unserer Lebensweise die beste Widerspiegelung ihres eigenen Glaubens finden können? Und dennoch wird dir jeder wahrhaft religiöse Mensch sagen, daß es für die Religion keinen gemeinsamen Nenner gibt. Wie macht A.A. das tatsächlich? Was genau meint A.A. mit seinem Anspruch, und was wird damit bewirkt? Ich weiß es nicht: Zumindest für mich ist das eine Widerspiegelung - oder vielleicht sogar der springende Punkt - der Paradoxie.

Woran liegt es, daß ich immer wieder aus Meetings herauskomme, wie heute abend, in denen um das Spirituelle geradezu gekämpft wird, und ich bin erfrischt und zugleich erschöpft, offensichtlich nüchterner und doch mit Sicherheit um meine Nüchternheit besorgt?

Es ist nicht leicht, über Spiritualität zu sprechen - vielleicht ist es sogar unmöglich, weil sie eben erlebt werden muß. Ist das die Quelle der Unruhe - daß wir das Unmögliche versucht haben? A.A. sagt uns trotz allem mit Nachdruck, daß das Spirituelle „das Programm" ist. Daher kommen wir an den Kern unserer Nüchternheit, wenn wir das Spirituelle direkt berühren. Manche Gegebenheiten sind natürlich zu kostbar - zu heilig - um direkt berührt zu werden. Ein Gespräch über Spiritualität kann sehr leicht dem Gerede über Liebe ähneln: Wer's kann, der tut's; wer's nicht kann, redet darüber. Nur, unsere Meetings sind „Gespräch".

Bei A.A. werden wir eher unsere Geschichten erzählen, als unsere Spiritualität zu erklären versuchen. Ich meine, hier erweist sich das als Erleuchtung, was ich kürzlich las:

„Glaube" ist keine intellektuelle Einsicht, die du bekommst, sondern eine Entscheidung, die du in eigener Sache fällst.¹

Spiritualität ist nicht die Art von Wirklichkeit, über die wir reden, sondern eher die endgültige Realität, die wir leben. Und wir leben sie zum Teil dadurch, daß wir die Geschichte unseres eigenen Lebens erzählen - was nicht dasselbe ist, wie darüber zu reden. Ein Aphorismus⁷ wird natürlich nicht dadurch verbessert, daß man darüber redet: Aber ich hoffe, mein Versuch hier macht deutlich, wie sehr ich die Spiritualität von A.A. heute zu schätzen weiß.

Die Antwort auf die Paradoxie von A.A. und Spiritualität im allgemeinen liegt eher in uns selbst, als in unserer Literatur. Diese Auffassung deutet eine Möglichkeit an, wie es zu verstehen ist, wenn A.A. behauptet, eher spirituell als religiös zu sein. Die meisten Religionen haben ein heiliges Buch. Einige Leute - meistens Außenstehende - scheinen tatsächlich zu denken, daß A.A. das auch hat. Aber wir wissen, daß es in Wirklichkeit anders ist. Zum einen: Obwohl unser Buch hauptsächlich aus Geschichten besteht, sind es *unsere eigenen* Geschichten. Aber noch bezeichnender ist die Tatsache, daß wir selbst unsere Geschichten sind, obwohl wir auch Literatur haben.

Das heißt, *Alcoholics Anonymous* hat keine Spiritualität und kann deshalb auch keine anbieten. Doch weil wir *Alcoholics Anonymous* sind, ist A.A. insoweit spirituell, wie wir - die mehr sein Wesen als seine Mitglieder sind - Entscheidungen über uns selbst treffen. Nun, Entscheidungen sind keine Glaubenssätze, denn was wir tun, entspringt mehr unserer Denkweise als unseren Gedanken selbst. Unsere Geschichten beweisen das ebenfalls: Entscheidungen - und ihre Folgen - werden nicht so sehr von dem geformt, was wir denken, sondern eher dadurch, wie wir denken.

A.A. wird weiter als A.A. bestehen, solange es wirklich verschiedene Leute willkommen heißt, die ganz unterschiedliche Vorstellungen von Spiritualität haben. Die Verschiedenheit unserer Gedanken stellt sicher, daß sich unsere Einheit aus unserer Denkweise herleitet. Das ist deshalb wichtig, weil wir nicht durch Lehrmeinungen, sondern durch die Anwendung nüchtern werden und wachsen. Es geht nicht darum, was wir denken, sondern wie wir denken. Unsere Nüchternheit beruht nicht auf intellektuellen Inhalten, sondern auf Entscheidungen, die wir selbst treffen.

„Haben" wir also Glaubenssätze? Anscheinend muß die Antwort Nein lauten. Als A.A.s „haben" wir keinen Glauben, denn der Glaube, der uns hält, ist nicht zu „haben". Wenn wir tatsächlich glauben, ist unser Glauben unsere Geschichte, denn unsere Geschichten erzählen von unseren eigenen Entscheidungen, die wir selbst fällen. Diejenigen, die mehr verlangen und darauf bestehen, das Wesen der Spiritualität an der A.A.-

Lebensweise genau zu definieren, verstehen weder den Glauben noch *Alcoholics Anonymous*[8].

Anmerkungen des Übersetzers:

[1] Mullen, John Douglas. *Kierkegaard's Philosophy: Self-Deception and Cowardice in the Present Age.* New American Library, 1981.

[2] *Paradox*: Widerstreit in sich; *Paradoxie*: Widerstreit zweier gleich richtig scheinender Meinungen [16. Jahrhundert: Spätes Latein *paradoxum* Griechisch *paradoxos* im Widerspruch zur bestehenden Vorstellung *para* neben + *doxa* Meinung].

[3] Kierkegaard, Sören, dänischer Philosoph. Geboren am 5. Mai 1813 in Kopenhagen, gestorben am 11. November 1855 ebenda. Ab 1842 Privatgelehrter und stadtbekannter Sonderling in Kopenhagen, Verfasser zahlreicher pseudonymer Schriften. In seiner ersten Schaffensperiode (1843-1846) legte er den Grund für seine Existenzphilosophie. In der zweiten Periode kämpfte er nach einer Glaubenskrise (1848) mit wachsender Erbitterung gegen die Kirche und das Staatschristentum. Starb in völliger Armut. Philosophisches Konzept: In der Romantik wurzelndes radikales, experimentelles Denken, das dem Spätidealismus verwandt ist. Er verbindet den Glaubensrealismus *Hamanns* mit einer entlarvenden, alle Winkel der Seele durchleuchtenden Psychologie. Seine dichterische Begabung ist an *Hegels Dialektik* geschult, bekämpft jedoch dessen Philosophie der Vermittlung und des „Sowohl-als-Auch". Denker der „Subjektivität der Wahrheit", Leidenschaft und des Irrationalen („Es gibt kein System des Daseins"). Er zieht die romantisch-ästhetische Genußphilosophie vor den Richterstuhl der Ethik, mißt die vermeintliche Gotteserkenntnis der spekulativen Philosophie an den konkreten Glaubensforderungen des Christentums und gelangt daher zu seiner Kategorie des Paradox-Religiösen, die für die dialektische Theologie der Gegenwart von großer Bedeutung ist. [*Das moderne Lexikon*. Bertelsmann Lexikon-Verlag, Gütersloh 1970].

[4] Sartre, Jean-Paul, französischer Philosoph und Schriftsteller. Geboren am 21. Juni 1905 in Paris. Begründer des französischen Existentialismus. Angeregt durch Hegel, Husserl und Marx. Ablehnung des Bolschewismus; vertritt einen neuen Humanismus in einer Welt ohne Gott, in dem der Einzelne in totaler Verantwortung gegenüber der Gesamtheit „zur Freiheit verurteilt" sich selbst erschafft. Widerstandskämpfer während des 2. Weltkrieges. Später Parteigründung (*Rassemblement Démocratique Révolutionnaire*). In seinen Abhandlungen, Romanen und Dramen erläutert er seine illusionäre Lehre vom Menschen, der in eine absurde, Ekel erregende Welt ausgesetzt sei und seine Freiheit und

Verantwortung nur in der Entscheidung zu sich selbst besitze. Sein Werk kam wegen seiner atheistischen Gedanken auf den katholischen Index. 1964 Nobelpreis abgelehnt. Gestorben am 15. April 1980 in Paris. [*Das moderne Lexikon*. Bertelsmann Lexikon-Verlag, Gütersloh 1970].

[5] *spirituell*: geistig, geistlich, Geist oder Seele bzw. das Unsichtbare, nicht Greifbare betreffend [14. Jahrhundert: Alt-Französisch: *esperit*; Latein: *spíritus* Atem, Geist, Luft; *spíráre* atmen; *asper* Anhauch].

[6] *religiös*: fromm, gläubig, die *Religion* betreffend [12. Jahrhundert: Latein *religió* Furcht vor dem Übernatürlichen, Pietät, Frömmigkeit, Ehrfurcht, genaue Beachtung; wahrscheinlich von *religáre* festbinden, befestigen; *re-* zurück + *ligáre* binden].

[7] *Aphorismus*: Gedankensplitter [16. Jahrhundert: Spätes Latein *aphorismus*, Griechisch *aphorismos* abgeleitet von *aphorizein* definieren, begrenzen; *horos* Grenze].

[8] „Ich suche nicht zu begreifen, um zu glauben, sondern ich glaube, um zu begreifen." - *Heiliger Anselm von Canterbury (gestorben 1109)*.

80. Tag / Einfache Antworten

Hell und gelassen werden uns're Tage sein,
Und unser Naturell erfüllt von Glück,
Das Licht der Liebe ist der unfehlbare Schein,
Und Freude selbst schenkt Sicherheit zurück.

- William Wordsworth[1]

Es ist nicht sehr intelligent, Antworten auf Fragen zu finden, die sich nicht beantworten lassen.

- Bernard Le Bovier de Fontenelle[2]

WAYNE STELLTE HEUTE ABEND IM MEETING EINE EINFACHE FRAGE, die eine lebhafte und nicht zuletzt auch tiefgründige Diskussion über die Bedeutung unserer Nüchternheit auslöste: „Kann das Gelassenheitsgebet[3] zu einer Ausrede werden?"

Er beschrieb kurz die Situation, um die es ging - wie durch veränderte Bedingungen an seinem Arbeitsplatz sein Familienleben zu zerrütten drohte. Wayne gab zu, daß seine erste Reaktion Ärger gewesen war. Obwohl er nicht erwogen hatte, sich zu betrinken, mußte er in dieser Situation an die Sauftouren von „damals" zurückdenken, die von ähnlichen Dingen ausgelöst wurden. „Und deshalb sprach ich das Gelassenheitsgebet - genauer gesagt, ich leierte es herunter bis zum „gehtnicht-mehr'. Wer bin ich schließlich, um über Regeln entscheiden zu wollen: Ich kenne nicht das Gesamtbild. Das Umfeld, in dem ich arbeite, schien mir eindeutig in den Bereich der Dinge zu fallen, „die ich nicht ändern kann'. Also kam ich zu dem Schluß, daß mir nichts anderes übrig bleibt, als es zu akzeptieren, und lieber daran zu arbeiten, mich selbst zu ändern."

Ein paar von den Oldtimern in der Gruppe, die aufmerksam zuhörten, warfen sich vielsagende Blicke zu, als Wayne fortfuhr. „Nun, Susie, meine Al-Anon, sah das ganz anders. Sie „gab zu verstehen', wenn ich das mal so schön sagen darf, daß meine Hinnahme in diesem Fall für sie alles andere als ein Trost war, sondern ihr eher Angst einflößte, weil es ihr wie die Passivität und das Fehlen der Selbstachtung vorkam, die ich damals in meiner nassen Zeit an den Tag gelegt hatte.

Nun, anscheinend hat Susie nicht ganz unrecht. Das Problem besteht darin, daß ich das nötig habe, wonach der dritte Abschnitt des Gelassenheitsgebetes fragt: „die Weisheit, das eine vom anderen zu unterscheiden". Aber bis ich sie bekomme - oder vielleicht, um sie zu bekommen - bitte ich die Gruppe heute abend, mir zu helfen, indem ihr mir mitteilt, wie ihr gelernt habt, das Gelassenheitsgebet nicht zur Ausrede werden zu lassen, wenn es überhaupt eine sein kann? Vermutlich geht es bei meiner Frage um folgendes: Kann sich irgendeiner von euch mit dem Kampf ums Dasein in der Nüchternheit identifizieren, in dem ich anscheinend festsitze? Und wenn ja, könnt ihr mir dann heraushelfen?"

Als einige Mitglieder aufstanden, um sich neuen Kaffee zu holen, entstand am Tisch ein Gemurmel, und das sprach dafür, daß die Identifikation heute abend keine Schwierigkeiten bereiten würde. Gern erzählten einige der neueren Mitglieder in der Gruppe von ähnlichen Erfahrungen in ihrem eigenen Leben, wie sie die Schwierigkeiten behandelt hatten und in der Nüchternheit gewachsen oder wenigstens nüchtern geblieben waren. Einige der alten Hasen mischten sich ebenfalls ins Gespräch ein. Sie legten jedoch weniger Nachdruck auf ähnliche Situationen, und hoben statt dessen ähnliche Empfindungen von Ärger, Frustration und Verwirrung gegenüber der Bedeutung der „Nüchternheit" stärker hervor.

In seiner Rolle als vorletzter Sprecher ermahnte der zuverlässige Ed die Gruppe, weil er gehört hatte, daß einige von uns sagten, sie wären nicht zu A.A. gekommen, um mit dem Trinken aufzuhören, sondern um sich nicht mehr schlecht zu fühlen. „So bewirkt das gar nichts", bemerkte er. „Wir bekommen das, was wir brauchen, und nicht das, was wir wollen." Die anderen stimmten zu, daß gelegentliche Augenblicke der Enttäuschung und Verwirrung für uns alle ein wesentlicher Teil der Nüchternheit zu sein scheinen. Einige vermuteten, das sei vielleicht das endgültige Akzeptieren, das wir im Gelassenheitsgebet suchten.

90 Tage - 90 Meetings

Mittlerweile begannen Mutmaßungen und Phrasendrescherei das direkte Teilen von „Erfahrung, Kraft und Hoffnung" in den Hintergrund zu drängen. Die Gruppe schien zu spüren, daß sie den Boden unter den Füßen verlor. Es wurde still am Tisch. - Wie immer in solchen Situationen warteten alle auf einen Beitrag aus den Reihen der alten Getreuen, die sich in voller Zufriedenheit still und brav im Hintergrund hielten. Ich habe keine Ahnung, wie es anderswo in den A.A.-Gruppen aussieht. Aber im Verlauf meiner Teilnahme an Diskussionsmeetings während dieser neunzig Tage hat es mich immer wieder fasziniert, daß anscheinend jede Gruppe hier im Umkreis solche Monumente nüchterner Gelassenheit vorweisen kann - Mitglieder, die sich in aller Ruhe an den Jahrzehnten ihrer Nüchternheit erfreuen, hauptsächlich nur dasitzen und zuhören und durch ihre bloße Anwesenheit Anteil nehmen. Meist begnügen sie sich damit, nichts zu sagen, es sei denn, sie werden ausdrücklich dazu aufgefordert. Weil sie früher kommen und später gehen, fragen andere Mitglieder manchmal in persönlichen Angelegenheiten um Rat, oder einer der Veteranen bietet von sich aus eine ruhige Empfehlung als Antwort auf eine vorhergegangene Bemerkung an.

Nach meinen Beobachtungen reißen sie diesen Status nicht an sich, und er wird ihnen auch nicht verliehen. Es ergibt sich einfach irgendwie von selbst im Laufe einer langen Zeit. Ein Beispiel dafür ereignete sich genau in diesem Moment. Weder der Gruppensprecher noch Wayne riefen jemanden auf - das ist in dieser Gruppe nicht üblich. Irgendwie wußte jeder, daß es an der Zeit war, einige Worte von Floyd oder von Tom zu hören - und daß einer von beiden etwas sagen würde, wenn er meinte, er hätte etwas anzubieten, das wir sonst vielleicht nicht entdecken würden.

Heute abend war es Tom, der uns den Gefallen tat, doch er ahmte dabei Floyds tiefe, rauhe Stimme und seinen knappen und kurzen Stil nach. Vielleicht wollte er uns damit sagen, woher er diese tiefe Wahrheit kannte: „Es gibt keine leichten Antworten."

Sofort versenkte sich die Gruppe in eine tiefsinnigere Diskussion und vielleicht auch in ein tieferes Gefühl der Nüchternheit. Na klar, der fragliche Punkt war nicht, ob sich das Gelassenheitsgebet als Ausrede eignet, sondern unsere Neigung als Alkoholiker, leichte Antworten zu erhoffen oder gar zu erwarten. Erneut gingen die Freunde am Tisch an das Thema heran. Jetzt waren sie fähig geworden, ihre Erfahrung, Kraft und Hoffnung gründlicher mitzuteilen. Das war es, was uns alle zusammengebracht hatte.

Ich muß zugeben, daß ich der anschließenden Diskussion nicht sehr aufmerksam folgte. Toms Worte kreisten mir im Kopf herum. „Es gibt keine leichten Antworten." Je mehr ich darüber nachdachte, desto stärker erschien mir diese Weisheit als Fazit einer wichtigen Lektion, die mir *Alcoholics Anonymous* beigebracht hat.

Als ich neu hinzukam, schien es eine leichte Antwort zu geben: „Trink nicht und gehe in Meetings." In meinem eigenen Fall hatte sich natürlich nicht einmal diese einfache Antwort als leicht erwiesen. Als sie mir endlich leicht fiel, warf mein Sponsor meiner aufdämmernden Selbstzufriedenheit ewig Knüppel zwischen die Beine: „Kennst du die Zwölf Schritte? Na gut, du mußt nicht unbedingt aufhören, sie zu lesen, aber du solltest lieber damit anfangen, darin zu arbeiten."

„In den Schritten arbeiten" ist zwar eine Antwort, aber sie ist nicht leicht. Warum kommt es mir eigentlich immer so vor, als ob ich ausgerechnet den Schritt am meisten brauche, der mir in dem Moment am schwersten fällt? Der springende Punkt liegt natürlich auf der Hand: Es ist eben deshalb nötig, sich um den Schritt zu kümmern, weil er gerade am schwersten erscheint. Wie ich festgestellt habe, gilt das für das Gelassenheitsgebet ebenfalls. Diese Bitte hat drei Teile: Wir versuchen, „hinnehmen", „ändern" und „unterscheiden" zu können. Wir erlangen diese Fähigkeiten, indem wir um „Gelassenheit", „Mut" und „Weisheit" bitten. Nach meiner Erfahrung fällt keine von ihnen jemals leicht, denn wir müssen nicht nur darum bitten, sondern wir müssen sie auch anwenden. In gewissem Sinne lassen sie sich in der Tat nur dadurch erbitten, daß wir sie praktizieren. Und die Ausübung solcher Tugenden wie Hinnahme und Mut, sowie die Art von Intelligenz, die dazugehört, ist niemals leicht. Doch manchmal frage ich mich, aus welchem Grund immer gerade die am schwierigsten erscheint, die ich in diesem Moment offensichtlich am meisten brauche? Und wieder liegt der springende Punkt auf der Hand: Weil sie mir am schwierigsten erscheint, deshalb brauche ich sie so nötig!

Ich kann mich erinnern, daß Alkohol eine leichte Antwort war. Das Problem war nur, daß es die falsche Antwort war, wenigstens für mich. In gewisser Hinsicht wurde der Verzicht auf die Suche nach leichten Antworten dadurch versinnbildlicht, daß ich den Korken in die Flasche steckte - nur vergesse ich das manchmal allzu leicht. Die Diskussion heute abend lieferte einen gesunden Hinweis. Wenn es leichte Antworten gäbe, würde ich *Alcoholics Anonymous* nicht brauchen.

Alles in allem bin ich eben dankbar, daß die Suche nach leichten Antworten und der Lebensweg von A.A. einander ausschließen. Wenn es leichte Antworten gäbe, würde ich die Lebensweise von A.A. nicht brauchen. Aber diese Lebensweise hat mir schon so viel Wahres, Gutes und Schönes gebracht - und schenkt mir immer mehr davon. Deshalb denke ich, daß ich mir heute keine leichte Antwort aussuchen würde, selbst wenn es eine gäbe. Daher danke ich Dir, Du Höhere Kraft, denn durch A.A. hast Du mir beigebracht, daß das Leben selbst im Grunde genommen wie der Grund der Flasche ist: Man findet keine leichten Antworten darin.

Anmerkungen des Übersetzers:

[1] Wordsworth, William. *Poetry and Prose*. Harvard University Press, 1967.

[2] Fontenelle, Bernard le Bovier de. *A Plurality of Worlds*. The Nonesuch Press, 1929.

[3] *Gelassenheitsgebet*: Die Herkunft des Gebetes ist ungeklärt. Es geht möglicherweise auf den Philosophen *Boethius* zurück [*Pass It On*: 258]. Anicius Torquatus Severinus Boethius war ein römischer Staatsmann, Philosoph und Christ aus altadeligem Hause; geboren um 480 n. Chr., wurde 510 Konsul und 522 Kanzler am Hofe *Theoderichs des Großen*. 523 wurde er der Verschwörung bezichtigt und 524 hingerichtet. Durch Übersetzungen wollte er *Platon* und *Aristoteles* dem lateinischen Abendland zugänglich machen. Obwohl er sein Vorhaben nur teilweise ausführen konnte, wurde er zum wichtigsten Überbringer antiker Traditionen für das Mittelalter. Sein reifstes Werk ist das im Gefängnis geschriebene *De consolatione philosophiae* („Vom Trost der Philosophie"). Vor seinem Tode soll er das Gelassenheitsgebet während seiner Festungshaft geschrieben haben.

Oft wurde es irrtümlich dem evangelischen Theologen Friedrich Christoph *Oetinger* (1702-1782) zugeschrieben [evangelischer Theosoph aus Schwaben, Vitalist und Pietist, Gegner von Leibniz (1646-1716), mit Einfluß auf Schelling und Hegel (1770-1831)]. Dieser Irrtum wurde durch einen Artikel in der Zeitschrift für die Evangelische Landeskirche in Württemberg, „Für Arbeit und Besinnung", Ausgabe 14 am 15.07.1974 weitgehend aufgeklärt.

Das heutige *Gelassenheitsgebet* ist die gekürzte Fassung eines langen Gebetes, des US-amerikanischen evangelischen Theologen Dr. Reinhold *Niebuhr* (1892-1971), der es 1932 schrieb. Dr. Niebuhr war Lehrer am Theologischen Seminar (*Theological Seminary Union*) in New York City. Sein Freund und Nachbar, Dr. Howard Robbins, bat ihn zwei Jahre später um Erlaubnis, die letzten Zeilen in einem Gebetbuch veröffentlichen zu dürfen, das er 1934 herausgab. Ein frühes A.A.-Mitglied wurde 1939 darauf aufmerksam, als das Gebet in einer Todesanzeige in der New York Times abgedruckt wurde. Es gefiel ihm so gut, daß er es in das damalige Büro von A.A. in der Vesey Street brachte, um es Bill W. zu zeigen. Nachdem Bill W. und andere Mitglieder das kleine Gebet gelesen hatten, übernahmen sie es in der etwas gekürzten Version. Es paßte perfekt zu den Bedürfnissen von A.A. Bald wurden Karten gedruckt und in Umlauf gebracht und dieses einfache, kleine Gebet wurde ein unerläßlicher Teil der A.A.-Bewegung. Die Originalversion von Dr. Niebuhr lautete:

„*God give me the serenity to accept things which cannot be changed; Give me courage to change things which must be changed; and the Wisdom to distinguish one from the other.*"

[„Gott gib mir die Gelassenheit, Dinge zu akzeptieren, die nicht geändert wer-

den können; gib mir den Mut, Dinge zu ändern, die geändert werden müssen; und die Weisheit, das eine vom anderen zu unterscheiden."]
Letztendlich sind genauer Wortlaut und Herkunft nicht das Wesentlichste - bedeutsam ist, daß dieses Gebet heute von Millionen von A.A.s in aller Welt im Herzen getragen und gesprochen wird und diesen Menschen zu Gelassenheit, Mut und Weisheit verhilft. Hier die vollständige Version:

„God grant me the serenity to accept the things I cannot change, courage to change the things I can and wisdom to know the difference. Living one day at a time; accepting hardship as the pathway to peace; taking, as he did, this sinful world as it is, not as I would have it; trusting that He will make all things tight if I surrender to His will; that I may be reasonably happy with Him forever in the next. Amen."

[„Gott gebe mir die Gelassenheit, die Dinge hinzunehmen, die ich nicht ändern kann, den Mut die Dinge zu ändern, die ich ändern kann und die Weisheit, das eine vom anderen zu unterscheiden. Laß mich immer nur für einen Tag leben und Schwierigkeiten als Weg zum inneren Frieden akzeptieren; laß mich diese sündige Welt so hinnehmen, wie sie ist, und wie Er es tat, nicht wie ich es gerne hätte; laß mich darauf vertrauen, daß Er alle Dinge zum Rechten wendet, wenn ich mich Seinem Willen füge; auf daß ich in diesem Leben einigermaßen glücklich sein möge und in höchstem Maße glücklich im nächsten. Amen." [*Alcoholics Anonymous Comes of Age* („AA wird mündig"): 196/283; *Share*, Juli 1975; *Share*, Februar 1996: 14].

81. Tag / Die Bedeutung von „genug"

[Freud] unterscheidet zwischen natürlichen Wünschen, die begrenzt sind, und denen, die falschen Meinungen entspringen und unbegrenzt sind. Verlangen als solches ist nicht unbegrenzt. In der ungestörten Natur wird es von objektiven Bedürfnissen begrenzt und kann deshalb befriedigt werden. Aber die verzerrte Vorstellung des Menschen übersteigt die objektiven Bedürfnisse („Wenn du auf Abwegen bist, sind deine Wanderungen endlos") und damit jede Möglichkeit der Befriedigung.

- Paul Tillich[1]

TILLICH SELBST STIMMTE FREUD NICHT UNBEDINGT ZU, dessen Ansichten er bei dem stoischen Philosophen Seneca[2] vorgeformt fand. Für ihn als Christ, wie überhaupt für jeden Theisten, ist es gerade dieses grenzenlose Verlangen, was den Unterschied zwischen Mensch und Tier ausmacht. Es ist keineswegs „gestört" oder „abwegig", sondern die Ausrichtung des menschlichen Geistes auf die unendliche Göttlichkeit.

Aber ich bin hier nicht an theologischen Unterscheidungen interessiert. Der Punkt, auf den es mir ankommt, betrifft eher das Wesen meiner

Gier nach so mondänen Gegebenheiten wie Wohlstand, Ansehen, Macht ... und Alkohol. Ich kam darauf, weil diese Einsicht mit meiner eigenen Erfahrung übereinstimmt.

Heute abend auf dem Heimweg vom Meeting fing ich an, über „gierig"[3] und „genug" nachzudenken. Ein Vorteil der Lebensweise von A.A. und ein Bonus dieser neunzig Tage ist, daß mir mein Alkoholismus einen Blickwinkel bietet, aus dem ich mein zwanghaftes Verlangen nach Alkohol als eine Art Modell für „Begehren" betrachten kann. Jeder, der unter irgendeinem Suchtverlangen[3] leidet, könnte viel von dem Saufdruck[4] des nassen Alkoholikers lernen. Und jeder, der die Störungen überwinden will, die jede Form von Gier[3] im Leben mit sich bringt, kann durch die Erfahrung, Kraft und Hoffnung von A.A.-Mitgliedern in der Genesung sogar noch mehr lernen.

Mit „Gier"[3] oder „Suchtdruck"[3] meine ich einfach grenzenloses Verlangen. Konkreter benutze ich diese Begriffe, um zu verstehen zu geben, daß der nasse Alkoholiker so zwanghaft nach Alkohol verlangt, daß er ihn wirklich braucht. Jeder Alkoholiker versteht die Bedeutung des Suchtdruck-Phänomens.

Aus der Perspektive, die Paul Tillich darstellt, indem er auf Freud hinweist, entspringt dieses grenzenlose Verlangen aus „falschen Meinungen". Freud schrieb auf deutsch, doch das von ihm benutzte Wort - *die Meinung* - läßt sich in diesem Zusammenhang für uns gut als *„opinion"*[5] ins Englische übersetzen: Das bezieht ebenfalls eine subjektive Bewertung mit ein. Das heißt, die Entstellung des Verlangens entsteht aus falschen Werten.

Aber wer kann entscheiden, ob irgendwelche Werte richtig oder falsch sind? Dieser Absatz zeigt eine Antwort auf, die sich wahrscheinlich für beide als annehmbar erweisen würde: sowohl für Freud, den atheistischen Analytiker, als auch für Tillich, den christlichen Theologen. Außerdem hat diese Antwort vielleicht einen noch größeren Vorteil: Sie entstand aus der Erfahrung, Kraft und Hoffnung zahlloser Mitglieder von *Alcoholics Anonymous*. „Falsch" sind diejenigen Werte, die einen dazu treiben, nach dem Unbegrenzten zu streben, sogar zu dem Preis, daß in diesem Prozeß das Beste an einem selbst zerstört wird.

„Wenn du auf Abwegen bist, sind deine Wanderungen endlos." Selbstzerstörerisch sind sie ebenfalls. Der unerfahrene Wanderer, der sich im Wald verlaufen hat, gerät bei dieser Erfahrung leicht in Panik - läuft wild und ausnahmslos im Kreis herum. Je verlorener er sich fühlt, um so mehr verirrt er sich. Der erfahrene Waldfreund weiß besser Bescheid: Wenn er sich verirrt, wandert er nicht herum, sondern sucht sich lieber einen Orientierungspunkt und markiert ihn. Wer sich erst einmal orientiert hat, ist auf keinem Irrweg mehr, selbst wenn er sich über den Ausweg noch nicht ganz klar ist.

Meine alkoholkranke Erfahrung war eine Nachbildung dieses Schemas, sowohl auf der Ebene des Umherwanderns als auch auf der Ebene des Begehrens. Das Herumirren begann, als ich merkte, daß meine Trinkerei unter Umständen gelegentlich ein Problem sein könnte - wenn ich mir „verloren" vorkam. Ich wechselte die Schnapssorten, die Ärzte, die Arbeitsplätze und den Lebensstil. Das alles bewirkte natürlich überhaupt nichts - bis ich den Orientierungspunkt fand, der mir durch *Alcoholics Anonymous* und die damit verbundene Lebensweise geboten wurde.

Diese Orientierung betraf das Wesen meines Verlangens, obwohl das A.A.-Vokabular mit „Besessenheit - Zwang" und meine eigene Erfahrung mit anderen Suchtmitteln neben dem Alkohol mich dazu brachten, eher im Sinne von „Suchtdruck"[3] zu denken. Obwohl ich nur eine begrenzte Menge vertragen konnte, hatte ich eindeutig die Grenzenlosigkeit meines Verlangens nach Alkohol bewiesen. Nur ein Dummkopf hätte dieses Verlangen nicht als gestört angesehen. Die Opfergaben auf meinem Altar des „Rechts auf Trinken" enthüllten, daß dieses Verlangen nicht nur die objektiven Bedürfnisse überstieg, sondern absolut nicht zu befriedigen war. Würde ein vernünftiger Mensch sein eigenes Blut verkaufen, um eine zweite Zwei-Liter-Flasche Schnaps zu kaufen, weil er sicher sein will, daß er genug hat, um ein verlängertes Wochenende zu überleben?

Ich wäre froh, wenn ich behaupten könnte, daß ich während meiner frühen A.A.-Erfahrungen nicht nur die offensichtlichen Störungen in meinem alkoholkranken Leben einsah, sondern auch die falschen Meinungen, mit denen auch meine Gewohnheiten durchsetzt waren, die gesellschaftlich eher akzeptabel waren. Das würde ich gern behaupten, aber leider kann ich das nicht. Nur langsam erkannte ich die metaphorischen[6] Aspekte in meinem Alkoholismus: Meine Wünsche nach Reichtum, Ansehen, Macht und Liebe hatten die gleiche Tendenz, grenzenlose Begierden[3] zu sein. Alkoholismus ist zwar nicht bloß eine Metapher[6], sondern noch mehr. Doch zumindest für einige von uns ist er ein echtes Beispiel für so ziemlich alles, was mit unserer Lebensweise nicht stimmt. Wenn ich vor zehn Jahren gestorben wäre, hätte auf meinem Grabstein gestanden: „Er wußte nicht, was *genug* bedeutet."

Heutzutage ist das anders, weil ich anders bin. Das verdanke ich meiner neuen Lebensweise, die mir durch meine Teilnahme bei A.A. beigebracht und ermöglicht wurde. Ich habe natürlich noch Wünsche[7], aber das sind Wünsche und keine krankhaften Begierden[3]. Mit vielem bin ich

90 Tage - 90 Meetings

noch unzufrieden, denn das spornt mich an, „eher nach Fortschritt als nach Vollkommenheit zu streben"[8]. Doch ich habe auch gelernt, im Fortschritt Befriedigung zu finden: Meine objektiven Bedürfnisse werden im allgemeinen ohne weiteres erfüllt.

Für all das bin ich dankbar. Ohne die Meinungen oder Werte anderer Menschen beurteilen zu wollen, habe ich durch *Alcoholics Anonymous* gelernt, daß es in Bezug auf Reichtum, Ansehen, Macht und dergleichen etwas wie „genug" gibt. Was dieses „Genug" bedeutet, mußte ich lernen, indem ich auf das Recht verzichtete, Alkohol zu trinken - durch das Eingeständnis, daß der erste Schluck für mich schon ein Schluck zuviel ist. Ich finde, im Vergleich ist das der geringste Preis, den je ein Mensch für so eine nützliche Weisheit bezahlen mußte.

Dafür bin ich also besonders dankbar, denn wenn ich heute schon sterben würde, könnte meine Grabschrift entsprechend lauten: „Er wußte, was *genug* bedeutet." Die Menschen, die mich lieben, würden den Sinn dieser Inschrift verstehen, und vielleicht wäre es ein Trost für sie, wenn ihnen klar wird, daß es auch auf ihre Liebe zutraf, und wie sehr ich sie schätzte. Es gibt kein größeres Geschenk auf dieser Welt, als die Bedeutung des Wörtchens „genug" zu kennen.

Anmerkungen des Übersetzers:

[1] Tillich, Paul. *The Courage To Be.* Yale University Press, 1952.

[2] Seneca, Lucius Annaeus, geboren 4 v. Chr. in Córdoba, gestorben 65 n. Chr.; Erzieher und Berater *Neros.* Später wegen angeblicher Teilnahme an einer Verschwörung zum Selbstmord genötigt. [*Das moderne Lexikon.* Bertelsmann Lexikon-Verlag, Gütersloh 1970].

[3] *craving:* Gier, Suchtdruck, heftiges (oder zwanghaftes) Verlangen, Sehnsucht, krankhafte Begierde [Altenglisch *crafian* verwandt mit Altnorwegisch *krefja* verlangen, *kræfr* stark, Althochdeutsch *kraft*].

[4] *craving for alcohol:* Saufdruck, zwanghaftes Verlangen nach Alkohol.

[5] *opinion:* Meinung, Ansicht, Stellungnahme; Achtung; Gutachten; Überzeugung; (Urteils-)Begründung [13. Jahrhundert: aus dem Latein über Alt-Französisch ins Englische. Latein *opínió* Glaube, Überzeugung; *opínárí* denken].

[6] *metaphorisch:* bildhaft, bildlich; *metaphor:* Metapher, bildlicher Ausdruck [Griechisch *metapherein* übertragen, *meta* (hin)über- + *pherein* tragen].

[7] *Alcoholics Anonymous*; 564/408: Dritte Tradition: „Die einzige Bedingung für A.A.-Mitgliedschaft ist ein <u>Wunsch</u>, mit dem Trinken aufzuhören."

[8] *Alcoholics Anonymous*: 60/69.

82. Tag / Um Nüchternheit betteln

Und wenn Gott es erlaubt, werde ich dich nach dem Tod nur noch stärker lieben.

- Elizabeth Barrett Browning[1]

SAM UND ICH WAREN HEUTE ABEND IM MEETING NICHT DIE EINZIGEN Besucher aus einer anderen Gruppe - und so begann eine jener Erfahrungen nach dem Meeting, die vermutlich genauso viel für meine Nüchternheit bewirken wie alles andere, was sich zwischen dem Gelassenheitsgebet[2] am Anfang unserer Meetings und dem Vaterunser[3] am Ende abspielt.

Ralf war vor uns angekommen und war anscheinend begierig darauf, daß das Meeting anfing. Während der Diskussion beteiligte er sich mit einer merkwürdigen Intensität: Ich konnte beinahe hören, wie er zuhörte, während seine wässerigen, grauen Augen fast jeden fixierten, der gerade sprach. Er hatte scharfe Gesichtszüge und war glattrasiert. Seine Haut war blaß, bis auf die leuchtend roten Flecken, mit denen die jahrelange Trinkerei ihre Muster hinterlassen hatte und ihre Geschichten erzählte.

Ralfs Stimme klang kehlig, wenn er sprach, aus rauhen, kurzen Atemzügen heraus gepreßt, die auf ein Emphysem[4] im Anfangsstadium schließen ließen. Stück für Stück brachte er Ideen vor, und noch öfter stellte er Fragen. Einigen am Tisch fiel es schwer, zu begreifen, was er meinte. Doch die Heftigkeit, mit der dieser verbissene Besucher sprach, deutete auf eine Bitte hin, die niemand ignorieren konnte. Hier war jemand, der offensichtlich nicht trank und A.A. gut kannte, und er bettelte buchstäblich um Nüchternheit.

Wie diese Tagebucheintragung schon zeigt, war ich in eine meiner meist gar nicht so nüchternen Gewohnheiten verfallen: Eigentlich beobachtete und analysierte ich mehr, anstatt zuzuhören und mich zu identifizieren. Ich bemerkte das zwar bald, doch konnte ich anscheinend nicht damit aufhören. Vielleicht hielt es meine Höhere Kraft für notwendig, daß ich dieses lebhafte Bild in Erinnerung behielt. Das erscheint mir inzwischen recht klar. Nach dem gestrigen Abend werde ich wohl immer an Ralf zurückdenken müssen, solange ich nüchtern bleibe.

Ich nahm sogar zur Kenntnis, wie er gekleidet war. Moderne Soziologen würden es vermutlich „schäbig-elegant" nennen. Seine Kleidung war sauber und sogar adrett, aber abgetragen. Eine Kombination wie Ralfs karierte Jacke und seine gestreiften Hosen wird wohl nur selten zu sehen sein, außer auf dem Flohmarkt. Er trug einen grellen Schlips, der von einem ungeschickt gebundenen Knoten zusammengehalten wurde und die grundverschiedenen Knöpfe auf dem absolut zeitlosen Hemd nur teilweise verdecken konnte. Sie waren zwar sehr sorgfältig angenäht, aber in einer nicht sehr regelmäßigen Reihe angeordnet.

Ich muß eingestehen, daß ich einen flüchtigen Blick auf die Schuhe des Besuchers warf - die letzte Enthüllung. Sie waren ebenso abgetragen wie seine Jacke, doch auf Hochglanz poliert. Als er sich einmal vorbeugte, um besonders aufmerksam hinzuhören, erspähte ich so etwas wie ein weißes Band, das fest um seinen Knöchel gebunden war: ein vergeblicher Versuch, Ralfs ausgeleierte Socke daran zu hindern, völlig im Schuh zu verschwinden.

Als das Meeting beendet war, kündigte der Leiter an, daß einer der Teilnehmer für den Heimweg eine Mitfahrgelegenheit brauchte. Da Sam und ich Gäste von auswärts waren und quer durch die ganze Stadt fahren mußten, um nach Hause zu kommen, fühlten wir uns als Freiwillige angesprochen. Als Ralf merkte, daß wir Gelegenheitsbesucher waren, schien er vor Enttäuschung traurig zu werden. Es war klar, daß er den Kontakt zu dieser Gruppe suchte, aber niemand anderes schien das zu bemerken, und gegen Sams vertrauenswürdigen Fahrdienst war auch nichts einzuwenden. Außerdem kam ich zu dem Schluß, es wäre besser für mich, ihm die Sache selbst zu überlassen, denn Sam war mein Sponsor. Beobachter haben kein Recht, sich einzumischen.

Es stellte sich heraus, daß unsere Fahrt freundlicher wurde, als ich angenommen hatte. Ralf hatte sich offensichtlich entschieden, das Beste daraus zu machen, also begann er, uns mit Fragen zu bombardieren - wie wir die A.A.-Slogans verstanden, was wir gegen Schmerzen unternahmen, ob jemand von unseren Lieben krank oder verstorben war, auf welche Weise wir es uns „so einfach wie möglich"[5] machten, und was „wahre Nüchternheit" sei.

Die Adresse, die Sam angab, war mir unbekannt, aber ich bemerkte, daß wir in Richtung eines Stadtteils fuhren, den ich meistens sorgfältig mied. Sam schien die Strecke zu kennen, und ich sah, wie er einen ernsten Blick auf seine Uhr warf, bevor er vorschlug, daß wir uns all die Geschichten ebenso gut bei einem Kaffee und einem Eisbecher erzählen könnten.

Als wir bei einem bekannten kleinen Lokal hielten, nahm ich Ralfs Unbehagen deutlich wahr. Sam bemerkte es ebenfalls, und er zögerte nicht, es auf mich abzuladen. „Du bist von uns eingeladen, Ralf. Ernie schuldet mir nämlich noch ein Dutzend Runden von früher, wo ich versucht habe, mit ihm im Zwölften Schritt zu arbeiten. Ich werde also heute abend zwei von ihm zurückfordern, zu Ehren unseres gemeinsamen

Besuches bei diesem Meeting. Damit ist Ernie also dran, und wenn du dich bei mir für die Heimfahrt bedanken willst, dann bestell' dir etwas richtig Herzhaftes zum Essen." Bei diesen Worten fiel mir ein, daß ich mir Sam als Sponsor ausgesucht hatte, weil er den gleichen Galgenhumor an den Tag legen konnte wie ich. Ironie ist ein Zeichen für Nüchternheit.

Nach einigem Zögern aß unser neu gefundener Freund wie ein Scheunendrescher. Mir entging natürlich nicht, daß er eine gesunde Bestellung aufgab: Offensichtlich schien er mehr Wert auf Protein als auf Zucker und Kohlenhydrate zu legen. Wir redeten beim Essen. Aber genau wie im Meeting schien Ralf viel mehr daran zu liegen, unsere Geschichten zu hören, als seine eigene zu erzählen. Obwohl er immer noch einen Haufen Fragen stellte, erwies er sich als ein guter Zuhörer. Wieder hatte ich das Gefühl, daß er jeden Vorfall, jedes Wort in sich aufsog, als ob er versuchte, alles bis ins letzte Detail zu speichern, um sogar unseren Tonfall zur Unterstützung seiner Nüchternheit heranziehen zu können.

Ich war verdutzt: Ralf schien in so vielerlei Hinsicht *so* nüchtern zu sein. Mittlerweile kam es mir merkwürdig vor, daß Sam anscheinend völlig vergessen hatte, wie spät es war. Ich spürte, daß er unser Gespräch kaum lenkte, sondern sich eher davon fesseln ließ und darauf vertraute, daß es schon ganz natürlich enden würde, wenn es so sein sollte. Das war dann auch der Fall. Ralf bemerkte plötzlich, wie die Zeit verging und wiederholte seine Adresse. „Es ist Zeit zu gehen", sagte er einfach. Aber er sah traurig aus. Als ich ihm vorschlug, er solle doch den Nachtisch mitnehmen, den niemand angerührt hatte, und den er offensichtlich nicht für sich selbst bestellt hatte, hellte sich seine Miene auf.

Wir saßen wieder in Sams Auto, und ich machte ein paar klägliche Versuche, die Unterhaltung fortzusetzen. Doch Ralf war in eine merkwürdige Stille verfallen, und Sam schien das über sich ergehen zu lassen, also hielt ich ebenfalls den Mund und sah aus dem Fenster. Ich saß jetzt allein auf dem Rücksitz. Als wir um eine Ecke bogen, sah ich flüchtig den Straßennamen, den Ralf erwähnt hatte. Bis auf das verblaßte grüne Straßenschild war das kein besonders schöner Anblick.

Ich vermute, wie der „Tiefpunkt" ist die Hölle eher eine innerliche als eine äußere Erfahrung. Aber wenn ich mir eine äußere Umgebung ausdenken sollte, die für einen Alkoholiker die Hölle wäre, dann würde sie so aussehen, klingen und riechen wie diese Straße, in der Ralf lebte. Junkies und Dealer, bemalte Freaks und bewußtlose Säufer, alle diese Typen hingen in einer Szenerie herum, die schlichtweg aus Unrat bestand. Einige Häuser sahen aus wie ausgebombte Ruinen. Andere Gebäude, deren düstere Erscheinung von den aufflammenden Neonblitzen lediglich gemildert wurde, kündigten das Gewerbe an, das in einer solchen Umgebung überleben konnte: zwielichtige Kneipen und ehemals stattliche Spirituosenhandlungen, die hinter Stahlgittern lauerten. Ich schloß meine Augen, aber das nützte mir nicht viel: Nase und Ohren lassen sich nicht so leicht in Abrede stellen.

Das Geheimnis von Ralf klärte sich plötzlich auf, nur um von einem noch tieferen Rätsel abgelöst zu werden. Seine Kleidung, sein heftiges Fragen, sein nicht zu übersehender Hunger: Alles paßte mit den Scherben seiner Geschichte zusammen, die ich im Meeting nur zum Teil gehört hatte. Ralf war mit einer sterbenden Alkohol- und Drogensüchtigen verheiratet, und er liebte sie unsagbar. Irgendwie hatte er A.A. gefunden, aber ihr war es nicht vergönnt gewesen. Unsere Stadt bietet wenig Behandlungsmöglichkeiten für die Menschen, die bereitwillig an ihrer Sucht sterben. Sie bietet noch weniger für diejenigen, die solche Menschen lieben.

Sam fuhr langsam an drei langen Blocks vorbei - teils, damit nicht durch einen Unfall ein „geheilter" Alkoholiker erschaffen wurde, teils, weil Ralf mit dem Rest seiner Geschichte herausplatzte, um uns zu „erklären", was wir sahen. Jetzt sprudelte alles aus ihm heraus: die liebevolle Ehe, das gemeinsame Abrutschen in den Alkoholismus und dann in die Drogenabhängigkeit, die verlorenen Arbeitsplätze und verpaßten Gelegenheiten, der unaufhaltsame Abstieg - teils, um nahe genug an Drogen zu sein, hauptsächlich jedoch, weil die wirtschaftlichen Erfordernisse immer beengender wurden, denn Ralfs und Jeannies Gesundheit verschlechterte sich. Ralf erzählte uns von seiner eigenen schweren Krankheit, wie er zufällig im Krankenhaus A.A. gefunden hatte und diese Botschaft voller Hoffnung zu Jeannie gebracht hatte. Wenn ich jemals gehört habe, wie Liebe ausgesprochen wird, dann war es die Art, wie Ralf „meine Jeannie" sagte.

Ralf erzählte immer mehr: Jeannies Krankheit war weiter fortgeschritten. In ihrem Schmerz hatte sie sich geweigert, an die Kapitulation gegenüber ihrer Gewohnheit auch nur zu denken. Wie er bei einer A.A.-Gruppe in den Slums Hilfe gesucht hatte, seine Frau sich aber weiter eisern weigerte und nicht einmal den Wunsch aufbrachte, sich zu ändern. Und wie das jetzt, so kurz vor dem Ende, diese A.A.s dazu veranlaßt hatte, ihm zu sagen, er müsse sie verlassen, um seine eigene Nüchternheit zu retten und ihr vielleicht eine letzte Chance zu geben. Wie hätte er das tun können?

Ralf schaute zu Sam hinüber. Obwohl er sehr darum bemüht war, seine Stimme im Zaum zu halten, bemerkte ich, daß in seinen wässerigen Augen Tränen hingen. „Aber meiner Ansicht nach bedeutet das noch lange nicht, daß ich nicht wirklich nüchtern bin, stimmt's Sam? Ich meine, ich trinke nicht, und ich nehme auch nie etwas, obwohl ich das Zeug für sie kaufe und es ihr gebe. Es gibt nichts anderes für ihren Schmerz, und ich kann sie doch nicht so leiden lassen - heißt das etwa, daß ich nicht richtig nüchtern bin? Sie wird bald sterben - das wissen wir beide. Ich wünschte, sie könnte gesund werden, wenigstens so gesund wie ich, aber ich will nicht, daß sie fortgeht und denkt, ich hätte sie im Stich gelassen. Das nimmt mir doch nichts von meiner wahren Nüchternheit, Sam, oder?"

„Du wirst es schon schaffen, Alter." Das war alles, was Sam sagte. Doch seine Stimme stockte, als Ralf aus dem Auto kletterte, das kaum angehalten hatte.

„Tut mir leid Jungs, daß ich so schnell weg muß - aber ich war länger als gewöhnlich fort ... sie braucht mich vielleicht. Also, hey, danke. Ich bin auch wirklich sehr dankbar: hauptsächlich für jeden Tag, an dem ich nüchtern bin, aber ganz besonders heute für dieses Meeting und für euch. Vielen Dank. Ihr habt mir wirklich sehr geholfen. Damit meine ich nicht nur das Essen. Danke auch für das Gespräch. Muß jetzt gehen." Und so verschwand er in einem schäbigen Torweg zu einer baufälligen Haustreppe. Als er dort ankam, hörten wir ihn rufen: „Jeannie, meine Süße, ich bin *zurü-hück*. Rate mal, was ich dir mitgebracht habe!"

Es war kurz vor Mitternacht, und als sich die Höllenstraße ein wenig für den vorbei schleichenden Streifenwagen lichtete, fuhren Sam und ich heim - langsam und still. Als wir uns trennten, sagten wir bloß „gute Nacht ... und danke." Wir verzichteten sogar auf eine Stichelei wegen meiner „Einladung".

Es ist jetzt sechs Uhr morgens. Ich bin die ganze Nacht wach gewesen und habe versucht, die Antwort auf eine oder zwei Fragen zu finden. Ist Ralf ein „Opfer" oder ein „Held"? Ich weiß es nicht und bin zu dem Schluß gekommen, daß es keine Rolle spielt. Doch die zweite Frage ist vielleicht wichtig. Ich denke, daß ich nüchtern bin. Aber wäre ich an Ralfs Stelle ebenso nüchtern wie er? Wieder muß ich mit der Antwort passen: Ich weiß nicht einmal, ob ich sicher bin, daß Ralf es schaffen wird.

Ich habe gelitten, und ich habe gebettelt. Und ich habe die Nüchternheit gewollt und für sie gearbeitet. Doch wenn es je für mich nötig sein sollte, dann möge Gott mir die Gnade geben, daß ich ebenso um meine Nüchternheit betteln werde wie Ralf heute abend, und wie er es wahrscheinlich in jedem Augenblick seines Lebens tut. Nach diesem Gebet fehlen mir jetzt die Worte, und im Moment kann ich nicht weiterdenken.

Anmerkungen des Übersetzers:
[1] Browning, Elizabeth Barrett. Viktorianische Poetin, geboren am 6. März 1806 in Coxhoe Hall, Durham, verstorben am 29. Juni 1861 in Florenz.

Lyrikerin von starker Innerlichkeit, sozialem Gewissen und religiöser Empfindungskraft, Aktivität und Spontaneität. Ihre Gedichte wurden schon zu ihren Lebzeiten mehr bewundert als die ihres Ehemannes Robert Browning (1812-1889). Die beste Lyrik findet sich in *Sonnets from the Portuguese* (1850), die von R. M. Rilke übersetzt wurden („Portugiesische Sonette", 1911). 1821 erlitt sie eine Wirbelsäulenverletzung durch einen Unfall und wurde für unheilbar gehalten. 1838 erlitt sie einen Schock, als ihr Bruder ertrank. Sie lebte zurückgezogen in einem dunklen Raum und schrieb Gedichte. Robert Browning bewunderte ihr „Poems" (1844), schrieb ihr und machte ihr schließlich einen Heiratsantrag. 1845 verlobten sie sich. Der Vater war entschieden gegen diese Verbindung. 1846 heirateten sie heimlich und flohen nach Italien. Danach erlebte Elisabeth eine bemerkenswerte Genesung. Den Rest ihres Lebens verbrachten sie im *Casa Guidi* oberhalb von Florenz, wo sie und ihr Mann von vielen englischen und amerikanischen Künstlern und Schriftstellern aufgesucht wurden. Elizabeth Barrett Browning schrieb oft sozialkritische Gedichte. In *The Cry of the Children* (1843) klagte sie den Mißbrauch der Kinderarbeit an. [„The World Book Encyclopedia", World Book Inc., 1989. & „Das moderne Lexikon". Bertelsmann Lexikon Verlag, Gütersloh 1970].

[2] Vgl. 80. Tag, Anmerkung .

[3] In vielen amerikanischen Gruppen besteht die Tradition, das Meeting mit dem Gelassenheitsgebet zu beginnen, und es mit dem Vaterunser zu beenden.

[4] *Emphysem*: Ansammlung von Luft oder Gasen unter der Haut, in einer Organ- oder Körperteillücke.

[5] *keep it simple*.

83. Tag / Muß das ausgerechnet jetzt sein?

Die Belohnung für eine gute Tat besteht allein darin, sie getan zu haben.[1]
— Ralph Waldo Emerson

GESTERN ABEND WURDE EINE INTERESSANTE DISKUSSION ANGEREGT, eine Variation um die ewige Frage: „Warum ich?" In der Gruppe, die um den Tisch herum saß, befanden sich verschiedene Mitglieder, die eine gepfefferte Nüchternheit einbrachten. Als George, ein relativ Neuer, sein Problem auf den Tisch legte, ließen sich die alten Hasen aus der Reserve locken.

„Wahrscheinlich bin ich über dieses „Warum ich' schon ganz gut hinausgewachsen", sagte George. „Aber zur Zeit ertappe ich mich manchmal dabei, wie ich meine Höhere Kraft frage: „Muß das ausgerechnet jetzt sein?' Ich möchte das einmal näher erklären: Ich habe hier gelernt, daß selbst das nüchterne Leben seine Höhen und Tiefen hat. Eines der wichtigsten Geschenke der Nüchternheit ist, daß sie ein gewisses Gleichgewicht schafft: Da uns unsere Nüchternheit jedoch ermöglicht, das Leben so zu leben, wie es ist, wird es diesen Kreislauf immer geben.

Eigentlich möchte ich sogar folgendes behaupten: Meiner Ansicht nach wäre ein Leben ohne Höhen und Tiefen fürchterlich langweilig. Deshalb gefällt mir dieses „Auf und Ab", und ich bin dafür dankbar. Wenn ich merke, daß es mir schlecht geht, dann weiß ich, daß es nicht immer so bleiben wird und bald wieder bergauf geht. Und wenn ich obenauf bin, dann erinnert mich das daran, daß ich dankbar sein muß - dankbar für alles, was geschieht und was mir hilft, mich gut zu fühlen.

Die Antwort, die ich für „Warum ich?" herausgearbeitet habe, heißt vermutlich: „Weil meine Höhere Kraft weiß, daß ich das *brauche!*" Ich kann wohl kaum behaupten, daß mein Glaube und mein Vertrauen je vollkommen sein werden, aber ich habe mich bemüht, und im allgemeinen hat es ganz gut funktioniert - bis vor kurzem. Mir scheint, in letzter Zeit bricht dieser „Zyklus" immer mehr zusammen, anstatt sich auszugleichen. Mitunter stecke ich anscheinend fest.

Vor nicht allzu langer Zeit hatte ich zum Beispiel eine Pechsträhne: das Auto, der Arbeitsplatz, das Haus, die Kinder ... es kam einfach immer dicker. Und es scheint tatsächlich immer noch so weiter zu gehen. Mit jedem einzelnen dieser Rückschläge, und vielleicht sogar mit mehreren von ihnen, könnte ich meiner Ansicht nach zurechtkommen - mit Hilfe meiner Höheren Kraft und natürlich auch mit der Hilfe, die ich hier bekomme. Nun, ich bin soweit schon klar gekommen, und zwar ohne viele Worte um die Frage: „Warum ich?" Aber ich muß feststellen, daß ich über diese Anhäufung verwundert bin. Immer, wenn wieder etwas schiefgeht, sage ich erst einmal zu meiner Höheren Kraft: „Muß das ausgerechnet jetzt sein? Gib mir eine Verschnaufpause!" Vermutlich geht es bei mir um folgendes: Ich bin zwar grundsätzlich bereit, das „Auf und Ab" hinzunehmen, aber es fällt mir schwer, diese Bereitschaft aufrechtzuerhalten, wenn ich mit einer ganzen Serie von Dingen konfrontiert werde, die alle wie Rückschläge erscheinen.

Meiner Ansicht nach brauche ich Hilfe, denn der Spruch „Muß das ausgerechnet jetzt sein? Gib mir eine Verschnaufpause!" ist nun nicht gerade ein Gebet im Sinne des Elften Schrittes. Wie geht ihr denn mit so einem ausgedehnten Tief um? Was tut ihr, wenn der Kreislauf der Höhen und Tiefen sich immer weiter verschlechtert, anstatt sich auszugleichen, und ihr in einem Loch steckenzubleiben scheint, obwohl ihr nüchtern seid und in den Schritten arbeitet? Was kann ich da tun?"

Die Gedanken der Gruppe gingen in allerlei Richtungen und boten eine Vielzahl von Empfehlungen an. Es herrschte allgemeine Übereinstimmung in dem Punkt, daß der Satz „Muß das ausgerechnet jetzt sein?" im Grunde die Frage „Warum ich?" wiederholt: Er ist bezeichnend für mangelhaftes Akzeptieren, für Verweigerung der Bereitschaft gegenüber dem Anspruch auf Herrschaft zu kapitulieren. Mir gefielen diese Einsichten und Ermahnungen. Aber als ich gestern nacht noch zu später Stunde über das Thema nachdachte und versuchte, mit meiner Höheren Kraft darüber zu sprechen, fiel mir eine weitere Perspektive zu der Frage „Warum ausgerechnet jetzt?" ein.

Ich wiederholte: „Muß das ausgerechnet jetzt sein?" Dabei hörte ich den weinerlichen Tonfall meiner Stimme. Mir ging auf, daß zumindest in meinen Fall die bittende, quengelnde Anfrage „Muß das ausgerechnet jetzt sein?" die Rückkehr des Kindischen und Infantilen in meiner Denkweise signalisiert. Kleine Kinder brauchen und fordern sofortige Belohnungen, genau wie Tiere, die nicht denken können. Den meisten von uns wird im frühen Kindesalter beigebracht, daß wir von jemandem belohnt werden, wenn wir artig sind. Schnell lernen wir oder meinen wenigstens, daß durch unser gutes Betragen eine Art Vertragsbeziehung zustande kommt. Die Erwartung einer direkten Belohnung kennzeichnet die Kindheit ebenso, wie die Kleinkindphase durch die Forderung nach sofortiger Befriedigung charakterisiert wird.

Ich kann mich erinnern, daß ich als kleiner Junge nur ungern mit meiner Mutter einkaufen ging. Und deshalb benahm ich mich immer sehr störrisch. Ich zerrte an ihr und maulte oder schlich mich weg und zwang sie damit, nach mir zu suchen. Meine Mutter reagierte darauf, indem sie mir nach jedem Einkaufsgang, bei dem ich mich anständig benommen hatte, etwas Besonderes kaufte - ein Eis am Stiel. Soweit ich mich erinnern kann, bestand meine eigene Reaktion darin, daß ich mich für eine Stunde oder so zusammennahm und dann anfing, nach meiner Belohnung zu quengeln. „Ich bin brav gewesen. Wo bleibt mein Eis?" fragte ich dann, und meine Mutter lernte bald, ihre Einkäufe mit einem raschen Spurt zu beenden.

Es kommt mir so vor, als ob ich den Rahmen dieser kindischen Geschichte wiederhole, wenn ich mich mit den Worten beklage: „Muß das ausgerechnet jetzt sein?" - „Wie ich jetzt bin" kommt in diesem Zusammenhang gefährlich nahe an meine Erfahrung heran, „wie ich einmal war", bevor ich am Tiefpunkt des Alkoholismus merkte, „was geschah". Das Leben hat seine Höhen und Tiefen. Das habe ich in der Nüchternheit nicht nur erfahren, sondern auch akzeptieren gelernt. Ich greife nicht mehr zur Flasche, weil ich ein „Hoch" herbeizwingen oder ein „Tief" ersäufen will. Aber meine Neigung zu der Frage „Muß das ausgerechnet jetzt sein?" zeigt, daß mit meinem Akzeptieren etwas nicht stimmt. Ich nehme vielleicht hin, daß es Höhen und Tiefen gibt, aber ich klebe noch immer an dem Mythos, kontrollieren zu können, wann und wie sie kommen.

Ich komme mir so vor, als ob ich noch der kleine Junge von damals wäre, der mit seiner Mutter einkaufen ging: Ich ziehe und zerre an meiner Höheren Kraft und drohe vielleicht sogar mit dem Fortlaufen, wenn ich nicht ganz schnell mit einem „Hoch" belohnt werde, weil ich ein „Tief", das mir nicht gefällt, schon lange genug toleriert habe. Damals akzeptierte ich es, daß ich zwischen Krabbeltischen mit Sonderangeboten herumwandern mußte, aber ich war dazu nur für kurze Zeit bereit, und bald verlangte ich meine Belohnung. Jetzt akzeptiere ich, daß es Tage und Ereignisse gibt, die „Tiefpunkte" sind, aber sobald ich entscheide, daß es „genug" ist, fange ich an, mich zu beschweren, werde störrisch und bin nicht mehr bereit, den Lauf der Dinge zu akzeptieren.

Doch wie komme ich eigentlich dazu, bestimmen zu wollen, wann es „genug" ist? Meine Säuferlaufbahn zeigt mit Sicherheit, daß mein Gefühl für „genug" verkümmert ist und ich wohl kaum darauf vertrauen kann. Und heute habe ich es nicht mehr mit meiner Mutter zu tun, die trotz all ihrer guten Eigenschaften nicht Gott war, sondern mit meiner Höheren Kraft, von der ich eigentlich annehmen möchte, daß sie Gott ist. Meine Mutter hat die Grenzen meiner Ausdauer vielleicht nicht richtig erkannt: Meine Höhere Kraft kennt sie tatsächlich. Mein „Muß das ausgerechnet jetzt sein?" ist daher in gewissem Sinne schlimmer als kindisch. Es signalisiert die Rücknahme meiner Entscheidung im Dritten Schritt. Man vertraut seinen Willen und sein Leben nicht der Sorge Gottes an und sieht dann auf die Uhr oder den Kalender.

Hier kommt für mich eine neue Einsicht zum Vorschein. Die Forderung nach sofortiger Befriedigung ist ein Zeichen der Unreife. Wenn von mir nun verlangt wird, daß ich „Pechstränen" länger aushalte, kann diese Tatsache möglicherweise darauf hindeuten, daß meine Höhere Kraft mich behandelt, als wäre ich reif! Dieses Ausrufungszeichen ist keine Rhetorik, sondern Erstaunen - denn ich kenne meine eigene Unreife nur allzu gut.

Es gibt also eine tiefe Beziehung zwischen „Warum ich?" und „Muß das ausgerechnet jetzt sein?" - Beides lehnt sich gegen den Stachel der Wirklichkeit auf. Wenn ich in die Versuchung gerate, das erste zu denken, dient mir das inzwischen als Ermahnung, daß weder ich selbst noch irgend etwas, das meiner Kontrolle unterliegt, die endgültige Wirklichkeit ist.

90 Tage - 90 Meetings

In gewissen Sinne kann man viele schlechte Witze mit einer heilsamen Einsicht umformulieren: Die schlechte Nachricht ist, daß ich nicht Gott bin. Die gute Nachricht ist, daß ich es nicht sein muß. Ich habe eine Höhere Kraft, die mich zur Reife führt. Was könnte ein Alkoholiker auf dem Weg der Genesung mehr verlangen?

Anmerkungen des Übersetzers:
[1] Emerson, Ralph Waldo (1803-1882); Vertreter des Neuenglischen Transzendentalismus. *The Essays of Ralph Waldo Emerson.* The Heritage Press, 1934.

84. Tag / Mein liebster Slogan

Goethe bemerkte einmal, die größte Schwierigkeit bei einem Problem liege meist dort, wo man nicht danach sucht.
— Helen Merrell Lynd[1]

DAS MEETING GESTERN ABEND BEGANN mit einer meiner Lieblingsfragen. Aber es stellte sich auch heraus, daß es Leute gab, die diese Frage ganz und gar nicht mochten - und wir hatten eine lebhafte Diskussion.

„Was ist euer Lieblings-Slogan bei A.A.?" Bis gestern abend hatte ich diese Frage immer gemocht, seit ich nüchtern bin, und zwar aus zwei Gründen, die miteinander zusammenhängen. Erstens bringt sie mich zu den Grundlagen zurück. Und zweitens vermittelt sie eine gute Erinnerung daran, wie es einmal war.

Als ich neu dabei war, gefielen mir die einfachen Slogans von A.A. nicht. Ich meinte, ich sei dafür zu gebildet - jemand, der so böse verletzt worden war wie ich, brauchte viel tiefere Weisheiten, um geheilt zu werden. Es erübrigt sich zu berichten, daß ich bei A.A. nicht gut vorankam, solange ich so dachte: Meine Heilung begann erst, als ich für die simplen Slogans des Programms einfach genug wurde.

Glücklicherweise kam diese Einfachheit wohl weniger deshalb, weil durch die andauernde Trinkerei ein Schwachkopf aus mir geworden war, sondern weil gute Sponsoren und eine wohlwollende Höhere Kraft schließlich dafür sorgten, daß ich die nötige Demut bekam, die ich ganz offensichtlich so sehr brauchte. Jedenfalls ist mir dieser Gedanke am liebsten. Doch ich werde nie die Antwort eines Oldtimers vergessen, die er mir gab, als ich mich beschwerte, weil mir die Slogans zu einfach waren. „Trink weiter", riet er weise, „und dann wirst du bald einfach genug für sie werden."

Freds Frage zu den A.A.-Slogans bezog sich auf ein anderes Problem. Er hatte nicht das Gefühl, daß die Slogans von A.A. zu einfach waren, sondern daß sie zu leichtfertig dahergeschwatzt wurden. „Wenn ich leide und um Hilfe bitte, nützt es mir nicht viel, wenn ich bloß mit einem vielsagenden Grinsen und dem Hinweis „immer mit der Ruhe'[2a] abgefertigt werde", bemerkte Fred. „Ich habe das Gefühl, einige A.A.s benutzen die Slogans viel zu oft, um sich nicht auf den Schmerz eines anderen Alkoholikers einlassen zu müssen und eine Identifizierung zu vermeiden. Die Slogans haben ihren Sinn, aber sie sind kein Allheilmittel. Und wenn sie leichtfertig behandelt werden, kommt mir das unehrlich vor. In unserem Programm steckt mehr als nur „immer mit der Ruhe" oder „das Wichtigste zuerst"[2b], genau wie auch Genesung und wahre Nüchternheit mehr bedeuten als bloß: „Trink' nicht und geh in Meetings"[2n].

Es war eine tolerante Gruppe gestern abend. Freds Ausbruch löste ein mitfühlendes Gemurmel und eine Reihe zustimmender Bemerkungen aus: In der Nüchternheit gibt es keine leichten Antworten. Doch in allgemeiner Übereinstimmung wurde darauf hingewiesen, daß die Slogans haargenau vermitteln, was genau die Botschaft war. Niemand gab jemals vor, daß Sprüche wie „das Wichtigste zuerst" und „immer mit der Ruhe" und „leben und leben lassen"[2d] etwa leichte Antworten seien.

Mehrere Teilnehmer griffen auf ihre Lebensgeschichte zurück und erzählten aus eigener Erfahrung, wie nur aufgrund der einleuchtenden Einfachheit der Slogans Kraft und Hoffnung für sie entstehen konnte. „Als ich zum ersten Mal hierher kam, zitterte ich so sehr, daß ich das *Blaue Buch* nicht einmal halten, geschweige denn lesen konnte", erklärte Jerry. „Ich weiß noch, daß ich meine Augen nicht ruhig genug halten konnte, um die Zwölf Schritte auf dem Poster an der Wand lesen zu können. Mein Gott, ich bezweifle, ob ich überhaupt bis zwölf zählen konnte. Nun ja, ich hielt mich an diese Slogans - „immer mit der Ruhe", „das Wichtigste zuerst" - mindestens für die ersten sechs Monate. Das war mein Programm. Und deshalb werde ich sie todsicher auch jetzt nicht aufgeben, wo ich nüchtern bin - sie haben mich schließlich nüchtern gemacht."

Andere vertraten den gleichen Standpunkt, nur drückten sie es weniger dramatisch aus: Die Slogans konnten uns auf den Weg zur Nüchternheit bringen, und deshalb bleiben sie auch gute Wegweiser. Von Zeit zu Zeit tritt einer als Lieblingsslogan in den Vordergrund, je nach den Erfordernissen unserer Bedürfnisse, die sich ständig ändern. Der Slogan, der uns am meisten ärgert, ist vielleicht gerade der, den wir am nötigsten haben. Diese Grundsätze sind kein Ersatz für Gedanken - sie erinnern uns nur daran, wie wir handeln sollten.

„Immer mit der Ruhe" gewann die Ausscheidung um den beliebtesten

Slogan. Vielleicht lag das an Freds Bemerkung. „Leben und leben lassen" und „das Wichtigste zuerst" teilten sich kurz dahinter den zweiten Platz. Außer Fred schien keiner in der Gruppe das Gefühl zu haben, daß er durch den Gebrauch der Slogans von anderen A.A.s kurz abgefertigt worden sei. Doch nach dem Meeting drehte ich den Spieß einmal um. Ich stellte nicht mehr die Frage: „Höre ich, wie die Slogans gedankenlos und vielleicht sogar grausam benutzt werden?" - sondern ich fragte mich: „Benutze ich sie manchmal selber so?" Ich fürchte, manchmal tue ich das tatsächlich.

Es geht nicht darum, ob es bei A.A. Leute gibt, mit denen ich nur schwer oder ungern rede - ich bezweifele, ob ich so etwas je gegenüber einem anderen Alkoholiker empfinden könnte, wenn er bereit ist, seine Genesung mit mir zu teilen. Geteilte Genesung ist die einzige Heilung, die es für mich gibt: Das weiß ich, und danach versuche ich zu leben. Nun, ich weise zwar keine Leute ab, aber es gibt es manchmal Augenblicke, wo ich mich distanziere. Mitunter fühle ich mich außerstande zu geben.

Das Gefühl, nicht geben zu können, spiegelt vielleicht einen Charakterfehler wider: Sofern es das tut, bin ich bereit, um seine Beseitigung zu bitten. In der Zwischenzeit will ich mir deswegen jedoch nicht allzu viele Vorwürfe machen. Das Leugnen meiner Grenzen war für meine Trinkerei bezeichnend; es ist besser für meine Genesung, wenn ich sie akzeptiere, auch wenn es notgedrungen geschieht. Doch es geht mir hier um die Frage, wie sich dieser Charakterzug äußert, ob er nun ein Fehler ist oder nicht.

Nun höre ich auch Freds Schmerz heraus, obwohl mir dieser Gedanke ein bißchen spät kommt. Das A.A.-Programm ist für uns alle sehr kostbar. Es fällt uns schwer mit anzusehen, wie etwas, das uns kostbar ist, mißbraucht wird. Mißbrauch des Schönen ist eine Art Blasphemie[3]. Wenn ich in irgendeinem Moment zu müde, zu elend oder aus anderen Gründen nicht gewillt bin, einen leidenden Alkoholiker mit offenen Armen zu empfangen, murmele ich gedankenlos „das Wichtigste zuerst". Oder ich grinse leichtfertig, sage „immer mit der Ruhe" und lasse ihn einfach stehen. Aber das kommt mir beinahe so vor, als ob ich damit etwas Heiliges verletze. Die A.A.-Slogans sind keine gedankenlosen Klischees, außer wenn wir sie dazu machen, weil wir sie so benutzen. Und dessen habe ich mich schuldig gemacht.

Allein für diese Einsicht bin ich Fred und der Gruppe gestern abend dankbar, aber mir geht noch ein weiteres Licht auf - eine neue Perspektive für eine Angelegenheit, in der ich bislang schwer von Begriff war. Oft bietet sich der einleuchtend klischeehafte Slogan als Antwort auf eine Frage an. Jemand fragt zum Beispiel, wie viele Meetings man besuchen soll oder wann der Saufdruck endlich aufhört oder ob wohl die Ehefrau zurückkommt. Wie ehrlich solche Fragen vielleicht auch gestellt werden, sie haben alle eins gemeinsam: Es sind die falschen Fragen. Und auf eine falsche Frage ist einer der Slogans die beste Antwort - das scheint die Weisheit von A.A. nahezulegen.

Ich will versuchen, eine Parallele zu ziehen. Im akademischen Bereich werden viele Fragen aufgeworfen. Einige werden sogar beantwortet. Aber die Erkenntnis kommt am schnellsten voran, wenn jemand, der etwas von der Sache versteht, behauptet, daß die falsche Frage gestellt wurde - was im allgemeinen nicht sehr zartfühlend geschieht. Um eine neue Denkweise zu lernen, scheint es erforderlich zu sein, eine neue Art des Fragens zu finden - eine Möglichkeit, die richtigen Fragen zu stellen oder die der Wahrheit zumindest so nahe kommen, wie es die vorhandenen Kenntnisse erlauben. Der historisch ungeschulte Kopf fragt, was den Bürgerkrieg verursachte. Der Historiker untersucht, wie es eine Nation so lange halb in Sklaverei und halb in Freiheit aushalten konnte.

In ähnlicher Weise zeigt die Frage, wie viele Meetings man wöchentlich besuchen muß, um nüchtern zu werden, eine Art des Denkens, die der Nüchternheit selbst fremd ist. Bei A.A. sagen wir nicht, was vielleicht in akademischen Kreisen zu oft gesagt wird: „Das ist die falsche Frage." Statt dessen versuchen wir, die Aufmerksamkeit auf die Art des Denkens zu lenken, die Nüchternheit bedeutet; und unsere Erfahrung, Kraft und Hoffnung haben uns gelehrt, daß die Slogans dabei gute Dienste leisten.

Vielleicht hatte ich einfach Glück. Als ich gerade erst trocken und noch kein bißchen nüchtern war, mochte ich die Slogans überhaupt nicht, denn sie kamen mir viel zu simpel vor. Trotzdem wußte ich bereits, daß sie mir von liebevollen Menschen gesagt wurden, denen meine Genesung sehr am Herzen lag. Viele dieser Leute hielt ich damals für dumm, das muß ich zugeben. Aber ich bin dankbar, daß ich sie nie für gedankenlos und gemein hielt.

Beim Rückblick auf diese Erfahrung aus der Perspektive des Meetings gestern abend kam mir inzwischen nicht nur die Vermutung, daß die Slogans und diejenigen, die sie benutzten, gar nicht so dumm waren, sondern auch, daß ich vielleicht selbst der Dumme war. Ich fing nämlich erst an, die Slogans zu verabscheuen, nachdem ich den Verdacht geschöpft hatte, daß sie eine Antwort enthielten, die ich irgendwie mißverstand. Die Antwort, die dahinter steckte, war folgende: Ich stellte in sehr vielen Bereichen meines Lebens die falschen Fragen - weit über die alkoholkranke Trinkerei hinaus.

Das war eine schmerzhafte Offenbarung, der ich mich lange widersetzte, und ich versuchte, ihre Wahrheit abzustreiten. Bei A.A. kapitulieren wir jedoch vor der neuen Lebensweise; und wenn unsere Kapitulation aufrichtig ist, durchdringt die neue Denkweise, die unseren neuen Lebensweg charakterisiert, langsam unser Dasein. In meinem eigenen Fall kann ich diesen Fortschritt an den Veränderungen meiner Einstellung gegenüber den einfachen A.A.- Slogans festmachen. Jeder einzelne davon erinnert mich stets an meine Tendenz, die falschen Fragen zu stellen. Ein Beispiel dafür ist meine alkoholkranke Neigung, mich auf Quantität statt auf Qualität zu konzentrieren. Ein weiteres Beispiel ist die Tendenz, Ergebnisse vorwegnehmen zu wollen, statt jeden Tag sorgsam zu leben.

Deshalb bringt es manchmal mehr, mich nicht so sehr zu fragen, welcher mein Lieblingsslogan ist, sondern welchen ich allem Anschein nach an diesem Tag am meisten brauche. Meistens liegt die Antwort in dem Slogan, über den ich mich am meisten ärgern würde, wenn er mir zu leichtfertig oder zu oberflächlich gesagt worden wäre, oder etwa von jemandem, dem mein Fortschritt in der Nüchternheit ziemlich egal wäre.

Glücklicherweise gehen meine A.A.-Freunde mit dem Thema Nüchternheit niemals leichtfertig oder sorglos um: Es ist ihnen wichtig, denn es ist das „Wie" und „Warum" ihrer eigenen Nüchternheit. Ich hoffe, daß ich durch ihr Beispiel lernen kann, damit ein Schmerz, wie Fred ihn erlebte, in unserer Gemeinschaft nach Möglichkeit vermieden wird.

Anmerkungen des Übersetzers:
[1] Lynd, Helen Merrel. *On Shame and the Search for Identity.* Harcourt, Brace, and World, 1958.
[2] Amerikanische A.A.s kennen zahlreiche Slogans. Folgende zwölf Slogans werden häufig als die klassischen und ältesten genannt und werden von *Grapevine Inc.* als Serie auf Pappschildern angeboten:

a) *Easy does it*: Immer mit der Ruhe / Gelassen geht es (Variante: *Easy does it - but do it*: Mach' es dir leicht, aber mach' es tatsächlich!).

b) *First things first*: Das Wichtigste zuerst / Eins nach dem anderen [Variante: *First things first, but second things second and third things third*: Das wichtigste zuerst, dann das nächste usw. / Geht zurück auf eine überlieferte Aussage des *Heiligen Franz von Assisi* (1181-1226): „Zuerst das Notwendige, dann das Mögliche und du schaffst das Unmögliche."]

c) *Let go and let God*: Loslassen und Gott lassen.

d) *Live and let live*: Leben und leben lassen.

e) *Keep an open mind*: Sei aufgeschlossen.

f) *Think, Think, Think*: Denken, Denken, Denken.

g) *Count your blessings*: Zähle deine Geschenke / Segnungen.

h) *How important is it*: Wie wichtig ist es?
i) *Let it begin with me*: Laß mich bei mir selbst anfangen.
j) *Listen and learn*: Höre gut zu und lerne.
k) *But for the grace of God*: Nur für die Gnade Gottes / Nur wegen der Gnade Gottes.
l) *Keep it simple*: So einfach wie möglich. (Variante: *Keep it simple stupid (K.I.S.S.)*: Stell' dich einfach dumm / Mach's dir einfach, Dummchen).
Darüber hinaus gibt es eine Reihe von Slogans, die ebenfalls sehr weit verbreitet und für A.A. sehr bedeutsam sind:
m) *One day at a time (O.D.A.A.T auch verkürzt ODAT)*: Nur für heute / Im Rahmen von vierundzwanzig Stunden. [Geht zurück auf eine alte lateinische Spruchweisheit aus den Schriften des lateinischen Poeten Quintus Horatius Flaccus (65 - 8 v. Chr.); Oden I:XI:8: *Carpe diem*: Ergreife das „Heute"! / „Genieße bzw. nutze den Tag"].
n) *Don't drink and go to meetings*: Trink' nicht und geh' in Meetings / Laß' das erste Glas stehen und gehe in Meetings.
o) *Utilize, don't analyze*: Benutze es, anstatt zu analysieren. (Variante: *Analyse is paralyse*: Analyse lähmt / Analyse ist Paralyse.
p) *Attitude of gratitude* oder *Gratitude is an attitude*: Dankbares Verhalten / Dankbarkeit ist der [richtige] Standpunkt / Dankbarkeit ist eine Haltung, [die gut tut].
q) *Stick with the winners*: Halte dich an die Gewinner.
r) *Identify, don't compare*: Identifiziere dich, und vergleiche nicht. (Variante: *Watch for similarities rather than differences*: Achte lieber auf Ähnlichkeiten als auf Unterschiede).
s) *stinking thinking*: nasses Denken / stinkiges Denken / faules Denken.
t) *This is a simple program*: Dies ist ein einfaches Programm. (Variante: *This is a simple program for complicated people*: „Dies ist ein einfaches Programm für komplizierte Leute.")
- und viele andere mehr.

u) *If it works, don't fix it*: Wenn es wirkt, dann bastele nicht daran herum.
[3] *blasphemy*: Blasphemie, (Gottes-) Lästerung [Griechisch: *blasphémein* aus *blapsis* übel + *phémé* sprechen].

85. Tag / Wessen Programm?

Wir sind dem Feind begegnet, und er ist wir.

- Pogo[1]

„DER ARME JUNGE"[2] BEEHRTE GESTERN ABEND DAS MEETING, an dem ich teilnahm. Soviel ich weiß, konnte keiner der Anwesenden sagen, wie „der Arme Junge" zu seinem Spitznamen gekommen war: Mit Sicherheit hat er nichts mit der Qualität seiner Nüchternheit zu tun.

Der Sechste Schritt war das Thema, das zur Diskussion stand: Wie werden wir völlig dazu bereit, unsere Charakterfehler beseitigen zu lassen? In dem Buch „*Zwölf Schritte und Zwölf Traditionen*" heißt es, daß sich durch diesen Schritt „ein Mann von einem Jungen unterscheidet"[3]. Vielleicht lag es an der Schwierigkeit des Themas - wir versuchten den Begriff „völlig bereit" zu verstehen und über unsere „Charakterfehler" zu sprechen - jedenfalls konzentrierten sich die meisten Teilnehmer auf den Zeitpunkt in ihrem Leben, wo sie den Übergang von einem unreifen zu einem reifen Streben nach Nüchternheit spürten. Ich bin froh, daß sie das taten, denn der Beitrag vom „Armen Jungen' erwies sich als unbezahlbar.

Als ich zum ersten Mal zu A.A. kam (so begann der „Arme Junge"), kam ich mir ziemlich reif vor und war mir verdammt sicher, daß ich nicht besonders viele „Charakterfehler" hätte. Ich war bloß ein Säufer, und es hatte sich eben bei mir herausgestellt, daß ich Hilfe brauchte, wenn ich mit dem Trinken aufhören wollte. Dafür wäre A.A. da, hatte ich gehört. Also kam ich.

Na ja, ich will nicht gerade behaupten, daß ich hineintorkelte, aber ich will euch ehrlich sagen, daß mir bei meinem ersten Meeting eine Menge Leute auffielen, die weniger nüchtern zu sein schienen, als ich mich eigentlich fühlte. Irgendwie speicherte ich folgende Information: Man gab mir zu verstehen, mich „an die Gewinner zu halten"[4]. Also beschloß ich, das eben zu tun.

Nun, in den ersten paar Wochen und Monaten meiner Teilnahme begannen komische Dinge zu geschehen. Mehrere Leute, die ich mir als Gewinner herausgesucht hatte, gingen weg und tranken wieder. Zwei von ihnen starben sogar auf einer Fahrt unter Alkoholeinfluß in einem Autowrack. Und diejenigen, die mir nicht so nüchtern vorgekommen waren, die allem Anschein nach in den Grundlagen stecken blieben, alles im *Blauen Buch* nachschlugen und anscheinend am sorgfältigsten darauf achteten, was sie sagten und die in Bezug auf A.A. in ihrem Leben überhaupt nicht „cool" waren - wißt ihr was - diese Prinzipienreiter kamen jede Woche wieder und schienen langsam zu wachsen. Obwohl ich ein bißchen verwirrt war, hatte ich die große Hoffnung, daß ein paar von ihnen eines Tages vielleicht so nüchtern werden würden, wie ich selbst so schnell geworden war - wenigstens, wenn ich dabeiblieb und ihnen half.

Wie ihr euch denken könnt, blieb ich mit diesem Denken nicht sehr lange nüchtern. Aber ich hatte das Glück, meine nächste Sauftour zu überleben, und so kam ich zurückgekrochen. Genaugenommen war es allerdings keine Kriecherei. Ich war stolz, daß ich genügend Mut gehabt hatte, zurückzukommen, und der Stolz mischte sich auch in meine Demut, als ich einen der Oldtimer in der Gruppe fragte, ob er mir beim

Verstehen der A.A.-Schritte helfen könne. Denn durch einige Bemerkungen in der Gruppe war ich zu dem Schluß gekommen, daß ich sie bislang noch nicht richtig begriffen hatte.

Doch zu meiner Überraschung sagte er: „Kann ich nicht. Du bist schon vorher eine Weile hier gewesen - gehe damit zu deinem Sponsor."

„Sponsor?" fragte ich und hoffte, daß ich nicht ganz so erstaunt klang, wie ich eigentlich war. „Ja, Sponsor", warf er zurück. „Du hast doch einen, oder nicht?"

„Na ja, in gewissem Sinne schon", antwortete ich und überlegte, ob mir nicht wenigstens einer einfiel, mit dem ich nach dem Meeting schon ,mal geredet hatte. „Aber der ist heute abend nicht hier. Ich glaube sogar, es ist der, von dem ein paar andere vorhin gerade erzählt haben - der, der weg ist und wieder trinkt und allen, die er in den Kneipen trifft, erzählt, daß er bei A.A. ist."

Na, der alte Hase musterte mich mit einem Blick, den ich nie vergessen werde. „Armer Junge", sagte er. „Ich hoffe, dein Geschmack war beim Schnaps besser als bei A.A. Wie zum Teufel kannst du hier ,rumstehen und erzählen, daß jemand, der da draußen säuft, dein Sponsor ist? Na gut, auf jeden Fall scheinst du keinen zu haben, also werde ich es ,mal versuchen. Setz' dich hin und laß uns reden."

Ich war froh darüber, aber jetzt schien es wieder ein bißchen zu ernst zu werden. Also fragte ich: „Jetzt?"

„Armer Junge", antwortete mein neuer Sponsor. „Ich hatte heute abend eigentlich eine Menge vor, doch anscheinend bist du noch nie bei A.A. gewesen. Wie dem auch sei, ich habe dich beobachtet: Vielleicht wirst du niemals näher herankommen als hier und heute, wie mir scheint. Außerdem reicht uns ein Säufer da draußen, der den Leuten Blödsinn über uns erzählt. Also, du Schwachkopf: jetzt."

Gut. Ich setzte mich, und der alte Luke hat mich schwer in die Mangel genommen. Ich vergaß, was er mir an diesem ersten Abend alles zu sagen versuchte, denn ich hatte danach viele weitere Sitzungen mit ihm, die so ähnlich waren - vor den Meetings, nach den Meetings, sogar zwischen den Meetings. Und ich entdeckte langsam, daß an A.A. eine Menge dran war. Ich versuchte mich auch gleich hineinzustürzen und alles zu tun, was Luke mir sagte. Nur eins tat ich nicht, wie mir später auffiel: reden. Luke gab mir wohl die Gelegenheit dazu, aber ich nutzte sie nie. Ich wollte lernen, sagte ich mir, und das benutzte ich als Ausrede, um mich nicht ehrlich meinen Gefühlen stellen zu müssen.

Die Zeit verging, und ich spürte, daß irgendwie immer noch etwas fehlte. Jetzt, wo ich gewissermaßen wußte, was Nüchternheit war, wurde es mir anscheinend immer klarer, daß ich nicht nüchtern war. Und das fing an, mich zu stören. Doch ich redete immer noch nicht mit Luke darüber. Weil ich nicht nüchtern war, kam ich statt dessen zu dem Schluß, daß wahrscheinlich mein Sponsor an diesem merkwürdigen Fehler schuld war. Und so zog ich mich langsam, aber sicher von Luke zurück. Ich besuchte Meetings, wo er wahrscheinlich nicht auftauchte. Wenn er trotzdem in einem Meeting war, das ich aufgesucht hatte, dann stellte ich sicher, daß er mich mit anderen Oldies reden sah.

Luke rannte mir nicht hinterher: Wahrscheinlich tun das echte Sponsoren nie. Aber ich spürte, daß er immer noch auf mich achtete, wenn sich unsere Wege kreuzten. Und ich hatte das Gefühl, daß er bei mir denselben Mangel bemerkte, den ich selbst bei mir einsah: den Mangel, über den ich nie mit ihm geredet hatte. Denn das Wechseln der Meetings und das Wählen neuer Sponsoren half mir nicht. So sehr ich auch an meinem Programm arbeitete, scheinbar konnte ich nicht nüchtern werden. Das heißt, ich konnte mich anscheinend nicht mit Leuten wie Luke identifizieren, die ich jetzt als die wahren Sieger bei A.A. erkannte.

Natürlich sprach ich immer noch mit keinem anderem Menschen darüber, wie ich mich fühlte - egal, mit wem ich redete. Das war sogar der eigentliche Grund dafür, daß ich überall „rumhüpfte und mit den verschiedensten Leuten redete, denn ich hatte irgendwie Angst, daß jemand dahinterkommen würde. Ich wollte für nüchtern gehalten werden. Soll ich euch die Wahrheit sagen? - Eigentlich war es mir wichtiger, für nüchtern gehalten zu werden, als wirklich nüchtern zu sein. Zumindest ist das die einzige Möglichkeit, um mein Verhalten im nachhinein zu verstehen und zu begreifen, warum ich mit all diesen Leuten über „mein Programm" redete.

Eines Tages konnte ich das letztendlich nicht mehr aushalten. Ich bekam es mit der Angst zu tun, daß ich wieder eine Sauftour machen würde. Und ich hatte tödliche Angst, nicht so sehr, weil es meine letzte Sauftour sein könnte, sondern eher, weil dann alle bei A.A. erfahren würden, daß ich nie nüchtern gewesen war. Ich will nun nicht etwa behaupten, daß dies ein gutes Motiv für das war, was ich dann tat, aber das nehme ich in Kauf. Denn statt zu einer Spirituosenhandlung zu gehen, was ich ehrlich gesagt zunächst vorhatte, beschloß ich, zu versuchen, Luke zu finden. Ich weiß wirklich nicht, warum ich das tat. Vielleicht wollte ich gerade ihm nicht die Genugtuung geben, mich im Suff sehen zu können. Vielleicht dachte ich auch in meinem Größenwahn, er könnte dann den anderen helfen, zu verstehen, was mit mir geschehen war. Tief im Innern hoffte ich vermutlich, daß ich mit seiner Hilfe begreifen könnte, was mit mir geschah und mich so vor dem Saufen retten, was ich in diesem Moment als unvermeidbar empfand.

„Luke", sagte ich, als ich ihn schließlich fand, „ich weiß nicht, was los ist: Mein Programm wirkt einfach nicht."

„Armer Junge", antwortete er. „Du bringst alles durcheinander. Dein Programm wirkt bestens. Ich frage mich bloß, wann du unser Programm ausprobieren wirst - das A.A.-Programm. Du hast echt ein schönes Programm: das sicherste, das ich kenne, und zwar der sicherste Weg, wieder besoffen zu werden. Es wirkt so gut, daß ich nicht verstehe, worüber du dich beschweren könntest.

Nun zu unserem Programm, dem Programm von A.A.: Dazu gehört es, ehrlich zu werden, in den Schritten zu arbeiten und vieles andere mehr, wofür du in deinem Programm keinen Platz hast. Obwohl unser Programm bei vielen verschiedenen Säufern recht guten Erfolg hatte, ist es nicht annähernd so schnell und sicher wie deins. Natürlich geht's bei A.A. um „was anderes - nämlich zum Beispiel um „Fortschritt, und nicht um Vollkommenheit"[5].

Also bitte mich lieber nicht, dir bei „deinem Programm" zu helfen, denn um die Wahrheit zu sagen, vor deinem Programm habe ich mächtigen Schiß. Wenn du dein Programm jedoch gegen unseres eintauschen willst, bin ich jederzeit gern bereit, dir dabei zu helfen.

Aber zu allererst will ich dir eins sagen, was du hoffentlich nie vergessen wirst, „Armer Junge": Wenn du anfängst, *„mein Programm"* zu denken, kriegst du Schwierigkeiten. Also rede nie mehr von „meinem" oder „deinem Programm" - denn ich kenne nur einen einzigen Weg, um nüchtern zu werden, und das ist unser Programm. Das solltest du besser nie wieder vergessen, solange du lebst, auch nicht für einen einzigen Augenblick."

Soviel ich weiß, arbeitet Luke, Gott segne ihn, immer noch in unserem Programm, auch wenn er schon ungefähr fünfundzwanzig Jahre tot ist. Er arbeitet darin, weil er jedesmal in mir wieder lebendig wird, wenn ich jemanden höre, der „mein Programm" sagt - wie sinnvoll dieser Ausdruck in dem betreffenden Zusammenhang auch sein mag. In solchen Momenten spüre ich Lukes Liebe zu „unserem Programm". Deshalb bin ich heute abend hier und gebe seine Botschaft weiter: Wenn ihr mit eurem Programm unzufrieden seid, dann probiert doch „mal unser Programm aus. Denn das ist es eben, worum es bei *Alcoholics Anonymous* geht und was jeder einzelne unserer Schritte für mich bedeutet. Und das ist meiner Ansicht nach das höchste Maß an „Reife", das ich je erreichen kann.

Gestern abend bei der Diskussion über den Sechsten Schritt war ich einer von denen, die „mein Programm" gesagt hatten. Obwohl mir diese Worte wieder einmal herausrutschen können, bezweifle ich, ob ich sie je wieder auf die gleiche Art höre. Denn ich meine, ich habe eine wichtige Wahrheit gelernt: Wenn mit „meinem Programm" etwas nicht stimmt, liegt das wahrscheinlich daran, daß es „mein Programm" *ist*. Um in der Nüchternheit wachsen zu können, brauche ich das gleiche, was mir dazu verhalf, nüchtern zu werden: das Programm von A.A., unser Programm und die Gemeinschaft. Das ist das einzige, was „uns" verwirklicht.

Anmerkungen des Übersetzers:

[1] *„We have met the enemy and he is us"*. **Pogo** ist eine Comic-Figur aus einem Comic-Strip des berühmten amerikanischen Zeichners Walt Kelly (eigentlich *Walter Crawford Kelly*). Er wurde am 25. August 1913 in Philadelphia geboren und starb am 16. Oktober 1973 in Los Angeles. 1935 ging er nach Hollywood und arbeitete als Trickfilmzeichner für die Walt-Disney-Produktion. Ab 1940 lebte er als kommerzieller Künstler in New York. 1943 erschien Pogo erstmalig in einem seiner Comic-Bücher, später als täglicher Streifen im *New York Star*, der im Januar 1949 aufgelöst wurde. Seither erscheint Pogo täglich in der *New York Post* und inzwischen auch in vielen anderen Zeitungen. Die Figuren in „Pogo" sind Tiere, die im *Okefenokee Swamp* in *Georgia* leben. Pogo selbst ist ein bescheidenes Beuteltier (Possum). Andere Charaktere sind Howland, die Eule, Albert, der Alligator und die Schildkröte „Churchy La Femme'. Der Comic ist sehr gut gezeichnet und der Text hinterlistig humorvoll, literarisch, geistreich und witzig, gelegentlich politisch pointiert. Oft werden Tiere mit einbezogen, die Politikern oder Prominenten ähneln. Ab 1951 erschien Pogo als Comic-Heft. [The New Encyclopaedia Britannica, U.S.A. 1994].

[2] *Poor Boy*: „Armer Junge" - hier als Spitzname.

[3] *Twelve Steps and Twelve Traditions* („Zwölf Schritte und Zwölf Traditionen"); 63/59: „This is the Step that separates the men from the boys."

[4] *Stick with the winners*.

[5] *Alcoholics Anonymous*: 60/69.

86. Tag / Einsicht und Mut

Erfolg in der Psychotherapie - i.e. die Fähigkeit, sich selbst in einer Richtung zu verändern, in der man sich ändern will - erfordert eher Mut als Einsicht.

- Thomas Szasz[1]

EINE DISKUSSION ÜBER DEN ELFTEN SCHRITT VON A.A. erweist sich fast immer als eine sehr lohnende Erfahrung. Die kurzen Worte dieses Schrittes enthalten insgesamt mindestens sieben Themen: *Gebet, Meditation*, zwei oder vielleicht drei in *Vertiefung unserer bewußten*

Verbindung zu Gott, wie wir Ihn verstanden und weitere drei oder vier in *beten nur um die Erkenntnis Seines Willens für uns und um die Kraft, ihn auszuführen*[2]. Ich habe Beiträge zu all diesen Themen gehört und konnte daraus jedesmal einen Nutzen für meinen eigenen Fortschritt in der Nüchternheit ziehen.

Wie so oft drehte sich die Diskussion gestern abend um „die Erkenntnis Seines Willens für uns". Erst gegen Ende der Diskussion behauptete jemand, daß diese Erkenntnis, so wichtig sie auch sein mag, nur die Hälfte sei - zumindest in der Formulierung dieses Schrittes. Wir konzentrieren uns auf den vorderen Teil und anscheinend vergessen oder ignorieren wir dabei allzu oft seinen Schlußsatz: „und die Kraft, ihn auszuführen".

Das überrascht mich nicht. Einerseits leben wir in einer Kultur, die sich an Erkenntnissen orientiert und dazu neigt, den Wert von Einsichten zu unterschätzen. Und andererseits tendieren besonders wir bei *Alcoholics Anonymous* mit Recht dahin, den Ansprüchen von „Willen" und „Mut" zu mißtrauen: Wir konnten nicht mit dem Trinken aufhören, weil wir es wollten, sondern weil wir vor unserer Machtlosigkeit gegenüber dem Alkohol kapitulierten. Wir leugnen nicht, daß Mut in unserer Nüchternheit seinen Stellenwert hat. Aber aufgrund unserer Vorsicht vor der falschen Anmaßung des „Schnapsmutes", der in der Vergangenheit unserer Trinkerei Vorschub leistete, neigen wir vermutlich zur Unterbewertung von Courage.

Und doch steckt eine tiefe Weisheit hinter der Verbindung von „Erkenntnis" und „Kraft" im Elften Schritt. Erst einmal kann uns diese deutliche Verknüpfung der beiden verschiedenen und doch verwandten Begriffe vor der Falle bewahren, zu leicht zu denken, daß Wissen Macht sei. Manchmal ist Wissen in gewisser Hinsicht „Macht": Derartige Kenntnisse ermöglichen eine Beherrschung äußerer Gegebenheiten. Aber die Art von Weisheit, die wir bei A.A. finden, ist weder eine Ursache noch ein Aspekt von „Kontrolle": Sie signalisiert und ermöglicht eher die Bereitschaft zu akzeptieren - auch das als Wirklichkeit hinzunehmen, was wir nicht kontrollieren können und demgegenüber wir machtlos sind.

Diese Hinnahme, diese Bereitschaft zu akzeptieren, erfordert und beinhaltet einen eigenständigen Mut. Wahrscheinlich bringen wir gedanklich Mut zu oft mit Kämpfen und Feigheit mit Fliehen in Verbindung. Aber es gibt auch noch andere Möglichkeiten als Kampf oder Flucht. Eigentlich gibt es für den Alkoholiker oder Drogenabhängigen *nur* andere Möglichkeiten. Der Kampf gegen die Sucht oder die Flucht vor der Flasche sind nie erfolgreich. Das können die meisten Alkoholiker mit ihrer eigenen Erfahrung reichlich belegen. Unser Alkoholismus läßt sich weder erfolgreich angreifen noch können wir vor ihm weglaufen. Diejenigen, die diese Möglichkeiten ausprobieren - was wir alle eine Zeitlang getan haben - lernen die Bedeutung der Tatsache kennen, die in dem Kapitel „Wie es wirkt" kurz zusammengefaßt ist: „Denken Sie daran, daß wir es mit Alkohol zu tun haben - hinterlistig, verwirrend, mächtig."[3]

„Kampf oder Flucht" steht daher nicht für Mut oder Feigheit, sondern für Aussichtslosigkeit. Der Alkoholiker kann weder kämpfen noch fliehen: Er kann nur dastehen. Es gibt jedoch zwei Arten dazustehen, und das sind die Alternativen des Alkoholikers. Wer dasteht, kann sich der Wirklichkeit entweder stellen oder sich vor ihr verstecken - sie verleugnen. Die erste Möglichkeit, die Konfrontation, heißt Akzeptieren und erfordert Mut. Leugnen ist die äußerste Feigheit.

Das verstehe ich unter der Verknüpfung von Wissen und Kraft - von Einsicht und Mut - was wir gemäß dem Elften Schritt suchen und erbeten sollen. Um sich der Wirklichkeit zu stellen, muß man sie kennen; um die Wirklichkeit zu kennen, muß man sich ihr stellen. Das Wissen und die Kraft - die Einsicht und der Mut, die im Elften Schritt von A.A. gesucht werden, beruhen auf Gegenseitigkeit. Es ist unmöglich, das eine ohne das andere zu besitzen, denn das eine wird nur durch die Anwendung des jeweils anderen erreicht.

Wie das getan wird, ist eins der größten Rätsel aller Zeiten. Jedes Zeitalter und auch jeder einzelne Mensch neigen zum Wankelmut: Zuerst wird Einsicht auf Kosten von Mut überbewertet, dann wird der Nutzen von Mut und Macht aus Unkenntnis des Wertes von Weisheit und Wissen überschätzt. Wir lösen das ewige Problem der Philosophie bei *Alcoholics Anonymous* nicht völlig: Durch die Anleitung der Schritte, insbesondere des Elften Schrittes, können wir es jedoch auf einen Nenner bringen. Wir konfrontieren uns damit und finden eine persönliche Lösung für die Anwendung in unserem täglichen Leben.

Denn wir lernen zwei wichtige Wahrheiten kennen und praktizieren sie: Erstens hängen „die Erkenntnis Seines Willens für uns" und „die Kraft, ihn auszuführen" miteinander zusammen; zweitens müssen wir beides suchen und dafür beten. Denken wir zuerst an Weisheit, an „die Erkenntnis Seines Willens für uns". Wir akzeptieren, daß wir sie brauchen, und wir bitten darum - wir suchen danach. Zu wissen, daß Weisheit gesucht werden muß, ist vielleicht die endgültige Weisheit. Mit dem Elften Schritt von A.A. sind wir demnach gut beraten.

Aber was ist mit „der Kraft, ihn auszuführen"? Wie kann ein Programm, das sich auf das Akzeptieren der Machtlosigkeit gründet, Mut ermöglichen und hervorrufen? Wieder bitten - beten - wir darum. Aber das ist noch nicht die ganze Antwort, denn der Elfte Schritt ist nicht das gesamte A.A.-Programm. Eigentlich lenkt der Elfte Schritt unsere Aufmerksamkeit hier auf A.A. als Gemeinschaft, wie mir scheint.

Wie lernt jemand, der „dasteht", sich zu stellen, anstatt sich zu verstecken und zu leugnen? Die Antwort, die ich auf meine Suche und meine Gebete finde, liegt in der Identifizierung mit anderen, die ebenfalls suchen und beten. Meine Höhere Kraft klopft mir nicht auf die Schulter und beantwortet meine Fragen oder Gebete direkt. Deshalb brauche ich *Alcoholics Anonymous*. Ja tatsächlich, daß ich A.A. brauche, ist vielleicht sogar die direkteste Erkenntnis und Gnade, die mir meine Höhere Kraft je gewährt hat.

Dadurch, daß ich mich mit anderen identifiziere, die das gleiche tun, werde ich ermutigt, mich der Wirklichkeit zu stellen. Das Gefühl, nicht allein zu sein, bahnt sich einen Weg durch das Verstecken und Verleugnen. Die Erkenntnis, daß sich andere stellen, schenkt uns den Mut, uns selbst zu stellen.

Mut suchen wir ebenso, wie wir Einsicht suchen: „durch Gebet und Meditation", in erster Linie jedoch durch unsere Identifizierung mit anderen Alkoholikern. In dieser Hinsicht kann jedes A.A.-Meeting als feiner dialektischer Prozeß verstanden werden, wobei die Einsicht den Mut ermöglicht und der Mut weitere Einsicht nährt. „Die Erkenntnis Seines Willens für uns" und „die Kraft, ihn auszuführen" erzeugen sich dabei gegenseitig, und durch die Mitteilung der Erfahrung, Kraft und Hoffnung von jedem Mitglied werden beide vervollständigt.

Die meisten Leute akzeptieren den Gedanken, daß Einsicht - Wissen - erlernt werden kann, wenn man danach sucht. Zu viele Menschen vergessen oder ignorieren, daß Mut auch übertragen und gewonnen werden kann, wenn er durch Identifizierung angestrebt wird.

A.A. ermutigt uns, Gelassenheit, Mut und Weisheit zu suchen.[4] Für diese drei Dinge gilt, daß man keines ohne die anderen besitzen kann.

Viele Leute wissen das, oder wenigstens vermuten sie es. Wenn wir den Elften Schritt erreichen, genießen wir bei *Alcoholics Anonymous* das Privileg, daß wir nicht nur erfahren, wie wahr das ist, sondern auch, wie wir dieses Versprechen verwirklichen können.

Anmerkungen des Übersetzers:
[1] Szasz, Thomas. *The Second Sin*. Anchor Press, 1973.
[2] *Alcoholics Anonymous*: 59 f./69.
[3] *Alcoholics Anonymous*; 58 f./68: „Remember that we deal with alcohol - cunning, baffling, powerful!"
[4] Vgl. 80. Tag (Einfache Antworten), Anmerkung [3].

87. Tag / Bewußte Verbindung

Jetzt höret das Wort des Herren.

- Hesekiel[1]

IN DIESEN TAGEN SCHEINT SICH FÜR MICH ALLES UM DEN ELFTEN SCHRITT zu drehen - es soll wohl so sein. Gestern abend ging es wieder einmal um das Paradoxe, das in der vorletzten Empfehlung unseres Programmes enthalten ist, nur diesmal versuchte sich eine andere Gruppe daran. Beleuchtet wurde die Vorstellung: „unsere bewußte Verbindung mit Gott vertiefen"[2].

Diese kurze Wendung hat es in sich. Sie scheint sowohl den Anspruch von A.A., „eher spirituell[3] als religiös[4]" zu sein[5], als auch den gewaltigen Unterschied zwischen *Alcoholics Anonymous* und allen anderen Therapieformen ins rechte Licht zu rücken.

Allem Anschein nach nimmt Religion für sich in Anspruch, uns in „bewußte Verbindung mit Gott" zu bringen, wie Er als Ausdruck einer bestimmten Glaubensanschauung verstanden wird. Meiner Ansicht nach läßt sich sogar sagen, daß manche Erscheinungsformen von Religion behaupten, dieser bewußte Kontakt zu sein. Vielleicht sind sie das. Nicht nur die Tatsache, daß viele rechtschaffene Menschen dies bei ihrer Religionsausübung empfinden, sondern der Begriff Religion selbst - der „eine gemeinsame Rückverbindung" bedeutet[4] - scheint diese Auffassung zu unterstützen.

Folgendes ist jedoch interessant: *Alcoholics Anonymous* ist in seinem Elften Schritt sorgfältig darum bemüht, als *Voraussetzung*[6] anzunehmen, was Religion als *Ziel*[7] für sich in Anspruch nimmt - daß wir nämlich bewußten Kontakt mit Gott haben. Was diese Annahme ermöglicht, ist vielleicht die Tatsache, daß A.A. nicht versucht, Gott zu erklären oder zu definieren, sondern das individuelle Verständnis der eigenen Mitglieder akzeptiert.

Nachdem es nun diese Voraussetzung akzeptiert hat, braucht A.A. nicht nahezulegen, daß die geschilderte Verbindung hergestellt oder perfektioniert wird, sondern es steht ihm frei, einfach anzuregen, daß sie vertieft[8] wird. Die Formulierung „zu vertiefen suchen" setzt stillschweigend voraus, daß etwas bereits vorhanden und außerdem unvollkommen ist. A.A. fordert und verspricht also wie immer „eher Fortschritt als Vollkommenheit"[9]. Fortschritt beinhaltet, daß man zwar noch weiter vorankommen muß, jedoch sicher vorwärts gehen kann, weil man auf dem richtigen Weg ist.

Gemäß ihrer Tradition behaupten religiöse Lehrer, „*den* Weg" zu besitzen, und drängen auf „Streben nach Vollkommenheit". Das ist vermutlich ihre Aufgabe. Doch die Mitglieder von *Alcoholics Anonymous* geben sich mit „weniger" zufrieden, denn für sie als Alkoholiker ist das „mehr" - die Weiterentwicklung der Vertiefung. Menschen, die einst süchtig danach waren, Gott zu spielen, bleiben für diese Sucht stets anfällig: Die stillschweigende Untertreibung bei dem Ziel des Elften Schrittes schützt uns vor unserer Verwundbarkeit.

Aber die Anspielungen „spirituell statt religiös" und auch „Fortschritt statt Vollkommenheit" sind alte Hüte. So wertvoll diese Mahnungen sind, sie reflektieren nur die Hälfte des Stellenwertes von A.A. in der Geschichte des Denkens und der Bedeutung A.A.'s in der Geschichte der Moderne im zwanzigsten Jahrhundert. Denn wir leben nicht in einem religiösen, sondern in einem wissenschaftlichen Zeitalter. Und die Psychologie steht als leuchtendes Beispiel an der Spitze aller Humanwissenschaften. Trotz aller Vorbehalte und Befähigungen derjenigen Psychologen, die sich an eine Religion gebunden fühlen, versucht die Psychologie aufgrund ihres eigenen Wesens in gewissem Sinne das Ziel zu erreichen, das prämoderne Generationen für die Aufgabe der Religion hielten - nämlich die Heilung von nicht-körperlichen Krankheiten.

„Therapie"[10] ist ein sehr gebräuchlicher - und häufig mißbrauchter - Begriff für modernes Heilen. Wir wollen ihn einfach akzeptieren, und zwar als etwas, das Heilung durch Fürsorge[11] mindestens ebenso fördert wie das Kurieren[12]. Kurieren bedeutet nach dieser Auffassung die Wiederherstellung des vorherigen, nicht-kranken Zustandes. Fürsorge läuft darauf hinaus, es dem Leidenden zu ermöglichen, mit seiner Krankheit leben zu können: Die Grundbedingung bleibt bestehen. *Alcoholics Anonymous* ist zumindest in diesem Sinne Therapie. Bei A.A. finden wir Heilung, aber wir werden nicht von unserem Alkoholismus kuriert: Wir bleiben Alkoholiker, aber als solche lernen wir, für uns selbst und für andere Alkoholiker zu sorgen. Eigentlich kümmern wir uns um unseren eigenen Alkoholismus, indem wir andere Alkoholiker betreuen, und zwar durch das Teilen unserer Erfahrung, Kraft und Hoffnung.

Wie unterscheidet sich nun *Alcoholics Anonymous* von anderen Therapieformen, insbesondere von Psychotherapie? Ein besonders bedeutungsvoller Unterschied verbirgt sich anscheinend hinter einem scheinbar harmlosen Wort im Elften Schritt von A.A.: *bewußt*.

Meiner Ansicht nach läßt sich trotz der fast unglaublichen Vielfalt behaupten, daß alle anderen Therapien die Bewußtmachung des Unbewußten anstreben. Die Entdeckung des Unbewußten, wie wir es verstehen, wird im allgemeinen Siegmund Freud[13] zugeschrieben. Sein ausdrückliches Ziel hieß: „Wo ein *Id*[14] ist, kann auch ein *Ego*[15] sein." Das ist vielleicht die klarste Darlegung dieser Stoßrichtung in modernen Begriffen. Mit anderen Worten: Jegliche Therapie will anscheinend das Ziel erreichen, was früher als der Ursprung aller Erkenntnis verstanden wurde[16] - und das Verborgene offenbaren.

Der Elfte Schritt von A.A. bewirkt etwas anderes, wie mir scheint. Er konzentriert sich auf einen Kontakt, der nicht nur schon vorhanden, sondern auch schon bewußt ist. Sein Ziel ist nicht die Bewußtmachung, sondern „die bewußte Verbindung zu vertiefen". Der Elfte Schritt setzt also nicht nur eine Verbindung voraus, sondern auch das Bewußtsein der eigenen Verbindung mit der endgültigen Wirklichkeit, nämlich mit Gott.

Ob die vorangegangenen Schritte diese bewußte Verbindung auch voraussetzen oder sie erst herstellen, wird anscheinend offen gelassen. Weil A.A. - genaugenommen - weder Theologie noch Therapie ist, kann und muß diese Frage im Einzelfall nur von jedem einzelnen Mitglied von *Alcoholics Anonymous* selbst beantwortet werden. Doch mir scheint, daß uns der Elfte Schritt dazu auffordert, über diese Frage eigenständig nachzudenken und ihre Wichtigkeit und Bedeutung anhand unserer eigenen Genesung zu überprüfen.

Wie war meine Verbindung zu Gott, als ich zum ersten Mal zu *Alcoholics Anonymous* kam? Und wie diese Verbindung auch aussah, wie bewußt war sie? Im Elften Schritt von A.A. versuchen wir nicht, das *Bewußtsein von* Verbindung und auch nicht bloß die *Verbindung* selbst zu vertiefen. Statt dessen versuchen wir, *die bewußte Verbindung zu vertiefen*: Das scheint mir ein Unterschied zu sein. - Vielleicht ist das der Grund, *warum* es „durch Gebet und Meditation" geschehen muß.

Manchmal frage ich mich hinsichtlich „Gebet und Meditation": Wie soll ich das tun? Es kann mir bei der Lösung des Problems vielleicht helfen, wenn ich mich an den Zweck erinnere, den sie im A.A.-Programm erfüllen: Gebet und Meditation sollen meine bewußte Verbindung zu Gott, wie ich ihn verstehe, vertiefen. Die Tiefgründigkeit dieser einfachen Antwort wird um so deutlicher, je mehr ich über Religion nachdenke, und noch viel klarer, je mehr ich mich mit moderner Therapie auseinandersetze.

Anmerkungen des Übersetzers:

[1] *Hesekiel*: in Luthers Bibelübersetzung Name für Ezechiel. Prophet in Babylon um 600 v.Chr.

[2] Vgl. *Alcoholics Anonymous*: 59/69.

[3] *spirituell*: geistig, geistlich, Geist oder Seele bzw. das Unsichtbare, nicht Greifbare betreffend [14. Jahrhundert: Alt-Französisch: *esperit*; Latein: *spíritus* Atem, Geist, Luft; *spíráre* atmen; *asper* Anhauch].

[4] *religiös*: fromm, gläubig, die *Religion* betreffend [12. Jahrhundert: Latein *religió* Furcht vor dem Übernatürlichen, Pietät, Frömmigkeit, Ehrfurcht, genaue Beachtung; wahrscheinlich von *religáre* festbinden, befestigen; *re-* zurück + *ligáre* binden].

[5] Vgl. *Alcoholics Anonymous Comes of Age* („AA wird mündig"): 162 f./237 f.; *As Bill Sees It* („Wie Bill es sieht"): 95/II; Vorwort von *Came to believe...* („Wir kamen zu dem Glauben...").

[6] *assume*: annehmen, voraussetzen, unterstellen, übernehmen, auf sich nehmen, bekommen, sich zulegen, sich geben, sich angewöhnen; sich anmaßen, aneignen, vorschützen, vorgeben, heucheln [Latein *assúmere* annehmen von *súmere* in Gebrauch nehmen, unternehmen - *sub-* unter + *emere* nehmen].

[7] *achieve*: zustande bringen, vollbringen, schaffen, leisten; erlangen; erreichen; erzielen [Altfranzösisch *achever* zu Ende bringen, aus der Phrase *à chef* zu einem Oberhaupt, zu einem Entschluß].

[8] *improve*: verbessern, verfeinern, verschönern, erhöhen, steigern, vertiefen, veredeln, voranbringen, ausbauen, erweitern, sich weiterbilden, aufbessern, erschließen, im Wert steigern, kultivieren, meliorieren, ausnützen [Anglo-Französisch *emprouer* Nutzen ziehen aus *en* zum + *prou* Profit; Kirchenlatein *próde* wohltuend; Latein *pródesse* vorteilhaft sein *pro-* dafür + *esse* sein].

[9] Vgl. *Alcoholics Anonymous*: 60/69.

[10] *therapy*: Therapie, Heilbehandlung, Behandlung, Heilverfahren [Kirchenlatein *therapia* von Griechisch *therapeia*: Pflege, Begleitung, Anwesenheit - *therapeion* bedeutet auch Freund!].

[11] *care*: Sorge, Kummer; Sorgfalt, Aufmerksamkeit, Vorsicht; Obhut, Schutz, Fürsorge, Betreuung, Pflege, Aufsicht, Leitung, Pflicht; übrigens auch Akronym für *communicated authenticity, regard, empathy*: die drei Qualitäten, die als Essenz klinischer Therapie gelten (mitgeteilte Glaubwürdigkeit, Beachtung, Einfühlung). [Alt-Englisch *cearu*, verwandt mit Mittelhochdeutsch *chara* „jammern" und Latein *garríre* schwatzen].

[12] *cure*: Mittel, Heilmittel, Rezept; Kur, Heilverfahren, Behandlung; Heilung; Seelsorge [Alt-Französisch *curer* Latein *cúráre* pflegen, heilen].

[13] Freud, Siegmund (1856-1939); österreichischer Psychiater. Gilt als Begründer der Psychoanalyse.

[14] *id*: Lateinisch für „es".

[15] *ego*: Lateinisch für „ich".

[16] Aurelius Augustinus (354-430), Heiliger Kirchenlehrer und ab 395 Bischof von Hippo definierte so den Glauben: „*Für wahr halten, was man nicht sieht.*"

88. Tag / Ein einfaches Werkzeug sein

Der Mensch ist ein Tier, das Werkzeuge benutzt. Nirgendwo findet man ihn ohne Werkzeuge. Ohne Werkzeuge ist er nichts, mit Werkzeugen ist er alles.

- Thomas Carlyle[1]

ES WAR EINMAL VOR LANGER ZEIT, als ich noch keinen Alkohol trank, da sah mir ein weiser und sogar heiliger Mann tief in die Augen und sagte: „Du Einfaltspinsel"[2]. Seine Augen funkelten, und er sprach diese Worte ohne Groll - eigentlich waren sie sogar zweierlei: ein Kompliment und auch eine Herausforderung. In diesem Augenblick verstand ich seine Botschaft und ihre Bedeutung: Bestenfalls sind wir Werkzeuge einer Kraft, die größer ist als wir selbst. Und wenn wir das nicht vergessen, dann könnten wir vielleicht akzeptieren, daß das einfachste Werkzeug am besten sein kann.

Es erübrigt sich zu erzählen, daß ich diese Botschaft in den Jahren meiner zwanghaften Trinkerei vergaß. Ich bin auch nicht ganz sicher, ob ich sie inzwischen schon wieder gelernt habe - obwohl diese Seiten hier vielleicht einen Versuch in dieser Richtung zeigen. Doch die Erinnerung bleibt zurück - sie fordert mich immer wieder heraus, und gelegentlich beschämt sie mich. Vielleicht liegt es daran, daß ich nicht so geschickt mit Dingen umzugehen verstehe, die gewöhnlich als *Werkzeuge* bezeichnet werden. Wie dem auch sei, ich finde ich die Vorstellung eines *Werkzeuges* faszinierend.

Ein Werkzeug ist etwas, das gebraucht wird, um irgend etwas anderes zu tun. Seine Bedeutung besteht einzig und allein in der von ihm erzeugten Wirkung. Vor langer Zeit meinte mein Sponsor, ich solle „meine Spielsachen beiseite legen und die Werkzeuge in die Hand nehmen". Das scheint ein inoffizieller A.A.-Grundsatz zu sein. Und unter der Überschrift „Es gibt eine Lösung" las ich auf Seite 25 des *Blauen Buches*: „... da blieb uns nichts weiter übrig, als das einfache spirituelle Handwerkszeug aufzuheben, das vor unseren Füßen ausgelegt war."[3]

Immer wenn ich bei A.A. das Wort *Werkzeug* höre, spitze ich die Ohren. Es gab Werkzeuge, die mich zunächst trocken und später nüchtern machten. Also gibt es vermutlich auch Werkzeuge, die meinen Fortschritt in der Nüchternheit fördern können. Wenn es stimmt, was manche Denker annehmen, daß die Menschen nämlich Tiere sind, die Werkzeuge machen, dann will dieses Tier auch die Werkzeuge finden oder formen, die zum nüchternen Wachstum passen. Und gestern abend wählte die Gruppe, die ich besuchte, auf Waynes Vorschlag hin das Thema „Werkzeuge von A.A.".

„Welche Werkzeuge unseres Programmes findet ihr besonders hilfreich und wofür?" fragte Wayne. „Als ich hier noch neu war, wurde mir gesagt, ich müßte die Werkzeuge benutzen. Das habe ich dann auch zu tun versucht. Aber jetzt bin ich schon eine ganze Weile dabei - und wenn ich mich hier so umsehe und die verschiedenen Entwicklungsstadien betrachte, die jeder hier so durchmacht - dann frage ich mich, ob der eine oder andere von euch nicht vielleicht irgendwelche „Werkzeuge' benutzt hat, die ich noch nicht kenne.

Die Schritte, die Slogans, das Gelassenheitsgebet - Meetings, Telefonate und Gespräche nach den Meetings, das sind so ziemlich alle Werkzeuge, die ich kenne. Gibt es noch mehr? Und was die anbetrifft, die ich genannt habe: Wie entscheidet ihr eigentlich, wann ihr welches benutzt? Vielleicht sind das dumme Fragen, aber ich bin Schreiner, und deshalb weiß ich, wie wichtig es ist, bei jeder Arbeit das richtige Werkzeug zu benutzen. Ich würde mich also freuen, wenn wir heute abend über die Werkzeuge unseres Programmes sprechen. Denn wie mir scheint, erwähnen wir sie zwar häufig, aber wir setzen uns selten eingehend damit auseinander."

In diese Gruppe kommen allerlei Handwerker. Vielleicht war das der Grund, warum sich die Teilnehmer mit Begeisterung auf dieses Thema stürzten. Es gibt wenige Ausdrucksformen der Kunst, die mich mehr beeindrucken als ein geschickter Kunsthandwerker, der mit den Werkzeugen seiner Zunft gut umgehen kann. Für meine Gefühle war jeder Redner vor allem ein Meister in der Kunst der Nüchternheit - obwohl die Mitglieder der Gruppe mit den unterschiedlichsten Berufen ihren Lebensunterhalt verdienten.

Zunächst wurde festgestellt, daß Nüchternheit etwas ist, das durch Werkzeuge geformt wird. Und das bedeutet, daß keines der Werkzeuge, nicht einmal das A.A.-Programm selbst, das Ziel an sich sein kann. Ein erfahrener Handwerker lernt, auf seine Werkzeuge zu vertrauen, aber der Beweis des Könnens zeigt sich in jedem Gewerbe am fertigen Produkt. Bei *Alcoholics Anonymous* wissen wir deshalb, daß wir die richtigen Werkzeuge haben, weil wir überall um uns herum Beispiele von Nüchternheit sehen, die durch ihre Benutzung zuwegegebracht worden ist. Außerhalb von A.A. gibt es andere Werkzeuge, die nach Meinung anderer Leute dieselben Ergebnisse erzielen können. Im allgemeinen fehlt allerdings noch der Beweis dafür, daß andere Werkzeugkästen das vollbringen, was das einfache spirituelle Handwerkszeug von A.A. leistet - zumindest für uns.

Nachdem die richtige Werkzeugausrüstung feststeht, die wir im A.A.-Programm finden, ist es natürlich auch nötig, das richtige Werkzeug auszuwählen. Das ist einer der Gründe, warum die Schritte numeriert sind. Für den Neuen im ersten Meeting ist ein Einsatz im Zwölften Schritt kein passendes Werkzeug. Diejenigen, die durch ihre eigene Nüchternheit die A.A.-Werkzeuge meistern gelernt haben, finden es demgemäß meist nützlich, bloßen Lehrlingen zu zeigen, wie bestimmte Werkzeuge - zum Beispiel die Slogans - zu gebrauchen sind. „Mach' es dir nicht zu schwer, aber mach' es"[4] und „das Wichtigste zuerst, aber das Zweitwichtigste auch und das Drittwichtigste als nächstes"[5] sind Empfehlungen, die sich anbieten.

Wie die meisten Hauseigentümer besitze auch ich einen Werkzeugkasten. Aber ich bin oft zu faul, ihn hervorzuholen. Deshalb sagt man mir nach, daß ich das gute Silberbesteck benutze, um eine verflixte Schraube zu lockern und mit meinem Schuhabsatz Nägel einschlage. Selbst wenn ich mir die Mühe mache, meinen Werkzeugkasten zu holen, habe ich auch schon so dilettantische Dinge getan, wie mit einem Schraubenzieher im Abfalleimer herumzustochern. Wenigstens bin ich schlau genug, um zu wissen, daß man die Steckdosen damit lieber nicht überprüfen sollte.

Mit anderen Worten, anscheinend ist es notwendig, nicht nur ein brauchbares Werkzeug zu wählen - man muß es auch richtig benutzen. Und wenn ich das nicht tue, liegt das häufiger an meiner Ungeduld als an meiner Unkenntnis. Der Vergleich scheint zu passen. Ich bin lange genug bei A.A., um unsere Werkzeuge zu kennen und ihre zweckmäßige Verwendung sogar einzusehen. Aber manchmal bin ich zu faul, um nach dem Werkzeug zu greifen, von dem ich weiß, daß ich es eigentlich brauche. Und ein anderes Mal kann mich meine Ungeduld dazu bringen, bewußt das richtige Werkzeug zu ignorieren und vergeblich nach „einem leichteren, sanfteren Weg"[6] zu suchen. Ausnahmslos erziele ich damit eher destruktive als konstruktive Ergebnisse an meinem Gebäude der Nüchternheit, das ich angeblich errichten will.

Es gibt noch eine weitere Perspektive bei diesem Vergleich, und die paßt besser zu den Werkzeugen, die ich in meinem Beruf benutze. Der richtige Gebrauch von Werkzeugen kann Spaß machen und befriedigend sein. Trotzdem sind Werkzeuge keine Spielsachen. Manchmal habe ich den Verdacht, daß Reife letztlich darin besteht, daß man den Unterschied zwischen einem Werkzeug und einem Spielzeug kennt. Wir erreichen natürlich nie etwas Endgültiges. Wenn ich mich auf meinem Schreibtisch umsehe, werde ich wirklich an den Witz erinnert, den alle Frauen kennen: Der wesentlichste Unterschied zwischen einem Mann und einem Jungen ist der Preis seiner Spielsachen.

In manchen Lebensbereichen ist das nur eine relativ harmlose Schwelgerei von mir. Aber wenn es direkt um meine Nüchternheit geht, stimmt das nicht mehr. Obwohl wir manchmal auch verspielt sein mögen, gibt es bei *Alcoholics Anonymous* keine Spielsachen. Wahrscheinlich bin ich in der Nüchternheit noch ein Kind und werde es immer sein. Daher kann es mir passieren, daß ich diesen Unterschied vergesse. Wenn ich an die Werkzeuge erinnert werde, hilft mir das auf jeden Fall, daran zu denken.

Trotz des weisen Rates in meiner Jugend führte mein Alkoholismus dazu, daß ich selbst als Einfaltspinsel versagte. Wenn ich durch meine jahrelange Trinkerei „einfach" wurde, beruhte das lediglich auf der Einfältigkeit meiner Jagd nach Alkohol. Und wenn ich ein „Werkzeug" wurde, war ich ein Werkzeug des Alkohols - „verschlagen, trügerisch, mächtig"[7].

Heute in der Genesung bete ich gelegentlich darum, daß ich meine jugendliche Vision wiedergewinnen möge, diese vergeudete Berufung zur „Einfachheit", wie immer es meiner Höheren Kraft gefällt. Aber in der Zwischenzeit verfolge ich dieses Ziel lieber praktisch, indem ich die einfachen Werkzeuge, die mir A.A. für mein Streben nach Fortschritt in der Nüchternheit anbietet, respektvoll und dankbar benutze. Ich weiß es zu schätzen, wenn ich daran erinnert werde. Das ist ein großartiges Geschenk, für das ich dankbar bin.

Anmerkungen des Übersetzers:
[1] Carlyle, Thomas (1795-1881). Schottischer Essayist und Historiker. Beschäftigte sich stark mit der französischen Revolution und legte seine Hauptgedanken in dem historischen Werk *On Heroes and Hero-Worship* nieder.
[2] „*You simple tool*" (wörtlich): „Du einfaches Werkzeug." Amerikanisches Schimpfwort, das in etwa „Du Einfaltspinsel" bedeutet.
[3] Vgl. *Alcoholics Anonymous*, 25/30: „... there was nothing left for us but to pick up the simple kit of spiritual tools laid at our feet."
[4] *Easy does it - but do it.*
[5] *First things first, but second things second and third things third.*
[6] Vgl. *Alcoholics Anonymous*: 58/67.
[7] *Alcoholics Anonymous*, 58f./68: „cunning, baffling, powerful!"

89. Tag / A.A. und das letzte Wort

Keine Geschichte ist für uns nach einer gewissen Zeit noch die gleiche: oder vielmehr wir, die sie lesen, sind nicht mehr dieselben Interpreten.
— George Eliot[1]

WIE VIELE PHRASEN BENUTZEN WIR TÄGLICH beinahe achtlos, Wendungen, die uns an unsere Geschichten ermahnen. Dabei ist es doch im Grunde genommen so wichtig, daß wir uns daran erinnern

und wissen, „wie wir waren, was geschah und wie wir heute sind"[2].
„Das erinnert mich daran"; „in diesem Zusammenhang ..."; „Wißt ihr noch, was passierte, als ..."; „Nach meiner eigenen Erfahrung ..." - Unsere Geschichten sind wir selbst.

„Selbst" ist einer dieser Begriffe, von denen wir gelernt haben, daß wir uns davor hüten müssen. Aus dem Zusammenhang herausgelöst zeigt er die Egozentrik an, die wir als „die Wurzel unserer Schwierigkeiten"[3] kennengelernt haben. Aber wir müssen uns selbst bestätigen: Ich kann nur mit anderen verbunden oder verwandt sein, wenn „ich selbst" existiere. Unsere Schwierigkeit ist, daß wir diese Gelegenheit zu leicht in ein Problem verwandeln, indem wir unser Einbezogensein aus den Augen verlieren.

Unsere Geschichten erzählen unsere Verbundenheit mit allen möglichen Realitäten. Man beachte das [englische] Wort *relate*[4]. Es geht auf eine Verbform zurück, die „zurück gebracht worden sein" bedeutet. Das Erzählen [*relating*] unserer Geschichten bringt uns mit unserem Einbezogensein in Verbindung und auf unsere wahre Natur zurück.

Ich will versuchen, das alles ein bißchen konkreter auszudrücken. Unsere Geschichten erzählen von unseren Beziehungen. Sie berichten nicht über unser Verhältnis zum Alkohol, sondern auch zu anderen Gegebenheiten. Abgesehen von uns selbst und dem Alkohol sind unsere Arbeit und unsere Liebe die naheliegendsten Tatsachen in unseren Geschichten. Gemäß der antiken Weisheit, die in allen heiligen Schriften übereinstimmt, und der auch verschiedene moderne Denker wie zum Beispiel Karl Marx[5] und Siegmund Freud[6] zustimmen, machen uns diese beiden Anliegen erst menschlich.

Meine eigene Geschichte schließt drei Berufswechsel und unzählige Gehversuche auf der Suche nach Liebe mit ein. Sie erzählt von der Studentenzeit, vom werdenden Schriftsteller und wie aus einigen Flirts eine Ehe wurde. Beide Reisen hatten viele Zwischenstadien. Ich kann meine Geschichte nicht üben - ihre Details auswendig lernen und rezitieren - ohne mich dabei selbst besser kennenzulernen, ohne mich durch das eigentliche Erzählen zu meiner derzeitigen Arbeit und meiner gegenwärtigen Liebe in einen präziseren Zusammenhang zu bringen. Deshalb werden wir durch das Erzählen unserer eigenen Geschichten dazu befähigt, immer nur für vierundzwanzig Stunden zu leben.

Zwei Gedanken fallen mir immer wieder auf: die Begriffe von „Prozeß" oder „Reise" und das Verhältnis zwischen „mir selbst" und „meinem Ich". Menschsein ist kein „Prozeß": Es ist vielmehr eine Reise, und meine Geschichte erinnert mich daran. Geschichten beschreiben keine Prozesse, sondern Pilgerschaften.

Wenn wir das Wort *Prozeß* zu leichtfertig benutzen, verwenden wir auch den Begriff *ich selbst* zu oberflächlich. Mein „Ich" ist eine wahre Gegebenheit, aber nur hinsichtlich und im Verhältnis zu anderen, „größeren" Realitäten[7].

Wenn ich mein eigenes „Ich" leben, das heißt ich selbst sein will, brauche ich anscheinend drei Beziehungen: Das, was wir *Arbeit* nennen, und was uns mit der Realität verbindet, die wir haben und tun. Das, was wir *Liebe* nennen, und was uns mit der Realität verbindet, die wir sind und werden können. Und schließlich das, was wir *Spiritualität* oder *Religion* nennen, und was uns mit einer Realität verbindet, die jenseits von Worten, aber nicht jenseits des Da-seins liegt.

Beim Erzählen meiner Geschichte offenbare ich mich auf einmalige Weise, auch vor mir selbst. Daher ist diese Geschichte mein eigenes Ich. Nur durch das Erkennen meiner Geschichte kann ich mich selbst entdecken. Nur durch das Verstehen meiner Geschichte kann ich das Ich werden, das ich wirklich bin.

Für einen Menschen, der vom Ich abgeschnitten ist und der eine verzerrte Wahrnehmung hat, die das Ego in den Mittelpunkt stellt, kann es weder eine heilsame Erfahrung noch eine Entdeckung der eigenen Geschichte geben. Wenn Menschsein bedeutet, eine Geschichte zu haben, dann erfordert eine menschliche Existenz das Verständnis der eigenen Geschichte als Geschichte.

Bevor ich A.A. fand, verstand ich mich selbst nicht. In meiner gestörten Wahrnehmung dachte ich, mein Ich sei der Mittelpunkt des Universums. *Alcoholics Anonymous* brachte mich mit meiner Geschichte in Berührung und durchbrach damit die doppelte Barriere meiner selbstzerstörerischen Egozentrik. Das heißt, A.A. schenkte mir mein Ich. Zuerst waren es die A.A.-Mitglieder, die mich zu einem Teil ihrer Geschichte machten. Danach wurden sie im Laufe der Zeit ein ständiger Teil von mir selbst.

Auf diese Weise stellte mir *Alcoholics Anonymous* die drei Beziehungen in Aussicht, die mich befähigen, ich selbst zu werden. Sein Programm beinhaltet nicht so sehr „Arbeit", sondern es lehrt vielmehr die Bedeutung und den Wert der „Arbeit im Programm". Aber es gibt auch Aufgaben, die erledigt werden müssen, und so lernen Neulinge den Wert der Arbeit bei ganz einfachen Diensten kennen, wie beim Stühle aufstellen und Kaffee kochen. Und „Liebe"? Wer kann die Identifizierung beschreiben, die es dem genesenden Alkoholiker erlaubt, das Ich in einem anderen Alkoholiker zu entdecken - ob er naß oder nüchtern ist? Ich frage mich manchmal, welches das größere Wunder ist: Wenn sich ein Trunkenbold in einem nüchternen Alkoholiker wiedererkennt oder wenn sich ein nüchterner Alkoholiker mit einem Betrunkenen identifiziert. Was nun schließlich die Spiritualität anbetrifft, da gilt zweifellos: Je weniger Worte, desto besser, denn alle wahre Spiritualität ist unaussprechlich.[8]

Dank A.A. besitze ich heute mein eigenes Ich, denn ich kann *ich selbst* sein. Weil mir das immer wieder klar wird, nutze ich jede Gelegenheit und Aufforderung dazu. Als Gegenleistung für dieses Geschenk verlangt A.A. nur eins von mir: daß ich meine Geschichte erzähle - daß ich meine Erfahrung, Kraft und Hoffnung mit anderen Alkoholikern teile.

Anmerkungen des Übersetzers:

[1] Eliot, George; Deckname für Mary Ann *Evans*. Englische Erzählerin, geboren am 22.11.1819 in Arbury, Warwickshire, verstorben am 22.12.1880 in London. Sie wandelte sich von puritanischer Religiosität zu einer freidenkerisch und ethisch bestimmten Glaubenshaltung. Ihre Romane verbinden erlebnisnahe Schilderungen aus dem bäuerlichen und kleinbürgerlichen Leben mit tiefer geistiger Einsicht und psychologischem Verständnis. [„Das moderne Lexikon". Bertelsmann Lexikon Verlag, Gütersloh 1970]. Zitat aus *Middlemarch.* Harcourt, Brace, and World, 1962.

[2] *Alcoholics Anonymous*; 58/67: „Our stories disclose in a general way what we used to be like, what happened, and what we are like now."

[3] *Alcoholics Anonymous*; 62/71: „Selfishness - self-centeredness! That, we think, is the root of our troubles."

[4] *relate*: berichten, erzählen; verbinden, in Beziehung bringen, in Zusammenhang bringen; sich beziehen, Bezug haben [16. Jahrhundert Latein *relátus* zurück gebracht, von *referre* zurücktragen, aus *re-* zurück + *ferre* tragen]. Vgl.: 56. Tag (Inventur und Punkte-Wertung).

[5] Marx, Karl (1818-1883). Philosoph, wirtschaftliche und politische Theorien, gemeinsam mit Friedrich Engels (1820-1895) Begründer des *Marxismus*: Die Herrschaft des Kapitalismus soll als geschichtliche Notwendigkeit durch Revolution beendet und vom *Kommunismus* abgelöst werden.

[6] Freud, Siegmund (1856-1939); österreichischer Psychiater. Gilt als Begründer der Psychoanalyse.

[7] Vgl. *Anthony de Mello*; „Wer bringt das Pferd zum Fliegen". Verlag Herder:»Eine Familie ließ sich zum Essen in einem Restaurant nieder. Die Kellnerin nahm zunächst die Bestellungen der Erwachsenen auf und wandte sich dann dem Siebenjährigen zu. „Was möchtest du essen?" fragte sie. Der Junge blickte schüchtern in die Runde und sagte dann: „Ich möchte einen Hot Dog." Noch bevor die Kellnerin die Bestellung aufschreiben konnte, unterbrach die Mutter. „Keine Hot Dogs", sagte sie, „bringen Sie ihm ein Steak mit Kartoffelbrei und Karotten." Die Kellne-

rin überhörte sie. „Möchtest du Ketchup oder Senf auf deinem Hot Dog?" fragte sie den Jungen. „Ketchup." „In einer Minute bekommst du ihn", sagte die Bedienung und ging in die Küche. Alle schwiegen fassungslos, als sie weg war. Schließlich sah der Junge die Anwesenden an und sagte: „Wißt ihr was? Sie denkt, ich bin wirklich!"«

„Es gibt nur zwei Dinge, die sich über Gebet und Meditation sagen lassen: Anfangen und weitermachen." *Anonym.*

90. Tag / Eine gemischte Erfahrung

Wenn du gut angefangen hast, fahre fort; es ist das Ende, das uns krönt....
— Robert Herrick[1]

Der Ausgang einer Sache ist besser als ihr Anfang.
— Prediger 7 Vers 8

NUN KOMME ICH ZUM Schluß meiner neunzig Meetings in neunzig Tagen, und am Verlauf dieser Übung fallen mir zwei Dinge besonders auf. Erstens tauchten bestimmte Themen ständig wieder auf, obwohl viele Fragen von den verschiedensten Seiten angeregt und behandelt wurden. Zweitens blieb die gemischte Natur des menschlichen Daseins eins der weniger zentralen Themen, obwohl ich bewußt darauf gehofft hatte, gerade das zu überwinden.

Während der erste Punkt Inhaltliches betrifft, beinhaltet der zweite eine Vision. Nicht umsonst genoß ich zuerst die Tiefen wahrer Nüchternheit in einer A.A.-Gruppe, die sich den Namen „Lebensfreude"[2] ausgesucht hatte.

Unter den verschiedenen unvorhergesehenen Ergebnissen dieses Abenteuers ist jedoch eins gewesen, das der aufmerksame Leser dieser Aufzeichnungen wahrscheinlich schon bemerkt hat. In den späteren Meditationen tauchte des öfteren die dunkle Seite des Lebens - und der Nüchternheit - auf. Nüchternheit kann nicht immer in Dur klingen, ebenso wenig wie eine schöne Symphonie. Zu einem großen Teil unseres Wachstums gehört unterschwellig auch ein Aspekt von Schmerz, und wenn wir diese Realität ignorieren, geschieht das auf eigene Gefahr. Ja wirklich, wenn mir bei dieser Übung durch meine Höhere Kraft ein bestimmtes Geschenk vergönnt worden ist, dessen ich mir im Moment besonders bewußt bin, dann ist es ganz genau folgendes: die Erkenntnis und Hinnahme, daß auch Nüchternheit eine gemischte Erfahrung ist.

Weil wir besonders als Alkoholiker dazu neigen, „Alles-oder-nichts-Menschen" zu sein[3], will sich etwas in uns gegen diese Erkenntnis auflehnen. „So sollte es nicht sein", sagen wir uns. Mitunter suchen wir uns sogar andere, die uns das bestätigen; oder wir behaupten, daß uns diese

Botschaft von einer Stimme zugeflüstert wurde, die wir nur zu gern mit unserer Höheren Kraft verwechseln möchten[4].

Das „wir" im vorherigen Abschnitt ist natürlich genaugenommen ein „ich": Es stellt die Entwicklung meiner eigenen Erfahrung, Kraft und Hoffnung im Laufe dieser neunzig Meetings dar. Aus dieser Sicht ist die bedeutendste Wohltat dieser Übung, daß ich in die Ehrlichkeit eingetaucht wurde, die A.A. begleitet. Statt bestimmte Leute oder Meetings herauszusuchen und dadurch vielleicht unbewußt die Botschaft zu wählen, die ich hören wollte, versuchte ich mich in die gesamte Vielfalt von A.A. hineinzustürzen, um die Nüchternheit in all ihren wunderbaren Formen zu sehen, zu hören, zu berühren, zu spüren und mich damit zu identifizieren. In gewissem Sinne gibt es nur eine Nüchternheit. Aber es gibt ebenso viele wundervolle Ausdrucksformen von ihr, wie es nüchterne Mitglieder von A.A. gibt. Sie alle regen zum Denken an und erwekken Liebe. Das Eintauchen in diesen Ozean erfrischt: Es macht demütig, und gleichzeitig erhebt es uns.

Vielleicht ist das bloß eine persönliche Marotte von mir, doch ich neige dazu, anderen Menschen gegenüber mißtrauisch zu sein, wenn ihre Beziehung zu ihrer Höheren Kraft mir zu intim erscheint, wenn sie mir zu leicht sicher zu sein scheinen, was ihre Höhere Kraft denkt. Zu viele Greueltaten sind im Namen von „Gott", der „Religion" und sogar im Namen des „Spirituellen" begangen worden[5]. In jedem einzelnen Menschen, der von solch einer Gewißheit besessen ist, lauert eine Gefahr. Diese Sichtweise ist sicher nicht zynisch. Bill W. selbst teilte diese Ansicht. Tatsächlich verdanken wir sogar die Existenz von A.A. der Vorsicht der frühen Mitglieder hinsichtlich der Tendenz ihrer Befürworter aus Nicht-Alkoholiker-Kreisen der Oxford-Gruppe[6], die behaupteten, einen besonderen Führungsanspruch zu besitzen.

Die Worte sind hart, aber sie stammen von Bill W.:

Niemand kann mehr Leid verursachen als ein machthungriger Kerl, der denkt, er hätte es direkt von Gott. Solche Leute verursachen mehr Schwierigkeiten als Huren und Säufer. ... Ich hatte selbst schon solche Anfälle von Größenwahn, also müßte ich das eigentlich wissen.[7]

Also hat Nüchternheit sowohl eine dunkle als auch eine helle Seite. Wenn Nüchternheit ein Rosengarten ist, dann muß es auch Dornen geben, und wenn das Leben eine Schüssel Kirschen ist, enthält es auch Kerne. Ich bin dankbar, das ganze Leben umarmen zu können und die gesamte Nüchternheit, zu der ich heute fähig bin. Morgen wird es mehr geben, das weiß ich: Weitere vierundzwanzig Stunden, in denen mein Wissen und meine Liebe doppelt wachsen können: zu meiner Höheren Kraft und ebenso zu mir selbst. Nüchternheit ist ein Vorrat, den ich nicht schützen muß, und hinter dieser Einsicht steckt gewaltige Freiheit.

Ich kam nicht zu A.A., um mit dem Trinken aufzuhören, sondern damit der Schmerz aufhört. Heute in der Nüchternheit verstehe ich diesen Schmerz - und seine Bedeutung - anders. Vor neunzig Tagen hätte ich das gleiche gesagt, aber in diesen vierundzwanzig Stunden, nach diesen neunzig Meetings, bedeutet diese Feststellung in gewissem Sinne etwas anderes. Was tatsächlich anders ist, kann ich nicht präzise in Worte fassen.[8]

Anmerkungen des Übersetzers:

[1] Herrick, Robert (1591 - 1674). Englischer Dichter und Lyriker. Schrieb geistliche Lyrik und auch weltliche Gedichte.

[2] *The Joy of Living*.

[3] Vgl. *Twelve Steps and Twelve Traditions* („Zwölf Schritte und Zwölf Traditionen"): 161/154; *Twelve Concepts for World Service* („Die Zwölf Konzepte"): 42/104; *As Bill Sees It* („Wie Bill es sieht"): 6, 59, 135, 214, 308; *Alcoholics Anonymous Comes of Age* („AA wird mündig"): 53/94; *The Language of the Heart*: 266, 271.

[4] Vgl. *Twelve Steps and Twelve Traditions* („Zwölf Schritte und Zwölf Traditionen") 103 f./98 f.

[5] Vgl. *Twelve Steps and Twelve Traditions* („Zwölf Schritte und Zwölf Traditionen") 30 f./28 f. oder *As Bill Sees It* („Wie Bill es sieht") 107.

[6] *Oxford-Group* ist der Name einer Gemeinschaft, die sich mit starker Überzeugung für allgemeingültige Werte im täglichen Leben einsetzte. Sie entstand in Anlehnung an das *Oxford Movement* („Oxford Bewegung") innerhalb der *Church of England*, das 1833 in Oxford begann. Diese Bewegung bekennt sich zur Kontinuität der Kirche und frühchristlichem Gedankengut, insbesondere zur *Bergpredigt* und strebte die Wiederherstellung der hohen kirchlichen Ideale des siebzehnten Jahrhunderts an. In einer Reihe von Abhandlungen (*„Tracts for the Times"*, 1833-1841) wurden die Grundgedanken der Bewegung beschrieben. In der englischen Kirche blieben diese Vorstellungen bis heute im *Traktianismus* lebendig. Als einer ihrer ersten spirituellen Führer wird Dr. Samuel Shoemaker genannt, ein Geistlicher der Episkopalen Kirche. 1938 entstand daraus das von Frank Buchmann gegründete *Moral Rearmament* („Moralische Wiederaufrüstung"), dessen Ziel eine spirituelle Erneuerung seiner Mitglieder war. [Collins Softback English Dictionary. Harper Collins Publishers 1992].

[7] Brief 1950; Vgl. *As Bill Sees It* („Wie Bill es sieht"): 38.

[8] „Das Opfer ist die Mutter jeder Freude." *Paul Claudel*

*** *Ende des Tagebuches* ***

Die Zwölf Schritte von Alcoholics Anonymous

1. We admitted we were powerless over alcohol—that our lives had become unmanageable. 2. Came to believe that a Power greater than ourselves could restore us to sanity. 3. Made a decision to turn our will and our lives over to the care of God as we understood Him. 4. Made a searching and fearless moral inventory of ourselves. 5. Admitted to God, to ourselves, and to another human being the exact nature of our wrongs. 6. Were entirely ready to have God remove all these defects of character. 7. Humbly asked Him to remove our shortcomings. 8. Made a list of all persons we had harmed, and became willing to make amends to them all. 9. Made direct amends to such people wherever possible, except when to do so would injure them or others. 10. Continued to take personal inventory and when we were wrong promptly admitted it. 11. Sought through prayer and meditation to improve our conscious contact with God as we understood Him praying only for knowledge of His will for us and the power to carry that out. 12. Having had a spiritual awakening as the result of these steps, we tried to carry this message to alcoholics, and to practice these principles in all our affairs.

1. Wir gaben zu, daß wir dem Alkohol gegenüber machtlos waren - daß unser Leben unkontrollierbar geworden war. 2. Wir kamen zu dem Glauben, daß eine Kraft, größer als unser Ich, uns unsere [geistige] Gesundheit wiedergeben kann. 3. Wir faßten den Entschluß, unseren Willen und unser Leben umzuwenden, hin zur Fürsorge durch Gott - wie wir Ihn verstanden. 4. Wir machten eine gründliche und furchtlose, moralische Bestandsaufnahme von uns selbst. 5. Wir gaben Gott, uns selbst und einem anderen Menschen gegenüber die genaue Natur unserer Fehler zu. 6. Wir waren völlig bereit, all diese Charakterfehler von Gott beseitigen zu lassen. 7. Demütig baten wir Ihn, unsere Mängel von uns zu nehmen. 8. Wir machten eine Liste aller Personen, denen wir Schaden zugefügt hatten, und wurden willig, ihn bei allen vollständig wieder gutzumachen. 9. Wir machten direkt bei diesen Menschen wieder gut - wo immer es möglich war -, es sei denn, wir hätten dadurch sie

oder andere verletzt. 10. Wir nahmen weiterhin persönliche Inventur vor, und wenn wir im Unrecht waren, gaben wir es sofort zu. 11. Wir suchten durch Gebet und Meditation unseren bewußten Kontakt zu Gott zu vertiefen. Wir beteten nur um die Erkenntnis Seines Willens für uns und um die Kraft, ihn auszuführen. 12. Nachdem wir als Resultat dieser Schritte ein spirituelles Erwachen gehabt hatten, versuchten wir, diese Botschaft an Alkoholiker weiterzugeben und diese Prinzipien in all unseren Angelegenheiten zu praktizieren.

Übersetzung nach *Alcoholics Anonymous*, 2nd Edition,
Copyright (C) 1955 by Alcoholics Anonymous World Services, Inc., New York.

Die Zwölf Traditionen von Alcoholics Anonymous

1. Our common welfare should come first; personal recovery depends upon A.A. unity. 2. For our group purpose there is but one ultimate authority — a loving God as He may express Himself in our group conscience. Our leaders are but trusted servants; they do not govern. 3. The only requirement for A.A. membership is a desire to stop drinking. 4. Each group should be autonomous except in matters affecting other groups or A.A. as a whole. 5. Each group has but one primary purpose — to carry its message to the alcoholic who still suffers. 6. An A.A. group ought never endorse, finance or lend the A.A. name to any related facility or outside enterprise, lest problems of money, property and prestige divert us from our primary purpose. 7. Every A.A. group ought to be fully self-supporting, declining outside contributions. 8. Alcoholics Anonymous should remain forever nonprofessional, but our service centers may employ special workers. 9. A.A., as such, ought never be organized; but we may create service boards or committees directly responsible to those they serve. 10. Alcoholics Anonymous has no opinion on outside issues; hence the A.A. name ought never be drawn into public controversy. 11. Our public relations policy is based on attraction rather than promotion; we need always maintain personal anonymity at the level of press, radio and films. 12. Anonymity is the spiritual foundation of all our Traditions, ever reminding us to place principles before personalities.

1. Unser gemeinsames Wohlergehen sollte an erster Stelle stehen; persönliche Genesung beruht auf der Einigkeit der AA. **2.** Für den Sinn und Zweck unserer Gruppe gibt es nur eine höchste Autorität - einen liebenden Gott, wie Er sich im Gewissen unserer Gruppe zu erkennen geben mag. Unsere Leiter sind nur betraute Diener; sie regieren nicht. **3.** Die einzige Voraussetzung für die AA-Mitgliedschaft ist ein Verlangen mit dem Trinken aufzuhören. **4.** Jede Gruppe sollte selbständig sein, außer in Dingen, die andere Gruppen oder AA als Ganzes beeinträchtigen. **5.** Jede Gruppe hat nur eine Hauptaufgabe, ihre Botschaft zu dem Alkoholiker zu bringen, der noch leidet. **6.** Eine AA-Gruppe sollte niemals eine verwandte Einrichtung oder ein außenstehendes Unternehmen gutheißen, finanzieren oder mit dem AA-Namen decken, damit uns nicht Geld-, Besitz- und Prestigeprobleme von unserer Hauptaufgabe ablenken. **7.** Jede Gruppe sollte sich völlig selbst erhalten und von außen kommende Zuwendungen ablehnen. **8.** Die Tätigkeit der Anonymen Alkoholiker sollte für immer außerberuflich bleiben, jedoch dürfen unsere Dienstzentren Fachkräfte anstellen. **9.** AA, als solches, sollte niemals organisiert werden. Aber wir dürfen Dienst-Ausschüsse und -Komitees bilden, die denjenigen direkt verantwortlich sind, denen sie dienen. **10.** Anonyme Alkoholiker nehmen niemals Stellung zu Fragen außerhalb ihrer Gemeinschaft; deshalb sollte auch der AA-Name niemals in öffentliche Streitfragen verwickelt werden. **11.** Unsere Öffentlichkeitsarbeit stützt sich mehr auf Anziehung als auf Werbung. Wir haben stets unsere persönliche Anonymität gegenüber Presse, Rundfunk, Film [und Fernsehen] zu bewahren. **12.** Anonymität ist die spirituelle Grundlage aller unserer Traditionen, die uns immer daran erinnern soll, Prinzipien vor Personen zu stellen.

Übersetzung nach Alcoholics Anonymous, *2nd Edition, Copyright (C) 1955 by Alcoholics Anonymous World Services, Inc., New York.*

A.A. LITERATURE ORDER FORM

NOTES: TO EXPEDITE THIS ORDER PLEASE **PRINT** VERY CAREFULLY
NO CHARGE ORDERS FOR LESS THAN $25.00 CAN BE ACCEPTED

			QUANTITY DISCOUNTS		
BOOKS & BOOKLETS	**QUANTITY**	**1-19**	**20-99**	**100-199**	**200 or more**
B-1	Alcoholics Anonymous	(20 per carton)	$5.00	4.70	4.40	4.10
B-30	Alcoholics Anonymous — Portable	(20 per carton)	4.60	4.32	4.05	3.77
B-16	Alcoholics Anonymous — Large print	(10 per carton)	5.30	4.98	4.66	4.35
B-35	Alcoholics Anonymous — Pocket-size	(40 per carton)	3.50	3.29	3.08	2.87
B-2	Twelve and Twelve	(20 per carton)	4.40	4.14	3.87	3.61
B-4	Twelve and Twelve — gift edition	(20 per carton)	4.65	4.37	4.09	3.81
B-15	Twelve and Twelve — soft-cover	(20 per carton)	4.15	3.90	3.65	3.40
B-14	Twelve and Twelve — Large print	(20 per carton)	4.75	4.46	4.18	3.90
B-17	Twelve and Twelve — Pocket size	(40 per carton)	3.50	3.29	3.08	2.87
B-3	A.A. Comes of Age	(20 per carton)	5.10	4.79	4.49	4.18
B-5	As Bill Sees It	(20 per carton)	5.15	4.84	4.53	4.22
B-8	Dr. Bob and the Good Oldtimers	(20 per carton)	6.00	5.64	5.28	4.92
B-9	"Pass It On"	(20 per carton)	6.50	6.11	5.72	5.33
B-10	Boxed set Dr. Bob & "Pass It On"	(10 per carton)	12.50	11.75	11.00	10.25
B-12	Daily Reflections	(40 per carton)	5.25	4.94	4.62	4.31
B-13	A.A. in Prison	(20 per carton)	1.00	.94	.88	.82
B-6	Came to Believe	(50 per carton)	2.00	1.88	1.76	1.64
B-7	Living Sober	(50 per carton)	2.00	1.88	1.76	1.64
BM-31	A.A. Service Manual/Twelve Concepts	(48 per carton)	1.55	1.46	1.36	1.27
BM-32	Twelve Concepts for World Service	(60 per carton)	1.45	1.37	1.28	1.19

Books, Booklets & Literature Pkgs. **Total**
TOTAL AMOUNT OF ORDER
5% Over-All Discount
For Charge Orders Only, Add 6% Handling Charge
Canadian Orders, Add 7% G.S.T.
GRAND TOTAL (US Dollars only)

Make checks payable to: WORLD SERVICES, INC. P.O. Box 459, Grand Central Station, New York, NY 10163; (212) 870-3400
Groups are urged to enclose a check with all orders in order to avoid paying handling charges.

FOR CREDIT CARD ORDERS ONLY
PHONE: 1-212-870-3312   FAX: 1-212-870-3137

☐ VISA ☐ MASTERCARD   Exp. Date _____ / _____
Credit Card # |_|_|_|_|_|_|_|_|_|_|_|_|_|_|_|_|
Signature _____

☐ Please send catalog (F-10)   ☐ Please send ____ order forms only (F-60)

PLEASE	Name of Group** _____
PRINT (no Script)	Group Location _____
	Group Service No. _____
	Ordered by _____
SHIP TO	Name _____
	Street* _____
	City _____ State or Prov. _____
	Zip Code _____ Date _____ Amount _____
	Daytime Phone ( ) _____

** Necessary if ordering confidential items

Auszug aus dem Bestellschein von AAWS, Inc, USA, 1995

ANONYME ALKOHOLIKER
Interessengemeinschaft e.V.

Postfach 46 02 27
80910 München

Anonyme Alkoholiker
Interessengemeinschaft e.V.
– Literaturvertrieb –

Postfach 46 02 27   **Bestellschein**

80910 München

Kundennummer:...
Bestellung für Gruppe: ....
**Bitte erst nach Rechnungseingang
bezahlen und immer KUNDENNUMMER angeben!**

Bestell-Nr.	Titel/Artikel	Einzel-preis	Menge	Gesamt-preis DM
050	AA auf einen Blick	kostenlos		
051	Wie soll es jetzt weitergehen?	kostenlos		
111	Wir kamen zu dem Glauben	10,00		
112	ANONYME ALKOHOLIKER Das Blaue Buch	25,00		
113	Zwölf Konzepte	14,00		
117	12 Schritte und 12 Traditionen	14,00		
118	Unser Weg	14,00		
125	Trocken bleiben - Nüchtern leben	12,00		
126	Wie Bill es sieht	15,00		
130	AA wird mündig	25,00		
131	Dr. Bob und die Guten Oldtimers	25,00		
132	HEUTE - Gedanken zum Tag	18,00		
140	Genesung-Einigkeit-Dienst Die Anonymen Alkoholiker deutscher Sprache von 1953-1993	25,00		
	Gesamtbetrag DM Dieser Betrag enthält die gesetzliche Mehrwertsteuer			

Tag / Unterschrift   ....

Auszug aus dem Bestellschein des Literaturvertriebs München 1995

Literatur von und über AA

Auf folgende Literatur von *Alcoholics Anonymous* wird im Text hingewiesen:
Alcoholics Anonymous, ISBN 0-916856-00-3. Copyright (C) 1939 by Alcoholics Anonymous World Services, Inc.
Twelve Steps and Twelve Traditions, ISBN 0-916856-01-1. Copyright (C) 1953 by Alcoholics Anonymous World Services, Inc.
Alcoholics Anonymous Comes of Age, ISBN 0-916856-02-X. Copyright (C) 1957 by Alcoholics Anonymous World Services, Inc.
Twelve Concepts for World Service by Bill W., as adopted by the 12th Annual General Service Conference of Alcoholics Anonymous on April 26, 1962. Copyright (C) 1962 by Alcoholics Anonymous World Services, Inc.
As Bill Sees It (früher: *The A.A. Way of Life*), ISBN 0-916856-03-8. Copyright (C) 1967 by Alcoholics Anonymous World Services, Inc.
Came to believe ... ISBN 0-916856-05-4. Copyright (C) 1973 by Alcoholics Anonymous World Services, Inc.
Dr. Bob and the Good Oldtimers, ISBN 0-916856-07-0. Copyright (C) 1980 by Alcoholics Anonymous World Services, Inc.
Pass It On, ISBN 0-916856-12-7. Copyright (C) 1984 by Alcoholics Anonymous World Services, Inc.
Die obigen Bücher sind erhältlich bei A.A. World Services, Inc., Box 459, Grand Central Station, New York, New York 10163, USA.

Die deutschen Fassungen gibt es auf Wunsch bei: Anonyme Alkoholiker Interessengemeinschaft e.V., Postfach 46 02 27, 80910 München, Telefon 089 / 316 4343 oder 089 / 316 9500, Telefax 089 / 316 5100

„*Anonyme Alkoholiker*". (C) 1983 Anonyme Alkoholiker deutscher Sprache.
„*Zwölf Schritte und Zwölf Traditionen*". (C) 1991
„*AA wird mündig*". (C) 1990
„*Die Zwölf Konzepte*". (C) 1986
„*Wie Bill es sieht*". (C) 1978
„*Wir kamen zu dem Glauben ...*" (C) 1991
„*Dr. Bob und die guten Oldtimer*". (C) 1992
„*Sechs Artikel von Bill*". (C) 1983

The Language of the Heart, ISBN 0-933685-16-5. Copyright (C) 1988 by The AA Grapevine, Inc., PO Box 1980, Grand Central Station, New York, New York 10163-1980, USA.

„*Das Blaue Buch - Die deutsche Übersetzung des ursprünglichen Manuskripts von 1938*", Big Book Study Group Alkoholiker Anonymus, Postfach 1104, 61218 Bad Homburg, Taschenbuch, kostenlos, ggf. Rückumschlag beilegen

Literatur von AA-Mitgliedern, die nicht von AAWS, New York oder AA Interessengemeinschaft e.V., München angeboten wird

„betrifft: Anonyme Alkoholiker", Horst Zocker, © C.H. Beck'sche Verlagsbuchhandlung, München 1989
„Falle Alkohol", Thomas Randall, Limes Verlag, Wiesbaden 1982
„Brandwunden", Fred B. Tossehof, 12&12 Verlag, Oberursel 1995
„Genesung oder Katastrophe", Karl M., 12&12 Verlag, Oberursel 1992
„90 Tage - 90 Meetings Band 1", Ernie K., 12&12 Verlag, Oberursel 1994
„Die Anonymen Alkoholiker", Nan Robertson, 12&12 Verlag, Oberursel 1995

AA-bezogene Literatur, die früher vom AA-Literaturvertrieb verkauft wurde (sogenannte Fremdliteratur)

„24 Stunden am Tag", Hazelden, 12&12 Verlag, Oberursel 1996
„Alkoholiker - Rausch und Heilung", Joseph Kessel, 12&12 Verlag, Oberursel 1995
„Die Süchtigen unter uns", Rüdiger Teßmann, 12&12 Verlag, Oberursel 1995

Weitere vom 12&12 Versand, Oberursel angebotene Literatur

„AA- und EA-Text, Gesamtausgabe", Reden auf Treffen der Anonymen Alkoholiker und von Emotions Anonymous in den Jahren 1976-86, Kassettenbriefe, Vom Sinn den Lebens heute, Die Zwölf Schritte, Heinz Kappes, 12&12 Verlag, Oberursel 1995
„Nicht die Droge ist's", Walther H. Lechler, 12&12 Verlag, Oberursel 1995
„Die Suchtfibel", Ralf Schneider, Röttger Verlag, München
„The Varieties of Religious Experience", William James, A Mentor Book, USA
„Alcoholics Anonymous", amerikanische Studienausgabe mit Facsimile des Schreibmaschinen-Manuskripts von 1938, Stichwortregister, in braunem Leder edel gebunden
„Alcoholics Anonymous", Mini-Edition des Big Book
„Twenty-four Hours a Day", Hazelden, amerikanische Ausgabe des 24-Stunden-Buchs
„Wer bringt das Pferd zum Fliegen?", Weisheitsgeschichten, Anthony de Mello, Herder Verlag, Freiburg 1995
„Die Bibel", Einheitsübersetzung, Herder Verlag,